献给我的父亲

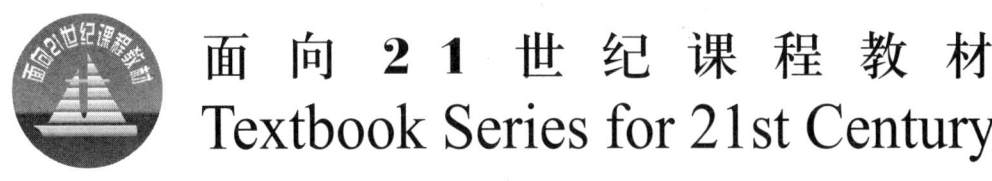

侵权责任法

The Tort Law

（第三版）

王 成 著

图书在版编目(CIP)数据

侵权责任法/王成著.—3 版.—北京:北京大学出版社,2019.10
面向 21 世纪课程教材
ISBN 978-7-301-30603-1

Ⅰ.①侵… Ⅱ.①王… Ⅲ.①侵权行为—民法—中国—高等学校—教材 Ⅳ.①D923

中国版本图书馆 CIP 数据核字(2019)第 168801 号

书　　　名	侵权责任法(第三版)
	QINQUAN ZERENFA(DI-SAN BAN)
著作责任者	王　成 著
责 任 编 辑	周　菲
标 准 书 号	ISBN 978-7-301-30603-1
出 版 发 行	北京大学出版社
地　　　址	北京市海淀区成府路 205 号　100871
网　　　址	http://www.pup.cn
电 子 信 箱	law@pup.pku.edu.cn
新 浪 微 博	@北京大学出版社　@北大出版社法律图书
电　　　话	邮购部 010-62752015　发行部 010-62750672　编辑部 010-62752027
印　刷　者	河北滦县鑫华书刊印刷厂
经 销 者	新华书店
	730 毫米×980 毫米　16 开本　19 印张　362 千字
	2011 年 3 月第 1 版　2014 年 7 月第 2 版
	2019 年 10 月第 3 版　2019 年 10 月第 1 次印刷
定　　　价	38.00 元

未经许可,不得以任何方式复制或抄袭本书之部分或全部内容。
版权所有,侵权必究
举报电话:010-62752024　电子信箱:fd@pup.pku.edu.cn
图书如有印装质量问题,请与出版部联系,电话:010-62756370

作者简介

王　成　法学博士,经济学博士后。北京大学法学院教授,博士生导师,北京大学法学院法治与发展研究院司法案件研究中心主任。教育部人文社会科学重点研究基地中国人民大学民商事法律科学研究中心兼职研究人员。中国法学会民法学研究会理事,北京市消费者权益保护法学会理事。北京市公安局交通管理局公安交通法律专家咨询委员会委员,山西省晋中市法律咨询专家。代表性著作有:《侵权损害赔偿的经济分析》《侵权法》《合同法》等。代表性论文有:《法律关系的性质与侵权责任的正当性》《侵权法归责原则的理念及配置》等。

About the Author

　　Wang Cheng Ph. D. in law, Post doctoral of Economics, Professor, Supervisor for Ph. D. Candidate of Law School of Peking University. He runs the Research Center for Judicial Case of Peking University as the director and he is also a part-time researcher of Civil and Commercial Law Science Research Center of Renming University. In addition, He is a member of Civil Law Council of China Legal Science Association and of Beijing Consumer Protection Association. At present he also counsels for Beijing Traffic Management Bureau and Jinzhong City in Shanxi Province.

　　Representative books: *Economic Analysis to Tort Damage*, *Tort Law*, *Contract Law*, etc.

　　Representative papers: "The Nature of Legal Relationships and the Validity of Tort Liability", "The Idea and Establishment of Imputation Principles of Tort Liability", etc.

内 容 简 介

本书以我国《侵权责任法》《民法总则》等现行法律为依据,紧密结合最高人民法院有关司法解释,尤其是以大量法院判决为基础,吸收国内外最新研究成果,理论联系实际,系统阐述了侵权法的基本原理和规则。

本书作者在总结多年教学研究、法院实务工作经验以及参加侵权法立法工作经验的基础上,提出了新的教材体例。本书着重讨论了侵权法的基本范畴和思维模式、侵权之权的认定与侵权法的规范途径等传统教材未讨论或者未专门讨论的侵权法基本原理问题;专门讨论了结果责任和侵权法归责原则的体系效应;在类型化侵权责任中,注重结合法院判决展开讨论。本书力求使读者在掌握侵权法规则的同时,把握侵权法的基本原理;在获得知识的同时,提高分析问题和解决问题的能力。

Abstract

Based on the Tort Liability Law, the General Provisions of the Civil Law, and related Supreme Court's interpretations, especially a large quantity of judicial decisions, this book, by imbibing the latest study and integrating the theory with practices, systematically elaborates the foundations and rules of tort law.

Benefiting from his multiple years' teaching and research experiences as well as the engagement in the court practices and legislation in respect of tort law, the author lays out the book in a different way. First, the book gives precedence to the major discussion of the basic category and thinking mode of tort law, the determination of civil rights and the regulating approach to the tort law, all of which have been unfortunately underemphasized in conventional textbooks. Then this book contributes several chapters to elucidating the consequences liability principle and the synergistic effect of the imputation principles system. Finally, case studies are combined into this book in elaborating some typical torts. To enable the reader to master the tort law rules aside, this book also serves the purpose of enhancing their understanding of the fundamental rationales of tort law and their capability of analyzing and addressing problems.

凤凰岭二老和侵权法基本范畴(代序)

差不多两年时间没有去爬山了。很怀念以前爬山的日子。

过去的好多年中,我和马强、姚欢庆、王轶等经常去爬位于北京西北郊的凤凰岭。凤凰岭的爬山路线有三条,南线、中线和北线。我们去的是北线。北线是一个环线,从起点出发还可以再回到起点。而且,北线上山的路比较陡,下山的路比较缓,这种路途的好处是,上山消耗的体力在下山的时候基本上就可以恢复过来。下山时可以充分享受大汗淋漓之后的畅快和沿途的山、树、枝叶及花鸟。北线的最高点就是凤凰岭的标志:飞来石塔。这飞来石塔原本有一个历史久远的石塔,后来据说被人盗走了。现在的塔应该是一个水泥塔。飞来石塔所在的山顶较为平坦,站在此处可以眺望远处。人们经过一路攀爬之后,都愿意在这儿停下来歇歇脚。

记不清什么时候,一位老人在山顶上摆起了地摊儿,有矿泉水、雪糕、火腿、啤酒、巧克力、饼干等,夏天的时候还会有西红柿、黄瓜等瓜果。

老人在山顶好多年了。可见在这里摆地摊儿的收益比干其他活要好些。因为有了他的地摊儿,我们原本沉重的背包就省去了。所以,每次爬上山顶,我们都会买点东西吃。久而久之,便和老人熟悉起来,往往是买了东西,边吃边聊。由此知道老人就住在山脚下。基本上每天早上背着东西爬上来,下午再下去。平时带的东西少些,周末节假日带的东西多些。

天天山上山下地跑,老人的身体看起来很好,紫铜色的脸,也较为健谈。所以,每次爬山,都有些盼望快点到山顶。一来,可以享用美食。一路爬上来,正累的时候,感觉山顶的东西比山下好吃得多,尽管比山下要贵一些。二来,可以和老人聊聊。我们要隔段时间不去,老人还会关心地问问。有时候,老人会坐在山顶的石头上,远远看去,像一尊雕塑,与山融在一起。

有一天,我们上山的时候,发现半山腰又有一位老人摆开了地摊儿,卖的东西基本上都一样。以后再去,这个摊儿也总在。但我们还是习惯到山顶再买东西吃。一来,到半山腰还不太累;二来,爬山时最怕在半山腰休息,越休息越不愿意走;三来,似乎感觉和山顶老人有了约定,买别人的东西,心里隐隐觉得有些对他不住。

这样过去了很多天。一次,我们到了山顶,和山顶的老人说起此事。他笑笑说,各卖各的吧。

于是,凤凰岭的北线上就形成了这样的一个格局:山顶一个老人、山腰一个老人,各自在卖着相同的东西。

我常常在想:山腰老人的出现,毫无疑问会使山顶老人损失一部分买卖,但是为什么山顶老人能够接受山腰老人的出现呢?山顶老人能否起诉山腰老人、要求他停止侵害,甚或要求他赔偿损失呢?同时,对于这样的生意来说,山顶无疑是最好的地段。但是,山腰老人为什么只在山腰,而没有到山顶呢?他们之间为何会形成这样的距离以及这样的安排?

我想,假如山腰老人有一天前进到山顶摆摊儿,会出现什么样的局面?山顶老人还会这样接受吗?如果不能接受的话,假设离山顶越近、生意越好,那么山腰老人向山顶推进的极限值在哪里?也就是说,山腰老人前进到哪里,就会引起山顶老人的反应?从法律的角度看,山腰老人前进到山顶,就其营业损失,山顶老人能够要求山腰老人赔偿吗?

在我看来,这样的问题,用侵权法的思维来看,就涉及侵权法的基本范畴。侵权法最基本的思考是在处理行为自由和权利救济的问题。因此,行为自由和权利救济就是侵权法的基本范畴。

自由止于权利。行为自由和权利救济之间存在着复杂的此消彼长的紧张关系。行为自由的扩展以权利的收缩为代价。反之也是。我想畅快淋漓地大喊几声,在空旷的凤凰岭可以,但是在医院的手术室里和学校的课堂上就不可以。正如山顶老人和山腰老人的距离一样,行为自由和权利救济二者的界限是如此复杂,以至于很难确定。

二者界限之所以复杂,其原因也是很复杂的。

其中一个原因,和权利本身边界的清晰程度有关。

相对来说,所有权、地役权等物权即绝对财产权的边界较为清晰,肖像权、名誉权等精神性人身权的边界较为模糊。这或许是物权可以通过物上请求权来保护的原因。即使通过侵权方式来保护,其构成要件也要相对简单得多。这或许也是肖像权、名誉权等精神性人身权的案件最容易引起社会关注的原因,因为人们有太多的意见分歧。正如当年雅典奥运会之后,风头正盛的刘翔起诉在封面使用其肖像的《精品购物指南》报社的案件(以下简称"刘翔案"),不仅一审、二审法院存在意见分歧,而且无论是在审判过程中,还是在终审结束后直到今天,人们依然对《精品购物指南》报社在封面使用刘翔肖像是否侵犯其肖像权争论不休。问题的根本就在于,《精品购物指南》封面刊登刘翔肖像来回顾奥运会的盛况,究竟是属于刘翔肖像权的范畴,还是属于《精品购物指南》报社行为自由的范畴。

在物权等绝对财产权和肖像权等精神性人身权之间,是生命权、身体权、健康权等物质性人身权。物质性人身权虽然名为人身权,但就其边界的清晰程度而言,它们更类似于物权等绝对财产权。判断一个行为是否侵犯物质性人身权和物权,远比判断一个行为是否侵犯精神性人身权要简单得多。因此,物质性人身权侵权行为的构成也相对简单,而且,它们也基本上可以通过请求权的方式加以保护。

由此,二者界限之所以复杂的另一个原因是:权利、自由等概念本身是不清晰的。我们在现实中无法找到一个实际的物体来对应这些概念,而这些概念又会与每个人最基本的价值判断联系起来。

一个经验性的结论是:但凡涉及人的基本情感、基本价值判断的问题,一来很容易引起社会关注,二来很容易引起意见分歧。比如,杭州发生的车祸被转化为"富家子弟飙车撞死大学生"的问题后,就和人类关于贫富、强弱的基本价值及情感联系在一起了。单单一起车祸本身,一般不容易引起社会如此多的关注。同样的问题还包括对受害人死亡赔偿的问题被转化为"同命是否同价"、《道路交通安全法》第76条被转化为"撞了是否白撞",以及各种各样的事故因为宝马车的加入而变质,等等。

这或许也是侵权法、侵权案件能够引起更多人关注的原因,也是大家都认为自己能够对侵权法问题说出一二三的原因。

法律对权利和自由之间的关系可能有三种处理模式。

第一种模式是鼓励行为自由、否定权利救济。第一种模式针对的就是凤凰岭二老的情况。这种情况在生活中很多见。比如,一个地区开了一个超市、饭店,在同一地区范围内再开设同样生意的话,先前的超市、饭店的生意一般都会受到影响。

当然,如果一个地方聚集的经营同样业务的人多到一定程度,反而也会产生规模效应,即大家的生意都会好起来。这就是为什么会形成所谓饭店一条街、茶叶一条街,以及诸如建材市场、家装市场等的道理。因为人们会有这样的心理,如果一个地方只有一家饭店,万一不满意的话,没有别的选择。相反,如果一条街都是饭店,这家不好,还可以去那家。而且由于竞争的关系,但凡形成一条街的生意,基本上都可以。

但是,假设同样的生意还没有多到形成规模效应的时候,比如,只有两家时,后开的一家,肯定会抢走先开那一家的生意。正如凤凰岭二老的情况那样。

这种情况如果用侵权行为构成要件来衡量的话,加害行为、损害、因果关系以及主观上的故意或重大过失,样样具备。问题是:为何山顶老人不能起诉山腰老人要求赔偿或者停止侵害?更重要的是,为何山顶老人自己,以及我们大家都觉得山顶老人不能因此起诉山腰老人要求赔偿?

我们假设,只有山顶老人一个人做生意的时候,他每天可以获得100元的收益。因为有了山腰老人,山顶老人的收益会降低到60元。另外40元,就让地理位置不太好的山腰老人赚走了。可见,山顶老人是"受害人",山腰老人是"受益人"。但是,除此之外,我们这些爬山的人都可能因为山腰老人的出现而受益。因为有人和山顶老人竞争了。竞争的好处对于消费者和整个社会来说自然不言而喻。可见,山顶老人一人受害,成就了山腰老人和无数爬山者的获益。大概估计来看,后二者的获益要大于前者的损失。这就是所谓的卡尔多—希克斯效率。当然最佳的是帕累托效率,也就是说,大家都受益而无人受害的情况。次佳的就是卡尔多—希克斯效率,即有人受害,有人受益,但总的益处大于害处。当一项政策、一条规则、一个行为符合帕累托效率的时候,是最受大家欢迎、也是最容易推行的,因为没有人反对。而一项政策、一条规则、一个行为符合卡尔多—希克斯效率的时候,也基本上是受欢迎、较为容易推行的,因为多数人欢迎、少数人反对。当然,如果少数人中有了"钉子户",那就不好说了。但是假如一项政策、一条规则、一个行为只有少数人受益、多数人不受益或者受害时,这样的政策、规则或者行为肯定是不受欢迎的。比如,少数垄断性大国企给自己的员工尤其是老总制定那么高的薪酬标准,就属于这种情况。

凤凰岭山腰老人的行为,是符合卡尔多—希克斯效率的,因此值得鼓励。山顶老人以及我们这些爬山的人,都觉得山顶老人不能起诉山腰老人要求赔偿。这正如涂尔干所言,如果一种行为触犯了强烈而又明确的集体意识,那么这种行为就是犯罪。我们不该说一种行为因为是犯罪的才会触犯集体意识,而应该说正是因为它触犯了集体意识才是犯罪。

随着人类文明的进化,卡尔多—希克斯效率要受到其他一些规则的限制。比如,一个班级三十个人,二十九个男生、一个女生,如果由所有同学投票决定男生打扫教室还是女生打扫教室,结果是很清楚的,而且这种规则符合卡尔多—希克斯效率。但是这种规则在某些场合是不可接受的。

不过,总的来说,卡尔多—希克斯效率还是人类行为的基本思维方式。

与此类似的行为还包括:高考中的落榜者不能要求中榜者赔偿,下棋中的负者不能要求胜者赔偿。各种重要的竞争、比赛,都属于这样的情况。甚至,共同追求一位女生的两位男生中,失意者也不能要求获胜者及女生给予赔偿,尽管失意者是那样的痛苦,而且这种痛苦完全可以归因于获胜者以及女生的选择。

第二种模式是鼓励权利救济、否定行为自由。这种模式针对的是构成侵权行为的各种情况。比如,开车发生交通事故把别人撞伤。此时,司机要承担侵权责任。他的自由受到否定,受害人的权利得到鼓励。

之所以采取鼓励权利救济、否定行为自由的处理方式,是因为这类行为只给行为人自己带来益处,受害人和不特定的社会大众以及社会秩序都会因其行为而遭受损失。受益人极少、受害人极多的行为,不仅不符合帕累托效率,也不符合卡尔多—希克斯效率,所以,此种行为自由要受到否定、权利会受到鼓励,权利人可以通过诉讼获得救济。

第三种模式是放任不管。属于这种模式处理的情况也有很多。比如,子女选择了某一行业、父母极力阻拦;自己有隐私,只愿意告诉密友,同时还告诉他,千万不要和其他人说。我们都有这样的经验,没有后面这句话还好,有后面这句话,自己的隐私很快会变成公开的秘密。还有,一个陌生人问路,我们把路指错导致人家误了火车,陌生人也只能自己想个解决的办法。

这些情况下,子女、有隐私者以及陌生的问路人,都不能起诉父母、密友、其他口口相传的人以及指路人。侵权法更熟悉的因堵车而愤怒的无数司机,只能通过骂人发泄一下。可能也属于这种情况。

这些情况和第一种情况还是有些差别的。第一种情况属于行为符合帕累托效率或者卡尔多—希克斯效率而被鼓励,这些情况属于放任不管。

之所以对这些行为放任不管,是因为这些行为或者利弊无关紧要,或者说不清楚,或者因为涉及关系复杂、涉及人数太多而导致规范成本太高。比如,对父母的劝阻言行如何识别?对口口相传他人隐私的人如何指认?谁是因堵车而被耽误了行程的司机?损失多大?更重要的是,这些行为的受益人是谁?受害人是谁?说不清楚。所以,这种行为是因为放任而不能要求赔偿的。

简单总结一下,回到前面的问题上来,行为自由和权利救济发生冲突的情况下,可能有三种选择:一种是鼓励行为自由、否定权利救济,比如,对竞争的鼓励,凤凰岭二老就是这样的情况;一种是鼓励权利救济、否定行为自由,比如行为构成侵权行为的时候;还有一种是采取放任的态度,在权利救济和行为自由之间,并不总是紧张的对立关系,二者之间可能会出现某种程度的张力,在这种张力的范围内,就是放任的空间,比如,口口相传他人隐私的情况,法律基本上就采放任的态度。

构成侵权行为的行为,基本上都是属于既不符合帕累托效率、也不符合卡尔多—希克斯效率的行为。当我们对某种行为是否构成侵权行为产生分歧的时候,比如"刘翔案"中《精品购物指南》报社的行为是否构成侵权,大多是对某种行为的益处和害处的关系产生了分歧。侵权法用自己全部的原则、规则,以至于全部的精力来处理行为自由和权利救济的问题。这也是侵权法的生存空间和价值所在。但是,侵权法中一些问题的答案,可能还需要从侵权法外去寻找。

王 成

2011年1月5日

目 录

第一章 侵权法的概念和功能 ……………………………………………………(1)
    第一节 侵权法的概念和特点 ……………………………………………(1)
    第二节 侵权法的功能 ……………………………………………………(2)

第二章 侵权法的基本范畴和思维模式 ………………………………………(9)
    第一节 侵权法基本范畴的概念和内容 …………………………………(9)
    第二节 侵权法基本范畴的意义 …………………………………………(10)
    第三节 侵权法的思维模式 ………………………………………………(12)
    第四节 侵权法基本范畴和侵权法的思维模式 …………………………(13)

第三章 侵权之"权"的认定与侵权法的规范途径 …………………………(16)
    第一节 公权的排除 ………………………………………………………(16)
    第二节 比较法上的情况 …………………………………………………(19)
    第三节 侵权之"权"的认定与侵权法的规范模式 ………………………(24)

第四章 侵权法的归责原则 ……………………………………………………(37)
    第一节 侵权法归责原则的概念与体系 …………………………………(37)
    第二节 过错责任原则 ……………………………………………………(38)
    第三节 无过错责任原则 …………………………………………………(46)
    第四节 过错责任与无过错责任的关系 …………………………………(52)
    第五节 结果责任原则 ……………………………………………………(54)
    第六节 公平责任原则 ……………………………………………………(57)
    第七节 归责原则的体系效应 ……………………………………………(64)

第五章 侵权行为的概念、分类和构成要件 …………………………………(69)
    第一节 侵权行为的概念和特征 …………………………………………(69)
    第二节 侵权行为的分类 …………………………………………………(71)
    第三节 侵权行为的构成要件 ……………………………………………(76)

第六章 加害行为 ………………………………………………………………(80)
    第一节 加害行为的概念和研究意义 ……………………………………(80)
    第二节 作为的加害行为和不作为的加害行为 …………………………(83)

第七章　过错 ·· (89)
第一节　过错的概念和形式 ·· (89)
第二节　过失的客观化 ·· (92)

第八章　因果关系 ·· (98)
第一节　侵权法上因果关系的分类及其概念 ························ (98)
第二节　相当因果关系说 ·· (99)
第三节　因果关系向过失的转化 ·· (104)
第四节　因果关系的证明与推定 ·· (112)

第九章　损害 ·· (115)
第一节　损害的概念和特征 ·· (115)
第二节　损害的分类和认定 ·· (117)

第十章　数人侵权行为与责任 ·· (124)
第一节　数人侵权行为概述 ·· (124)
第二节　共同侵权行为与责任 ·· (125)
第三节　教唆行为、帮助行为及其责任 ······························ (127)
第四节　共同危险行为与责任 ·· (130)
第五节　无意思联络的数人侵权行为与责任 ······················ (132)

第十一章　侵权责任 ·· (135)
第一节　侵权责任概述 ·· (135)
第二节　侵权责任的类型 ·· (138)
第三节　侵权损害赔偿 ·· (148)
第四节　财产损害赔偿 ·· (152)
第五节　人身损害赔偿 ·· (155)
第六节　精神损害赔偿 ·· (161)
第七节　其他侵权责任方式 ·· (165)

第十二章　侵权责任的免责事由 ·· (179)
第一节　正当理由 ·· (180)
第二节　外来原因 ·· (188)

第十三章　类型化侵权责任 ·· (196)
第一节　产品责任 ·· (196)
第二节　道路交通事故责任 ·· (206)
第三节　医疗损害责任 ·· (221)
第四节　污染环境致人损害侵权行为与责任 ······················ (235)
第五节　高度危险责任 ·· (245)

第六节　饲养动物致人损害侵权行为与责任………………………(250)
第七节　物件致人损害侵权行为与责任……………………………(253)
第八节　施工致人损害侵权行为与责任……………………………(257)
第九节　监护人责任…………………………………………………(259)
第十节　完全民事行为能力人暂时丧失意识侵权责任……………(262)
第十一节　职务侵权行为与责任……………………………………(264)
第十二节　网络侵权责任……………………………………………(268)
第十三节　违反安全保障义务的责任………………………………(273)
第十四节　校园伤害责任……………………………………………(276)

附：法规简写…………………………………………………………(281)
后　　记………………………………………………………………(283)
第二版后记……………………………………………………………(285)
第三版后记……………………………………………………………(287)

第一章　侵权法的概念和功能

第一节　侵权法的概念和特点

一、侵权法的概念、规范体系和适用

（一）侵权法的概念

侵权法，是指规范侵权行为及侵权责任的法律。

侵权法，也被称为侵权行为法或者侵权责任法。我国立法机关将侵权法定名为"侵权责任法"，此前，学者著作多名为"侵权行为法"，本书使用"侵权责任法"，以与立法保持一致。

侵权法是民法的重要组成部分，是保护民事主体合法权益、明确侵权责任、预防并制裁侵权行为、促进社会和谐稳定的民事基本法律；是中国特色社会主义法律体系中的支架性法律。

（二）侵权法的规范体系和适用

在传统大陆法系国家，侵权法属于债法的组成部分。

在我国，2009年12月26日全国人大常委会通过了《侵权责任法》。2010年7月1日《侵权责任法》生效。

除《侵权责任法》外，侵权法规范还包括《民法总则》《民法通则》《产品质量法》《道路交通安全法》《环境保护法》《消费者权益保护法》《食品安全法》《民用航空法》等的相关规定。

最高人民法院的有关司法解释是我国侵权法规范的重要组成部分。

《侵权责任法》出台前，围绕《民法通则》的有关规定，形成了相对稳定的侵权法规范体系。《侵权责任法》出台后，侵权法规范体系面临着重新调整。《侵权责任法》第5条规定："其他法律对侵权责任另有特别规定的，依照其规定。"《侵权责任法》与《民法总则》《民法通则》以及《产品质量法》《道路交通安全法》《环境保护法》《消费者权益保护法》等法律的有关规定之间究竟是何种关系，需要研究。[1]

---

[1] 参见王成：《侵权法的规范体系及其适用》，载《政治与法律》2011年第1期。

二、侵权法的特点

与其他法律相比,侵权法具有如下特点:

(一)侵权法涉及民商法的各个领域

权利和利益是民商法体系展开的核心。从理论上来说,有权利和利益就有被侵犯的可能,因此,侵权法应尽可能为所有的民事权益提供规范和保护。除传统民法领域外,知识产权法、公司法、证券法等领域的侵权行为也日益引起人们的关注。

(二)侵权法具有浓厚的案例法色彩

由于侵权法涉及范围的广泛性以及侵权行为的复杂性,无法用类型列举的方式加以穷尽。因此,作为成文法的大陆法系,在立法规定上,侵权法部分反倒相对简单。我国《侵权责任法》共12章92条,在大陆法系各国,像我国这样将《侵权责任法》独立出来,同时用这么多的条文来规范侵权行为的情形,并不多见。

在英美法系,法院判例是侵权法的渊源,是研究的重点。在大陆法系,侵权法主要通过一般条款规范各种侵权行为。由于一般条款的高度抽象概括性,使得大陆法系的侵权法,也具有浓厚的案例法色彩。法院判决在侵权法规范及研究方面具有相对于其他领域更重要的地位。

在我国,法院的判决以及最高人民法院根据法院案件审理情况所作的有关司法解释,是推动侵权法发展的重要动力,也是侵权法非常重要的组成部分。

侵权法的发展和研究,非常依赖于司法实务的发展。学习侵权法时,应当养成研究法院判决的习惯。

(三)侵权法问题往往会触及人的基本价值判断

传统民法中的人身侵权事故多数都是悲剧;侵权法涉及权利救济和行为自由的权衡,因此,侵权法问题往往会涉及人的基本观念,触及每个人的基本情感及价值判断。中国古代民事案件的裁判,需要考虑"天理国法人情"。侵权法问题的处理也是如此,不仅要考虑国法,也需要考虑天理及人情的权衡。与其他类型的案件相比较,侵权案件往往更容易引起社会的广泛关注。

第二节 侵权法的功能

一、转嫁和填补损失的功能

转嫁和填补损失的功能,是指侵权法通过各种制度安排,在满足一定条件时,将受害人遭受的损失转由加害人或者行为人承担,从而起到填补受害人损失效果的功能。

(一) 转嫁损失的正当性

一个侵权事故发生后,受害人的损失是否能够得到填补,需要看受害人遭受的损失是否应当转由加害人或者行为人来承担,同时也要看加害人或者行为人的负担能力。损失从受害人转由加害人或者行为人承担,需要满足一定的条件。这些条件归根到底是要回答一个问题,即凭什么要将受害人遭受的损失转由加害人或者行为人来承担?

一般来说,一个人遭受某种不幸,只能够自己承担。如果让他人承担自己的不幸,则必须有正当的理由。寻找转嫁损失理由的过程,就是使侵权责任正当化的过程。寻找理由,从而获得正当性,是整个侵权法的核心思考。

寻找侵权责任成立的正当性,是侵权法中的难题。

通过对合同法和侵权法的情况加以比较,有助于理解这一问题的复杂性。

总的来说,合同法和侵权法都是在保护利益,分散风险。

合同法主要保护将来利益(expectation interests)。合同成立之前,当事人之间一般会有一个或长或短的意思表示的交换过程。意思表示的交换过程,就是彼此向对方披露信息的过程。双方当事人既要对对方的履约能力进行评估,也要对自己的履约能力进行评估。彼此要对对方的信息产生信赖并据此作出自己的安排,故而,信息的真实非常重要。双方当事人据此能够对双方之间的权利义务以及合同无法正常履行产生的后果、包括违约责任作出安排。出于对双方意思的尊重,法律一般会认可双方对利益关系的特殊安排,因此,合同对双方而言具有相当于法律的效力。合同如果正常履行,一般会是双赢的结果。合同如果不能正常履行,双方对其后果也应当会有适当的预期。因此,合同责任是因为没有使对方变得更好而承担的责任。合同责任成立的正当性,来源于双方事先的允诺。违约责任的赔偿有可预见规则的限制,违约方仅对订立合同时可以预见的损失进行赔偿。可预见规则有利于鼓励缔约双方在缔约时彼此充分披露真实信息。总的来说,合同领域更多的是算计和理性。

侵权法则属于不同的情况。侵权法主要保护既存利益(pre-existing interests),比如,既存的人身、财产利益。一般来说,侵权行为的发生都是突然的。双方之间不可能有事先协商的过程。两个毫不相干的人因为一个侵权行为突然联系在一起。侵权行为发生后,往往没有赢家。因此,侵权责任是因为使对方变得更差而承担的责任。双方既不可能事先对侵权行为本身作出任何安排,也不可能事先对责任的承担有任何安排。因此,国家需要投入规则资源对双方的利益进行安排。侵权责任强调的是全面赔偿。总的来说,侵权领域更多的是悲剧和情感。由于双方不可能在侵权行为发生前对行为后果有任何事先的意思表示的交换,那么,在事故发生后,何以要让加害人或者行为人承担受害人遭受的损失,就无法像合同法一样,从双方事先的允诺中获得正当性。因此,侵权责任对正当性的需求远比合同责任更加迫切。

（二）受害人损失的填补

转嫁损失的目的，是要填补受害人的损失。但需要说明的是，并非所有的损害都能够填补。

1. 要填补损失，首先需要考察待填补的损失

根据所侵害对象的不同，损失可以分为侵害财产造成的损失和侵害人身造成的损失。

由于财产一般都具有市场价格，侵害财产造成的损失，一般都是具有市场价格的损失，因此可以经由市场定价、通过损害赔偿的方式加以填补。

人身权益则一般都不具有市场价格，侵害人身造成的损失一般也都不具有市场价格，因此无法通过市场机制确定某项人身损失的价格。人身损失的特点是，一旦失去，往往永远都无法再有。而且，人身损失给受害人带来的远远不只是表面的损失本身，生活质量、工作、家庭等都可能随之改变。所以，除了伦理方面的原因外，在自由选择的情况下，人们一般都不会愿意用自己人身的某一部分或者生命换取一定数量的金钱。

但是，侵权法最有效的责任方式，只能是赔偿损失。这样就出现一个矛盾，即侵犯人身造成的损失无法用金钱来划价，但是依然只能够用金钱来填补。由此，如何对侵犯人身造成的损害加以填补，成为侵权法上的难题。

由于人身损害填补出现的矛盾，作为事后救济的侵权法填补损失的功能需要和事前预防功能结合起来一并考量。

2. 要填补损失，其次还需要看加害人或者行为人的负担能力

在合同关系中，基于合同自由原则，一个人与谁签订合同、签订什么合同，完全是个人的自由。每个人在选择合同对象的时候一定会评估对方的履约能力以及承担违约责任的能力。

在侵权关系中，两个人因为侵权事故突然变成了侵权关系的相对方，受害人对侵权人不可能有选择的余地。因此，即使法律支持受害人要求对方赔偿损失的请求，也不能保证对方一定有相应的负担能力。

二、预防功能

预防功能，是指侵权法通过各种制度安排，激励社会各方都有动力采取预防措施，避免损失的发生，从而避免个人的悲剧以及社会成本无收益的付出的功能。

《侵权责任法》第1条明确规定了侵权法的预防功能。

张仲景先生在《伤寒杂病论》中说：上医治未病之病，中医治将病之病，下医治已病之病。对于侵权法而言，对损害的预防也应当是其重要的功能。就具体受害人而言，填补损害的救济效果终究是有限的。最大的救济在于损害不要发

生。就整个社会而言,每一个事故本身不仅会造成财富的损失,还需要投入更多的成本消除事故带来的各种后果。①

任何事故的发生都有很多原因。从不同角度进行预防,都可能避免事故的发生,或者使事故的发生控制在社会可以接受的水平。

由于各方的行为都可能导致事故的发生,因此预防一个侵权损害的发生,往往需要相关各方都采取预防措施。采取预防措施意味着成本的投入,而成本的投入需要激励。因此,一个运行良好的侵权法律制度,应当能够产生适当的激励,使得各方当事人都愿意主动投入预防成本。这样,侵权损害才能够不发生,或者以社会能够接受的概率发生。

事故的预防与救济之间有着非常复杂的关系。是否尽到预防义务,是侵权法配置责任的重要依据。在一个具体事故中,需要判断哪些预防措施是需要受害人采取的,哪些预防措施是需要加害人采取的。这种判断对于责任的配置具有重要意义。损害往往是由能够以较低成本避免损失发生的一方当事人来承担。

确定受害人和加害人各自应当采取哪些预防措施,是具体案件处理中的难题。

正由于任何事故的发生都有很多原因,所以必须指出的是,损害的预防不单单是侵权法的功能,也不单单是侵权法所能够做到的。刑法、行政法等其他法律对预防损害的发生也起着重要作用。围绕各类事故的各种制度、设施等与事故的发生和预防也密不可分。以交通事故为例,驾驶执照的申领和考试、发放制度,道路设施的规划,交通的拥挤程度,人们遵守交通规则的意识,对违章行为的处罚力度等,都与事故的发生及预防有着重要关系。

基于此,预防及减少事故的发生,是整个社会共同的责任。

此外,尚需特别思考的是,除了预防成本的影响外,为什么侵权事故不能因为当事人的预防而彻底消灭?这是因为,引发事故的原因很多,当事人的不预防可能只是其中的一部分原因。所以,当事人即使采取了预防措施,损失依然可能发生。此时,事故的发生很可能已经超出了人类的控制范围。

三、惩罚功能

惩罚功能,是指对实施侵权行为的加害人,尤其是主观上为故意的加害人,施加侵权责任尤其是惩罚性赔偿,使加害人承担高于其收益的不利后果,以实现对受害人救济及预防类似事件目的的功能。

惩罚功能主要针对故意侵权。惩罚功能的前提,是假设主观上为故意的加

---

① 参见王泽鉴:《侵权行为》,北京大学出版社2009年版,第4—6页。

害人可能通过侵权行为获得某种收益，而一般侵权责任往往要小于这种收益。在收益大于成本的情况下，不仅受害人无法获得适当的救济，加害人也会很容易获得实施更多侵权行为的激励。为了抵销加害人从侵权行为中获得的收益，需要加重其承担的责任。

作为私法的侵权法，是否应当具有惩罚功能，是学者争论不休的问题。各国立法对此也态度不一。[①]《侵权责任法》第 1 条规定，制定本法的目的之一是"预防并制裁侵权行为"。在《侵权责任法》制定过程中，对于第 1 条中的"制裁"一词，不少学者曾提出反对意见。笔者则采支持的立场。

侵权法的惩罚功能主要体现为惩罚性赔偿。近年来，在产品责任领域、在故意侵权的场合，有条件地给予受害人惩罚性赔偿，已经成为学界的共识。这种共识也体现在了近年来的立法当中。比如，《侵权责任法》第 47 条规定："明知产品存在缺陷仍然生产、销售，造成他人死亡或者健康严重损害的，被侵权人有权请求相应的惩罚性赔偿。"2014 年 3 月 15 日实施的修正后的《消费者权益保护法》第 55 条规定："经营者提供商品或者服务有欺诈行为的，应当按照消费者的要求增加赔偿其受到的损失，增加赔偿的金额为消费者购买商品的价款或者接受服务的费用的三倍；增加赔偿的金额不足五百元的，为五百元。法律另有规定的，依照其规定。""经营者明知商品或者服务存在缺陷，仍然向消费者提供，造成消费者或者其他受害人死亡或者健康严重损害的，受害人有权要求经营者依照本法第四十九条、第五十一条等法律规定赔偿损失，并有权要求所受损失二倍以下的惩罚性赔偿。"再比如，2015 年 10 月 1 日施行的修订后的《食品安全法》（2018 年 12 月 29 日修正）第 148 条第 2 款规定："生产不符合食品安全标准的食品或者经营明知是不符合食品安全标准的食品，消费者除要求赔偿损失外，还可以向生产者或者经营者要求支付价款十倍或者损失三倍的赔偿金；增加赔偿的金额不足一千元的，为一千元。但是，食品的标签、说明书存在不影响食品安全且不会对消费者造成误导的瑕疵的除外。"此外，《旅游法》第 70 条第 1 款规定了旅游合同中的惩罚性赔偿；《商标法》第 63 条第 1 款规定了恶意侵犯商标专用权的惩罚性赔偿。

从目前社会上层出不穷的由产品质量引发的侵权事故来看，侵权法的惩罚功能还有进一步强化的必要。

四、创设、催生新人身权的功能

创设、催生新人身权的功能，是指侵权法促进人身权产生和发展的功能。

[①] 参见韩世远：《消费者合同三题：知假买假、惩罚性赔偿与合同终了》，载《法律适用》2015 年第 10 期。

民事主体有各种利益,法律保护的只是其中的部分利益。在被保护的利益中,某些利益被权利化而成为权利,某些利益则作为合法利益被保护。法律上权利的类型和内容,是不断发展变化的。权利的产生和发展,与权利背后的利益被侵害有着密切关系。这点在人身权领域体现得尤其明显。人身权类型和内容的丰富和发展在很大程度上依赖于侵权法的发展。许多具体人身权为法律所认可,都是通过法院对侵权案件的处理完成的。法院判决促进了侵权法的发展,同时,在这些案件的处理过程中,许多具体人格权诞生了,或者其边界更加清晰了。因此,侵权法起到了创设和催生新人身权的作用。

五、舒缓社会冲突、压力,促进社会和谐的功能

舒缓社会冲突、压力,促进社会和谐的功能,是指侵权法通过规定侵权行为的构成、适当确定对受害人的救济和加害人的责任,使因侵权行为产生的社会冲突和压力得以缓解,社会因此恢复和谐运行的功能。

侵权行为及由此导致的事故会在当事人之间以及一定社会范围内积聚冲突和压力。这种冲突和压力如果不能得到及时释放,累积到一定程度,会产生破坏性的力量。侵权法的出现、发展和完善,通过对加害人的惩罚和对受害人的救济,实现了由制度而非个人来满足受害人及其近亲属要求报复、寻求心理安慰的需要。因此,侵权法能够对这种社会冲突及压力产生舒缓效果。这对整个社会的有序发展至关重要。

《侵权责任法》第1条明确规定,制定侵权法的目的之一是促进社会和谐稳定。这一规定可以看作是《侵权责任法》重要的亮点。

六、分散损失的功能

分散损失的功能,是指侵权法通过一定的制度安排,将原本由加害人或者受害人承担的损失分散到更多的社会成员身上,从而减少事故对少数人的负面影响,促进社会的和谐稳定。

分散损失的功能是侵权法的一项新功能。分散损失功能的出现和发展有其深刻复杂的社会背景。其中重要的一点是,现代社会人们之间的联系高度紧密,一个小的事故很容易波及到相当大的生活层面。比如,药品安全、食品安全、环境污染、输血感染等引发的事故,受害人动辄以万计。此时,如果单单让加害人承担损失,加害人往往不堪重负、无法承担,受害人因此也无法得到赔偿。此时,就需要有新的制度安排把损失分散出去。救助基金、强制责任保险等制度因此应运而生。

课外研习及阅读

课外研习

1. 查找《侵权责任法》,查找《民法通则》《民法总则》有关侵权的规定以及最高人民法院有关侵权法的重要司法解释,作为案头书。
2. 简单了解各国民法典中有关侵权法规定的部分。
3. 查找几个侵权案件的判决,了解侵权法在具体案件处理中功能的实现。

课外阅读

1. 王泽鉴:《侵权行为》,北京大学出版社2009年版,第一章。
2. 杨立新:《侵权责任法》(第二版),北京大学出版社2017年版。
3. William L. Prosser, *Law of Torts*, West Publishing Co., 1971.
4. 〔意〕恺撒·米拉拜利:《人身损害赔偿:从收益能力到人格尊严》,丁玫、李静译,载《中外法学》2007年第1期。
5. 王成:《侵权法的规范体系及其适用——以〈侵权责任法〉第5条的解释适用为背景》,载《政治与法律》2011年第1期。

第二章 侵权法的基本范畴和思维模式

第一节 侵权法基本范畴的概念和内容

一、侵权法基本范畴的概念

侵权法的基本范畴,是指侵权法最基本的权衡及思考范围。换言之,立法者起草侵权法规则、司法者处理侵权法案件、研习者面对侵权法问题,最基本的考虑范围就是侵权法的基本范畴。

二、侵权法基本范畴的内容

(一)一个案件

在刘翔诉《精品购物指南》报社(以下简称"精品报社")一案中,精品报社使用刘翔在2004年雅典奥运会上的跨栏肖像作为其2004年10月21日出版的第80期(总第1003期)"出版千期特别纪念专刊"的封面人物,在同一封面的下方,还有中友百货公司购物节的广告。

刘翔认为精品报社以上述方式使用其肖像侵犯了其肖像权,诉请法院要求被告停止侵害、赔礼道歉并赔偿损失。精品报社则认为自己是在进行新闻报道,属于对肖像的正当使用,享有言论自由,不构成侵权。

一、二审法院作出了不同的判决。[①] 学者对此案也有不同的看法。[②]

本案的焦点问题是,刘翔的肖像权究竟是否受到了侵犯。要回答这一问题,首先需要界定肖像权的权利范围,而对肖像权权利范围的界定,必然关涉他人——本案中是精品报社,实际上包括所有不特定的第三人——的行为自由。因此,这一问题的背后,是在界定肖像权的权利范围和新闻媒体行为自由的关系。

(二)侵权法基本范畴的内容

刘翔案问题的实质,在于处理权利救济和行为自由的关系。

这一结论具有普遍意义。整个侵权法都在围绕一个问题展开:一个人遭受

[①] 参见北京市海淀区人民法院(2005)海民初字第2938号民事判决书、北京市第一中级人民法院(2005)一中民终字第8144号民事判决书。

[②] 关于本案更详细的讨论,参见王成:《侵犯肖像权之加害行为的认定及肖像权的保护原则》,载《清华法学》2008年第2期。

损害后,在何种情况下,该损失应当由相关的其他人来承担。对此问题的回答,实质上是在划定权利救济和行为自由的界限。①

因此,权利救济和行为自由,就是侵权法的基本范畴。

自由止于权利。权利救济和行为自由之间存在着互相制约、此消彼长的紧张关系。权利救济范围的扩张,意味着行为自由范围的收缩。反之亦然。

界定权利和自由的界限,一个方法是对权利的正面界定。但是,法律就特定法益的保障与行为自由的认许,基本上是相互冲突的。② 权利的边界,是在不断地被侵犯的过程中逐渐清晰的。权利救济和行为自由是侵权法的基本范畴,贯穿在侵权法思考的始终。侵权法上重要问题的实质,都是在权利救济和行为自由之间进行摇摆。侵权法中重要问题的讨论,也都是围绕这一基本范畴而展开。

侵权法的基本问题都存在于法益保护和行为自由之间的冲突上。从受害人的观点看,加害人应当赔偿受害人所受到的损害。但相应的,也应当看到,这对加害人个人及经济上的发展也构成相当大的限制。③

权利救济和行为自由的背后,分别是受害人群体和加害人群体,分别大致代表着生存、稳定等价值和经济自由、发展等价值。每个人、每个社会,在不同的时期、不同地域会有不同的价值需求;甚至同样的个人、同样的社会,在同一时期、同一地域也会同时要求不同的价值,因此无法给这些价值武断地贴上高低先后的标签。这意味着,权利救济和行为自由的界限是模糊不清的,问题因此变得复杂起来。侵权法的立法者、具体案件的裁判者,需要根据不同的情境,小心拿捏。

第二节 侵权法基本范畴的意义

一、明确侵权法基本范畴的社会意义

(一) 符合人们的基本需求

行为自由和权利救济是人们的基本需求,同时二者又是一对矛盾体,存在着互相制约、此消彼长的关系。对于每一个社会主体而言,既有行为自由的需要,也有权利救济的需要。同时,每个社会主体的机会是平等的,即一方面希望自己的行为无限自由,同时也希望在自己的权利受到侵害时得到法律的救济;另一方

---

① 一般认为,侵权之"权"不仅包括权利,也包括合法利益,我国现行法同样采此立场。因此,此处的权利救济,应当包括对权利和合法利益的救济。

② 参见黄立:《民法债编总论》,中国政法大学出版社 2002 年版,第 239 页。

③ Larenz/Cnaris, Lehrbuch des Schuldrechts, Bd. II/2, S. 350f.; van Gerven et al., *Tort Law*, Oxford: Hart Publishing, 2002, p.15. 转引自李昊:《交易安全义务论:德国侵权行为法结构变迁的一种解读》,北京大学出版社 2008 年版,第 19—20 页。

面,自己的行为很可能会侵入他人的权利领域,而自己的权利领域也很可能会被他人侵犯。因此,作为一种制度安排,侵权法需要提供不同场合作出判断的规范资源,来明确行为自由和权利的界限。

(二)维护正常的社会秩序,给社会合理的预期

社会建立在秩序的基础上,而秩序必须以界限和预期作为基础。正如繁忙的城市道路交通一样,每个人都必须知道自己可以行走的范围。同时,在道路交通的过程中,预期至关重要。一个人只有知道别人怎么走,才能够知道自己该怎么走。对于整个社会而言,同样如此。侵权法通过适当划定权利救济和行为自由的界限,为每个社会主体划定了行为的范围,给出了合理的预期,维护了正常的社会秩序。

(三)维护社会正常的伦理价值

除了婚姻家庭法外,侵权法或许是民法中最具伦理价值的部分。在具体案件中分清对错,根据对错来配置责任,是社会秩序的基本需求。如果权利救济和行为自由的界限不清,或者虽然清晰但是不符合整个社会的期待,社会的伦理就会被扭曲。正所谓,尽管好的制度不能让坏人变好,坏的制度却能够让好人变坏。

二、侵权法基本范畴对侵权法立法和司法的意义

对受害人加以救济,无疑是侵权法的重要功能。但是,不能单单只考虑对权利的救济。事实上,对权利的消极限制无处不在。他人行为对权利的不利影响,仅仅是这种限制的某一方面,也许是很小的方面。[①] 仅仅强调问题的一方面,会导致对另一同样重要方面不应有的忽视。正如科斯所指出的,从事某种产生有害后果事情(比如排放烟雾、气味等)的权利,也是生产要素。行使某种权利(使用某种生产要素)的代价正好是他人因此遭受的损失——不能穿越、停车、盖房、享受风景、宁静和清洁的空气。我们在处理有妨害后果的行为时所面临的问题,并不是简单地限制那些有责任者。必须决定的是,防止妨害的收益是否大于为了停止该损害行为而在其他方面遭受的损失。[②] 在制定侵权法规范时,在进行侵权案件的裁判时,在考虑对受害人的救济时,需要考虑权利和自由之间此消彼长的关系。权利的扩张意味着自由的收缩。在人人平等的大背景下,不是某些人只享有权利,而另一些人只享有自由。一个人同时既是权利人,也是行为人。

---

① A system in which the rights of individuals were unlimited would be one in which there were no rights to acquire. See Ronald. H. Coase, "The Problem of Social Cost", *Journal of Law and Economics* (October 1960).

② See Ronald. H. Coase, "The Problem of Social Cost", *Journal of Law and Economics* (October 1960).

或者,一个人此时是需要救济的权利人,彼时则可能是需要自由的行为人。因此,正如自由并非越多越好一样,权利也并非越多越好。对权利的救济,也并非越多越好。

第三节 侵权法的思维模式

一、侵权法思维模式的概念

侵权法的思维模式,是指分析侵权法问题,尤其是处理侵权案件时的逻辑思维方式。

权利救济和行为自由是侵权法的基本范畴。侵权法思维模式则是基本范畴的具体操作方法和分析框架。换言之,侵权法的思维模式,就是划定权利救济和行为自由界限的方法。具体而言,任何矛盾纠纷的解决都不是一蹴而就的。纠纷的解决往往是矛盾钝化的连续过程,因此需要一种解决方法实现矛盾的逐步钝化。侵权纠纷的解决也是如此。

二、侵权法思维模式的内容

侵权法的思维模式如下:权利或者利益→侵权行为构成要件→免责事由→侵权责任。

权利或者利益的界定是侵权法思考和判断的起点。权利或者利益的界定,分为权利或者利益类型的界定以及权利或者利益内容的界定。在划定权利救济和行为自由的界限时,作为一种法律制度,侵权法首先要对法律规定的权利或者利益的类型和内容加以考察。在具体案件中,如果当事人主张的权利是现行法律规定的权利或者利益类型,并且其主张的利益可能属于该权利或者利益的内容,法官则有必要继续进行下一步的考察。相反,如果当事人主张的权利或者利益并非法律所规定的权利或者利益类型,或者该权利或者利益的内容并不包含当事人所主张的内容,考察则可以就此结束,当事人的主张不能得到支持。权利救济和行为自由二者的界限也便清楚了。

权利或者利益的界定结束后,如果当事人主张的权利或者利益属于法律规定的权利或者利益的类型,同时,当事人的主张又属于法律规定的权利或者利益类型的内容,则要进入构成要件的考察。很多时候,当事人的主张是否属于法律规定的权利或者利益类型的内容,不是很容易确定。此时,一般也要进入构成要件的考察。通过构成要件的考察来帮助裁判者进一步确定当事人主张的利益是否属于法律规定的权利或者利益内容的范畴。不同的侵权行为,会有不同的构成要件。但无论加害行为、因果关系、过错或无过错还是损害,也都是在一定范围内界定着权利救济和行为自由。

经过考察,如果各项要件都具备,则被告的行为构成侵权行为,就可以过渡到侵权责任的考察。

侵权责任包括侵权责任的方式和内容。

在构成要件与侵权责任之间存在着免责事由的可能。在各要件具备因此侵权行为构成时,通常情况下就要有侵权责任的承担。但是,如果存在着免责事由,尽管侵权行为构成,加害人也无须承担侵权责任。

可见,考察侵权责任的前提是侵权行为构成且不存在免责事由。考察免责事由的前提,是侵权行为构成。如果侵权行为不构成,则没有考察免责事由的必要。

侵权责任成立后,需要根据权利或者利益的不圆满状态确定责任的方式和内容。

至此,由当事人提出主张开始的侵权案件,以责任的方式和内容的确定而结束。

第四节 侵权法基本范畴和侵权法的思维模式

一、划定权利救济和行为自由界限的复杂性

权利是否被侵犯的情形非常复杂,同时因为权利和自由之间此消彼长的紧张关系,一般而言,正面规定的权利法规范无法将权利的界限划定清楚,从而无法将权利和行为自由的界限划定清楚。

实践经验表明,权利的界限是在不断被侵犯的过程中、在社会各种价值的不断碰撞中,经由法院对具体案件的裁判,不断地清晰起来的。可见,权利界限的划定是一个不断变化的过程。在不同社会、同一社会不同的发展阶段,权利的范围会随着人们对行为自由观念的变化而不断变化。也许,正是在这样的意义上,卡多佐说,法律是生长的,"现行的规则和原则可以告诉我们现在的方位、我们的处境、我们的经纬度。夜晚遮风挡雨的客栈毕竟不是旅行的目的地。法律就像旅行者一样,天明还得出发。它必须有生长的原则"[①]。

权利救济和行为自由的界限并不总是清晰的,或者说,多数情况下是不清晰的。无论立法者制定侵权法规范、司法者对侵权案件进行裁判,还是研习者对侵权法问题进行研究讨论,基于对权利救济和行为自由不同的倾向,人们的立场往

---

① 参见〔美〕本杰明·内森·卡多佐:《法律的生长》,刘培峰等译,贵州人民出版社 2003 年版,第 11 页。

往会出现分歧。就侵权法问题来说,人们的分歧一般都可归结为权利救济和行为自由之间的分歧。由于自由涉及人们的基本价值判断,因此,对侵权法问题的讨论,更容易引起社会的普遍关注。

权利和自由存在互相制约、此消彼长的关系。在划定权利救济和行为自由的界限时,需要回答一个问题:因何要以牺牲甲自由的方式为代价救济乙的权利?反之,因何要以牺牲乙权利的方式为代价保护甲的自由?

无论最后界限划定在何处,都需要一个支撑结论的正当性理由。

二、侵权法基本范畴与侵权法的思维模式

整个侵权法都围绕其基本范畴而展开。同时,作为一种需要具有操作性的法律制度,侵权法基本范畴需要通过一定的方法转换成具体的规则。

侵权法基本范畴从宏观方面约束和规范着侵权法的思考。在基本范畴的框架下,从何处入手、如何展开,以及如何得出具有正当性的结论,是面对任何侵权法案件时都必然碰到的问题。

侵权法基本范畴贯穿在侵权法思考的始终,因此,侵权法需要有一套自己的思维模式,构成侵权法问题解决的基本思路,体现基本范畴的要求。

侵权法通过对权利的界定以及侵权行为的归责原则、构成要件、免责事由等来界定权利救济和行为自由的界限。或者说,侵权法各个具体组成部分,都是为了解决这一问题而从不同角度寻求正当化的理由。可见,侵权法花了大量的精力来寻找这个理由。反过来,在讨论权利界定、归责原则以及构成要件时,需要考虑侵权法的基本范畴。侵权法基本范畴会制约对这些问题的讨论。

课外研习及阅读

课外研习

1. 查找《民法通则》第 98—103 条,分析这些规定与侵权法基本范畴是什么关系。

2. 查找北京市海淀区人民法院(2006)海民初字第 14745 号民事裁定书、北京市第一中级人民法院(2007)一中民终字第 900 号民事裁定书,分析丘建东诉法制出版社侵权案中法官的思维模式。

3. 查找北京市海淀区人民法院(2005)海民初字第 2938 号民事判决书、北京市第一中级人民法院(2005)一中民终字第 8144 号民事判决书,分析刘翔诉《精品购物指南》报社等侵害肖像权案一审、二审判决中法官的思维模式以及对权利救济和行为自由的界定。

课外阅读

1. Ronald. H. Coase,"The Problem of Social Cost", *Journal of Law and Economics* (October 1960).

2. 张新宝:《侵权责任法立法研究》,中国人民大学出版社 2009 年版。

3. 王成:《侵权法的基本范畴》,载《法学家》2009 年第 4 期。

4. 王成:《侵犯肖像权之加害行为的认定及肖像权的保护原则》,载《清华法学》2008 年第 2 期。

5. 李昊:《交易安全义务论:德国侵权行为法结构变迁的一种解读》,北京大学出版社 2008 年版。

第三章 侵权之"权"的认定与侵权法的规范途径

第一节 公权的排除

一、问题的提出

权利或者利益的考察是侵权法思考和判断的起点。在讨论这一问题之前,首先需要回答另外一个问题:何种权利和利益属于侵权之"权"的范围。

民事主体有各种不同的利益,能够纳入侵权法保护范围的,只是其中的一部分。这一章讨论的问题就是,民事主体的哪些利益可以纳入侵权之权,对于纳入侵权之权的利益,通过哪种途径加以规范和保护?

这种关系图示如下:

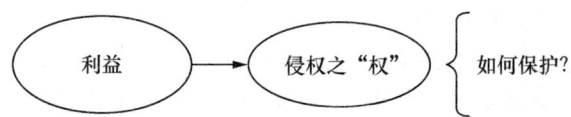

二、公权的排除

侵权法为私法,以保护私权利为其制度目的。因此,公权不属于此处侵权之"权"的范畴。

(一)公权力和公法上的权利

公权可以分为公权力和公法上的权利。公权力的主体是行政机关或其授权的机关。公权力受到侵害,是指行政机关或其授权机关无法正常行使其权力,此时行政机关或其授权机关不能以权力受到侵害为由请求法院获得侵权法的救济。台湾地区"最高法院"1973年度第一次民事庭庭长会议决议认为,"侵权行为以侵害私法上权利为限,某甲因犯诈欺破产罪,使其应缴税捐机关之罚锾不能缴纳,系公法上权利受到损害,不能认系侵权行为,税捐机关不得提起附带民事诉讼,依侵权行为法则,请求损害赔偿"。①

公法上权利的主体是公民也即行政相对人,公法上的权利即行政相对人基于公法享有的权利。行政相对人认为,行政机关或其授权机关未正确行使公权

---

① 参见王泽鉴:《侵权行为》,北京大学出版社2009年版,第97页。

力,导致自己基于公法享有的权利受到侵害,此时应当通过行政诉讼来解决,而不能提起侵权诉讼。

我国台湾地区的通说认为,民法侵权行为之规定,唯以私权之保护为目的,公权不包括于台湾地区"民法"第184条所谓权利之内,从而公权之侵害不构成侵权行为。史尚宽先生认为,公权之侵害,一般法律另有制裁规定(刑事责任或公法的责任),原则上侵权行为应以私权为客体。然公权中亦有其形式上虽为公权,性质上与私权极相类似者,亦无不得为侵权行为客体之理由。例如公务员对于政府之俸给请求权,退休金或抚恤金请求权,因土地征收或军事征用之补偿金请求权等。尤其公权之侵害,同时为私权之侵害者,当然以私权之侵害,构成侵权行为。例如妨害选举权之行使而妨害选举人之身体自由,则因自由权之侵害而为侵害行为。①

我国台湾地区"最高法院"1993年台上字第1852号判决称,"大学、独立学院及专科学校教师审查办法,由'教育部'分别定之……大学设教师评审委员会,评审教师升等事项。……是评审会审议上诉人教授升等资格事项,系属公权力之行使,不构成民法上之侵权行为。"②

(二)两个典型案例

我国20世纪末发生了两件著名的案件,有助于说明这一问题。

在田永诉北京科技大学案中,被告认定原告存在考试作弊行为,按退学处理,但决定和变更学籍的通知未直接向原告宣布、送达,也未给原告办理有关退学的手续,原告继续在校以该校大学生的身份参加正常学习及学校组织的活动,直至毕业。毕业前夕,原告所在院系向被告报送原告所在班级时,被告有关部门以原告已按退学处理、不具备北京科技大学学籍为由,拒绝为其颁发毕业证书,进而未向教育行政部门呈报毕业派遣资格表。原告认为,学校错误地认为其考试作弊,并作出退学决定;但该决定并没有正式通知本人,学校及相关部门也未按此决定执行。此后,他按规定向学校交纳教育费用、注册学籍,在学校学习期间,完成了被告制定的教学计划,学习成绩和毕业论文已经达到高等学校毕业的要求。然而,临近毕业时,学校通知系里,以其不具备学籍为理由,拒绝颁发毕业证书、学位证书和办理毕业派遣手续。故认为,被告行为侵犯其权利。

北京市海淀区人民法院认为,根据我国法律规定,高等学校对受教育者有进行学籍管理、实施奖励或处分的权力,有代表国家对受教育者颁发相应的学业证

---

① 参见史尚宽:《债法总论》,中国政法大学出版社2000年版,第134页。同时可参见林诚二:《民法债编总论——体系化解说》,中国人民大学出版社2003年版,第154页。

② 参见王泽鉴:《侵权行为》,北京大学出版社2009年版,第97页。

书、学位证书的职责。本案原告在补考中随身携带纸条的行为属于违反考场纪律的行为,被告可以按照有关法律、法规、规章及学校的有关规定处理。……但退学处理的决定涉及原告的受教育权利,从充分保障当事人权益原则出发,被告应将此决定直接向本人送达、宣布,允许当事人提出申辩意见。而被告既未依此原则处理,尊重当事人的权利,也未实际给原告办理注销学籍及迁移户籍、档案等手续。原告在1995—1996学年第二学期虽因丢失学生证未能注册,但被告1996年9月又为其补办了学生证并注册的事实行为,应视为被告改变了其对原告所作的按退学处理的决定,恢复了原告的学籍。①

在刘燕文诉北京大学学位评定委员会案中,一审北京市海淀区人民法院认为,被告作出不批准学位论文答辩委员会报请授予刘燕文博士学位的决议的决定,该决定未经校学位委员会全体成员过半数通过,违反了《中华人民共和国学位条例》第10条第2款规定的法定程序,法院不予支持。校学位委员会作出不予授予学位的决定,涉及学位申请者能否获得相应学位证书的权利,校学位委员会在作出否定决议前应当告知学位申请者,听取学位申请者的申辩意见;在作出不批准授予博士学位的决定后,从充分保障学位申请者的合法权益原则出发,校学位委员会应将此决定向本人送达或宣布。本案被告校学位委员会在作出不批准授予刘燕文博士学位前,未听取刘燕文的申辩意见;在作出决定之后,也未将决定向刘燕文实际送达,影响了刘燕文向有关部门提出申诉或提起诉讼权利的行使,该决定应予撤销。②

可见,在行政法上,对行政相对人权利的保护机制,与民法侵权法的保护机制存在不同。在行政法律关系中,行政机关与行政相对人处于不平等的地位。行政机关处于优势地位,因此,需通过强调行政机关行使权力时的正当程序,确保相对人的权利不受侵犯。正当程序在行政法上具有重要的地位。

在民事侵权法律关系中,加害人与受害人地位平等。法律通过权衡权利救济和行为自由的关系来实现权利的保护。③

综上,无论国家机关的公权力,还是公民或者行政相对人基于公法享有的权利,都不属于侵权之"权"的范畴。

---

① 参见北京市海淀区人民法院(1998)海行初字第142号行政判决书。
② 参见北京市海淀区人民法院(1999)海行初字第103号行政判决书。
③ 国家对人民权利的保护方法因公权或私权而有显著的差异。关于私权,不问任何事件,人民都可以提起民事诉讼去请求国家的保护,而人民的公权,一般都不能根据民事诉讼去请求保护。参见〔日〕美浓部达吉:《公法与私法》,黄冯明译,中国政法大学出版社2003年版,第123—129页。

第二节 比较法上的情况

一、法国法的情况

《法国民法典》第1382条规定:"任何行为使他人受损害时,因自己的故意而致行为发生之人对该他人负赔偿的责任。"第1383条规定:"任何人不仅对其行为所致的损害,而且对其过失或懈怠所致的损害,负赔偿的责任。"

《法国民法典》所规定的侵权责任是迄今为止世界上范围最广、射程最远的侵权责任制度。任何损害,无论是有形的还是无形的或经济的损害,根据该法都是可以提起侵权诉讼的,因为,《法国民法典》所关注的重点是致损事件,而不是原告所享有的特定权利的性质和范围。也就是说,任何人,只要是因为他人的过错造成的损害,原告都享有法定的赔偿权利。[①]

正如冯·巴尔教授所评论的,在所有的欧洲民法典中,《法国民法典》给法院的指示最少。其作者只是对"永恒的真理"感兴趣,对规定"对任何人的损害"一类的原则感兴趣,这样的原则很难作为可以适用的法律规则。对具体问题寻找解决方案不是立法者所关注的问题。[②]

二、德国法的情况

《德国民法典》第823条规定:"故意或者过失而不法侵害他人的生命、身体、健康、自由、财产所有权或者其他权利的人,有义务向他人赔偿由此而造成的损失。""违反以保护他人为目的的法律的人,负有同样的义务。"

《德国民法典》第826条规定:"以违反善良风俗的方式,故意地造成他人损失的人,有义务对他人的损失进行赔偿。"

上述两条构成了德国民法侵权法的一般条款。关于侵权之"权"的认定及其规范途径,德国法采三层次结构。

(一)第一途径:对民法规定之基本权利的保护

(1)第823条第1款明确列举对他人的生命、身体、健康、自由、财产所有权或者其他权利,以故意或过失而不法侵害的,成立侵权责任。本款规定的措辞拒绝了采用对侵权责任构成要件进行概括性规定的模式。只有上述明确列举的权

[①] Efstathios K. Banakas, "Tender is the Night: Economic Loss-the Issues, Civil Liability For Pure Economic Loss", Efstathios K. Banakas edited, *Kluwer Law International*, p.16. 转引自张民安:《现代法国侵权责任制度研究》,法律出版社2003年版,第57页。

[②] 参见〔德〕克雷斯蒂安·冯·巴尔:《欧洲比较侵权行为法》(上卷),张新宝译,法律出版社2004年版,第18页。

利遭受损害时,才可能根据第 823 条第 1 款提起诉讼。① 《德国民法典》的立法者认为,只有用这种方法才能防止过分扩大第三者赔偿损失的责任。② 而且,这些权利是社会道德和每个人自由发展空间所不可放弃的前提条件。③

尤其需要注意的是,并不是受害人的每一种法律地位都可以被置于第 823 条第 1 款的保护之下,否则,该款就成为一个"大的概括性条款",而这恰恰是立法者试图避免的。因此,将"其他权利"纳入第 823 条第 1 款,只应当理解为规定了一个"小的概括性条款"。

因此,能够归入这里"其他权利"的权利,其在实质上的表现能够与财产所有权以及其他在第 823 条第 1 款中明确提到的法益相比肩。④

(2) 只有绝对权利才属于这里的"其他权利",即那些相对于任何人都发生效力的权利。所有的支配权都属于"其他权利",包括限制物权(质物权、役权)、先占权(第 958 条第 2 款规定的狩猎权、捕鱼权)和无形财产权(专利权、著作权、商标权和外观设计权)以及特殊人格权(Spezielle Persönlichkeitsrechte)[姓名权、肖像权、著作人格权(das Urheberpersonlichkeitsrecht)]。⑤

占有也是一项具有限定性保护范围的"其他权利"。侵权法仅在物权法承认的范围内对占有予以保护。直接占有人可以向侵占者提出侵权主张。例如停车位被陌生车辆占用,其承租人可以将车拖走,并要求停车者支付相应的拖车费用。⑥ 但是间接占有人并不能向直接占有人提出侵权主张。例如托运人将租来的物品托运,而物品在运输的过程中受到损害,这时托运人并不能向运输企业提出损害赔偿的要求,因为其作为间接占有人对直接占有人并不享有占有保护请求权(BGHZ 32,194)(Besitzschutzrechte)。⑦

监护权(die elterliche Sorge)是一种其他权利。如父母可以就因孩子被绑

---

① Erwin Deutsch 和 Karl-Heinz Gursky 对生命、身体、健康、自由、财产所有权或者其他权利有所区分,称前四项为法益(Rechtsgüter),而仅称后两项为权利(Rechte)。Erwin Deutsch 进一步阐明,前四项是限定性的列举,而后两项的内容可以不断补充扩张。Erwin Deutsch,Unerlaubte Handlungen, Schadensersatz und Schmerzensgeld,S98;Karl-Heinz Gursky,Schuldrecht Besonderer Teil,S. 214—215.

② Vgl. Hierzu Larenz/Canaris SBT 2 §75 I 3 c. 转引自〔德〕马克西米利安·福克斯:《侵权行为法》,齐晓琨译,法律出版社 2006 年版,第 4 页。

③ MünchKomm-Wagner §823, Rn. 136 f.;AK-BGB-Joerges §823, Rn. 1;zur Vorgeschichte der Deliktshaftung des BGB Brüggemeier, Deliktsrech, Rn. 80 ff. 转引自〔德〕汉斯—贝恩德·舍费尔、〔德〕克劳斯·奥特:《民法的经济分析》(第 4 版),江清云、杜涛译,法律出版社 2009 年版,第 141 页。

④ 有观点认为,这里的"其他权利"必须具备可替代性,能够被放弃、处置或向第三人转让。这些权利的保护范围通常已经在其他情况下得到界定,并不需要责任赔偿法另行鉴别。Erwin Deutsch, Allgemeines Haftungsrecht,S. 45.

⑤ Karl-Heinz Gursky, Schuldrecht Besonderer Teil, S. 215.

⑥ OKG Karsruhe JuS 1978,852.

⑦ Erwin Deutsch, Unerlaubte Handlungen, Schadensersatz und Schmerzensgeld, S. 104—105. 苏永钦教授借分析我国台湾地区 1982 年度台上字第 3748 号判决,讨论了侵害占有的侵权责任,对笔者颇有启发。参见苏永钦:《私法自治中的经济理性》,中国人民大学出版社 2004 年版,第 67—81 页。

架而在找回孩子过程中花费的费用主张损害赔偿。同时,根据法律实践,侵权法律在范围上也保护配偶关系,即夫妻一方可以要求另一方不要在共同居住的房屋内为扰乱婚姻关系的"第三者"(Ehestörer)提供住宿(BGHZ 6,306)。但是法律并不保护配偶关系的连续性。① 在通奸的情况下,针对不忠的配偶或第三人的侵权损害赔偿请求就会被否认。原因有二:其一是第三人无从损害存在于夫妻间的忠实义务,其二是关于忠实义务的内容在家庭法上已有详尽的规定。②

成员权也被视为一种"其他权利",其不仅仅包括法人企业中的份额,也包括体育协会中的成员权。根据法院判决(BGH NJW 90,2877),体育协会中的会员可以根据第823条第1款向社团董事个人主张侵权损害赔偿,因为协会董事会违反规则,拒绝让这名会员参与一项协会活动。③

(3) 这种有限列举的规定,无疑会对民事主体的利益保护带来限制。为了适应社会现实的需要,第823条第1款的规定通过两种途径扩展。

其一,扩展的第一条途径是通过对条文列举的各项权利进行解释,将民事主体的某些利益纳入第823条的保护范围内。这种情况可以概括为权利内容的扩张。比如,财产所有权的概念,已经从只注重物体本身的价值(对物的损毁、损坏,对物的占有的剥夺)过渡到关注其所能发挥的功效。④ 另外,判例和学说对身体和健康两项法益的特征规定得十分宽泛[对身体完整性、健康的伤害以及对内部生命过程的扰乱(die Störung der inneren Lebensvorgänge)]⑤从而有可能对它们实施范围更广泛的法律保护。这种保护不但涉及人的生命的存活,还及于人的健康的心理因素。例如因目睹或获悉近亲属的意外身亡而造成的心理冲击(Nervenschock)。⑥

其二,扩展的第二条途径是由司法创造某些权利纳入第823条第1款所规定的"其他权利"的范围。但是这种创造不是随意的,截至目前,司法只创造了两种权利即一般人格权和已设立且运作的营业权,被认为属于"其他权利"。

通过一般人格权和已设立且运作的营业权,联邦最高普通法院将某种利益(以及通过解释,涵盖的其他更多的利益)赋予了权利的外衣,从而降低了保护的门槛。这就是所谓的利益权利化。权利化的直接后果,就是这种利益遭受侵害时,可以直接根据《德国民法典》第823条第1款获得救济,而无须借助其他保护

---

① Erwin Deutsch, Unerlaubte Handlungen, Schadenersatz und Schmerzensgeld, S.105.
② Karl-Heinz Gursky, Schuldrecht Besonderer Teil, S.215.
③ Erwin Deutsch, Unerlaubte Handlungen, Schadenersatz und Schmerzensgeld, S.106.
④ 根据司法判决,通过妨碍行为对动产可用性的临时的完全剥夺也属于对财产所有权的侵害。见Karl-Heinz Gursky, Schuldrecht Besonderer Teil, S.215.
⑤ Karl-Heinz Gursky, Schuldrecht Besonderer Teil, S.214.
⑥ Ibid., S.215.

性法律规定(《德国民法典》第 823 条第 2 款),以及无须要求"故意以背于善良风俗的方式"的条件(根据《德国民法典》第 826 条)。

相对而言,营业权的情况要更复杂一些。营业权的范围很难清晰界定,营业权仅被视为一种附属的责任依据,仅根据违法性的判断并不能实现其主张,而必须要通过利益衡量与侵权行为、违法性来共同确定。① 营业权是一项开放的概念,但是在实践当中已经形成了典型的分类,大致包括:未授权的保护权警告(unberechtige Schutzrechtverwarnung),(第三方)质量检验时的负面评价(negative Werturteilen, etwa in Warentesrt),抵制要求(Boykottaufforderung)等。营业权也是受《宪法》第 14 条保护的权利。至今仍有疑问的是,此项框架性权利是否应该向自由职业以及工作职位的领域延伸。从加强保护的角度来看,承认此项扩张是有可能性的,特别是在由行业联合会导致的名誉丧失,或是由于流言传播导致的工作职位丧失的情形下。②

值得注意的是债权的情况。

债权尽管是法律规定的权利类型,但是债权本身不具有社会公开性,第三人难以知悉,同一个债务人的债权人有时甚多,加害人的责任将无限扩大,不符合社会生活上损害合理分配的原则。债权关系还涉及意思自由及社会经济生活的竞争,故而应当作限制的解释,将债权排除在第 823 条第 1 款保护的权利之外。

债权通过下面介绍的《德国民法典》第 826 条的规范途径加以保护。以"故意加背俗"作为规范基础,足以发挥保护债权的效能。③ 债权如何保护,不是法律概念的推演,而是基于利益衡量的考虑。④

(二)第二途径:对保护他人之法律所保护的利益的保护

《德国民法典》第 823 条第 2 款规定:"违反以保护他人为目的的法律的人,负有同样的义务。"赔偿义务所针对的损失,正是保护性法律所要预防或避免的损失。⑤ 根据法律的内容,没有过错也可能违反法律,即使保护性法律本身不以过错为条件,但只有在有过错的情况下,才发生赔偿义务。对于过错的要求,原则上根据保护性法律来确定。比如,一个刑法条文要求存在故意,则第 823 条第

---

① Erwin Deutsch, Allgemeines Haftungsrecht, S. 50.
② Erwin Deutsch, Unerlaubte Handlungen, Schadenersatz und Schmerzensgeld, S. 107.
③ 参见王泽鉴:《侵权行为》,北京大学出版社 2009 年版,第 173 页。
④ 参见王泽鉴:《侵害他人债权之侵权责任》,载《民法学说与判例研究》(第 5 册),中国政法大学出版社 1998 年版,第 190—211 页。
⑤ Karl-Heinz Gursky, Schuldrecht Besonderer Teil, S. 217.

2款中的请求权只有针对故意的行为才能够得以实现。①

根据第823条第2款的规定,因过错违反保护性法律的人有赔偿损失的义务。与第823条第1款不同的是,该款所要求的并非是损害了一项确定的、在法规中明确表述的法益,而是将产生责任的因素规定为违反了保护性法律,纯粹的财产损失也包括在内。

(三)第三途径:对故意以背于善良风俗之方法损害的利益的保护

《德国民法典》第826条规定:"以违反善良风俗的方式,故意地造成他人损失的人,有义务对他人的损失进行赔偿。"这是民法典的侵权行为法中的第三个"小概括性条款"。因为其条文设计是一个"概括的事实要件",因此,它并不要求损害一个确定的法益,而更注重对纯粹的财产损失的赔偿。

第826条以这种方式对第823条发挥了一个重要的补充功能。它将责任与因违反善良风俗而造成的损害联系起来,对于保护那些尚未由法律确认为权利的利益具有重要意义②,同时还起到了确认其合法性的作用。第826条使人们能够以主流价值观念的标准来衡量行为是否构成了侵权。违反善良风俗与非法性之间的关系是模糊的,在不同的法律适用领域内,违反善良风俗可以起到限制或补充违法性的功能。③

通过严格的前提条件(故意和违反善良风俗),第826条同时还承载了一个重要的立法意旨,即防止侵权责任的滥用。这被称为第826条的限制功能。

(四)小结

德国民法明确规定权利及合法利益,皆属于侵权之"权"的范畴。反过来,未为法律明确规定的权利、非属于保护性法律所保护的利益,以及非属于故意以背于善良风俗之方法损害的利益,不属于侵权之"权"的范畴。故此,此种模式被称为权益区分模式。

就民事权利及合理利益而言,德国民法采三个途径的保护结构。第一途径是将利益赋予权利的外衣加以保护,第二途径是通过专门的法律条文加以保护,第三途径则主要通过对故意违背善良风俗的行为方式的否定而加以保护。

权利化的利益的保护门槛就是一般侵权行为的构成要件,未经权利化的利益则要么援引专门的保护性条款(《德国民法典》第823条第2款)、要么其方式违背了社会良知(《德国民法典》第826条),才可以获得保护。由此可见,德国法将民事主体的权益分为不同的层次,给予不同的保护。在这之外,则属于行为自由的范畴。

---

① 参见〔德〕马克西米利安·福克斯:《侵权行为法》,齐晓琨译,法律出版社2006年版,第153—154页。
② Erwin Deutsch, Allgemeines Haftungsrecht, S. 48.
③ Erwin Deutsch, Unerlaubte Handlungen, Schadenersatz und Schmerzensgeld, S. 123.

第三节 侵权之"权"的认定与侵权法的规范模式

一、《民法通则》关于侵权之"权"的认定与侵权法的规范模式

(一)《民法通则》关于侵权行为的一般条款

《民法通则》第5条规定:"公民、法人的合法的民事权益受法律保护,任何组织和个人不得侵犯。"《民法通则》第106条第2款规定:"公民、法人由于过错侵害国家的、集体的财产,侵害他人财产、人身的应当承担民事责任。"

上述两条规定,是《民法通则》有关侵权行为最一般最直接的规范。没有资料显示,当时的立法者为何在第5条中使用"民事权益"、而在第106条第2款中使用"财产、人身"的措辞。① 无论如何,这两条规定措辞的宽泛,为今天的人们提供了足够的解释空间。因此,一般认为,根据《民法通则》,侵权法之"权",既包括法律明确规定的权利、也包括利益。但是,究竟哪些权利、利益属于侵权之"权"的范围,对不同权利及利益如何保护,第5条及第106条第2款无法给出明确的答案。

(二) 关于《民法通则》模式的考察

1.《民法通则》的规范模式

《民法通则》的规范模式可以下图表示:

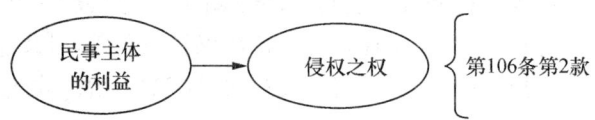

2. 历史功绩

自《民法通则》生效以来,第106条第2款一直发挥着一般条款的积极作用,自然功不可没。

3.《民法通则》模式的局限

由上图可知,《民法通则》第106条第2款,规定了极其宽泛的保护基础。从第106条第2款,无法明确知晓民事主体的哪些利益,属于侵权之"权"。比如,侵权之"权"是否限于现行法规定的具体权利?侵权之"权"只包括绝对权还是同时也包括相对权?除《民法通则》规定的民事权利外,还有哪些权利,以及还有哪些利益可以纳入侵权之权的范畴?这些问题,第106条第2款无法给出明确答

---

① 1986年2月《民法通则(草案)》(修订稿)第104条第2款曾规定:"公民、法人由于过错侵害社会公共财产,侵害他人财产、人身权利的,应当承担民事责任。"参见王利明:《侵权法一般条款的保护范围》,载《法学家》2009年第3期。

案。纳入侵权之"权"的权利及利益,只有106条第2款一条保护途径。

那么会不会有这样的可能,我们讨论的问题,是否只有在以德国模式为背景的前提下才具有意义?或者说,在《民法通则》模式下,本章讨论的问题,根本就不是问题。

答案是否定的。任何法律制度都有必要对责任法所保护的利益进行限定。限定的方式并不一概由法律创设受保护的客体这种方式来实现,也可以通过制定行为规范的方式来实现。①

从《民法通则》的规定来看,似乎可以得出结论,只要需要,任何请求都可以将第106条第2款作为主张的基础,以至于导致本条规定不具有任何的规范意义。权利的认定是侵权法思考和判断的基础,是平衡权利救济和行为自由的第一道闸门。第106条第2款无法起到本应有的控制作用。在这样的意义上,《民法通则》的处理方式与法国模式相同。

有学说认为,《民法通则》第106条第2款的规定,需要与第117条至第120条合并观察。因为《民法通则》第117条至第120条列举了侵权法所保护的法益,如财产权、科技成果权(著作权、专利权、商标专用权、发现权、发明权和其他科技成果权)、身体权(包括生命健康权)和人格权(姓名权、肖像权、名誉权、荣誉权)等。有了这样的受保护法益的列举,在解释《民法通则》第106条第2款所谓"侵害他人财产、人身"时,就不能过于随意。②

但是,就《民法通则》施行以来的司法实务及学界多数说来看,第117条至第120条并没有起到对第106条第2款的限制解释的作用,甚至没有起到思路提示的作用。实际的情况是,对当事人和法官而言,第106条第2款都留下了太多甚至过多的空间。

具体而言,在《民法通则》的意义上,民事主体的各种利益,是否都给予侵权法的保护?哪些利益应当权利化?权利和利益是否应当明确区分?这些统统都是有待回答的问题。对于法律没有规定的权利类型,比如隐私、贞操等利益如何保护,债权如何保护,双重买卖中无法得到标的物的买受人如何保护,欺诈行为的受害人如何保护,《民法通则》模式均无法给出确定的答案。既然没有确定的答案,当事人可以根据自己的意愿提出各种可能的诉求,法官可以根据自己的意愿给出各种解释。

---

① Brüggemeier, Deliktsrecht, Rn. 83. Zur Entwicklung des französischen Rechts Kötz/Wagner, Deliktsrecht, Rn. 20. 转引自〔德〕汉斯—贝恩德·舍费尔、克劳斯·奥特:《民法的经济分析》,江清云、杜涛译,法律出版社2009年版,第273页。

② 张谷:《作为救济法的侵权法,也是自由保障法——对〈中华人民共和国侵权责任法(草案)〉的几点意见》,载《暨南学报(哲学社会科学版)》2009年第2期。

4. 实务的需求

这样一些问题,体现在具体案件的裁判上,就可能转化为如下问题:《民法通则》模式对一些类型的案件无法给出妥当的规范。

比如,在陶某萍诉吴某一案中,被告驾驶机动车将原告撞伤。医生诊断:(1)脑震荡;(2)口唇裂伤;(3)牙冠折;(4)左小腿软组织挫伤。

原告认为,被告行为造成如下后果:脑被撞伤,导致经常短暂失忆,思维判断出错;两颗门牙折断,破坏了身体的完整性,损害了撕咬食物的功能;牙齿折断、松动及上唇裂伤,影响了自己的容貌;上唇裂伤和门牙折断,使原告不能感受与爱人亲吻的醉人甜蜜,不能感受与女儿亲吻的天伦亲情。被告的行为侵害了原告的身体权、健康权、亲吻权、财产权。[①]

这就是被媒体广泛报道的所谓亲吻权案。

在亲吻权案中,原告基于身体权、健康权、亲吻权及财产权向被告提出主张。最引人关注的,当然是其中的所谓亲吻权。亲吻权和身体权、健康权以及财产权是什么关系?为什么身体权、健康权和财产权可以作为请求权基础,而亲吻权则不能?仅仅是因为前者有法律的明文规定,而后者没有?那么法律为何要明文规定身体权、健康权和财产权,而不明文规定亲吻权?

媒体报道过的与亲吻权类似的"权利"还有初夜权、良好心情权、祭奠权、悼念权、安宁权、同居权、容貌权、养狗权、相思权、视觉卫生权等。[②]

亲吻权案给法院以及侵权法提出的问题是:民事主体的某种利益受损害后,能否以自己理解的权利的名义要求保护?扩展开来,这一问题的实质就是,对于法律没有规定的权利类型,法院以及法院裁判所依赖的法律应当如何处置?

此类问题还有很多。比如,在闫某、杨某诉北京市海淀区妇幼保健院一案中,杨某在被告医院进行孕期检查,在一次例行检查中发现出现异常的情况下,被告未告知杨某应当留院,而让其回家。次日,杨某复查时,发现所怀胎儿已经死于腹中。杨某及其丈夫闫某因此起诉了被告。[③] 本案中,值得讨论的是,杨某的哪些权利及利益可以得到侵权法的救济?闫某是否有权利及利益可以得到侵权法的救济?更为一般的问题是:两位原告的利益,应当通过何种途径加以救济?

对于这些问题,《民法通则》模式无法给出妥当的规范。

---

① 参见四川省广汉市人民法院(2001)广汉民初字第 832 号民事判决书。
② 参见唐先锋:《试析国内"权利泛化"现象》,载《人大研究》2004 年第 7 期。
③ 参见北京市海淀区人民法院(2003)海民初字第 6622 号民事判决书,北京市第一中级人民法院(2003)一中民终字第 10341 号民事判决书。在这一案件中,法院讨论的重点在于,被告行为在没有被认定为医疗事故的情况下,原告的损失是否还应当给予赔偿。本书此处所讨论的问题,实际上被回避了。关于本案更详细的讨论,参见王成:《侵权法》,法律出版社 2008 年版,第 143—163 页。

二、《精神损害赔偿解释》第 1 条

《精神损害赔偿解释》第 1 条规定:"自然人因下列人格权利遭受非法侵害,向人民法院起诉请求赔偿精神损害的,人民法院应当依法予以受理:(一)生命权、健康权、身体权;(二)姓名权、肖像权、名誉权、荣誉权;(三)人格尊严权、人身自由权。""违反社会公共利益、社会公德侵害他人隐私或者其他人格利益,受害人以侵权为由向人民法院起诉请求赔偿精神损害的,人民法院应当依法予以受理。"

此规定分两款分别规定了权利和利益,并配以不同的保护门槛。对于隐私等人格利益的保护,第 2 款要求以"违反社会公共利益、社会公德"的方式,方才可能构成。对于权利,则无此要求。① 这就是所谓的权益区分保护模式。

三、《侵权责任法》关于侵权之"权"的认定与侵权法的规范模式

(一)《侵权责任法》的一般条款

《侵权责任法》第 2 条规定:"侵害民事权益,应当依照本法承担侵权责任。""本法所称民事权益,包括生命权、健康权、姓名权、名誉权、荣誉权、肖像权、隐私权、婚姻自主权、监护权、所有权、用益物权、担保物权、著作权、专利权、商标专用权、发现权、股权、继承权等人身、财产权益。"

《侵权责任法》第 6 条第 1 款规定:"行为人因过错侵害他人民事权益,应当承担侵权责任。"

(二)《侵权责任法》关于侵权之"权"的认定与侵权法的规范模式

《侵权责任法》第 2 条及第 6 条,是否创立了一种新的一般条款模式,有待学说评价。笔者认为,关于侵权之权的认定及民事主体利益的规范途径,就文义而言,与《民法通则》相比较,《侵权责任法》的规定似乎未见显著不同。

《侵权责任法》第 2 条及第 6 条第 1 款的规范对象包括权利和利益,《民法通则》第 5 条及第 106 条第 2 款的规范对象也包括权利和利益。

《侵权责任法》第 2 条第 2 款关于权益的明确列举,是该法一大亮点。但是,此种列举如果是不具有排他性的开放例示性列举的话,其作为请求权基础的规范意义就可能会受到影响。此外,对权利和利益加以区分的目的,在于配置不同的构成要件,实现民事主体利益的不同规范途径。仅有列举的区分,而没有规范途径的区分,列举也就失去了意义。

就《民法通则》而言,第 117 条至第 120 条可以解释为是第 106 条第 2 款的

---

① 参见陈现杰:《人格权司法保护的重大进步和发展——〈最高人民法院关于确定民事侵权精神损害赔偿责任若干问题的解释〉的理解与适用》,载《人民法院报》2001 年 3 月 28 日,第 3 版。

列举。解释《民法通则》的《精神损害赔偿解释》则往前大大走了一步。

如此看来,比起《精神损害赔偿解释》,《侵权责任法》又往回走了走,回到了《民法通则》第5条及第106条第2款原来的立场。

可见,单单就文义解释来看,《侵权责任法》与《民法通则》属于同样的规范模式。

四、对《侵权责任法》第2条及第6条第1款的解释

一部法律生效之后,学说应当从解释论出发,尽量将法律条文解释为合理且完善,以维护法律的权威。

(一) 解释论之基本考量

侵权行为法的主要任务在于如何构建法益保护与行为自由之间的矛盾关系。对侵权法问题的考量,不能脱离侵权法之基本范畴,即权利救济和行为自由。[①] 对侵权之"权"的确定,也不能有例外。

《德国民法典》制定时,立法者认为,制定一部原则上有利于个人行为自由的侵权行为法是十分必要的。立法者非常警惕因为对受害人的救济而可能造成的限制行为自由的危险。过错原则包含着这样一个可能产生各种各样后果的基本价值观:当维护法律地位和行为自由这两种利益发生冲突时,行为自由优先。行为自由对人和物的价值的形成是必不可少的,行为自由的优先也就意味着正在形成者相对于业已存在者优先。自由对于个人发展其人格,特别是从事其职业是必要的。一个人在物质和利益方面所欠缺的东西,将在行为自由方面得到补偿。[②]

在具体的操作上,德国侵权法的立法思路体现在:一方面,为了不对行为自由构成过度限制,在第823条第1款规定了较少的权利;另一方面,为了救济的需要,又以其他保护性法律对利益加以规定,作为请求权基础。

我国目前,发展仍然是第一要务,发展是硬道理。而改革开放数十年来的重要经验,就在于人民有了追求自己幸福生活的自由。[③] 很多问题必须通过发展来解决。因此,拿捏好权利救济和行为自由之间的关系绝不仅仅是侵权法自己的事情。保持经济活力依然是当下乃至今后很长时间重要的立法价值。

我国侵权法,也应当处理好权利救济和行为自由之关系。既然,并非民事主体的所有利益皆可纳入侵权之"权"的范围,那么,究竟哪些利益可以经由权利化纳入侵权之"权",哪些则无须经由权利化纳入侵权之"权",需要在解释上予以回答。

[①] 参见王成:《侵权法的基本范畴》,载《法学家》2009年第4期。
[②] Deutsch/Ahrens UH Rn. 6.转引自〔德〕马克西米利安·福克斯:《侵权行为法》,齐晓琨译,法律出版社2006年版,第2页。
[③] 参见王成:《侵权法归责原则的理念及配置》,载《政治与法律》2009年第1期。

(二)《侵权责任法》第 2 条第 2 款列举的解释及权利的法定化

关于权利法定,学者的讨论多集中在物权方面。物权法定也已经由《物权法》规定下来,成为我国法律的基本原则。

在侵权法的意义上,权利是权利化的利益。民事主体的所有利益中,哪些应当受权利的保护,哪些应当给予较低程度的保护,需要法律予以明确。

同时,侵权法是极其依赖法官自由裁量的法律,因此,需要在法条上,以及对法条的解释上,对自由裁量尽量作出限制和指导。

就民事主体的哪些利益属于侵权之权的认定及保护方式上,如果采《民法通则》的开放模式,基于我国法院现状(法院众多、法官众多、没有判例法传统),每个法官皆有可能独立就权利类型的认定作出裁判。就现状而言,经常也会有法官在案件裁判中创立新的权利类型。但是,一方面,不同法院、不同法官,在裁判时很少有意愿查询已有之其他裁判如何处理同类问题,因此,新创立的权利类型往往五花八门,无以服众。另一方面,或许正由于此种原因,以及其他更加复杂的原因,经由判决创立的新的权利类型往往无法取得坚强的生命力,也无法获得广泛而一致的认同。

出于法律稳定及安全的考量,权利类型、内容及保护途径,应当尽量法定化。而德国模式可以较好地满足这一要求。尤其值得注意的是,《德国民法典》制定当时,德国社会也存在着对法官深深的不信任。[①]

由此,《侵权责任法》第 2 条第 2 款关于权利的列举应当解释为完全列举。完全列举意味着,只有列举的权利才受保护。《精神损害赔偿解释》中列举的身体权、人格尊严权和人身自由权,也应当解释为《侵权责任法》第 2 条第 2 款列举的权利。因为它是根据《民法通则》作出的,而《民法通则》是《侵权责任法》的上位法。

如此解释,也意味着,对《侵权责任法》第 2 条第 2 款列举项目的改变,需要通过最高人民法院的司法解释来完成。这有助于维护权利法定的基本原则。

难题在于隐私。因为《侵权责任法》和《精神损害赔偿解释》作出了不同的定性。笔者以为,为《侵权责任法》权威计,最高人民法院应当修订《精神损害赔偿解释》,与《侵权责任法》保持一致。

(三)《侵权责任法》第 2 条和第 6 条第 1 款的解释空间

《侵权责任法》第 2 条区分了权利和利益,尽管没有关于规范途径的规定,但是,无论第 2 条还是第 6 条第 1 款,都没有限制对权利和利益采取不同的规范途径。由此,学说和司法解释完全可以在第 2 条和第 6 条第 1 款的基础上,发展出权利和利益的区分保护模式。

---

① 参见李昊:《纯经济上损失赔偿制度研究》,北京大学出版社 2004 年版,第 93 页。同时参见〔德〕克雷斯蒂安·冯·巴尔:《欧洲比较侵权行为法》(上卷),张新宝译,法律出版社 2004 年版,第 21 页。

(四) 构建我国侵权法的基本框架:采德国权益区分模式对《侵权责任法》第2条和第6条第1款的解释

(1) 权利的认定是侵权法思考和判断的起点。权益区别性的保护系侵权行为法上的核心问题,表现为不同的保护强度。①

民事主体的所有利益,并非都能够得到法律的保护。能够得到法律保护、尤其是侵权法保护的,只是其中的一部分利益。对于侵权法保护的民事主体的利益,因轻重缓急不同,在保护力度上应当有所区别。对于相对更重要的利益,比如生命、身体、健康、自由等人格利益及财产所有及支配等财产利益,应当加以权利化,设定较低的保护门槛,使得民事主体在重要利益遭受侵害时,能够较容易得到保护。而对于其他相对不甚重要之利益,则应避免给予权利化,设定较高的保护门槛,以此来兼顾行为自由,以避免动辄得咎,影响社会活力。

(2) 具体而言,民事主体的所有利益,分为权利及利益,权利为权利化的利益。对于所有利益,分三个途径保护。第一,对于权利,仅要求加害人主观上为故意或过失即可构成侵权。第二,对于利益,需要有明确的保护性法律规定,被侵害人方可以据以提出主张。第三,如果加害人行为的加害方式属于故意且背于善良风俗,被侵害人也可以据此提出主张。②

(3) 这三条途径正如电脑的操作系统和应用软件的关系。第一条途径是操作系统,需要保持一定的稳定性,修改不易、也不能轻易修改。第二条途径和第三条途径犹如基于操作系统开发的应用软件或者插件,建立在操作软件基础上,可以不断开发和修改。

换言之,侵权法的基本框架不能轻易修改,但是保护性法律可以根据需要制定、修改和废止;善良风俗则更可以由法官根据时事权宜,在个案中灵活适用。

因此,这一框架既可以保证法律的稳定性,又可以保持法律的灵活性。此种立法技术还可以大大减轻民事立法的负担。

(4) 就法律规定的权利所未涵盖的利益而言,有以下三种保护途径:第一,将其解释到现有权利中去;第二,借助其他法律对利益的保护条款;第三,如果损害是被故意以背于善良风俗之方法加于他人的,则该利益也可以获得赔偿。

(5) 关于故意加背于善良风俗的途径,主要是针对侵权方式。加害人之行为方式严重触碰到社会道德良知之底线,引起社会大众之公愤,不立刻惩处则不足以平民愤,此时急需一个实质正义的结果给社会一个及时的交代。如果还按部就班,考虑法律体系的逻辑结构,而不是直接给予惩处,会让社会感觉到法律

---

① 参见王泽鉴:《侵权行为》,北京大学出版社2009年版,第70页。
② 至于哪些权利应当为第一个途径保护,则属于另一重要问题,需在此框架结构成立后,另外专门研究。王利明教授对此已经有专门讨论,参见王利明:《侵权法一般条款的保护范围》,载《法学家》2009年第3期。

的软弱和无能,故此时直接适用故意加背于善良风俗条款,以彰显法律维护社会正常生活秩序和价值秩序的决心和力量。

(五) 上述结论的理由

1. 德国法权益区分保护模式本身具有合理性

(1) 德国侵权行为法关于侵权之权的问题,采如下结构:民事主体所有之利益,对于其中最重要的一部分,通过权利化,以故意或者过失为保护条件;对于权利之外的利益,以保护性法律之规定为保护条件,或者以违反善良风俗加故意为保护条件。权利、风俗和保护性法律是民事主体之财产利益受到损失时,必要的筛选工具。① 权利以故意或者过失为保护条件,但不以此为必要。保护性法律的违反或者违反善良风俗加故意,亦可构成对权利的侵犯。只不过,权利的侵犯,有故意或者过失即为已足,一般无须借助保护性法律或者违反善良风俗加故意。可见,法律对权利的保护最为周详。②

详言之,《德国民法典》第 823 条第 2 款及第 826 条主要保护利益,但是,如果有需要,权利也自然可以由其规范。因为,利益尚且可以得到保护,那么在法律上保护力度更大的权利,自然也可以获得保护。因此,主要保护利益,并不意味着不可以对权利进行保护。比如,权利侵犯需要故意或者过失,但是,原告直接找到了一条保护性法律,则可以直接援引。

(2) 三种侵权行为类型,分别以某种对世规范与可特定的个人利益结合,而构成不同的行为义务,简言之,狭义侵权就是以某一对世性权利结合某种对世规范及可特定的个人利益这二者,违法侵权是以某一法令规定结合二者,而背俗侵权则是以善良风俗为方法而结合某一特定的他人(含特定的法益)为行为标的。③ 此种三途径结构,一方面,民事主体的利益可以有全面的保护,另一方面,通过权利的限制、保护性法律的限制以及善良风俗加故意的限制,不同利益给予不同层次的保护力度④,兼顾权利救济与行为自由,在二者之间取得巧妙的平衡。在这个意义上来说,整个侵权法制度都是一种筛选机制。通过制度的选择,

---

① 苏永钦教授认为,权利、风俗和法律被放在构成要件里,不是以其为保护客体,而只是对于社会上无数的财产利益受到损失的情形,以其必要的筛选工具而已。参见苏永钦:《再论一般侵权行为的类型》,载《走入新世纪的私法自治》,中国人民大学出版社 2004 年版,第 300—334 页。

② 王泽鉴教授认为,在立法政策上,侵权行为法不能对一切权益作同样的保护,必须有所区别,即"人"的保护最为优先,"所有权"的保护次之,"财富"(经济上利益)又次之,仅在严格条件下,始受保护。参见王泽鉴:《挖断电缆的民事责任:经济上损失的赔偿》,载《民法学说与判例研究》(第 7 册),中国政法大学出版社 1998 年版,第 88 页。

③ 苏永钦:《再论一般侵权行为的类型》,载《走入新世纪的私法自治》,中国人民大学出版社 2004 年版,第 300—334 页。

④ 参见林诚二:《民法债编总论》,中国人民大学出版社 2003 年版,第 153—154 页。

将一部分利益作为可赔偿的利益,另一部分利益损失只能够由受害人自己承担。①

同时,将侵权法与其他法律相联系,具有使立法简洁化、合理化的作用②,也将侵权法与善良风俗等道德价值相联系,使得侵权法保持一种开放态势,与时俱进。

此种结构可以图示如下:

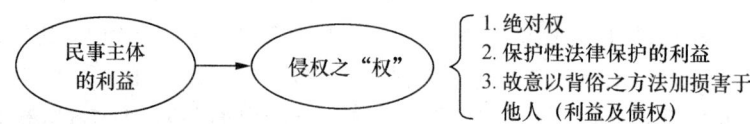

(3) 三种保护途径形成的三种侵权行为类型,是三个不同的社会规范机制:第一,故意或者过失不法侵害权利,系通过市场的规范机制,即由个人决定是否从事某种社会经济活动,负担因故意或者过失不法侵害他人权利的责任。每个行为都是有价格的,可以做,但是要付出代价。第二,违反保护性法律,系通过立法的规范机制,即经由立法(或政治)择机制定保护性法律来规范人的行为。第三,故意以背俗方法加损害于他人,系通过社会道德的规范机制,即给道德赋予法律的力量,以维持社会伦理秩序。③ 背俗和违法类型存在的意义,应在于民事侵权规范的"补强",前者转介的是社会伦理所生的行为义务,后者转介的则是所有无涉民事不法的行为义务,从而与直接规定民事行为义务与违反责任者,鼎足成为三种侵权类型。④

2. 德国法权益区分保护模式对《民法通则》模式无法妥当规范的案件能够有较好的规范

从有关德国法规范模式的介绍中,我们可以看到,《民法通则》模式无法妥当规范的案件,德国法权益区分保护模式能够有较好的规范。

比如,在前述亲吻权案中,关于亲吻权部分,四川省广汉市人民法院认为:"原告主张亲吻权是自然人享有与爱人亲吻时产生一种性的愉悦,并由此而获得一种美好的精神感受的权利,属人格权中细化的一种独立的权利。但是,一切权利必有法律依据,任何一种人格权,不论是一般人格权还是具体人格权,都源于

---

① 苏永钦教授认为,不论侵权、背俗或违法,要让行为人对其行为负起民事上的责任,都须以该行为涉及对某种对世规范的违反为前提,其目的就在于建立此一制度最起码的期待可能性,以保留合理的行为空间。参见苏永钦:《再论一般侵权行为的类型》,载《走入新世纪的私法自治》,中国人民大学出版社2004年版,第300—334页。
② 参见王泽鉴:《侵权行为》,北京大学出版社2009年版,第286页。
③ Brüggemeier, Deliktsrecht, Rn. 84ff., 790ff., 839f. 转引自同上书,第71页。
④ 参见苏永钦:《再论一般侵权行为的类型》,载《走入新世纪的私法自治》,中国人民大学出版社2004年版,第300—334页。

法律的确认,即权利法定。纵观我国现有的法律、行政法规,均无亲吻权之规定,故亲吻权的提出于法无据。被告认为'亲吻'是人体组织某种功能,法律上身体权和健康权的保护已将其涵盖的抗辩,本院也不予支持。身体权是指公民维护其身体完整并支配其肢体、器官和其他身体组织的具体人格权;健康权系指公民以其机体生理机能正常运行和功能完善发挥,以其维持人体生命活动的利益为内容的人格权。身体权和健康权均属物质性人格权。从医学上来看,健康既包括生理健康,也包括心理健康,但作为健康权客体的健康,仅指生理健康。如将心理健康置于健康概念中,将会导致健康权的泛化,与其他人格权或人格利益混淆。原告嘴唇裂伤,亲吻不能或变成一种痛苦的心理体验,属于情感上的利益损失,当属精神性人格利益。但利益不等于权利,利益并非都能得到司法救济。被告不是以故意违反公序良俗的方式加以侵害,纯因过失而偶致原告唇裂,故本院对原告不能亲吻的利益损失赔偿精神损害抚慰金10000元的请求不予支持。"[①]

上述判决,有以下几点值得总结:

(1) 法院认为,权利需要法定。因我国现有法律、行政法规,均无亲吻权的规定,因此,亲吻权的提出于法无据。

这一认定,属于所谓权利类型法定的认定。即原告据以提出的权利类型,必须是法律明确规定的权利类型。

(2) 法院认为,亲吻不属于身体权及健康权的内容。法院还认为,从医学上来看,健康既包括生理健康,也包括心理健康,但作为健康权客体的健康,仅指生理健康。

这一认定,属于所谓权利内容法定的认定。即原告据以提出的权利内容,必须是法律规定的权利所能够涵盖的内容。法院还指出了将某种利益(比如心理健康)置于某种权利内容(比如健康权内容)中可能带来的利弊得失(比如造成健康权的泛化,与其他人格权或人格利益混淆)。

(3) 法院认为,嘴唇裂伤、亲吻不能属于情感上的利益损失。利益不等同于权利,仅在被告以故意违反公序良俗的方式加害时,才可能获得救济。

在此部分论述中,法院将权利和利益相区分。权利都可以获得救济,但是利益并非都能够得到救济。仅在被告以故意违反公序良俗的方式加害时,利益才能够得到救济。

不难看出,法院是以德国权益区分模式进行的裁判,条理清晰,很有说服力。相反,如果按照《民法通则》模式,则可能起不到这样的效果。

---

① 参见四川省广汉市人民法院(2001)广汉民初字第832号民事判决书。

3. 我国法院实务已经对德国模式有所熟悉和尝试

上文所引四川省广汉市人民法院(2001)广汉民初字第832号民事判决书，就是适用德国模式处理具体案件最好的例子。

最高人民法院《精神损害赔偿解释》第1条的模式，也是德国权益区分模式的体现。

特别值得一提的是，上海市高级人民法院民一庭于2005年3月4日颁布实施的《侵权纠纷办案要件指南》也采取了德国权益区分模式。

该《指南》第5条(主张的权益受现行侵权法保护)规定，请求方只能就现行法律保护的权益受到侵害行使侵权赔偿等请求权。

该条的说明如下：

现行侵权法调整之权益，包含权利与法益两方面内容。民法系采列举的方式设定权利，而法律设定的诸多利益均未固化为权利，但因法律专门设有保护之规定，成为法律所保护之利益。故侵权法体系所规范的对象，以权利为原则，以法益为例外。区分权利与法益之关系，对于进行侵权法的法律解释活动意义重大；侵害权利之行为，无论行为人存在故意或过失，均有救济途径；但对于财产利益的损失，侵权行为法并不是一概保护的，原则上仅在行为人故意之场合方予以保护。如对于合同债权的侵害，只有在合同外的第三人明知债权存在而故意侵害的情况下，才要求其赔偿相当于合同履行利益的损失。再比如，因他人发生交通事故，造成交通堵塞，而致某人无法及时与预定的签约方签约，导致本来可以得到的利益不能得到的，他仍然不能依据侵权行为法的规定，就这些损失向交通事故的肇事者主张赔偿。这主要是因为，侵权行为法的最重要目的，就是让人在能够预测后果的情况下，对自己的行为承担责任，进而规范自己的行为（当然，在一些特殊情况下，当事人即使无过错的，基于损害分担的考虑，也让他承担责任，但这种责任已经进入社会保障的考虑范围，而不再是传统意义上的侵权责任了）。这也就是自己责任的具体体现。但是，这里的前提是行为人能够预见自己的行为后果，这就是侵权行为法保护的对象一般都只能是所有权、人身权等绝对权，而不一定包含合同债权的原因所在。换句话说，就是所有权、人身权往往是以有形形式存在的，具有较明显的可公示性，行为人在对此类权利实施加害行为时，是可以被当然地推定为知道自己的行为是在侵害他人权利的。而债权等不具备这个特点。债权是否存在，其内容、范围大小如何等，都不具有公示性，不易被人认识到。因此，无论哪个国家的侵权行为法，对于债权以及权利以外的利益，都不是无条件保护的。倘若不然，人们就很难预测自己的行动会产生什么样的后果。比如，当一个人在打碎了别人一个花瓶的时候，他可以预见到自己侵害了花瓶所有人的权利，但他可能无法预测到这个花瓶的主人已经把这个花瓶卖给了别人，他更无法预见这个花瓶的买主甚至还把花瓶卖给了第三个买主，甚至还可能有更多个后来的买主。从法律上看,就是说,在一个花瓶背后,竟然还潜藏着数个他不知道的债权!而自己的行为既侵害了别人的所有权,又侵害了他人的债权,他都要对此承担赔偿责任!如果这样的话,我们每个人无论做什么事,就都要千思万虑,要把所有的情况都考虑好才能行动,否则任何一个看似微小的过失,就可能让你倾家荡产。但是,人的能力都是有限的,即使考虑得再周全,也难免会有意料之外的事情发生,即使再谨慎,也还是无法预测什么时候会有什么样的责任从天而降。所以,权利和利益的区分,就有其必要性。

课外研习及阅读

课外研习

1. 查找《民法通则》第106条第2款、《侵权责任法》第2条及第6条第1款,分析我国侵权法关于侵权之"权"的界定以及法律规范途径。

2. 查找北京市海淀区人民法院(1998)海行初字第142号行政判决书、北京市海淀区人民法院(1999)海行初字第103号行政判决书、北京市海淀区人民法院(2015)海行初字第1064号行政判决书、北京市第一中级人民法院(2017)京01行终277号行政判决书,分析法律对公法上权利的救济途径,并与侵权法思维模式进行比较。

3. 查找四川省广汉市人民法院(2001)广汉民初字第832号民事判决书,学习法院的判决思路。

课外阅读

1. 王泽鉴:《侵权行为》,北京大学出版社2009年版。

2. 〔德〕马克西米利安·福克斯:《侵权行为法》,齐晓琨译,法律出版社2006年版。

3. 〔奥〕海尔穆特·库奇奥:《损害赔偿法的重新构建:欧洲经验与欧洲趋势》,朱岩译,载《法学家》2009年第3期。

4. 张民安:《现代法国侵权责任制度研究》,法律出版社2003年版。

5. 苏永钦:《再论一般侵权行为的类型》,载《走入新世纪的私法自治》,中国人民大学出版社2004年版。

第四章 侵权法的归责原则

第一节 侵权法归责原则的概念与体系

一、侵权法归责原则的概念和作用

归责,顾名思义,指确定责任的归属,即将责任与引发事故的某种原因相联系。侵权法的归责原则,是指在侵权行为发生后,据以确定损失由何方当事人承担或者是否给予受害人其他救济方式的原则。

在法律规范原理上,使遭受损害之权益,与促进损害发生之原因结合,将损害因而转嫁由原因者承担之法律价值判断要素,即为"归责"意义之核心。①

引发一个事故的原因很多,包括受害人自己的原因、行为人的原因、环境的原因,甚至还可能包括不为人知的原因。因果关系的链条可以一直延展很远。归责原则的作用是根据一定的标准,将损害与某种原因相结合,从而决定损害是否应由原因者承担。

因此,归责原则是一种法律的价值判断。苏力教授说:"正如惩罚有博士学位的贪污犯,不是因为他的知识,而惩罚黑煤窑窑主,也不是因为他的富裕。"②反过来,惩罚一个人,也完全可能是因为他的知识或者富裕。这取决于归责原则的价值判断。

为了法律的稳定性和可预期性,仅有价值判断是不够的。价值判断需要转化为法律技术,以此来划定权利救济和行为自由的界限,为侵权法基本范畴服务。

某一个侵权行为适用何种归责原则,涉及归责原则的理念与配置。每一种归责原则,有不同的归责理念。归责原则配置之前提,是找到促进损害发生的真正原因。

单单归责原则本身,并不能决定责任的成立与否,它只是为责任的成立寻找根据和理由;要成立责任还需考察加害行为是否符合侵权行为的构成要件。但是,归责原则在侵权法中居于核心地位。一定的归责原则反映了民法的基本理

---

① 邱聪智:《从侵权行为归责原理之变动论危险责任之构成》,中国人民大学出版社2006年版,第31页。

② 苏力:《医疗的知情同意与个人自由和责任——从肖志军拒签事件切入》,载《中国法学》2008年第2期。

念和立法政策倾向，决定着侵权行为的构成要件、举证责任负担、免责条件、损害赔偿的原则和计算方法等各个方面。归责原则受民法基本原则的指导，是民法基本原则在侵权法中的具体体现，它体现着民法平等、公平、诚信的原则和精神。

确定合理的归责原则，建立逻辑统一的归责原则体系，是构建整个侵权法内容和体系的关键，也是实现侵权法填补、转嫁以及预防等功能的关键。

二、侵权法归责原则的体系

侵权法归责原则的体系是由各归责原则构成的具有逻辑联系的系统结构。

在当代世界各国的侵权法中，侵权法归责原则都呈现出多元化的趋势。一般认为，侵权法归责原则包括过错责任原则、无过错责任原则、公平责任原则。过错推定原则是独立的归责原则还是属于过错责任原则，存在不同的看法。当代侵权法上，是否还有结果责任原则，也存在着分歧。但无论如何，侵权行为的归责原则是多元的。多元化带来体系化的需要，即不同的归责原则应当成为一个整体，共同为侵权法的目的和功能服务。这就要求不同归责原则之间要有互相配合、互相协作的逻辑关系，彼此应当协调一致。构成体系的归责原则会产生体系效应。

我国侵权法中究竟包括以及应当包括哪些归责原则，彼此之间应当如何配合、协作，是侵权法学习和研究的重要问题。

第二节 过错责任原则

一、过错责任原则的概念

过错责任原则，也称过失责任原则，是指以行为人的过错作为归责根据的原则。

《民法通则》第106条第2款规定："公民、法人由于过错侵害国家的、集体的财产，侵害他人财产、人身的应当承担民事责任。"

《侵权责任法》第6条第1款规定："行为人因过错侵害他人民事权益，应当承担侵权责任。"

可见，过错责任原则是归责原则的一般条款。在法律没有特别规定的情况下，确定责任都应当适用过错责任原则。

过错责任原则包含以下几层含义：

第一，它以行为人的过错作为侵权行为的构成要件，行为人具有故意或者过失才可能因侵权行为构成而承担侵权责任。

第二,过错责任不会强人所难,仅以行为人"应当能够"的标准作为标准。比如,《侵权责任法》第 36 条第 2 款、第 3 款规定:"网络用户利用网络服务实施侵权行为的,被侵权人有权通知网络服务提供者采取删除、屏蔽、断开链接等必要措施。网络服务提供者接到通知后未及时采取必要措施的,对损害的扩大部分与该网络用户承担连带责任。""网络服务提供者知道网络用户利用其网络服务侵害他人民事权益,未采取必要措施的,与该网络用户承担连带责任。"

据此,在网络用户利用网络服务侵害他人权益时,网络服务提供者仅在接到通知后以及知道网络用户侵害他人民事权益时,才承担侵权责任。为什么不让网络服务提供者对所有发生在网络上的侵权行为都承担侵权责任?很明显,如果这样的话对保护受害人是有益的,也有助于预防和制止网络用户利用网络从事侵权行为。但是,这种以结果而非以过错为根据的责任配置对于网络服务提供者而言就是强人所难,因为这样的责任对于网络服务提供者来说是不可能完成的任务。而且,如果这样配置责任的话,网络将可能从生活中消失。人们要享受网络带来的种种好处,必须接受它可能存在的消极方面。

第三,它以当事人的过错程度作为确定责任形式、责任范围的依据。行为人的过错程度,往往会对责任的形式和范围产生影响。比如,在故意和重大过失的场合,很可能引起惩罚性赔偿和精神损害赔偿。而在一般过失的情况下,则通常不会有惩罚性赔偿和精神损害赔偿。

《侵权责任法》第 47 条规定:"明知产品存在缺陷仍然生产、销售,造成他人死亡或者健康严重损害的,被侵权人有权请求相应的惩罚性赔偿。"

《食品安全法》第 148 条第 2 款规定:"生产不符合食品安全标准的食品或者经营明知是不符合食品安全标准的食品,消费者除要求赔偿损失外,还可以向生产者或者经营者要求支付价款十倍或者损失三倍的赔偿金;增加赔偿的金额不足一千元的,为一千元。但是,食品的标签、说明书存在不影响食品安全且不会对消费者造成误导的瑕疵的除外。"

第四,在过错责任原则中,不仅要考虑行为人的过错,也要考虑受害人的过错或者第三人的过错。《侵权责任法》第 26 条规定:"被侵权人对损害的发生也有过错的,可以减轻侵权人的责任。"《侵权责任法》第 28 条规定:"损害是因第三人造成的,第三人应当承担侵权责任。"可见,如果受害人或者第三人对损害的发生也存在过错的话,则要根据过错程度来分配损失,因此可能减轻甚至抵销加害人承担的责任。

在连带侵权的场合,连带侵权人的过错程度可能成为其内部分担损失的依据。《侵权责任法》第 14 条第 1 款规定,连带责任人根据各自责任大小确定相应的赔偿数额;难以确定责任大小的,平均承担赔偿责任。《民法总则》第 178 条第

2款前半段规定:"连带责任人的责任份额根据各自责任大小确定;难以确定责任大小的,平均承担责任。"所谓的"各自责任大小",多数情况下是根据过错来确定的。

二、过错责任原则的归责理念

(一)过错责任针对过错而归责

过错责任原则是在否定古代法中结果责任原则的基础上逐渐形成的。

现代民法上过错责任肇始于1804年《法国民法典》的第1382条、第1383条,而《法国民法典》之基本根源为《人权宣言》。近代民法之基本制度及原则,皆根源于近代社会的哲学原理。

《民法通则》第106条第2款和《侵权责任法》第6条第1款是我国侵权法上过错责任归责原则的法律基础。就其文义可知,过错责任的承担以过错为必要。过错责任针对过错而归责,换言之,过错责任的承担是针对过错的,责任的存在因为过错而具有正当性。凡是因过错造成损害的场合,皆应当采过错责任来归责。作为结果的侵权责任,其原因是过错的存在。反过来,只要有作为原因的过错的存在,就有作为结果的侵权责任的存在。由此,可以有两个推论:

第一,有过错就有责任。

不考虑侵权行为其他构成要件及免责事由对责任的限制,换言之,假定其他要件皆构成,同时没有免责事由存在的情况下,只要有过错,就会有责任的存在。过错的存在,是责任存在的前提。

第二,有过错才有责任。

有过错才有责任,意味着在没有过错的情况下,即使其他要件构成,如果过错不存在,也不能给行为人施加责任。由此可以看出,过错为归责之最后界限。[①] 过错责任实际上是民事主体的护身符。一个人只要确保自己没有过错,就可以确保自己没有责任。这意味着,在过错责任原则之下,存在着一个由行为人自我选择的安全区。

假设所有造成损害的行为是一个圆,因为过错责任原则,这个圆就分为两部分。如下图:

---

① 参见邱聪智:《从侵权行为归责原理之变动论危险责任之构成》,中国人民大学出版社2006年版,第1页。

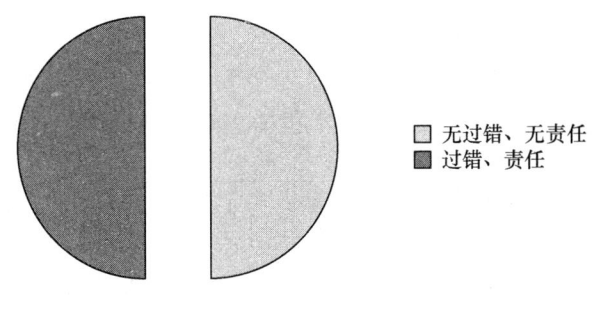

过错责任原则

(二) 过错为何成为责任的一般性正当理由

自19世纪以来,过错责任成为各国侵权行为法的归责原则。[①] 那么,需要讨论的是,过错责任何以成为责任的一般性正当理由。对这一问题,有很多讨论。比如,王泽鉴教授认为,过错责任原则之所以被奉为金科玉律,视同自然法则,主要是基于道德观念、社会价值、个人尊严等三方面的原因。[②]

下面仅从法律经济学的角度加以分析。

1. 过错责任原则的门槛效应

一个侵权事故发生后,会造成相应的人身或者财产的损失。但是事故发生后人身或财产的损失,往往并非是该事故的全部损失。

假设一辆新自行车的价格是100元。自行车如果丢失,则会造成100元的损失。为了防止自行车丢失,人们往往会买一把锁,假设锁的价格是10元。一辆新自行车加一把锁,并不能确保它不丢失,只是丢失的可能性下降了。假设此时自行车仍然丢失了,那么损失的就不单单是自行车的100元,而是自行车的100元加锁的10元,共计110元。为了让自行车更保险些,有人就会买两把锁。的确,两把锁锁上的自行车,丢失的可能性会进一步下降。但是,一旦自行车丢失,损失将是120元。

这一例子具有普遍的代表意义。比如,为了防止家里失窃,人们会花钱安装防盗门,有些人甚至会雇佣保安。为了防止得病,人们会随春夏秋冬的季节变换而更换不同的衣服。人们会经常洗手,除了饭前便后外,洗手的频率会随着某种疾病传染危险的高低而调整。比如,在"非典"期间,人们洗手的频率明显高于平时。为了防止医疗事故的发生,医院会采取各种预防措施。为了防止产品事故的发生,生产厂商会采取各种预防措施。为了防止交通事故的发生,法律会要求

[①] 参见 L. Solyom, *The Decline of Civil Law Liability* (Budapest, 1980),转引自王泽鉴:《侵权行为》,北京大学出版社2009年版,第12页。

[②] 参见同上书,第12—13页。

行人和司机各行其道。

上面的例子有以下几点启示：

第一，一个事故发生后，除了相应人身或财产本身的损失外，损失还包括因此投入的预防成本。即，事故的总成本包括100元的自行车钱和10元或者20元的锁钱。

第二，事故的不发生，也是有成本的。为了防止自行车丢失，必须加上10元或者20元的锁。换言之，因为加上10元或者20元的锁，自行车才没有丢失。如果没有锁，自行车一般更容易丢失。没有锁的自行车，是典型的预防不足。

第三，投入预防，只是使事故的发生概率下降。锁是防止自行车丢失的预防成本。但是，有锁并不意味着自行车肯定丢不了。如果没有锁的自行车一般都会丢的话，加了锁的自行车相对而言保险一些，加了两把锁的自行车比一把锁的自行车更保险些。这说明，随着锁的增加，自行车丢失的可能性在降低。

第四，预防投入是可以变化的。随着锁的增加，自行车丢失的可能性在降低。但是，随着预防投入的递增，损失发生概率的下降会递减。

因此，完全杜绝事故，并非是最佳的选择。生活经验告诉我们，为了防止100元的自行车丢失，人们一般最多也只花20元买两把锁。买三把锁的人很少，买十把锁的人几乎没有。尽管，装十把锁来保护一辆自行车，自行车会更安全、丢失的可能性会更小。

那么，人们为什么不这样做呢？

随着预防投入的逐步增加，自行车丢失的概率在逐渐降低，但是，这种降低的幅度在递减。相反，预防的成本在增加。二者的此消彼长，会出现这样一种局面：为了防止100元的自行车丢失，可能需要110元的锁。即为了保护100元的利益，需要110元的预防成本。

由此导致的结果是：一方面，由于无法做到绝对保险，带锁的自行车一旦丢失，总的损失将是210元。另一方面，为了保护100元的利益，投入了110元的预防成本，是不合算的，这可以被称为过度预防。

第五，存在一个最佳的预防点。既然，不预防或者预防不足时事故会以非常大的概率发生，而过度预防又不合算，同时预防的投入是渐进的，那么，就存在着一个最佳的预防点。在最佳的预防点上，投入的预防成本既可以保证自行车不那么容易丢，又不至于使得预防成本大于要保护的利益。用经济学的术语来描述，最佳预防就是投入的边际成本等于投入的边际收益。也就是说，预防成本的增加以及因此导致的事故发生概率的下降以至于事故损失的减少，二者此消彼长的关系达到了一个点：在这个点上，偏左一点预防不足、偏右一点预防过度。多一点过多，少一点不足。

第六，这一最佳预防的点，就是过错的标准。

我们可以用上述的思想来说明过错。

过错的一般表述是，应当做而没有做。应当做就是为了使得事故不发生而应该做。可见，过错的概念中本身就包括了预防的意思。这样，过错和预防的观念就联系了起来，从而使得我们可以用预防的思想来说明过错。

在每一个具体过错的认定过程中，都会有一个点，在这个点的两边，分别是过错的有和过错的无。过错的有，意味着行为人在事故发生的预防方面，做得不够；过错的无，意味着行为人在事故发生的预防方面，做得足够了。相应的，在过错的有这边，行为人要承担事故的责任；在过错的无这边，行为人不承担事故的责任。

在过错存在、行为人承担事故责任时，行为人要承担的除了责任外还包括已经投入但还不够多的预防成本。而在过错不存在、行为人不承担事故责任时，行为人承担的只是事故的预防成本。经验告诉我们，前者往往远远大于后者。

这样，过错责任，意味着存在一个门槛。在门槛的一边，属于行为人行为自由的安全区；跨越门槛则意味着成本的突然增加。

2. 过错责任有助于激励民事主体进行适当的预防

侵权事故的发生，无论对社会整体，还是对事故关系人，都是一种悲剧。绝大多数事故都可以通过事前的预防投入避免或者减轻；因此，要求或者激励行为人投入成本对侵权事故加以预防，具有正当性。但是，投入成本预防一个事故的发生需要激励。

责任就是一种激励手段。责任的施加是外部性内化的过程。外部性内化使得社会成本变成行为人的私人成本，从而可能对行为人产生行为的激励。在事故的发生取决于一方当事人时，一方的过错责任，或者在事故的发生取决于双方当事人时，双方的过错责任，有助于激励民事主体投入成本进行适当的预防。

在过错责任的背景下，假设过错的标准是明确的，或者尽管不明确但却是人们可以感知的，那么，每个行为人都会面临一个选择，选择在门槛的这边还是那边。假设每个民事主体都愿意作出对自己有利的选择，那么，可以得出这样的结论，过错的门槛效应有助于民事主体选择投入适当的预防成本，而不是选择承担事故的责任。

因此，过错责任有助于激励人们投入适当的预防成本，从而使得事故以适当的概率发生。

当然，过错标准的确定，会影响到人们的选择。因此，确定适当的过错标准是非常重要的。

过错标准过低，会导致过多的事故。过错标准过高，会使得一般人无法做到或者使得预防不合算，反而导致更多事故。

3. 过错责任原则有助于经济发展

经济的活力来源于行为的自由,过错责任原则与经济活力之间具有密不可分的关系。过错责任原则要求有过错才有责任。在具体的情境下,只要行为人投入适当的预防成本,就为自己争得了自由的空间,无须担心责任。

4. 过错责任原则有助于社会道德的维护

过和错,皆具有道德的贬抑性。要求行为人投入成本进行适当的预防具有正当性,那么,没有进行适当的预防则不具有正当性。行为人承担过错责任之所以具有正当性,是因为行为人有过或者有错了。而过或者错之所以存在,是因为没有进行适当的预防。

5. 过错责任承担的另一个正当性

在过错责任的情境下,让责任人承担责任的同时,必须让责任人明白,怎样才能够避免责任。换言之,承担责任是因为错了,那么需要告诉责任人,怎样是对的、怎样才可以避免责任。行为人只要没有过错,就应当可以避免责任。

(三)简单的小结

既然,过错原则是针对过错来归责的,而因过错让行为人承担责任具有一般的正当性,那么如果侵权结果是因为行为人的过错而发生的,同时,该侵权结果可以因为没有过错而避免,该侵权行为就应当采过错责任原则。

三、过错推定

(一)过错推定的概念

所谓过错推定,是指在过错责任原则下,在某些侵权行为中,法律推定行为人实施该行为时具有过错,在行为人不能证明自己不存在过错的情况下,则可能承担侵权责任的规则。行为人可以通过证明自己没有过错而免除责任的承担。因此,过错推定也被称为过错举证责任的倒置。

《侵权责任法》第6条第2款规定:"根据法律规定推定行为人有过错,行为人不能证明自己没有过错的,应当承担侵权责任。"

过错推定是否是一个独立的归责原则,学界存在不同的看法。

笔者认为,过错推定与过错责任原则的归责理念是相同的,因此其归责原则仍属于过错责任原则。所以,过错推定不是一种独立的归责原则。

同时,一般过错责任原则和过错推定存在以下区别:在一般过错责任原则下,要由受害人来证明行为人存在过错;而在过错推定的情况下,受害人不需要对行为人的过错举证证明。法律直接推定行为人存在过错,除非行为人能够证明自己没有过错。

根据《侵权责任法》第6条第2款的规定,适用过错推定的情况,需要有法律的明确规定。

《民法通则》第126条规定:"建筑物或者其他设施以及建筑物上的搁置物、悬挂物发生倒塌、脱落、坠落造成他人损害的,它的所有人或者管理人应当承担民事责任,但能够证明自己没有过错的除外。"一般认为,此条规定是典型的过错推定。

《证据规则》第4条第1款第4项规定:"建筑物或者其他设施以及建筑物上的搁置物、悬挂物发生倒塌、脱落、坠落致人损害的侵权诉讼,由所有人或者管理人对其无过错承担举证责任。"本条规定是从过错举证责任倒置的角度规定的过错推定。

《侵权责任法》中也有许多过错推定的规定。

(二)过错推定的理由

其一,更有利于受害人。

比如,《侵权责任法》第38条规定:"无民事行为能力人在幼儿园、学校或者其他教育机构学习、生活期间受到人身损害的,幼儿园、学校或者其他教育机构应当承担责任,但能够证明尽到教育、管理职责的,不承担责任。"

《侵权责任法》第39条规定:"限制民事行为能力人在学校或者其他教育机构学习、生活期间受到人身损害,学校或者其他教育机构未尽到教育、管理职责的,应当承担责任。"

上述两个条文的差别,在于第38条采取了过错推定而第39条采取了一般的过错责任原则,其目的正在于保护相对更加弱势的无民事行为能力人。

其二,加害人更方便证明过错的有无。

比如,《侵权责任法》第88条规定:"堆放物倒塌造成他人损害,堆放人不能证明自己没有过错的,应当承担侵权责任。"

《侵权责任法》第90条规定:"因林木折断造成他人损害,林木的所有人或者管理人不能证明自己没有过错的,应当承担侵权责任。"

在堆放物倒塌以及林木折断的场合,相对于要让受害人来证明行为人过错的存在,行为人更方便证明自己没有过错。

更典型的例子是《证据规则》第4条第1款第8项的规定:"因医疗行为引起的侵权诉讼,由医疗机构就医疗行为与损害结果之间不存在因果关系及不存在医疗过错承担举证责任。"

在医疗侵权中,要让患者证明医疗机构的医疗行为中存在过错,其难度远远大于由医疗机构证明自己的医疗行为中不存在过错的难度。也正因为如此,《侵权责任法》第58条的规定引起了广泛的争议。具体可参见本书第十三章第三节的讨论。

综上,由于过错推定更加有利于受害人,在某些场合加害人更有条件证明过错的有无,故而,法律需要特别指明,在哪些场合需要更加有利于受害人、哪些场合加害人更有条件证明过错的有无,因此,过错推定需要法律的特别规定。

第三节 无过错责任原则

一、无过错责任原则的概念与理解

一般认为,无过错责任,也称为严格责任、危险责任。无过错责任是否限于危险责任,值得讨论。① 当然,比较二者关系,还取决于危险责任的界定。② 本书将无过错责任、严格责任和危险责任看作相同的概念,除非有特别的说明。

对无过错责任原则的理解,有两种不同的观点。

一种观点认为,无过错责任原则是指不问行为人主观上是否有过错,只要有侵权行为、损害后果以及二者之间存在因果关系,就应承担民事责任的归责原则。这是目前我国学者的通说。③ 有观点进一步指出,《民法通则》第106条第3款没有准确反映无过错责任的真实含义。④ 此种观点之理论依据在于所谓原因责任主义。⑤

另一种观点认为,无过错责任原则是指行为人在确定没有过错的情况下承担民事责任的归责原则。危险责任,是指从事危险活动之人,因该活动具有损害之"危险",于损害发生时,即基于"危险"本身而令其负担责任之意。⑥ 准此以言,以危险责任界定无过错责任,则是指因危险作业本身、而不是当事人过错引发的损害而承担的责任。如果有证据证明行为人有过错,则应当承担过错责任。这一观点认为,按照无过错责任原则,侵权行为构成要件中包括了无过错的要件。而《民法通则》第106条第3款,非常精确无误地反映了无过错责任的归责理念。

---

① 王泽鉴教授将危险责任与无过错责任等同看待。王泽鉴教授认为,无过错责任的用语消极地指明"无过失亦应负责"的原则,危险责任的概念较能积极地凸显无过错责任的归责原因。参见王泽鉴:《侵权行为》,北京大学出版社2009年版,第15页。陈聪富教授也在交互使用危险责任、严格责任或无过错责任。参见陈聪富:《侵权归责原则与损害赔偿》,台湾元照出版公司2004年版,第159页,脚注11。黄立教授也采此见解。参见黄立:《民法债编总论》,中国政法大学出版社2002年版,第237页。
② 比如,邱聪智教授认为危险责任类型包括了建筑物所有人责任、动物占有人责任、交通危险责任、厂场事故责任、公害责任及商品责任。参见邱聪智:《从侵权行为归责原理之变动论危险责任之构成》,中国人民大学出版社2006年版,第101页。在这样的意义上,危险责任应当等同于无过错责任。
③ 参见魏振瀛:《民法》(第7版),北京大学出版社、高等教育出版社2017年版,第669页。
④ 参见杨立新:《侵权法论》(第3版),人民法院出版社2005年版,第140页。
⑤ 对原因责任主义的评价,参见邱聪智:《从侵权行为归责原理之变动论危险责任之构成》,中国人民大学出版社2006年版,第261—262页。
⑥ 同上书,第36页。

笔者坚持后一种观点。前一种观点界定的无过错责任,实际上是结果责任。

二、无过错责任原则的现行法根据

《民法通则》第106条第3款规定:"没有过错,但法律规定应当承担民事责任的,应当承担民事责任。"

《侵权责任法》第7条规定:"行为人损害他人民事权益,不论行为人有无过错,法律规定应当承担侵权责任的,依照其规定。"

上述两条规定,分别代表了关于无过错责任界定的两种不同表述和观点。第106条第3款强调"没有过错",第7条强调"不论行为人有无过错"。前者是在没有过错的情况下承担的责任,后者是在不管有无过错的情况下承担的责任。前者是无过错责任,后者是结果责任。

本章中我们区分两种不同的无过错责任,即无过错责任和结果责任,强调无过错责任和结果责任的不同,意在让读者对此有全面了解。但是,在后面的章节中,我们把两种责任都看作无过错责任,以与通说保持一致,除非有特别的说明。

还需要说明的是,仅仅有《民法通则》第106条第3款及《侵权责任法》第7条本身是不够的,还需要另有具体"法律规定应当承担民事责任",才会有无过错责任或者结果责任的适用。

《道路交通安全法》第76条第1款第2项后段规定:"机动车一方没有过错的,承担不超过百分之十的赔偿责任。"此规定就是典型的无过错责任的规定。

《侵权责任法》第80条规定:"禁止饲养的烈性犬等危险动物造成他人损害的,动物饲养人或者管理人应当承担侵权责任。"此条规定就是结果责任的规定。

需要思考的是,无过错责任或者结果责任的适用为什么需要法律的特别规定?

过错责任原则是侵权法的一般归责原则,无过错责任原则或者结果责任原则是特别的归责原则。故而,在适用无过错责任原则或者结果责任原则时需要法律的特别规定,实际上法律是在确定哪些情况属于不适用过错责任原则的特殊情况。在危险责任的意义上,法律的特别规定,是在确定什么样的危险特殊到需要特殊的归责原则。

三、无过错责任原则的归责理念

无过错责任是在行为人无过错的情况下承担的责任。无过错责任的构成要考察行为人的过错。只有在行为人的确不存在过错的场合,才让其承担责任。

因此，无过错责任的构成要件中，应当包括"无过错"这一要件。如果没有过错的考察，也就没有无过错责任原则的适用。

这意味着，侵权事故发生后，首先需要考察过错的有无。如果没有过错的存在，则说明该事故的发生是适当预防之外的危险本身造成的损失。此时，如果按照过错责任原则由受害人承担损害后果有违基本公平时，则将损害后果转由行为人来承担。而行为人之所以成为责任人，不在于其过错，在于其拥有或者运行着某种危险作业，而无论其是否从该危险行为中获利。[①]

《美国侵权法重述》（第二版）第519节规定："（1）进行异常危险活动者应当对该活动给他人人身、土地或动产造成的损害承担责任，即使已善尽其注意义务以预防损害发生。（2）上述严格责任仅适用于该活动所具有的异常危险造成的损害。"

上述规定的责任不是针对被告的任何故意或过失（无论活动本身的过失还是操作方法上的过失）。它所针对的是异常危险活动本身及因此造成的损害。其法律政策的基础是，因自身目的而从事异常危险活动的人，对因此造成的损害应承担赔偿责任。行为人必须为其行为付出代价。

危险责任针对危险本身来归责的思想，在德国危险责任理论的萌芽时期即已产生。作为德国法学界使用"危险"一词说明责任原理的第一人，李林格（Leoning）在其名著《公务员违法行为之责任》中主张，具有"危险性"之活动，应基于其危险而适用无过失责任。其意旨略为：近来盛行之大企业，于设立或者营业活动过程中，纵使极尽注意之能事，对其员工及第三人，仍难免致生各种危险。基于此一事实，对于使他人濒于危险状态之人，就该危险所生之损害，应课以无过失赔偿责任。[②] 危险责任的基本根源，即在于我们所必须忍受，而在本质上无法完全控制的特别技术危险。故支配或利用"危险根源"的人，虽无可归责之过失，也应负担该危险所生之损害，此即危险责任之最终基础。[③] 可见，危险责任不是对不法行为所负责任，危险责任的根本思想在于不幸损害的合理分配。[④]

波斯纳认为，无过失责任是在过失责任主义无法达成侵权行为法之功能与目的时，在某些意外事件，被告无法以善尽注意义务全然避免损害发生，为使被告变更活动方式或地点，而使被告负担损失赔偿的责任。[⑤]

---

① 《美国侵权法重述》（第二版）第520节对异常危险认定的因素中强调，行为人从异常危险活动中获得经济利益，并非构成异常危险活动的必要条件，即使行为人从某项异常危险活动中没有获得丝毫利益，第520节的规定依然适用。

② 参见邱聪智：《从侵权行为归责原理之变动论危险责任之构成》，中国人民大学出版社2006年版，第196页。

③ 同上书，第208页。

④ 参见王泽鉴：《民法学说与判例研究》（第5册），中国政法大学出版社1998年版，第262—263页。

⑤ 转引自陈聪富：《侵权归责原则与损害赔偿》，台湾元照出版公司2004年版，第199页。

四、无过错责任原则的适用

(一)无过错责任原则的适用需要法律的特别规定

就效果而言,无过错责任是将原本在过错责任下因为行为人无过错而应当由受害人承担的损失,基于某种政策考虑,转而由行为人承担的归责原则。所以,如果说过错责任原则的适用具有当然的正当性的话,无过错责任的适用就需要特别的理由。表现在立法技术上,就需要法律的特别规定。

假设所有造成损害的行为是一个圆,此种情况可以用下图表示:

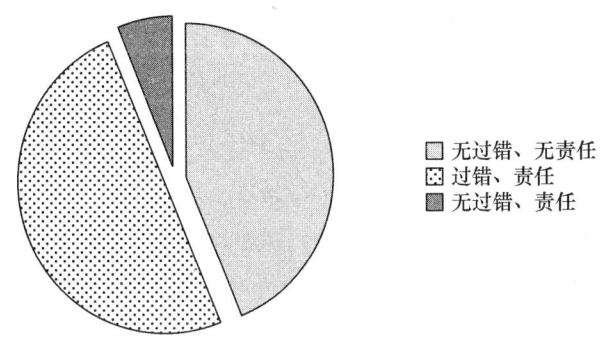

无过错责任原则

(二)无过错责任需要考察过错

无过错责任的构成要件中,要求考察过错。即经过考察发现行为人的确不存在过错,或者受害人无法证明行为人存在过错的时候,无过错责任才有适用余地。如果经过考察,发现行为人存在过错,则应当按照过错归责。

(三)无过错责任可以有免责事由

根据前面的分析,无过错责任是行为人对危险作业本身造成损害承担的责任。围绕危险作业发生损害的原因很多,下面以高压电造成的损害为例进行分析。

根据《触电人身损害赔偿解释》[①]第3条的规定,因高压电造成他人人身损害有下列情形之一的,电力设施产权人不承担民事责任:(1)不可抗力;(2)受害人以触电方式自杀、自伤;(3)受害人盗窃电能,盗窃、破坏电力设施或者因其他犯罪行为而引起触电事故;(4)受害人在电力设施保护区从事法律、行政法规

[①] 《触电人身损害赔偿解释》已经被2013年2月18日通过的《最高人民法院关于废止1997年7月1日至2011年12月31日期间发布的部分司法解释和司法解释性质文件(第十批)的决定》废止,理由是与《人身损害赔偿解释》相冲突。但是,过去依据该解释对有关案件作出的判决、裁定仍然有效。本书认为,该解释虽然失效了,但其规定仍然可以作为研究对象,故而这部分内容仍然予以保留。

所禁止的行为。

1. 不可抗力

危险作业本身具有的危险造成的损失,可能是因为不可抗力造成的损失。在不可抗力造成损失的场合,危险作业和无危险作业是没有区别的。比如,严重的雪灾可以使高压电线杆倒塌造成损害,也可以使大树折断造成损失,如果大树的所有人因不可抗力可以免责,高压线的所有人或者管理人也应当可以免责。

2. 受害人以触电方式自杀、自伤

损害是由受害人故意造成的,危险作业人不承担责任。受害人以触电方式自杀、自伤,属于受害人故意造成损失的情形。

在受害人故意的场合,意味着并不是危险作业本身的危险造成的损失,如果让危险作业人承担责任,则与无过错归责原则的理念相违背。在受害人故意造成损害的情况下,危险作业与任何无危险的作业没有任何区别:一个高速行驶的列车和一棵静止不动的大树没有任何区别。

3. 受害人从事犯罪行为或者法律、行政法规所禁止行为造成损失

受害人从事犯罪行为或者法律、行政法规所禁止行为造成损失,说明并非危险作业本身造成的损失。此点与前两点的情况相同,只不过受害人的行为同时具有刑法、其他法律或行政法规上的不法性。

另外,《触电人身损害赔偿解释》第3条第3、4项规定的情形,不单单是危险作业所独有。我国台湾地区"最高法院"曾认为,行使侵权行为之损害赔偿请求权,其被侵害人不得主张自己具有不法之情事,而请求加害人赔偿。此乃因请求人一方既有不法之情事,已为法律所不容于先,如仍许其请求他方赔偿其损害,无异于助长请求人一方不法原因事实之发生及扩大,自为法律所不许。① 在任何场合,因受害人从事犯罪行为或者法律、行政法规禁止行为造成的损失,都应当由其自己承担责任。围绕危险作业发生损害的场合,也不应当由危险作业人承担责任。

《美国侵权法重述》(第二版)第523节、第524A节分别规定了原告自甘风险及原告的异常敏感特性均可以免除被告的严格责任。第524节规定,原告明知且不合常理地使自己遭受异常危险活动之害,被告可以主张免除自己的严格责任。而一般过失不构成被告的免责事由。

(四)无过错责任可以适用过错相抵

无过错责任是否可以适用过错相抵,向有疑义。如果采结果责任说,无过错责任是结果责任,那么就不能考虑过错。但是,如果将无过错责任界定为没有过错时承担的责任,或者说是针对危险作业本身引发损失承担的责任,那么存在过

---

① 参见王泽鉴:《民法学说与判例研究》(第8册),中国政法大学出版社1998年版,第205页。

错相抵是可以的。即如果损害是由于受害人过失和危险本身共同作用的结果，那么危险作业人只承担作业本身引发的那部分损失，受害人要为自己的过错负责任。从受害人角度分析，是受害人一方的过错责任；从危险作业人角度分析，则属于过错相抵。①

《人身损害赔偿解释》第 2 条第 2 款规定："适用民法通则第一百零六条第三款规定确定赔偿义务人的赔偿责任时，受害人有重大过失的，可以减轻赔偿义务人的赔偿责任。"可见，现行司法解释支持这样的分析，只不过是将受害人的过错限定于重大过错。

在刘某等与海南电网三亚供电公司触电人身损害赔偿纠纷上诉案中，海南省三亚市城郊人民法院查明：2002 年，原告刘某三和被告刘某四拆除父亲宅基地上的旧房，建起二层楼房。楼房上方是高压线，与高压线平行下方的一边围墙装有铁门。原告刘某三和被告刘某四修建房屋和围墙时没有办理规划、报建手续，被告供电公司亦没有进行阻止。2006 年 1 月 28 日大年除夕下午，被告刘某四把两根铁管捆在一起，把铁管绑在围墙敞开的东面铁门上，将鞭炮挂在铁管上燃放。放完鞭炮，被告刘某四未将铁管从铁门上取下。下午 6 时 10 分，四原告和被告刘某四的母亲李月桂清扫院子，当扫至铁门时，顺手推关东面铁门，绑在铁门上的铁管触碰到上方的高压线，李月桂当场触电死亡。事故发生后，被告供电公司将该段线路升高至 9.25 米。

海南省三亚市城郊人民法院认为，被告供电公司没有证据证明李月桂的人身损害是不可抗力所致或受害人自己故意造成，或是受害人在电力设施保护区从事法律、行政法规所禁止的行为造成的，被告供电公司应对李月桂的人身损害承担损害赔偿责任。原告刘某三和被告刘某四未经规划、报建审批，擅自在高压电保护区内修建楼房和围墙，且被告刘某四又在高压电设施保护区内绑架铁管燃放鞭炮，违反了法律、行政法规的禁止性规定。正是原告刘某三和被告刘某四在高压电设施保护区内修建围墙、绑架铁管、燃放鞭炮的违法行为，才致李月桂死亡。李月桂的人身损害，被告供电公司和原告刘某三、被告刘某四违法行为的原因力作用相当，双方应承担同等民事责任，即被告供电公司承担 50% 的赔偿责任。②

（五）无过错责任可能存在责任限额

《道路交通安全法》第 76 条第 1 款第 2 项规定："……机动车一方没有过错的，承担不超过百分之十的赔偿责任。"

---

① 参见史尚宽：《债法总论》，中国政法大学出版社 2000 年版，第 303 页。
② 参见海南省三亚市中级人民法院(2007)三亚民一终字第 112 号民事判决书。

第四节　过错责任与无过错责任的关系

一、过错责任和无过错责任的归责理念不同

过错责任是因行为人过错而承担的责任,有过错即有责任、有过错才有责任。因此,过错责任是针对过错归责的,具有道德贬抑性。无过错责任或者危险责任是针对危险行为本身归责的,换言之,损害是由危险本身引起的,而不是由所有者或者管理者的过错引起的。危险的存在,使得危险的所有人或者管理人具有注意义务。但是,危险本身意味着,即使所有人或者管理人尽到了适当的注意义务,仍然可能由于危险本身造成他人损失。由此可以看出,围绕危险发生的损害后果,其原因是多种多样的:可以是因所有人或者管理人没有尽到适当注意义务造成的,也可以是因为危险本身造成的。因没有尽到注意义务造成的损失,应当采过错责任;因危险本身造成的损失,应当采无过错责任。

原因不同,原因者不同,责任者也应当不同。

此点可以波斯纳法官在 Indiana Harbor Belt Railroad v. American Cyanamid Co. 一案中的判词作为佐证。波斯纳法官强调:"在行为之危险性得以善尽注意义务(亦即无过失)加以避免时,过失责任主义足以发挥侵权行为法之功能,此时无须采取无过失责任主义。但是某些特殊意外事故,无法以善尽注意义务加以避免,而只能改变活动方式或地点,使意外事件在别地发生,或因而减轻损害之危险;或只能减少活动范围,以减低意外事件之发生次数时,无过失责任即提供行为人一项过失责任无法提供之诱因,使被告尝试其他避免意外事件发生之方法,或在无法避免事故发生时,更换地点、改变活动方式、或减少(甚至不从事)发生意外事故之活动。"[①]

二、过错责任具有道德贬抑性,无过错责任不具有道德贬抑性

过错责任针对过错归责。行为人之所以成为责任人,是因为有"过"或者"错"。而"过""错"皆属于道德的否定性评价,即使以预防的投入赋予过错新的含义。无过错责任不是对不法行为所负的责任。法律要求行为人承担责任,不具有道德贬抑性。无过错责任的成立,在于合理分配现代文明社会无法避免的损害,基于社会正义的要求,由较能负担损失的一方承担责任,不存在惩罚或者责难的理由。[②]

---

① 916 F. 2d 1174(U. S. Ct. App. 7th Cir. , 1990). 转引自陈聪富:《侵权归责原则与损害赔偿》,台湾元照出版公司 2004 年版,第 161 页。

② Prosser and Keeton on Torts,537(5th ed. , 1984).

拉伦茨教授认为,危险责任和过失责任是不能放置在一个分数上量定的,法律不能一面允许,同时一面非难;一面赞同,同时一面反对。① 因此,如果不能正确区分过错责任原则和无过错责任原则,一方面,使得原本不具有任何可归责过失的赔偿义务人,成为过失加害人,从而蒙受道德非难之重担。另一方面,会出现大量并无可归责过失可言的危险责任,易使一般人认为过失归责已经没有必要,从而引起伦理基础的动摇和崩溃。② 其结果是,模糊了损害发生的原因,弱化了归责原则体系的作用。

三、过错责任存在安全区,无过错责任没有安全区

在过错责任原则下,责任人是因为有过错而承担责任,此即有过错才有责任。行为人要想避免责任,就需要投入成本提高注意程度。行为人只要投入了适当的预防成本,就可以使自己停留在过错门槛一边的安全区。而在无过错责任原则下,责任人并没有过错,损害是因为危险本身造成的。责任人只要从事该危险作业,就可能会有损害的发生。换言之,危险作业本身导致的一定概率的损失,是从事危险作业必然的代价。行为人承担危险责任,是从事该种危险作业的成本。行为人可以通过保险等方式,来分散自己的损失。

当然,因危险本身发生的损害,如果投入足够的预防,损害的发生也许可以减小到很低的概率。但是:第一,尽管是很低的概率,但损害依然可能发生;第二,为了使危险本身发生损害的概率降到很低,需要投入过高的成本,从而使得避免损害发生的成本,反高于损害发生以后付出的成本。这样的结果,与人类的基本行为方式是违背的。要求具体民事主体付出过高成本,可能的结果就是导致危险作业被放弃。而危险作业的存在,本身是社会所需要的。

四、过错责任和无过错责任后果的严重性存在差异

过错责任的后果往往要重于无过错责任的后果。过错责任通常还会导致精神损害赔偿或者惩罚性赔偿。其原因就在于过错责任和无过错责任理念上的差异。过错责任具有道德贬抑性,无过错责任不是对不法行为所负责任,无过错责任的根本思想在于不幸损害的合理分配。③ 因此,无过错责任不具有非难性。无过错责任多有最高责任金额的限制,而且受害人不能请求慰藉金,由此可以推

---

① 参见〔德〕拉伦茨:《德国法上损害赔偿之归责原则》,载王泽鉴:《民法学说与判例研究》(第5册),中国政法大学出版社1998年版,第277页。
② 参见邱聪智:《从侵权行为归责原理之变动论危险责任之构成》,中国人民大学出版社2006年版,第201页。
③ 参见王泽鉴:《民法学说与判例研究》(第5册),中国政法大学出版社1998年版,第262—263页。

知,依法律判断,无过错责任应从轻斟酌。①

五、过错推定和无过错责任原则的关系

过错推定属于过错责任原则,因此,当事人基于过错推定而承担责任,其根源还在于过错的存在。同时,过错推定又与一般的过错责任原则存在不同。在很多情况下,行为人要证明自己没有过错很难,因此,事实上可能会与无过错责任产生相同的效果。

但是,尽管加害人有时无法通过证明过错不存在而免责,但是过错推定归责的理念与无过错责任的理念仍然存在不同。在无过错责任的场合,行为人不能免责的原因在于法律的规定,而在过错推定的场合,行为人不能免责的原因更在于自己无法证明自己没有过错。两种责任的正当性不同。

第五节 结果责任原则

一、结果责任原则的概念

结果责任原则,是指只要有损害他人民事权益的结果,就应当依照法律的规定承担侵权责任的归责原则。

结果责任原则强调的是损害他人民事权益的结果,不问行为人是否存在过错。

人类早期的法律曾将结果责任作为唯一的归责原则。现代法律中的结果责任原则,是人类在对过错有明确认识的基础上作出的选择。此种结果责任与人类早期的结果责任在归责理念、适用范围、责任机理及赔偿范围方面存在不同。

二、结果责任的法律根据

《侵权责任法》第 7 条规定:"行为人损害他人民事权益,不论行为人有无过错,法律规定应当承担侵权责任的,依照其规定。"

据此,行为人只要有损害他人民事权益的结果,就可能承担侵权责任。结果责任的承担,意味着对行为人自由的极大限制,因此需要法律的特别规定。

《侵权责任法》第 70 条规定:"民用核设施发生核事故造成他人损害的,民用核设施的经营者应当承担侵权责任,但能够证明损害是因战争等情形或者受害人故意造成的,不承担责任。"

《侵权责任法》第 71 条规定:"民用航空器造成他人损害的,民用航空器的经营者应当承担侵权责任,但能够证明损害是因受害人故意造成的,不承担责任。"

---

① 参见〔德〕拉伦茨:《德国法上损害赔偿之归责原则》,载王泽鉴:《民法学说与判例研究》(第 5 册),中国政法大学出版社 1998 年版,第 277 页。

《民用航空法》第157条第1款前段规定:"因飞行中的民用航空器或者从飞行中的民用航空器上落下的人或者物,造成地面(包括水面,下同)上的人身伤亡或者财产损害的,受害人有权获得赔偿。"《道路交通安全法》第76条第1款前段规定:"机动车发生交通事故造成人身伤亡、财产损失的,由保险公司在机动车第三者责任强制保险责任限额范围内予以赔偿。"

根据上述规定,民用核设施的经营者、民用航空器的经营者以及承保交强险的保险公司承担的都是结果责任。

在这样的意义上,传统上理解的无过错责任,比如《侵权责任法》第9章的"高度危险责任",都是结果责任。

三、结果责任的归责理念

结果责任针对结果而归责。结果责任原则适用的场合,往往存在某种人类无法完全控制的风险。

人类无法完全控制的风险,不限于飓风、地震、高速运输工具、核电站。生活中到处都有无法完全控制的风险。但并非所有的无法完全控制的风险都配置结果责任。究竟哪些风险配置结果责任,取决于法律的价值判断:究竟哪些风险应当让受害人承担,哪些风险应当让行为人承担。故而,结果责任的承担也需要法律的特别规定。

之所以针对结果而归责,或者因为过错无法查清,或者因为查清过错的成本过高,或者干脆就不查过错。如果因为过错无法查清、适用过错责任原则无法给受害人救济而导致不公平结果时,法律就让行为人承担损害后果,从而将损害转嫁由行为人承担。

比如,《道路交通安全法》第76条第1款第2项规定:"机动车与非机动车驾驶人、行人之间发生交通事故,非机动车驾驶人、行人没有过错的,由机动车一方承担赔偿责任;有证据证明非机动车驾驶人、行人有过错的,根据过错程度适当减轻机动车一方的赔偿责任;机动车一方没有过错的,承担不超过百分之十的赔偿责任。"

据此,机动车一方就有某种结果责任存在。在机动车与非机动车驾驶人、行人之间发生交通事故,只要不能证明非机动车驾驶人、行人有过错,机动车一方就要承担赔偿责任。机动车一方有无过错,在所不问。只有机动车一方的确没有过错,他才承担不超过10%的责任。在这样的归责原则下,一旦发生交通事故,只有机动车一方有证明自己及对方是否存在过错的积极性。

在交通事故现场无法复原或者交通事故发生在深夜的偏僻地区时,双方过错往往无法查清。此时,结果责任对责任的配置就起到了关键作用。因此,在这些场合,某一方当事人是另一方当事人的保险人,同时,另一方当事人还无须为此支付保险费。

在过错责任原则、无过错责任原则确立后,结果责任原则依然有其用武之地,原因在于人类依然需要面对许多风险很大的未知事物,依然需要不断探索未知领域;或者说人类面对的未知领域不是少了,而是更多了。

四、结果责任的适用

(一)结果责任的适用范围

结果责任是从过错责任和无过错责任中各自划出一部分,不考察过错的有无,让行为人承担侵权责任。至于行为人是否有过错,在所不问。这就意味着,也许行为人有过错,因此根据过错责任原则也应当承担责任;也许行为人没有过错,是否承担责任需要看是否适用无过错责任。

假设所有造成损害的行为是一个圆,此种情况如下图表示:

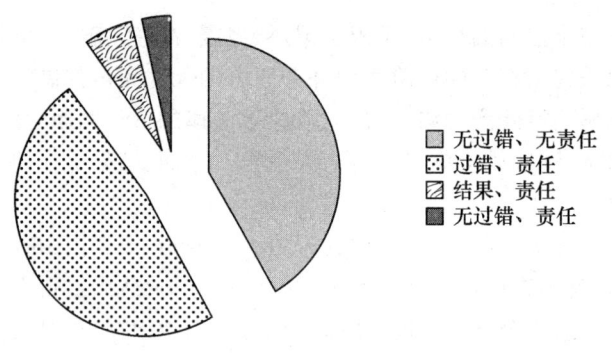

结果责任原则

由于过错责任一般要比结果责任严重,受害人可能得到更多的赔偿,因此,在法律规定适用结果责任的场合,如果受害人能够证明行为人存在过错,则应当按照过错责任来归责。

(二)结果责任存在责任限额

《侵权责任法》第77条规定:"承担高度危险责任,法律规定赔偿限额的,依照其规定。"

《民用航空法》第128条规定:"国内航空运输承运人的赔偿责任限额由国务院民用航空主管部门制定,报国务院批准后公布执行。""旅客或者托运人在交运托运行李或者货物时,特别声明在目的地点交付时的利益,并在必要时支付附加费的,除承运人证明旅客或者托运人声明的金额高于托运行李或者货物在目的地点交付时的实际利益外,承运人应当在声明金额范围内承担责任;本法第一百二十九条的其他规定,除赔偿责任限额外,适用于国内航空运输。"

《民用航空法》第129条规定："国际航空运输承运人的赔偿责任限额按照下列规定执行：（一）对每名旅客的赔偿责任限额为16600计算单位；但是，旅客可以同承运人书面约定高于本项规定的赔偿责任限额。（二）对托运行李或者货物的赔偿责任限额，每公斤为17计算单位。旅客或者托运人在交运托运行李或者货物时，特别声明在目的地点交付时的利益，并在必要时支付附加费的，除承运人证明旅客或者托运人声明的金额高于托运行李或者货物在目的地点交付时的实际利益外，承运人应当在声明金额范围内承担责任。托运行李或者货物的一部分或者托运行李、货物中的任何物件毁灭、遗失、损坏或者延误的，用以确定承运人赔偿责任限额的重量，仅为该一包件或者数包件的总重量；但是，因托运行李或者货物的一部分或者托运行李、货物中的任何物件的毁灭、遗失、损坏或者延误，影响同一份行李票或者同一份航空货运单所列其他包件的价值的，确定承运人的赔偿责任限额时，此种包件的总重量也应当考虑在内。（三）对每名旅客随身携带的物品的赔偿责任限额为332计算单位。"

同时，《民用航空法》第132条规定："经证明，航空运输中的损失是由于承运人或者其受雇人、代理人的故意或者明知可能造成损失而轻率地作为或者不作为造成的，承运人无权援用本法第一百二十八条、第一百二十九条有关赔偿责任限制的规定；证明承运人的受雇人、代理人有此种作为或者不作为的，还应当证明该受雇人、代理人是在受雇、代理范围内行事。"

可见，如果承运人存在过错，应当按照过错来归责，不再适用结果责任的责任限额。

五、结果责任与无过错责任的关系

结果责任与无过错责任都适用于存在特定风险的领域。就《侵权责任法》的规定而言，如果按照本节的理解来看，很多原本被理解为无过错责任的，实际上是结果责任。结果责任和无过错责任，在责任效果上没有太大差异。因此，不作详细区分似乎也没有太大问题。本书后面的内容，也不再细分结果责任和无过错责任，以免造成读者不必要的困扰。

但是，必须明确的是，在归责理念上，二者存在不同。无过错责任是在无过错的情况下承担的责任，结果责任是在不考察过错的情况下承担的责任。无论哪种场合，如果被证明行为人存在过错，则应当按照过错来归责。

第六节 公平责任原则

一、公平责任原则的概念

公平责任原则，又称衡平责任原则，指在当事人双方对损害的发生均无过错,法律又无特别规定适用无过错责任原则或者结果责任原则,让一方当事人承担损失有违社会基本公平理念时,根据民法公平原则,由行为人对受害人的财产损害给予适当的补偿,当事人合理分担损失的一种归责原则。

《民法通则》第132条规定:"当事人对造成损害都没有过错的,可以根据实际情况,由当事人分担民事责任。"《侵权责任法》第24条规定:"受害人和行为人对损害的发生都没有过错的,可以根据实际情况,由双方分担损失。"

我国台湾地区"民法"第187条第3款规定:"如不能依前二项规定受损害赔偿时,法院因被害人之声请,得斟酌行为人及其法定代理人与被害人之经济状况,令行为人或其法定代理人为全部或一部之损害赔偿。"

二、公平责任原则的归责理念

公平责任原则是一种利益平衡器,有助于舒缓社会的紧张关系,促进社会和谐。

与过错责任原则针对过错归责而具有的道德贬抑性、无过错责任原则针对危险归责而具有的分散风险性、结果责任原则针对结果归责转嫁损害后果不同,公平责任原则起着利益平衡器和舒缓社会关系的作用。

公平责任原则适用于双方当事人都不存在过错、也无法律规定适用无过错责任或者结果责任的场合。在适用公平责任原则的场合,不存在任何一方当事人的过错,也不存在危险责任和结果责任所针对的特定风险,但是损害依然发生了。此时,如果让任何一方当事人单独承担损失,都与民法公平原则相悖,也会导致社会关系的紧张。公平责任原则将损失合理分担到双方当事人身上,使利益实现了平衡、紧张的社会关系得到舒缓。

因此,公平责任原则之存在的价值在于,它提供了一种过错归责原则、无过错归责原则以及结果归责原则无法替代的损害分配方案。

公平责任原则使得法律具有了人情味。在中国传统法律思想中,民事案件的处理,要综合考虑天理、国法和人情。[①] 而公平责任原则属于天理、国法和人情中的人情部分。事故无情,但由于公平责任原则的存在,使得无情的事故的处理结果具有了人情味。

公平责任原则的另一重要价值在于,它确保法官可以在规则之内实现自由裁量的正义。任何司法体制下,法官的自由裁量都是不可避免的。此时的问题在于,如何将自由裁量纳入规则之内,从而确保法官在自由裁量的同时不突破现有规则,减少自由裁量对规则的破坏。公平责任原则就提供了这样一种选择。假设不存在公平责任原则的场合,碰到需要按照公平责任原则处理的案件,一方

[①] 参见王成:《天理国法人情》,载《人民法院报》2007年6月25日,第8版。

面,法官有实现内心确信正义的需要,另一方面,又缺乏此种规则资源。法官就可能在规则之外寻求解决方案。此时,正义可能得到实现,但是规则也受到了破坏。法律规定公平责任原则,就可以确保法官在规则之内实现自由裁量的正义。

三、关于公平责任原则的争论

自《民法通则》第132条规定公平责任原则以来,围绕公平责任原则的争论一直没有停止过。

《侵权责任法》第24条如何解释,存在不同见解。有观点坚持公平责任是一种归责原则[1];也有观点认为,第24条规定的是一种请求责任形态而不是归责原则[2]。

关于公平责任原则的争论,主要有以下的观点。

(一)否定说

否定说反对将公平责任原则作为侵权法的归责原则。其理由主要有:

第一,公平责任不够作为归责原则的资格。一方面,适用公平责任原则归责的案件数量太少;另一方面,公平责任原则只能够适用损害赔偿一种责任形式,其他责任形式则不能适用。

第二,公平责任原则属于无过错责任的范畴。

第三,将公平责任原则作为归责原则,与过错原则及无过错原则相提并论,可能有两方面的缺陷。一方面,会造成三种归责原则主次不分,将个别现象上升为普遍现象;另一方面,造成过错责任和无过错责任不公平的印象。

第四,将公平责任原则作为归责原则不符合《民法通则》的立法意图。公平原则是民法的基本原则,没有必要在侵权法中再确立另一项原则。[3]

第五,《民法通则》并没有规定公平责任原则是一个归责原则。[4]

(二)质疑说

质疑说认为,公平是最高法律原则,诚无疑问,但须加以具体化,始能作为可适用的法律规范,过失责任和无过失责任亦具有公平的理念,似不能否认。《民法通则》第132条规定虽具有道德法律化的理念,但作为一个法律规范,有两点应予说明:第一,《民法通则》第132条所谓"根据实际情况"由当事人分担民事责任,主要是指财产状况而言,法律所考虑的不再是当事人的行为,而是当事人的财产,财产之有无多寡由此变成一项民事责任的归责原则,由有资力的一方当事

---

[1] 参见王利明:《侵权行为法研究》(上卷),中国人民大学出版社2010年版,第268—296页。
[2] 参见杨立新:《侵权责任法》,法律出版社2010年版,第167页。
[3] 参见房绍坤、武利中:《公平责任原则质疑》,载《法律科学》1988年第1期。否定的理由还可以参见杨立新:《侵权法论》(第三版),人民法院出版社2005年版,第125—126页。
[4] 参见杨立新:同上书,第125—126页。

人承担社会安全制度的任务。第二,在实务上,难免造成法院不审慎认定加害人是否具有过失,从事的作业是否具有高度危险性等情况,而基于方便、人情或者其他因素从宽适用此项公平责任条款,致过失责任和无过失责任不能发挥其应有的规范功能,软化侵权行为归责原则体系的构成。须特别指出的是,《民法通则》立法者并未将加害人的财产状况作为过失或无过失侵权责任成立后决定损害赔偿的一项因素。《民法通则》第132条以当事人的财产状况作为责任的发生原因,但于其他情形并不斟酌加害人的财产状况以减轻损害赔偿金额,赔偿义务人难免贫乏无以自存,衡诸社会主义道德观念,前后未尽平衡,是否合理,似尚有研究余地。[①]

(三) 肯定说

肯定说赞成公平责任原则作为侵权法独立的归责原则。[②]

本书持肯定说。

首先,否定说所持几点理由并不能成立:

其一,公平责任原则本身是兜底条款,因此适用的量少,不是否定其正当性的理由。否则,显失公平作为合同可撤销事由也不具有正当性。[③]

由于过错归责原则和无过错归责原则可以解决绝大多数的损害归属,公平责任原则的适用范围有限。尽管有些观点以此诟病公平责任原则没有资格作为归责原则,但笔者认为,这恰好正是公平责任原则的存在意义。如果法律上有大量适用公平责任原则的需要,说明归责体系出现了问题。

其二,公平责任不属于无过失责任的范畴。无过失责任原则的适用要排斥公平责任原则。如果法律规定要适用无过失责任原则,则没有公平责任原则适用的余地。

其三,公平责任原则与民法上的公平原则不同。民法上的公平原则是民法的基本原则,对所有民事立法、司法皆具有拘束力。但是,民法基本原则只能反映和体现在具体规范中,一般不能作为裁判规范,直接适用于具体案件,否则,将会破坏整个民法的规范体系。公平责任原则是侵权法的归责原则,只适用于侵权法领域。公平责任原则是民法上的公平原则的具体体现,可以适用于具体案件的裁判。

其次,质疑说的确具有启发性,尤其是第二点,现实中存在着这样的情况。这也说明,正确理解和适用公平责任原则,是多么重要的事情。

就质疑说的第一点而言,如果将"根据实际情况"理解为财产状况,上述质疑说的担心的确是有道理的。但是,就笔者对司法实务中适用公平责任原则情况

[①] 参见王泽鉴:《民法学说与判例研究》(6),中国政法大学出版社1998年版,第290—293页。

[②] 肯定说的观点,还可参见徐爱国:《重新解释侵权行为法的公平责任原则》,载《政治与法律》2003年第6期。

[③] 徐爱国教授针对所谓数量说,提出了有力的反驳。参见同上。

的观察来看,所谓"实际情况"并非仅仅指财产状况。司法实务中的实际情况是,在具体案件的处理过程中,法官结合内心确信的公平观念,至少会考虑以下一些因素:受害人损害的严重程度;受害人和加害人的财产状况;受害人可能获得的其他救济途径;案件的特殊程度以及是否可能构成一般规则。

就质疑说的第二点而言,需要强调公平责任原则的适用前提。即公平责任原则适用于当事人双方对损害的发生均无过错,法律又无特别规定适用无过错责任原则或者结果责任原则,让一方当事人承担全部损失有失公平的场合。在此种场合,根据民法公平原则,由行为人对受害人的财产损害给予适当的补偿,当事人合理分担损失。如果这样适用的话,应该不会产生质疑说担心的情况。

可见,质疑说担心的两点,要么是理解的问题,要么是适用的问题,都不足以否定公平责任原则作为基本的归责原则。

此外,作为损失分担规则,一定得归属于某项归责原则。但是,适用公平责任原则的情况,都无法被过错责任原则、无过错责任原则以及结果责任原则所涵盖。从这个意义上来说,公平责任原则也应当看作是独立的归责原则。

四、公平责任原则的适用

(一)公平责任原则适用于当事人双方都没有过错的情况

在当事人一方或者双方存在过错的场合,应当适用过错责任原则。只有在当事人双方都没有过错的情况下,才可能有公平责任的适用余地。

(二)公平责任原则适用于法律未特别规定要适用无过错责任、结果责任的场合

无过错责任原则、结果责任原则的适用,需要法律的明确规定。因此,在当事人双方都没有过错的情况下,如果法律规定要适用无过错责任原则或者结果责任原则,则应当依照其规定适用。只有在当事人双方都没有过错,法律又没有特别规定要适用无过错责任原则或者结果责任原则时,才可能适用公平责任原则。

就效果而言,公平责任原则适用的场合,如果适用过错责任原则,由于不存在过错,该损失原本应当由受害人自己承担;如果适用无过错责任原则,该损失则应当由行为人承担;如果适用结果责任原则,该损失应当由行为人承担。但是无论损失由哪方当事人单独承担,都可能与民法公平原则相悖,故此,法律特别规定,此种情况下应当由双方当事人根据实际情况分担损失。

假设所有造成损害的行为是一个圆,此种情况用下图表示。

(三)公平责任原则是一种授权条款

根据《民法通则》第132条及《侵权责任法》第24条的规定,当事人如何分担损失,由法官根据实际情况来确定。具体个案的处理,由法官结合内心确信的公

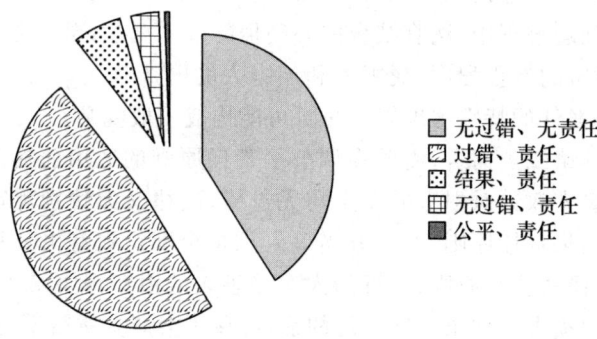

公平责任原则

平观念,根据案件实际情况作出判断。

从现有经验来看,法官在适用公平责任原则时,至少要考虑以下几方面的因素:

第一,受害人损害的严重程度。

如果受害人遭受的损害只是轻微的人身损害,适用公平责任原则的可能性会变小;如果受害人遭受的损害是严重的人身损害,甚至是死亡,适用公平责任原则的可能性则会加大。

第二,受害人和加害人的财产状况。

法官既会考虑加害人的财产状况,也会考虑受害人的财产状况。如果加害人的财产状况非常好,而受害人的财产状况很差,适用公平责任原则的可能性会加大;反之,如果加害人的财产状况很差,而受害人的财产状况非常好,适用公平责任原则的可能性会变小。

第三,受害人可能获得的其他救济途径。

如果受害人有其他途径可以获得某种程度的救济,则适用公平责任原则的可能性会变小;反之,如果受害人没有任何其他获得救济的途径,则适用公平责任原则的可能性会加大。

第四,案件的特殊程度以及是否可能构成一般规则。

一般的案件,尤其是可能构成一般规则的案件,适用公平责任原则的可能性会变小。反之,类型非常特殊,不可能构成一般规则的案件,适用公平责任原则的可能性会加大。

(四)公平责任原则分配的只是可金钱化的基本损失

公平责任原则分配的只能是可金钱化的损失,受害人遭受的损失,只有能够转化为金钱时,才可能由公平责任分配。就责任形式而言,只有损害赔偿,才有公平责任原则适用的余地。就损害赔偿的具体内容而言,公平责任原则分配的只能是基本损失,所谓基本损失,主要指直接损失。间接损失或者可得利益的损失一般不应赔偿,精神损失一般也不应赔偿。在司法实务中,更常见的情况是法官从案件综合情况出发,根据上面提到的各种考量因素,最后确定一个大概的赔偿数目,一般不会那么精确地分项计算。

(五)公平责任原则是一种兜底条款

公平责任原则的适用范围有限。但是,与作为合同可撤销事由的显失公平一样,它起着兜底条款的作用。

(六)公平责任可以直接适用,无须引致其他条款

与无过错责任原则和结果责任原则的适用需要引致其他条款的情况不同,公平责任原则可以直接适用而无须引致或者借助其他条款。

(七)公平责任原则与免责事由

免责事由和公平责任原则的适用,可能会产生困扰。

在广西壮族自治区南宁市中级人民法院判决的一个案件中,法院查明,2009年7月17日晚,梁某坤、刘某福等共十二人到北湖空间足球场自行开展足球运动。运动过程中,作为一方进攻队员的刘某福与作为另一方守门员的梁某坤发生碰撞,刘某福重心不稳,向后仰倒在梁某坤身上,造成梁某坤受伤。法院认为,梁某坤系完全民事行为能力人,其应当充分认识到足球比赛的对抗性及危险性。梁某坤自愿参加足球比赛,是其自甘冒险的行为。法院因此驳回了原告的诉讼请求。[1]

在本案中,被告造成了原告的损害。原告与被告皆应当认识到足球比赛的激烈对抗性及危险性,存在着伤害的可能。故而,无论从整体活动还是从造成原告损害的具体行为来说,原告与被告都可能存在着过失,存在着过失相抵的可能性。但是,由于自甘冒险这种免责事由的存在,被告的责任得以免除。

造成困扰的是,自甘冒险免除被告的责任,正是通过对过错的否定实现的。故而,出现了适用公平责任的可能性:双方都没有过错,又没有法律规定要求适用无过错或者结果责任原则。但是,免责事由的目的就是要免除被告的责任,客观上由原告承担全部损失。此时,还能否适用公平责任原则,让双方来分担损失?

笔者认为,由于符合了公平责任原则的适用条件,此时就产生了适用公平责任原则的可能性。至于在个案中是否适用,需要根据前面提到的适用公平责任原则的考量因素来判断,即受害人损害的严重程度、双方当事人的财产状况、是否存在其他救济途径、案件的特殊程度以及是否可能构成一般规则。

具体到本案中,笔者认为,案件的特殊程度以及是否可能构成一般规则,对

---

[1] 参见南宁市中级人民法院(2011)南市民一终字第1379号民事判决书。

是否适用公平责任原则起着决定作用。体育比赛过程中造成的损害实属常见,故而此类型案件不属于特殊案件。对此类型案件的处理很可能构成一般规则。故而,本案中不应当适用公平责任原则。

第七节 归责原则的体系效应

一、归责原则的体系效应的概念

归责原则的体系效应,是指在存在多个归责原则的情况下,各归责原则之间互相配合、协作的关系及其效果。

现代侵权法,不再以过错责任原则作为唯一的归责原则。过错责任原则、无过错责任原则、结果责任原则以及公平责任原则并存。各个归责原则在同一侵权法中并存,必然产生彼此关系如何协调的问题。如果各个归责原则彼此之间能够互相配合、协调,保持和谐关系,则会促进侵权法内部的和谐,促进侵权法功能和目的的实现。相反,如果各个归责原则之间存在冲突和矛盾,整个侵权法的功能和目的也就不能很好地实现。

二、归责原则的体系效应

某一行为导致的损失发生后,在侵权法内部,损害的分配可能有几种方案:由受害人独自承担、由行为人独自承担、由受害人和行为人分担。不同的归责原则会导致不同的分配结果。

过错责任原则、无过错责任原则、结果责任原则以及公平责任原则间存在着互相配合适用的体系效应。一种侵权行为类型,如果行为人存在过错,则应当按照过错归责;如果损害是由于作业本身的危险造成的,行为人不存在过错,但是法律认为应当由行为人一方承担该不利后果的,则按照无过错归责。如果法律认为,无论如何都应当由行为人来承担损害后果,则适用结果责任原则。在无过错归责和结果归责的场合,不能有过错的存在。如果有过错的存在,则应当按照过错来归责或者部分归责。[①] 侵权结果的发生,不是因过错而发生,让任何一方当事人承担不利后果,都可能引起社会关系的极度紧张时,则按照公平责任来归责。

[①] 克里斯蒂安·冯·巴尔教授关于道路交通事故归责原则的讨论,可以作为这一结论的印证。"必须规定严格责任的最重要的生活领域曾经是而且一直是道路交通。但至今为止,并非每个以机动车辆参与一般道路交通者,亦非每个动力化了的道路使用者到处都必须承担严格责任;即使存在这样的责任制度,它通常也仅适用于特定危险的实现并因此仅限于特定的损害形态。一些法律制度甚至根本未就此规定'严格责任',机动车辆保有者只有在他本人或其雇员有过失时才承担赔偿责任。"参见〔德〕克雷斯蒂安·冯·巴尔:《欧洲比较侵权行为法》(下卷),焦美华译,法律出版社2004年版,第480页。

过错责任原则是现代侵权法配置责任的基本原则,但是,彻底、完全地根据过错来配置损害结果,在很多情况下会导致不公平的后果。因此,出现了无过错责任原则、结果责任原则以及公平责任原则的需要。

假设所有造成损害结果的行为构成一个圆。

过错责任原则适用的场合,所有造成损害结果的行为被一分为二,即有过错的行为和无过错的行为,有过错则有责任,无过错则无责任。

无过错责任原则适用的场合,是从过错责任原则中划出一定的范围。在此场合,行为人无过错,原本不需要承担责任,即损失原本是应当由受害人自己来承担,但法律基于一定的政策考量,让行为人承担了责任。

结果责任原则适用的场合,是从过错责任原则和无过错责任原则两边各划出一定的范围。在此场合,也许有过错、也许无过错。法律认为没有过错识别的必要,或者识别过错是否存在的成本过高,所以不再进行有无过错的识别。因此,在适用结果责任的场合,是否存在过错不再是法律关注的问题。在此场合,是结果、而不再是过错成为责任配置的理由。

公平责任原则适用的场合,是从无过错责任原则中划出一定的范围。在此场合,由于没有过错的存在,所以,不存在受害人或者行为人的过错责任。按照无过错责任原则,此时原本应当由无过错的行为人来承担责任。但是,由于一定的政策考量,单单让无过错的行为人承担责任,就其结果而言并不妥当,此时,法律就让皆无过错的双方分担了损失。这就是公平责任的适用。

此种情况用下图表示:

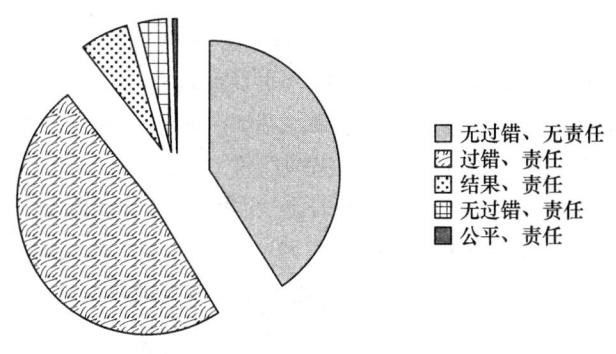

归责原则体系

特别需要指出的是,围绕危险发生的损害并不一定必然要适用无过错归责原则。围绕危险作业引发的损害,可能是多种原因造成的。应当根据造成损害的不同原因适用不同的归责原则。如果损害是由于危险作业本身的原因造成的,适用无过错责任。如果损害是由于过错行为造成的,适用过错责任。而如果损害是由于双方当事人过错造成的,则适用过错相抵。如果法律只看结果,不区分过错的有无,则适用结果责任。在这样的意义上,无过错责任可以适用过错相抵,也有免责事由。适用过错责任时,应当指明过错在哪里。①

由此产生的一个推论是,某类侵权行为并不必然适用某种归责原则;归责原则的适用,是个案的判断。确定归责原则类型的关键,是确定造成损害的原因。造成损害的原因可以分为过错、属于特定类型的危险以及不属于特定类型的危险三大类,根据不同原因分别适用过错责任原则、无过错责任原则、结果责任原则和公平责任原则。可见,归责原则的适用,是具体案件处理时需要考虑的问题。立法者需要做的,是确定哪些危险属于适用无过错责任或者结果责任的危险,哪些危险不属于适用无过错责任或者结果责任的危险。对于前者特别规定为无过错责任或者结果责任,后者则不作特别规定,自然适用过错责任原则。

一般来说,多数人类活动均具有一定程度的危险性,但并非所有从事活动的人都应承担无过失责任。只有具有特殊危险,即使善尽一般注意义务,仍无法使该危险全然安全的活动,才有适用严格责任之必要。否则若以相当的注意,危险即可排除,则课以过失责任即可。因此构成异常危险之活动,通常是指具有对他人人身或财产造成重大损害之危险,且被告无法以善尽注意义务排除危险者。②

《美国侵权法重述》(第二版)第520节规定:"确定异常危险时,应当考虑以下因素:(1)存在对人身或财产造成损害的高度危险;(2)存在发生严重损害的可能性;(3)即使尽到合理注意,仍无法避免该危险;(4)行为不属于周围环境习惯的普遍做法;(5)该活动对活动地点而言是不适当的;(6)活动对社区之危险要高于其价值。"

邱聪智先生将危险活动之责任类型划分为古典危险责任和现代型危险责任。其中古典危险责任包括建筑物所有人责任和动物占有人责任。现代型危险责任包括活动过程中之损害和活动结果之损害。前者又包括交通危险责任和厂场事故责任,后者包括公害责任和商品责任。③

在笔者看来,修订后的《道路交通安全法》第76条就基本上反映了这样一种责任配置理念,综合了各种归责原则。

《道路交通安全法》第76条规定:"机动车发生交通事故造成人身伤亡、财产

---

① 《美国侵权法重述》(第二版)第519节评注中的两个例子是:在一个城市的仓库里存放炸药,如果该炸药发生爆炸给附近居民造成损害,则属于严格责任适用的情况。但是,如果炸药没有发生爆炸,而是仓库的一部分墙体倒塌,正好砸伤了路过的行人,此种情况则不适用严格责任。同样,如果炸药在运送过程中发生爆炸造成损害,则适用严格责任。但是如果是运送炸药的车辆撞伤了行人,则不适用严格责任。
② 参见陈聪富:《侵权归责原则与损害赔偿》,台湾元照出版公司2004年版,第16页。
③ 参见邱聪智:《从侵权行为归责原理之变动论危险责任之构成》,中国人民大学出版社2006年版,第101页。

损失的,由保险公司在机动车第三者责任强制保险责任限额范围内予以赔偿;不足的部分,按照下列规定承担赔偿责任:(一)机动车之间发生交通事故的,由有过错的一方承担赔偿责任;双方都有过错的,按照各自过错的比例分担责任。(二)机动车与非机动车驾驶人、行人之间发生交通事故,非机动车驾驶人、行人没有过错的,由机动车一方承担赔偿责任;有证据证明非机动车驾驶人、行人有过错的,根据过错程度适当减轻机动车一方的赔偿责任;机动车一方没有过错的,承担不超过百分之十的赔偿责任。""交通事故的损失是由非机动车驾驶人、行人故意碰撞机动车造成的,机动车一方不承担赔偿责任。"

其中,"机动车发生交通事故造成人身伤亡、财产损失的,由保险公司在机动车第三者责任强制保险责任限额范围内予以赔偿",这是关于结果责任的规定。"机动车之间发生交通事故的,由有过错的一方承担赔偿责任;双方都有过错的,按照各自过错的比例分担责任",这是关于过错责任和过错相抵的规定。"机动车与非机动车驾驶人、行人之间发生交通事故,非机动车驾驶人、行人没有过错的,由机动车一方承担赔偿责任",这是关于机动车一方结果责任的规定。"有证据证明非机动车驾驶人、行人有过错的,根据过错程度适当减轻机动车一方的赔偿责任",这是关于结果责任适用过错相抵的规定。"机动车一方没有过错的,承担不超过百分之十的赔偿责任",这是关于无过错责任的规定。"交通事故的损失是由非机动车驾驶人、行人故意碰撞机动车造成的,机动车一方不承担赔偿责任",这是关于免责事由的规定。

课外研习及阅读

课外研习

1. 研究《民法通则》第 106 条第 3 款和《侵权责任法》第 7 条,比较二者的措辞,体会二者所界定的归责原则的异同。

2. 研究《侵权责任法》第 70 条和第 71 条,思考二者属于何种归责原则。

3. 研究《道路安全法》第 76 条,体会侵权法归责原则体系。

课外阅读

1. 崔建远主编:《民法九人行》(第 1 卷),金桥文化出版(香港)有限公司 2003 年版,第 195—262 页。

2. 王利明:《侵权责任法研究》(上卷),中国人民大学出版社 2010 年版,第 268—296 页。

3. 杨立新:《侵权责任法》,法律出版社 2010 年版,第 164—168 页。

第五章 侵权行为的概念、分类和构成要件

第一节 侵权行为的概念和特征

一、侵权行为的概念

侵权行为是指行为人侵害他人合法民事权益，符合一定构成要件，依法应当承担民事责任的行为。

在传统大陆法系国家或地区，一般是从债发生原因的角度来讨论侵权行为，因此侵权行为是侵权法的核心概念。比如，我国台湾地区"民法"第二编"债"第一章"通则"第一节"债之发生"第五款的题目即为"侵权行为"。王泽鉴教授关于侵权法的专著名为《侵权行为》。

我国《民法通则》第六章"民事责任"第三节的规定是"侵权的民事责任"，侵权法被命名为《侵权责任法》，意在强调侵权责任。《民法总则》延续《民法通则》的做法，第八章专章规定"民事责任"。只是由于"总则"与"通则"不同，第八章没有规定具体责任类型。但是，无论在立法上还是在学说研究上，侵权行为依然是侵权法的核心概念。就学说研究而言，侵权行为的构成是承担侵权责任的前提；就立法而言，《侵权责任法》第1条就开宗明义地规定，预防并制裁侵权行为，是该法的立法宗旨之一。

需要指出的是，侵权行为有时被用来指称侵犯他人合法权益的行为，即加害行为本身。有加害行为并不必然要承担侵权责任，行为人要承担侵权责任，尚需要其他构成要件。加害行为只是侵权行为的要件之一。根据本节关于侵权行为的定义，有侵权行为必然有侵权责任，该定义中已经包括了构成要件。因此，谈侵权行为，一定要谈构成要件。在这一点上，侵权法和合同法存在不同。在合同法上，违约行为仅仅是行为本身，而违约责任则有构成要件的问题。

当然，构成要件也可以是侵权责任的构成要件。但是，如果将构成要件定位为侵权责任构成要件的话，侵权行为就是指加害行为本身。

二、侵权行为的特征

根据上述定义，侵权行为的特征可以概括如下：

(一) 侵权行为是侵害他人合法民事权益的行为

首先,侵权行为侵害的是民事权益。其中,民事权利也称为私权利,与公权力或者公法上的权利相对应。对公权力或者公法上权利的侵害,不构成侵权行为。

其次,侵权行为侵害的是合法的民事权益。

此处合法的民事权益,应当理解为法定的民事权益,即法律明确规定的权利和利益。法律对权利和利益的规定,可以分为对权利、利益类型的规定和对权利、利益内容的规定。

再次,侵权行为侵害的对象包括民事权利和利益。侵权法是对民事主体利益保护的法律。民事主体的利益,有些被权利化成为法律明确规定的民事权利,有些则没有被权利化仍表现为民事利益。侵权法既保护民事权利,也保护民事利益。

需要注意的是,侵权法对民事权利和合法利益的保护标准不同。对合法利益的侵害,法律提出了更高的门槛,需要行为人主观上具有故意且其方式背于善良风俗。而对民事权利的侵害,有故意或者过失则为已足。《人身损害赔偿解释》第1条即贯彻了这样的思想。之所以作出这样的区别,在于权衡受害人利益的保护与他人行为自由的关系。

(二) 侵权行为是符合一定构成要件的行为

侵权法的基本范畴在于界定权利救济和行为自由。一个行为如果属于侵权行为,行为人要承担侵权责任,受害人因此而获得救济。相反,一个行为如果不属于侵权行为,则行为人无须承担侵权责任,该行为属于行为人自由的范畴。因此,必须设定侵权行为的衡量标准,这就是侵权行为的构成要件。

不同归责原则之下,侵权行为的构成要件不同。这种不同主要体现在过错方面。比如,过错责任原则下,侵权行为的构成要件包括过错;无过错责任原则下,侵权行为的构成要件包括无过错;结果责任原则下,侵权行为的构成要件则不包括过错。

不同的侵权责任方式,侵权行为的构成要件不同。比如,承担损害赔偿责任时,构成要件要有狭义的损害。而承担停止侵害、排除妨碍、消除危险责任时,构成要件则无须有狭义的损害。一般认为,承担这几种责任方式,侵权行为一般也不要求过错。

侵害权利和侵害利益的构成要件不同。《精神损害赔偿解释》第1条规定:"自然人因下列人格权利遭受非法侵害,向人民法院起诉请求赔偿精神损害的,人民法院应当依法予以受理:(一)生命权、健康权、身体权;(二)姓名权、肖像权、名誉权、荣誉权;(三)人格尊严权、人身自由权。""违反社会公共利益、社会公德侵害他人隐私或者其他人格利益,受害人以侵权为由向人民法院起诉请求赔偿精神损害的,人民法院应当依法予以受理。"据此,在我国侵权法上,侵害权利,适用一般构成要件。侵害利益,除一般构成要件外,还需要"违反社会公共利益、社会公德"作为特别要件。

(三)侵权行为是造成他人损害的行为

首先,损害可以分为狭义的损害和广义的损害。一般认为,损害赔偿所针对的损害为狭义的损害;作为侵权行为一般构成要件的损害则是广义的损害。这里讨论的损害也是指广义的损害。关于损害的分类,在本书第九章会有详细的讨论。

其次,损害不限于有形损害,例如物质损害、人身损害等,也包括各种无形的损害,例如精神方面的损害、名誉方面的损害,等等。因此,侵权责任的方式也不限于损害赔偿,同时还包括赔礼道歉、恢复名誉等。

(四)侵权行为是依法承担侵权责任的行为

符合一定构成要件,构成侵权行为,一般情况下即有侵权责任的承担。但是,如果有免责事由的存在,尽管侵权行为构成,仍可以免于承担侵权责任。

(五)因侵权行为承担的责任是民事责任

因侵权行为承担的责任是民事责任,而不是刑事责任或者行政责任。这也是侵权行为与刑事犯罪行为和行政违法行为的区别。

《侵权责任法》第4条第1款规定:"侵权人因同一行为应当承担行政责任或者刑事责任的,不影响依法承担侵权责任。"侵权责任可以和刑事责任或者行政责任同时存在。

第二节 侵权行为的分类

侵权行为纷繁复杂。如何保护民事主体的合法权益,明确侵权责任,预防并制裁侵权行为,促进社会和谐稳定,是侵权法面临的重要课题。要完成这一任务,对侵权行为进行适当分类是非常必要的。

根据不同标准,可以将侵权行为作如下分类。

一、一般侵权行为与类型化的侵权行为

以法律是否单独设有规范并赋予特定名称为标准,可以将侵权行为分为一般侵权行为与类型化的侵权行为。

一般侵权行为,又称为普通侵权行为,是指法律未单独设立规范,适用侵权法一般构成要件等共同规范的侵权行为。

《民法通则》第117条、第119条和第120条的规定,就是关于一般侵权行为

及其责任的规定。《民法通则》第 134 条,则是关于民事责任、包括侵权责任的一般规定。《侵权责任法》第一章到第三章,基本上也都是关于一般侵权行为的规定。

类型化的侵权行为,是指法律将现实中大量重复出现的某类侵权行为加以总结,并设专门条文或者赋予特定名称的侵权行为。例如,《民法通则》第 121 条规定的国家机关及其工作人员的职务侵权行为,第 122 条规定的产品缺陷致人损害的侵权行为,第 123 条规定的高度危险作业致人损害的侵权行为,第 124 条规定的污染环境致人损害的侵权行为,第 125 条规定的地面施工致人损害的侵权行为,第 126 条规定的建筑物或者其他设施致人损害的侵权行为,第 127 条规定的饲养的动物致人损害的侵权行为,以及第 133 条规定的被监护人侵权行为。

《侵权责任法》第五章到第十一章,以"责任"为名,分别规定了产品侵权行为、机动车交通事故侵权行为等各种类型的侵权行为。《侵权责任法》第四章尽管名为"关于责任主体的特殊规定",但规定的也是各种类型化的侵权行为,包括被监护人侵权行为、用人单位工作人员的侵权行为、网络侵权行为、违反安全保障义务的侵权行为等。

需要指出的是,在很多论著中,将类型化的侵权行为称为特殊侵权行为。[①] 笔者认为,类型化的侵权行为,属于多发常见的、因此法律作出专门规定的侵权行为。但是这些侵权行为是否具有特殊性、是否是特殊侵权行为,值得商榷。因此,本书没有采用这样的称谓。

二、过错侵权行为与无过错侵权行为

以侵权行为的构成要件中是否包含过错为标准,可以将侵权行为分为过错侵权行为与无过错侵权行为。

过错侵权行为是指行为人基于过错而实施的侵权行为。无过错侵权行为是指行为人在没有过错的情况下实施的侵权行为。

过错侵权行为之所以要承担侵权责任,在于行为人的过错;无过错侵权行为之所以要承担侵权责任,在于行为的危险性。

三、作为的侵权行为与不作为的侵权行为

以侵权行为的具体形态为标准,可以将侵权行为分为作为的侵权行为与不作为的侵权行为。

作为的侵权行为,是指违反法定不作为义务,行为人积极地实施某种行为构

[①] 参见郭明瑞主编:《民法》,高等教育出版社 2003 年版,第 38 章;王泽鉴:《侵权行为》,北京大学出版社 2009 年版,第二编。

成的侵权行为。作为的侵权行为,以某种法定不作为义务为前提。多数侵权行为都属于作为的侵权行为。

不作为的侵权行为,是指违反法定作为义务,行为人消极地不实施某种行为构成的侵权行为。不作为的侵权行为,以某种法定作为义务为前提。

四、侵犯人身权的侵权行为与侵犯财产权的侵权行为

以侵权行为侵犯的对象为标准,可以将侵权行为分为侵犯人身权的侵权行为与侵犯财产权的侵权行为。

侵犯人身权的侵权行为,是指对人身权构成侵犯的侵权行为。侵犯人身权的侵权行为,可能会引起多种责任方式,损害赔偿数额的计算也较为复杂,同时往往可能会导致精神损害赔偿。

侵犯财产权的侵权行为,是指对财产权构成侵犯的侵权行为。侵犯财产权的侵权行为,一般只导致财产损害赔偿或者其他财产责任,损害赔偿数额的计算相对简单。根据最高人民法院司法解释的规定,仅仅在非常特殊的情况下,侵犯具有人格象征意义的特定纪念物品的财产权才可能导致精神损害赔偿。[①]

五、单独侵权行为与数人侵权行为

以侵权行为人的人数为标准,可以将侵权行为分为单独侵权行为与数人侵权行为。

单独侵权行为,是指由一个人单独实施的侵权行为。单独侵权行为,一般是由行为人独自承担侵权责任,但是也存在一些例外。例如,《民法通则》第133条和《侵权责任法》第32条规定的无民事行为能力人、限制民事行为能力人实施的侵权行为,可能会由其监护人承担责任。在此种情况下,行为主体和责任主体是分离的。

数人侵权行为,简单地说是指二人以上实施的侵权行为。数人侵权行为如何分类,有不同的学说和规定。

《人身损害赔偿解释》第一次构建了我国的数人侵权行为类型体系。《侵权责任法》对该体系进行了修正。

根据《人身损害赔偿解释》和《民通意见》的规定,数人侵权行为包括共同侵权行为、教唆帮助行为、共同危险行为以及无意思联络的数人侵权行为。其中,无意思联络的数人侵权行为又可以分为行为直接结合和行为间接结合两种,前

---

① 《精神损害赔偿解释》第4条规定:"具有人格象征意义的特定纪念物品,因侵权行为而永久性灭失或者毁损,物品所有人以侵权为由,向人民法院起诉请求赔偿精神损害的,人民法院应当依法予以受理。"

者承担连带责任,后者承担按份责任。

根据《侵权责任法》的规定,数人侵权行为也包括共同侵权行为、教唆帮助行为、共同危险行为、无意思联络的数人侵权行为。但是,无意思联络的数人侵权行为包括累积因果关系的侵权行为,并且不再细分为行为直接结合和行为间接结合两种。

六、自己行为构成的侵权行为、自己所应负责之他人行为构成的侵权行为以及自己所应照管之物构成的侵权行为

以造成损害后果的直接原因为标准,侵权行为可以分为自己行为构成的侵权行为、自己所应负责之他人行为构成的侵权行为以及自己所应照管之物构成的侵权行为。

《法国民法典》第1384条第1款规定:"任何人不仅对因自己的行为造成的损害负赔偿责任,而且对应由其负责之人的行为或由其照管之物造成的损害负赔偿责任。"《法国民法典》这种关于一般侵权行为的三分法,被后世立法及学说所继受。

《人身损害赔偿解释》第1条第3款规定:"本条所称'赔偿义务人',是指因自己或者他人的侵权行为以及其他致害原因依法应当承担民事责任的自然人、法人或者其他组织。"可见,我国法也继受了此种分类方法。

所谓自己行为构成的侵权行为,即因自己的行为侵害他人合法权益构成的侵权行为。自己行为自己负责是现代民法的基本原则,大多数侵权行为都属于此类侵权行为。在这种情况下,行为主体和责任主体是同一个主体。

所谓自己所应负责之他人行为构成的侵权行为,是指他人行为侵犯第三人合法权益,但该他人行为应当由自己来负责,因此应当由自己来承担侵权责任的行为。在这种情况下,行为主体和责任主体分离。此类侵权行为构成的前提,是自己和该他人之间存在某种关系,此种关系的存在,使得自己为他人行为承担责任,具有了正当性。

《民法通则》第133条第1款前段规定:"无民事行为能力人、限制民事行为能力人造成他人损害的,由监护人承担民事责任。"

《人身损害赔偿解释》第8条第1款规定:"法人或者其他组织的法定代表人、负责人以及工作人员,在执行职务中致人损害的,依照民法通则第一百二十一条的规定,由该法人或者其他组织承担民事责任。上述人员实施与职务无关的行为致人损害的,应当由行为人承担赔偿责任。"

《侵权责任法》第34条第1款规定:"用人单位的工作人员因执行工作任务造成他人损害的,由用人单位承担侵权责任。"

每一种他人责任中,皆有一种法律关系作为支撑。值得注意的是,不同的法律关系,有不同的责任配置。可见,法律关系的性质,决定责任成立的正当性。因此,正确认定法律关系的性质,对责任的确定具有决定作用。

所谓自己所应照管之物构成的侵权行为,是指物件侵害他人合法权益,但自己对该物件负有照管义务,因此应当由自己来承担侵权责任的行为。

《侵权责任法》第 78 条规定:"饲养的动物造成他人损害的,动物饲养人或者管理人应当承担侵权责任,但能够证明损害是因被侵权人故意或者重大过失造成的,可以不承担或者减轻责任。"

自己所应照管之物构成的侵权行为中,责任主体与直接造成损害的物件之间存在着所有或者管理的关系,所有人或者管理人对其所有或者管理的物件具有照管义务。因此,照管义务的基础是所有关系或者管理关系。如果所有人或者管理人不作为,违反其照管义务,所有人或者管理人要对其所有或者管理的物件造成他人的损害后果承担责任。可见,由于所有或者管理关系的存在,使得责任成立具有了正当性。所有或者管理关系,之所以使得物件责任成立具有了正当性,主要有以下原因:

第一,所有人或者管理人将物件带到了特定环境中,改变了该特定环境原本具有的危险性,或者使得原本具有的危险性增加,因此,所有人或者管理人应当照管好该物件。

第二,所有人或者管理人一般都会从物件获得利益,基于权利义务一致的原则,所有人或者管理人应当照管好物件。

第三,所有人或者管理人能够以较低成本避免物件带来的损害。相对而言,所有人或者管理人最了解物件的习性,包括物件可能的危险,因此,根据损害应当由能够以较低成本避免的一方来承担的原理,所有人或者管理人应当照管好物件。

值得讨论的是照管义务的界限问题,即所有或者管理关系的存在,是否会使所有人或者管理人对一切基于物件给他人造成的损害承担责任都具有正当性?换言之,所有人或者管理人的照管义务究竟应当尽到何种程度?

在自己所应照管之物构成的侵权行为中,所有人或者管理人之所以承担侵权责任,是因为违反了照管义务。而所有关系或者管理关系赋予所有人或者管理人照管义务的目的,是要保证物件(包括动物)本身的瑕疵或者自身的主动行为不给他人造成损害。所以,只有是由于所有人或者管理人没有尽到照管义务、由物件自身瑕疵或者自身的主动行为造成他人损害时,才有此类侵权责任的承担。可见,此类侵权行为表面上是针对物件的,实际上还是针对所有人或者管理人的行为的。

因此,除非法律另有规定,只有是由于物件自身瑕疵或者自身的主动行为造成损害时,所有人或者管理人基于所有或者管理关系承担责任才具有正当性。

如果损害是由于第三人的行为造成的,一般应当由第三人承担责任。将第三人原因造成的物件责任由所有人或者管理人来承担,必须给出更加充分且正当的理由。此时,应当非常地谨慎。

第三节 侵权行为的构成要件

一、侵权行为的构成要件的概念

侵权行为的构成要件,是指构成侵权行为所必须具备的条件。具备构成要件,则构成侵权行为;欠缺任何一个构成要件,都可能会导致侵权行为的不构成。

侵权行为构成与否,关涉侵权法的基本范畴。构成侵权行为,则可能承担侵权责任,因此,属于权利救济的范畴;不构成侵权行为,则无须承担侵权责任,因此,属于行为自由的范畴。

一方面,所有的侵权行为都需要一些共同的构成要件,这些共同的构成要件称为一般构成要件;基于对权利救济和行为自由界限的不同考量,有些侵权行为需要一些特殊的构成要件,这些为某些侵权行为所特有的构成要件,称为特殊构成要件。

二、侵权行为的一般构成要件

所有侵权行为都需要加害行为、因果关系。因此,侵权行为的一般构成要件包括加害行为和因果关系。

至于损害是否是侵权行为的一般构成要件,取决于对损害的界定。对损害的界定可以有狭义和广义两种。所谓狭义的损害,是指损害赔偿所针对的损害,即需要通过损害赔偿方式补救的损害。所谓广义的损害,是指各种侵权责任方式所针对的受害人权利和利益的不圆满状态,既包括狭义的损害,也包括停止侵害所针对的正在进行中的侵害、消除危险所针对的危险、排除妨碍所针对的妨碍以及返还财产所针对的非法侵占,等等。

如果采广义的损害界定,损害就是侵权行为的一般构成要件;如果采狭义的损害界定,损害则不是侵权行为的一般构成要件,即无须狭义的损害也可以构成侵权行为。

三、过错责任原则下侵权行为的构成要件

过错责任原则下的侵权行为针对过错而归责。因此,适用过错责任原则的侵权行为,其构成要件除了侵权行为的一般构成要件以外,尚需要行为人的过错。换言之,在过错责任原则下,侵权行为的构成要件包括加害行为、因果关系、

广义损害以及过错。缺少任何一项,侵权行为都不构成。

四、无过错责任原则下侵权行为的构成要件

无过错责任原则下的侵权行为针对危险而归责。无过错责任原则下侵权行为的构成要件,取决于对无过错责任原则的界定。如果认为无过错责任是在没有过错的情况下承担的责任,其构成要件除了侵权行为的一般构成要件以外,尚需要行为人无过错。换言之,在无过错责任原则下,侵权行为的构成要件包括加害行为、因果关系、广义损害以及行为人无过错。缺少任何一项,侵权行为都不构成。如果认为无过错责任是不论有无过错、即结果责任的情况下承担的责任,其构成要件除了侵权行为的一般构成要件以外,无须再考虑过错的因素。换言之,在结果责任意义上的无过错责任原则下,侵权行为的构成要件包括加害行为、因果关系、广义损害。

五、侵害权利行为的构成要件和侵害利益行为的构成要件

民事主体有各种利益。其中,一部分利益经过权利化成为民事权利,此外尚有一些利益未被权利化,仍然表现为利益。比较而言,法律对权利的保护更为周延,门槛也较低。反之,法律对利益的保护则设置了较高的门槛。在构成要件方面,法律对权利和利益的差别保护主要体现在对过错的要求上。在权利方面,只要有一般的故意或者过失就可以构成,在无过错原则的情况下,行为人无过错也可以构成侵权行为。但是,在利益方面,仅仅有一般的故意或者过失则无法构成。以利益为对象构成侵权行为,需要行为人故意且其行为方式背于善良风俗,简称故意加背俗。

法律之所以有这样的差别对待,是出于对权利救济和行为自由关系的考量。《精神损害赔偿解释》第1条规定:"自然人因下列人格权利遭受非法侵害,向人民法院起诉请求赔偿精神损害的,人民法院应当依法予以受理:(一)生命权、健康权、身体权;(二)姓名权、肖像权、名誉权、荣誉权;(三)人格尊严权、人身自由权。""违反社会公共利益、社会公德侵害他人隐私或者其他人格利益,受害人以侵权为由向人民法院起诉请求赔偿精神损害的,人民法院应当依法予以受理。"

该条规定区分权利和利益,分别设置不同的构成要件,就体现了这样的思想。

六、损害赔偿的构成要件和其他侵权责任方式的构成要件

当事人主张损害赔偿的责任方式时,应根据侵权行为的一般构成要件来认定。当事人主张损害赔偿之外的其他责任方式,比如停止侵害、排除妨碍、消危险等责任方式(传统民法所谓的物上请求权的内容)时,即使是在过错责任原则下,也不要求行为人有过错。行为人没有过错,也可以构成侵权行为。单纯对财产构成直接妨碍,比如非法进入他人不动产、非法侵占动产的,在英国法上就是严格责任。①《侵权责任法》第 21 条规定,侵权行为危及他人人身、财产安全的,被侵权人可以请求侵权人承担停止侵害、排除妨碍、消除危险等侵权责任。这几种责任方式从本质上看属于损害预防的范畴,并可最终归结为妨害排除和妨害防止两个方面。它几乎不去评价行为本身,只关心权利人权利受干扰的事实及其程度。②

由此可知,尽管只有构成侵权行为,才会有侵权责任的承担,但是,责任形式会反过来对侵权行为的构成要件产生影响。

---

① Simon Deakin, "Differences between Contractual and Tortious Liability: the Common Law", *Contractual and Tortious Liability Conference Materials*, 29 September 2017, Yantai China, p. 28.
② 杨彪:《非损害赔偿侵权责任方式的法理与实践》,载《法制与社会发展》2011 年第 3 期。

课外研习及阅读

课外研习

1. 查找《精神损害赔偿解释》第1条，分析我国侵权法对权利和利益的不同保护模式。

2. 查找《最高人民法院公报》2007年第5期所载安徽省东至县人民法院判决的"朱永胜诉世平公司人身损害赔偿纠纷案"，分析法律关系的性质对侵权责任正当性的影响。

3. 查找四川省广汉市人民法院(2001)广汉民初字第832号民事判决书，学习法院判决思路。

课外阅读

1. 杨立新:《侵权责任法》，法律出版社2010年版，上编第二章第二节。

2. 王成:《法律关系的性质与侵权责任的正当性》，载《中外法学》2009年第5期。

3. 杨彪:《非损害赔偿侵权责任方式的法理与实践》，载《法制与社会发展》2011年第3期。

第六章 加害行为

第一节 加害行为的概念和研究意义

一、加害行为的概念

加害行为是指侵犯他人权利或者合法利益的行为。

在侵权行为的构成要件中,加害行为一般被称为行为。加害行为有时也被称为侵权行为。以加害行为相称,是为了与包含构成要件的侵权行为相区别。另外,学说上一般将过错责任原则下的行为称为加害行为,无过错责任原则下的行为一般不称为加害行为,以体现过错责任原则下对行为的道德贬抑性。笔者认为,无论过错责任原则下还是无过错责任原则下,受害人的权益均受到了侵害,所以,统一将行为称为加害行为也并无不妥。

《民法通则》第5条规定:"公民、法人的合法的民事权益受法律保护,任何组织和个人不得侵犯。"《侵权责任法》第2条第1款规定:"侵害民事权益,应当依照本法承担侵权责任。"

据此,民事权利和合法利益的相对人均负有不得侵犯权利和合法利益的一般义务。侵犯民事权利和合法利益的行为违反了法定义务,因此具有违法性。

侵犯民事权利和合法利益的行为,都可能成为构成侵权行为的加害行为。

加害行为往往体现为多种行为的结合,而不仅仅是一个独立的行为。

二、加害行为的研究意义

研究加害行为具有如下意义:

(一)加害行为是侵权行为的一般构成要件

任何侵权行为的构成,都以加害行为的存在作为前提。判断侵权行为是否构成,首先需要判断加害行为是否存在。没有加害行为,也就没有侵权行为,当然也就谈不上侵权责任。可以说,加害行为是整个侵权行为及侵权行为法的起点。

(二)加害行为是很多案件处理的关键所在

在很多案件中,行为人的行为是否属于侵犯权利或者合法利益的加害行为,是这些案件正确处理的关键所在。

比如,在刘翔诉《精品购物指南》报社侵犯肖像权案中,关键问题就在于《精品购物指南》报社以该种方式使用刘翔肖像,是否属于侵犯肖像权的加害行为。① 在腾格尔诉腾格尔公司侵犯姓名权案中,关键问题就在于腾格尔公司以该种方式使用腾格尔的姓名,是否属于侵犯姓名权的加害行为。②

为了正确识别侵犯名誉权的加害行为,最高人民法院曾出台大量的司法解释。仅在 2000 年之前,最高人民法院关于肖像权的司法解释性质文件就至少有 16 件之多,其中包括 1993 年和 1998 年两次关于名誉权问题的集中解答和解释。

(三) 加害行为是认定侵权主体的根据

受害人要想将损害转嫁由加害人承担,首先需要确定侵权的主体。在诉讼的意义上,就是需要确定适格的被告。确定侵权主体和适格的被告,需要首先认定加害行为。侵权主体一定是实施加害行为的人。因此,没有加害行为,也就没有侵权主体。

比如,在道路交通事故中,肇致交通事故的机动车驾驶人原本是 A,但 A 说驾驶机动车的人是 B,由于某种原因,B 也承认自己是当时的驾驶人。出现这种情况,可能是 A 没有驾驶执照(或者醉酒等),由此可能还要承担刑事责任;或者 A 有钱而 B 没有赔偿能力,二人恶意串通不愿意赔偿受害人的损失。

无论哪种情况,如果不能正确认定侵权主体的话,要么可能使侵权人逃脱制裁、要么受害人无法得到赔偿。此时,正确认定侵权主体就显得非常重要。而要正确认定侵权主体,需要从加害行为入手。

(四) 加害行为是区分单独侵权和数人侵权的根据

单独侵权中,一般只有一个责任主体;数人侵权中,一般会有多个责任主体,各个主体之间可能还承担连带责任。数个侵权责任主体承担侵权责任,尤其是如果承担连带责任的话,对受害人救济的实现无疑会增强保障。数人侵权中,每个人都应当有加害行为。因此,对加害行为的认定,是区分单独侵权和数人侵权的关键。

在我国台湾地区,有一则著名的冥纸烧船案。

陈洪某某与其夫陈某某于 1996 年 2 月 4 日下午 2 时 35 分许,在屏东县东港镇丰鱼街 34-4 号前之渔港码头上祭拜燃烧冥纸后,竟疏未详看冥纸已否燃尽,由其夫将仍有火星的冥纸灰倒入岸际水域,致引燃水面上的油污,使停靠于该处属于许某某所有的"鱼发号"渔船烧毁,致其受有新台币 800 万的损失。

本案需要讨论的问题是:本案是数人(共同)侵权还是单独侵权?要确定这

---

① 参见北京市海淀区人民法院(2005)海民初字第 2938 号民事判决书、北京市第一中级人民法院(2005)一中民终字第 8144 号民事判决书。
② 参见北京市海淀区人民法院(2003)海民初字第 10379 号民事判决书、北京市第一中级人民法院(2004)一中民终字第 04637 号民事判决书。

一问题,首先需要讨论:本案中的加害行为是什么? 本案中的加害人是谁?

本案中有三个行为:焚烧冥纸、未熄灭、倾倒入海。

在本案中,陈洪某某与其夫陈某某共同于渔港码头焚烧冥纸,而由其夫单独将冥纸灰烬倒入海中,原审判决认定陈洪某某无须承担共同侵权责任,认为"倾倒纸钱灰烬入海之行为,仅须一人为之即足"。陈洪某某既未从事侵害行为,即无共同侵权行为可言。换言之,原审法院判决是以"倾倒纸钱灰烬入海之行为",为侵权行为。

相反,我国台湾地区"最高法院"认为,陈某某与陈洪某某"本应注意确认该灰烬倾倒时(不论由谁倾倒),是否已经完全熄灭,倘发现尚未完全熄灭,亦应立刻使其熄灭,此违背被上诉人应尽的作为义务,被上诉人竟未尽此作为义务",应负损害赔偿责任。据此,台湾地区"最高法院"认为"焚烧冥纸"和"倾倒灰烬入海之行为"都不是侵权行为,而认为"焚烧冥纸"系属危险前行为,对于渔港内之设备及其他船舶造成一定程度之危险,而"未熄灭灰烬之行为"才属于本案不作为之侵害行为,故应当有共同侵权行为的存在。[①]

（五）加害行为是认定直接结合和间接结合的根据

《人身损害赔偿解释》第3条规定:"二人以上共同故意或者共同过失致人损害或者无共同故意、共同过失,但其侵害行为直接结合发生同一损害后果的,构成共同侵权,应当依照民法通则第一百三十条规定承担连带责任。二人以上没有共同故意或者共同过失,但其分别实施的数个行为间接结合发生同一损害后果的,应当根据过失大小或者原因力比例各自承担相应的赔偿责任。"

此条规定将无意思联络的数人侵权行为分为行为直接结合的侵权行为和行为间接结合的侵权行为。前者承担连带责任,后者承担按份责任。连带责任与按份责任对受害人关系重大。而判断行为究竟为直接结合还是间接结合的关键,在于对加害行为的分析。

（六）加害行为是认定过错的根据

过错尽管在其最初的意义上被称为主观过错,但现在,过错已经越来越客观化了。无论是在主观意义上,还是在客观意义上,过错都需要通过行为加以判断。过错蕴含在加害行为中。在主观意义上,过错需要通过行为来分析;在客观意义上,需要将行为与预定的客观标准加以比较来认定。

（七）加害行为是认定责任成立的因果关系的根据

侵权法上的因果关系包括两种因果关系,即责任成立的因果关系和责任范围的因果关系。责任成立的因果关系,是指加害行为与权益受侵害之间的因果

[①] 我国台湾地区"最高法院"2001年台上字第1682号民事判决书,参见陈聪富:《侵权归责原则与损害赔偿》,台湾元照出版公司2004年版,第5—12页。

关系。可见,认定责任成立的因果关系,需要首先将加害行为固定下来。

(八)加害行为是侵权行为类型化的根据

《民法通则》第121条之后,分别规定了不同类型的侵权行为,这些侵权行为之所以被划分为不同类型,原因就在于加害行为的不同。比如,《民法通则》第121条规定的是国家机关及其工作人员的职务侵权行为,第122条规定的是产品质量侵权行为,等等。各种不同类型的侵权行为,彼此之间存在着各种差异,但加害行为不同,是其根本的差别。

《侵权责任法》第四章到第十一章规定的各种类型的侵权行为,也主要是因为加害行为的不同。

加害行为的认定,很大程度上要依赖于法官的自由裁量。它涉及非常复杂的因素,包括认定者的个人经历、基本的世界观、性别、情绪等。归根到底,关于加害行为的认定,依然是在平衡权利救济与行为自由的关系、平衡个人忍受和行为自由的关系。

第二节 作为的加害行为和不作为的加害行为

一、作为的加害行为

作为的加害行为,也称为积极的加害行为,是指违反不作为义务的加害行为,即原本不应该作为而作为,导致他人权益受损。

作为的加害行为,违反的是合法民事权益不得非法侵犯的一般义务。《民法通则》第5条规定:"公民、法人的合法的民事权益受法律保护,任何组织和个人不得侵犯。"据此,合法的民事权益受法律保护,权利人之外的任何组织和个人均负有不得非法侵犯的义务。作为权利人之外的组织和个人,只要消极地什么都不作为,就不会侵犯他人合法的民事权益,也就不会构成加害行为。

二、不作为的加害行为

(一)不作为加害行为的概念

不作为的加害行为,也称为消极的加害行为,是指违反作为义务的加害行为,即原本应该作为而没有作为,导致他人权益受损。

不作为的加害行为,违反作为义务。值得注意的是,不作为的加害行为违反作为义务与作为的加害行为违反合法权益不得非法侵犯的义务属于不同的层次。不作为的加害行为,在违反作为义务的同时,必然也违反了民事权益不得侵犯的义务,因为此时必定已经发生了他人合法民事权益被侵犯的损害后果。因此,将不作为认定为加害行为时,除有《民法通则》第5条义务的违反外,还需要有明确的作为义务的存在。

先有作为义务,后有不作为,才构成作为义务的违反,因此才有不作为的加害行为。一般来说,民事主体只要什么都不作为,就不应当产生任何不利后果。不作为构成加害行为,等于赋予民事主体积极的作为义务。民事主体原则上不负有作为义务,不作为原则上不能成为加害行为。作为义务的产生,必须有明确的根据。

(二)不作为加害行为的产生根据

《欧洲侵权法原则》第4:103条"保护他人免受损害的义务"规定,积极作为保护他人免受损害的义务存在于下列情况:法律有规定;行为人导致或者控制的危险情况;当事人之间存在特殊关系;危害的严重性以及一方避免损害的便利性。

一般认为,作为义务的产生根据包括以下几种情况:法律规定、服务关系、契约上义务、自己之前行为以及公序良俗。[①]

作为义务可以基于法律规定而产生。比如我国《民法通则》第125条规定:"在公共场所、道旁或者通道上挖坑、修缮安装地下设施等,没有设置明显标志和采取安全措施造成他人损害的,施工人应当承担民事责任。"《侵权责任法》第91条第1款规定:"在公共场所或者道路上挖坑、修缮安装地下设施等,没有设置明显标志和采取安全措施造成他人损害的,施工人应当承担侵权责任。"此种侵权行为中,加害行为不是在公共场所、道旁或者通道上挖坑、修缮安装地下设施这些作为行为,而是没有设置明显标志和采取安全措施等不作为行为。这种不作为之所以成为加害行为,是基于上述第125条和第91条第1款的规定而产生了作为义务。

某些职业因为法律的特别规定,而在某些特定场景下具有作为义务。比如,我国《医疗机构管理条例》第31条规定:"医疗机构对危重病人应当立即抢救。对限于设备或者技术条件不能诊治的病人,应当及时转诊。"《执业医师法》第24条规定:"对急危患者,医师应当采取紧急措施进行诊治;不得拒绝急救处置。"医疗机构及职业医师对于危重病人、危急患者应当采取紧急措施进行救治。《人民警察法》第19条规定:"人民警察在非工作时间,遇有其职责范围内的紧急情况,应当履行职责。"第21条第1款规定:"人民警察遇到公民人身、财产安全受到侵犯或者处于其他危难情形,应当立即救助;对公民提出解决纠纷的要求,应当给予帮助;对公民的报警案件,应当及时查处。"可见,人民警察即使在非工作时间,遇到公民人身、财产安全受到侵犯或者处于其他危难情形,也应当立即救助。

作为义务可以基于服务关系而产生。比如我国《侵权责任法》第37条第1

---

① 参见陈聪富:《侵权归责原则与损害赔偿》,台湾元照出版公司2004年版,第11页。

款规定:"宾馆、商场、银行、车站、娱乐场所等公共场所的管理人或者群众性活动的组织者,未尽到安全保障义务,造成他人损害的,应当承担侵权责任。"

宾馆、商场、银行、车站、娱乐场所等公共场所的管理人或者群众性活动的组织者,很可能与受害人产生服务关系。基于此种服务关系,行为人产生作为义务,如有违反,则构成不作为的加害行为。当然,如果法律对安全保障义务有明确规定,此种作为义务也可以理解为因法律规定而产生。同时值得注意的是,公共场所的管理人或者群众性活动的组织者,不只是对与其存在服务关系的人负有安全保障义务。即使没有服务关系,公共场所的管理人或者群众性活动的组织者对在该公共场所或者群众性活动中受到损害的人,也负有安全保障义务。

作为义务可以基于契约上义务而产生。比如,因雇佣合同,雇员和雇主两方面分别会产生作为义务。作为雇员的保姆如果看见婴儿吞食玩具,有制止的作为义务。作为雇主,如果发现雇员受伤、生命垂危,则有送医救治的作为义务。[①]

上述因契约而产生的作为义务,因为附随义务的出现而成为一种法定义务,即无论契约中是否对作为义务有明确约定,合同主体均负有该作为义务。比如,我国《合同法》第60条第2款规定,当事人应当遵循诚实信用原则,根据合同的性质、目的和交易习惯履行通知、协助、保密等义务。由此,无论合同是否约定,当事人均负有通知、协助、保密等作为义务。

作为义务可以基于自己的前行为而产生。比如,某人带邻居小孩出去游玩,则他对小孩产生尽力照看的义务,尽管其没有监护义务。如果他在游玩过程中疏于照看,导致小孩发生事故造成损害的话,则可能因其不作为而承担侵权责任。这一责任的基础在于作为义务,而作为义务产生于带出去游玩这一前行为。

在前面讨论的台湾地区冥纸烧船案中,因为焚烧冥纸,产生将灰烬及时熄灭的义务,否则即可能因为不作为而承担侵权责任。这也是因为自己的前行为而产生的作为义务。

作为义务也可以基于公序良俗而产生。

三、不作为原则上不构成加害行为

不作为是否构成侵权行为,涉及法律与道德的关系。人是社会的动物,而同时又秉有反社会的天性。想调剂社会的需求与利己的欲望,人与人之间的关系不能不有法律道德为之维护。因有法律存在,我不能以利己欲望妨害他人,他人也不能以利己欲望妨害我,于是彼此乃宴然相安。因有道德存在,我尽心竭力以使他人享受幸福,他人也尽心竭力以使我享受幸福,于是彼此乃欢然同乐,社会

[①] 参见王泽鉴:《侵权行为》,北京大学出版社2009年版,第92页。

中种种成文的礼法和默认的信条都是根据这个基本原理。①

不作为原则上不构成加害行为。比如,这些行为原则上并不构成侵权行为:邻宅失火,坐视不管;孩童落水,不加援手;登山者将掉入悬崖,不予警告;高血压者大吃红肉,未加劝阻;等等。这一原则自罗马法开始一直延续后世,其原因主要有以下几点:

其一,基于个人主义思想,避免因此限制人的行为自由。

其二,因果关系认定困难,孩童落水,旁观者众,谁要负责?

其三,"作为"制造危险,使人受害,"不作为"仅系因不介入他人事务而不使他人受益,二者在法律上的评价,应有不同。法律须禁止因积极行为而侵害他人,但原则上不能强迫应帮助他人,而使危难相济的善行成为法律上的义务。

尤其需要强调的是,违反道德义务的不作为,不构成加害行为。②

四、作为义务的扩张

不作为原则上不构成加害行为,但是,不作为构成加害行为的情形,在现代侵权法上呈现扩张的趋势。不作为加害行为之所以扩张,源于作为义务的扩张。作为义务之所以扩张,与法律的基本价值趋向有密切关系。

民法原本是个人本位的法律。过错责任、自己责任、意思自治、所有权神圣等,无一不是个人本位的体现。

在个人本位下,每个人皆可独善其身。但现代社会,人类生活空间越来越小,在很多场合,个人本位让位于社会本位。在社会本位下,每个人不再能够仅仅独善其身,还必须为他人的安全负上一定的义务和责任。

比如安全保障义务,就是要求从事一定社会活动的民事主体,要为该种社会活动可能影响到的其他人负责任。安全保障义务原本仅仅指维持交通安全而言,如房屋所有人就其所在地之石阶任其坍塌,致他人而受损害者,应负责任。其后扩张及于其他社会交往活动,强调在社会生活上应负防范危害的义务。各国立法上均没有关于安全保障义务的明确规定,但在司法判决中,安全保障义务却普遍地存在。正如冯·巴尔教授指出的:"除普通法之'有名侵权'以外,各国都有进一步的为侵权行为法所特有的'规范发生器':一般安全注意义务。"③在这样的意义上,安全保障义务就成为给一般民事主体设置作为义务的"规范发生器"。

但是,普通民事主体是否应当负有某种一般社会义务,向来容易引起争论。

---

① 参见朱光潜:《给青年的十二封信》,群言出版社2014年版,第29页。
② 王泽鉴:《侵权行为》,北京大学出版社2009年版,第90页。
③ 参见〔德〕克雷斯蒂安·冯·巴尔:《欧洲比较侵权行为法》(下卷),焦美华译,法律出版社2004年版,第281页。

比如,饭店是否有接待所有客人的义务①;电影院是否负有不得限制顾客自带酒水的义务②;房地产商是否负有向所有人出售房屋的义务③。

值得指出的是,何种情况下,违反作为义务而使不作为成为侵权行为,需要权衡权利救济和行为自由的关系。尽管作为义务在扩张,导致不作为侵权的范围不断扩大,但是在一般意义上,依然应当坚持:不作为原则上不应当成为侵权行为。

归根到底,关于加害行为的认定,依然是在平衡权利救济与行为自由的关系、平衡个人忍受和行为自由的关系。

五、构成加害行为的不作为和构成过失的不作为

违反作为义务的不作为,有些直接构成侵权行为,有些则与过错的认定有关。前者如《民法通则》第125条规定:"在公共场所、道旁或者通道上挖坑、修缮安装地下设施等,没有设置明显标志和采取安全措施造成他人损害的,施工人应当承担民事责任。"后者如开车时应当谨慎驾驶,疏于谨慎而导致车祸的,此种不作为就构成过失。由于违反这种义务主要用作过错的参考,因此,一般法律、行政法规,甚至效力更低的规范,也可以对此作出规定。

---

① 参见北京市海淀区人民法院(2001)海民初字第11646号民事判决书。
② 参见北京市海淀区人民法院(2004)海民初字第13538号民事判决书。
③ 有房地产商在售楼广告中提出,购房者必须是25—25岁之间具备大学学历的人。参见2006年4月19日上海东方卫视的《东方夜新闻》。

课外研习及阅读

课外研习

1. 查找我国台湾地区"最高法院"2001年台上字第1682号民事判决书,思考加害行为认定的意义。

2. 查找北京市海淀区人民法院(2001)海民初字第11646号民事判决书,北京市海淀区人民法院(2004)海民初字第13538号民事判决书,学习法院关于不作为侵权的处理思路。

课外阅读

1. 陈聪富:《侵权归责原则与损害赔偿》,台湾元照出版公司2004年版,第一章。

2. 王泽鉴:《侵权行为》,北京大学出版社2009年版,第四章第二节。

第七章 过　　错

第一节　过错的概念和形式

一、过错的概念

过错,顾名思义,即"过"或"错"之意,过错,即有"过"或者犯"错"了。在传统意义上,过错是指行为人应受责难的主观状态。过错分为故意和过失两种形式。有时候,过错也称为过失,即将故意和过失并称为过失,比如,过失责任原则实际上是指过错责任原则。在我国台湾地区"民法"上,没有涵盖故意和过失的上位概念,判例学说上所称过失责任,包括故意在内。①

过错考察的是行为人在行为当时的主观状态,它与行为本身不同。例如,某甲驾驶车辆致某乙受伤。某甲有驾车造成某乙受伤的行为,而过错考察的是某甲造成某乙受伤行为时的主观状态。此种主观状态与行为本身应当区别开来,过错与行为本身属于分别考察的对象。但是,行为是在主观状态支配下实施的,而且,在绝大多数情况下,主观状态需要通过行为本身来考察。因此,二者之间又有密切的关系。

在行为人存在过错的情况下,过错是责任成立的正当性,即因为行为人有"过"或者"错"了,所以要为此种"过"或者"错"承担后果或者负上责任。

在因过错而成立责任的情况下,需要同时明确责任人如何可以避免责任。

二、过错的形式

过错分为故意和过失两种形式。

（一）故意

"故意"一词在民法中大量使用,但在我国民事立法中并没有关于"故意"定义的规定。《刑法》第14条规定了故意犯罪。一般认为,刑法中故意的含义与民法中故意的含义相同。

据此,故意是指行为人明知自己的行为会发生侵害他人权益的结果,并且希望或者放任这种结果发生的主观状态。刑法上对故意还有进一步的划分,但这种区分在民法上没有意义。

---

① 王泽鉴：《侵权行为》,北京大学出版社2009年版,第12页。

(二) 过失

"过失"一词在民法中也大量使用,但在我国民事立法中也没有关于"过失"定义的规定。《刑法》第 15 条规定了过失犯罪。一般认为,民法中过失的含义与刑法中过失的含义相同。

据此,过失是指行为人应当预见自己的行为可能发生侵害他人权益的结果,但却因为疏忽大意而没有预见,或者已经预见而轻信能够避免的主观状态。

过失的内涵包括两方面,其一是注意义务的违反,其二是预见可能性的存在。① 对过失进行判断时需要明确"应当预见标准"。"应当预见标准"包括了两方面的内容,一是应当,二是预见标准。"应当预见标准"中的"应当"为行为人设置了注意义务。违反这种注意义务,就可能构成过失。"预见标准"则设置了注意义务的具体内容。

过失一般不会强人所难,仅以"应当能够"的标准作为预见标准。它所贯彻的思想在于,原本可以做到但是却不去做,由此导致的消极后果如果让别人承担的话,很不公平。这也是过错责任的正当性所在,即行为人原本是可以避免损害发生的。

需要注意的是,刑法上的过错更关注当事人的意思,所以刑法采主观归责;民法上的过错更关注当事人的外在行为,所以民法采客观归责。

我国民法将过失分为重大过失和一般过失。

重大过失,是指行为人极为疏忽大意的情况,一般人在该情境下都不会有这样的疏忽。在需要专业知识的场合,是指连最起码的专业素质都不具备。所谓极为疏忽大意,需要置于一定的环境下进行比较和考量。

一般过失是指尚未达到重大过失的过失。

重大过失和一般过失的认定,与法律设定的注意义务有关。法律对行为人提出了较高的注意义务,结果行为人没有达到该较高的注意义务,但是却达到了一般人的注意义务,此时就认定构成一般过失;假使行为人不仅未达到该较高的注意义务,同时连一般人的注意义务都没有达到,就认定构成重大过失。

在我国民法上,一般将故意和重大过失相提并论。例如,《侵权责任法》第 78 条规定:"饲养的动物造成他人损害的,动物饲养人或者管理人应当承担侵权责任,但能够证明损害是因被侵权人故意或者重大过失造成的,可以不承担或者减轻责任。"《人身损害赔偿解释》第 2 条第 1 款规定:"受害人对同一损害的发生或者扩大有故意、过失的,依照民法通则第一百三十一条的规定,可以减轻或者

---

① 参见邱聪智:《从侵权行为归责原理之变动论危险责任之构成》,中国人民大学出版社 2006 年版,第 40 页。

免除赔偿义务人的赔偿责任。但侵权人因故意或者重大过失致人损害,受害人只有一般过失的,不减轻赔偿义务人的赔偿责任。"《人身损害赔偿解释》第 9 条第 1 款规定:"雇员在从事雇佣活动中致人损害的,雇主应当承担赔偿责任;雇员因故意或者重大过失致人损害的,应当与雇主承担连带赔偿责任。雇主承担连带赔偿责任的,可以向雇员追偿。"《公司法》第 189 条第 3 款规定:"清算组成员因故意或者重大过失给公司或者债权人造成损失的,应当承担赔偿责任。"《合伙企业法》第 49 条第 1 款规定:"合伙人有下列情形之一的,经其他合伙人一致同意,可以决议将其除名……(二)因故意或者重大过失给合伙企业造成损失……"《票据法》第 12 条规定:"以欺诈、偷盗或者胁迫等手段取得票据的,或者明知有前列情形,出于恶意取得票据的,不得享有票据权利。""持票人因重大过失取得不符合本法规定的票据的,也不得享有票据权利。"

此外,也有将故意和重大过失区别对待的情况。比如,《侵权责任法》第 72 条规定:"占有或者使用易燃、易爆、剧毒、放射性等高度危险物造成他人损害的,占有人或者使用人应当承担侵权责任,但能够证明损害是因受害人故意或者不可抗力造成的,不承担责任。被侵权人对损害的发生有重大过失的,可以减轻占有人或者使用人的责任。"

特别需要注意的,过错中的故意和过失,其中尤其是过失是不确定的概念,需要结合具体情况仔细斟酌。

三、过错的证明与推定

一般情况下,行为人过错存在的证明责任,由受害人来承担。但是,在有些情况下,法律也会要求由行为人来证明过错的不存在;如果不能证明,则推定过错的存在。这就是所谓的过错推定。《侵权责任法》第 81 条规定:"动物园的动物造成他人损害的,动物园应当承担侵权责任,但能够证明尽到管理职责的,不承担责任。"《证据规则》第 4 条第 1 款第 4 项规定:"建筑物或者其他设施以及建筑物上的搁置物、悬挂物发生倒塌、脱落、坠落致人损害的侵权诉讼,由所有人或者管理人对其无过错承担举证责任。"第 8 项规定:"因医疗行为引起的侵权诉讼,由医疗机构就医疗行为与损害结果之间不存在因果关系及不存在医疗过错承担举证责任。"

《证据规则》第 7 条规定:"在法律没有具体规定,依本规定及其他司法解释无法确定举证责任承担时,人民法院可以根据公平原则和诚实信用原则,综合当事人举证能力等因素确定举证责任的承担。"过错推定设置的考虑因素与其他推定设置的考虑因素基本相同。一般情况都是行为人比受害人更有条件、能够以更低成本证明过错的不存在。如果行为人无法证明过错不存在,则要承担不利的后果。

因此，过错推定责任实质上是一种过错责任，只不过将过错的证明负担转由对方承担。如果对方不能证明自己没有过错，法律将推定其存在过错。除此之外，过错推定的其他情况与过错责任原则完全相同。

第二节　过失的客观化

一、过失客观化的概念及原因

（一）过失客观化的概念

所谓过失的客观化，是指采用客观化的统一标准、而不是采用主观化的个性标准来认定行为人过失的有无。

根据过失的定义，对过失进行判断时需要明确"应当预见标准"。按照传统民法学的观点，过失的内涵包括两方面，其一是注意义务的违反，其二是预见可能性的存在。[①] 以这种观点来看，"应当预见标准"包括了两方面的内容：一是应当，二是预见标准。"应当预见标准"中的"应当"为行为人设置了注意义务。违反这种注意义务，就可能构成过失。"预见标准"则设置了注意义务的具体内容。每个人的情况不同，因此"应当预见标准"也可能不同。例如，一个有20年驾车经验的司机可以预见到某种情况，但是一个刚刚获得驾驶证的司机却无法预见到该种情况。此时，是应当以每个人的具体情况分别设定注意义务的标准呢？还是统一以有20年驾龄的司机为标准，抑或以刚刚获得驾驶证的司机为标准？

主观过失说认为，应当以行为人个人的特性，来判断过失是否成立。过失客观化则强调采取客观化的标准来设置注意义务的具体内容，从而使得过失有无的认定标准趋于统一。

（二）过失客观化的原因

过失客观化是现代民法发展的趋势。究其原因，至少包括以下几方面：

第一，过失认定成本及公平的考虑。如果在每个个案中都以具体当事人的情况来认定具体过失，认定成本将会非常高，因为法官需要对每个具体当事人的信息进行非常深入的了解。同时，以每个个案中具体当事人的具体情况来认定具体过失，会导致一案一个标准。标准过于灵活，会导致不公平的结果；标准过多，最终可能会导致没有标准。故此，法律会假设一个理性的一般人的注意程度作为标准。在一般意义上而言，以一个理性人在当事人所处情境下所作反应作为注意标准。理性人的出现，意味着法律对注意义务的认定、也就是对过失的认

[①] 参见邱聪智：《从侵权行为归责原理之变动论危险责任之构成》，中国人民大学出版社2006年版，第40页。

定采客观化标准。

　　法律是人的有限理性的产物,法律规则本身也体现并顺应着人的局限性。由于人认识到自己的局限性,所以在设计规则的时候所考虑的都是所谓常人标准,即以具有中等智力和体力水平的正常人作为规则可行性的判断标准。而且,为了形成稳定的社会秩序,法律往往还会设置比常人标准更低一些的安全线。①

　　第二,受害人救济方面的考虑。无论行为人是否存在过失,受害人都可能已经遭受了损害。如果过分强调行为人的主观情况,认定其不存在过失,受害人可能因此无法获得救济,对受害人是不公平的。霍姆斯法官对此有段经典的论述:个人在社会上生活,必须按照一定的标准行事。此点对于公益而言,实属必要。某人生性急躁、笨手笨脚,常因此伤及他人,此种情形,在天国的审判中固然会被宽容,但却会造成他人的伤害。他人自然可以要求其按照一定的标准行事。人间的法庭应当拒绝考虑个人的误差。②

　　第三,预防损害发生方面的考虑。一般情况下,社会会按照一般行为标准期待和要求每个社会主体。行人在马路上行走,当然会预期每个机动车驾驶人都应当具备一般的驾驶能力。某方面能力低于社会一般水平的人,应当自己采取措施预防损害的发生。比如一个刚刚获得驾照、经验不足的司机,应当更加谨慎。比如,车速应当更慢、尽量避免到车多路况复杂的地方行驶。一个视力不好的人,则应当佩戴眼镜。因此,一个缺乏经验的新手、因家庭事务而心力交瘁或者因熬夜而精力不集中的老手,都要负同等的注意义务。

　　过失客观化也存在不足。客观化标准忽略了人们之间的差异,从而可能使得某些人事实上要承担结果责任,而某些人可能会不承担责任。如果因此出现极端不公平的情况,法官应当根据具体情况对理性人标准加以调整,以追求个案中实质的公平。

　　过失认定客观化的一个体现是:现代社会有很多行为标准。比如,根据中华人民共和国电力行业标准《架空送电线路运行规程》附录 A2,在线路电压为 35 KV 时,导线与地面的最小距离在居民区为 7 m、非居民区为 6 m,在交通困难地区为 5 m。如果违反这些标准,则构成过失。即使是在无过失责任的情况下,违反这些标准,也可能成为归责的重要理由。

　　在湖北省电力公司宜昌夷陵区供电公司与黄某高度危险作业致人损害纠纷上诉案中,2006 年 5 月 12 日,一审原告黄某等人准备去邻村水库钓鱼。途中发现一水坑。原告即站在水坑外沿的堤上,抽出竿子准备钓鱼,不慎碰到上方 35

---

① 参见郑戈:《人工智能与法律的未来》,载《探索与争鸣》2017 年第 10 期。
② O. W. Holmes, *The Common Law*, General Publishing Company, Ltd., 1991, pp. 107—110.

KV 高压线,电流将原告黄某击倒并燃烧造成重伤。

一审湖北省宜昌市夷陵区人民法院认为,被告所架设的高压线,根据中华人民共和国电力行业标准《架空送电线路运行规程》附录 A2,在线路电压为 35 KV 时,导线与地面的最小距离,在居民区为 7 m、非居民区为 6 m,在交通困难地区为 5 m。触电出事点属时常有人、车辆到达,房屋稀少的非居民区。出事时,所架的高压线与地面之间的距离小于 6 m,违反了电力行业运行规程的规定。同时,在该地点事故发生之前,被告又未设置警示标志。上述是造成原告损害结果的主要原因。

二审湖北省宜昌市中级人民法院认为,出事地点地势平坦,且周围系橘园,原判认定该地区为房屋稀少的非居民区正确。根据《电力设施保护条例实施细则》第 9 条的规定,电力部门应在架空电力线路穿越的人员活动频繁的地区设置安全标志。而在事故发生时,夷陵区供电公司未在出事地点设置警示标志,未尽到法定义务。[①]

二、过失客观化的基本理论

过失客观化的基本原理,乃是出于社会本位之考虑,依社会秩序之一般客观需要,对参与社会活动之个别人格,课以责任负担之原理。[②] 过失客观化之背景,在于社会本位思想;主观归责之背景,则是个人本位思想。当整个社会思潮从个人本位向社会本位转化时,过失认定的标准,也就从主观转向了客观。过失认定标准适应社会基本思潮的现象,被称为过失责任主义的内在调整。[③]

过失客观化的理论,因其基本立场不同,可以分为两种:一是职业类别客观过失说,另一则是一般个别过失说。采职业类别客观说者认为,职业活动上之过失,应因交易上互相信赖(Vertrauen)之要求,决定其注意义务之标准,并依买卖、运送或公务员、建筑师、律师、医师等职业之不同加以类型化。除此之外,一般侵权行为,则应依客观生活上所要求之标准,制定过失之有无。至于行为人之性别、年龄及智能等个性,则毋庸考虑。《德国民法典》制定实施前后,不少学者又提出个别客观过失说。即所谓"生活上必要之注意",固应以客观上之一般标准作为判断之依据。唯实际应用上,仅持此暧昧之抽象标准,仍有不足。固应依各种具体情况及人格因素之差异,厘定各种较为具体的判断类型。唯其基础则不宜仅限于职业上之活动类型,而应进一步,对活动之危险性,特别是行为人教养、社会地位、年龄、性别、身体之健康及精神之健全等,加以考虑,并据以构成客

---

① 参见湖北省宜昌市中级人民法院(2007)宜中民一终字第 00155 号民事判决书。
② 参见邱聪智:《从侵权行为归责原理之变动论危险责任之构成》,中国人民大学出版社 2006 年版,第 35 页。
③ 同上书,第 30 页。

观上之具体"类型关系"或"比较类型",以为实际运用上之判断。①

三、汉德公式

汉德公式是美国著名法官汉德(Learned Hand)在 United States v. Carroll Towing Co. 一案②判决中提出的关于过失认定的著名公式。该案的事实发生在 1947 年冬天因战争而繁忙的纽约港。当时有很多驳船(barge)用一根泊绳系在几个凸式码头边。被告的一只拖轮被租用于将一只驳船拖出港口。由于驳船上没有人,为了松开被拖的驳船,被告拖轮的船员就自己动手调整泊绳。由于没有调整好,脱离泊绳的驳船撞上了另一只船,连同货物一起沉入了海底。驳船船主以拖轮船主存在过失而导致损失为由向法院起诉。拖轮船主认为,当拖轮的船员在调整泊绳时,驳船的船员不在该船上,因此,驳船的船员作为驳船船主的代理人,具有过失。汉德法官认为,过失是三个变量的函数。如果用 P 表示概率、用 L 表示损害、用 B 表示预防的成本,过失责任就取决于 B 是否小于 L 乘以 P,即 $B<PL$。这一公式就被称为汉德公式。汉德公式的基本含义是:如果被告预防损失发生的成本要低于给他人造成损失的成本,此时被告就有义务采取预防措施;如果没有采取预防措施而导致了损失的发生,那么被告就被认为是有过失的——如果 $B<PL$,那么被告就应当支付 B,如果被告没有这样做,就存在过失,应当承担相应的责任。

汉德公式使用数学语言表达了过错(包括故意和过失)的认定,将过错的判断分解为预防成本、预期收益以及损害发生的概率三个因素。这一公式看似与传统过错的认定方法偏离甚远,实际上反映了人们认定过失时的思维过程,因此非常具有启发性。③

比如,在王某诉中华人民共和国铁道部人身损害赔偿一案中,王某生于 1986 年 12 月 5 日。1999 年 1 月 24 日 15 时 30 分左右,王某与其他小朋友在产权属铁道部所有的北京市西城区二七剧场东里 19 号楼外东侧玩耍。因捡拾玩具,王某蹬踏距地面 80 厘米的该楼地下室天井顶部夹丝玻璃防雨篷的玻璃,随即玻璃破碎,王某坠入深约 6 米的地下室天井而摔伤。经过鉴定,王某属于 9 级伤残,并需要进行颅骨修补手术。

北京市海淀区人民法院认为,铁道部作为 19 号楼的所有权人,应当注意督促有关部门对该建筑物的维护管理,确保各项设施的安全可靠。虽然该建筑物

---

① 参见邱聪智:《从侵权行为归责原理之变动论危险责任之构成》,中国人民大学出版社 2006 年版,第 56 页。
② 159 F. 2d 169 (2d Cir. 1947).
③ 关于汉德公式的详细介绍,参见王成:《侵权损害赔偿的经济分析》,中国人民大学出版社 2002 年版,第 5 章。

包括夹丝玻璃防雨篷经验收合格,但是王某踩踏该玻璃拣拾玩具时,玻璃破碎,证明其安全性确实存在隐患。铁道部对潜在的危险性没有预见,未设置防护设施或警示标志,故对于王某受伤,铁道部应当承担民事责任,赔偿王某的合理损失。[①]

我们可以用汉德公式的语言来分析本案。地下室天井位于居民区,距离地面仅高80厘米,以至于13岁的小孩子可以轻易爬上去。天井却有6米深。在这样的情况下,该天井顶部夹丝玻璃防雨篷玻璃破裂的危险造成损害的概率就非常高。高的事故概率预示着过失可能性的存在。这种危险的存在,使得即使此时不发生事故,总有一天会有事故的发生。高的事故概率和高的事故损失要求事故的预防应达到相应的程度。

在本案中,$B<PL$,因此,被告应当采取相应的预防措施,但被告并没有采取相应的预防措施,所以,应当被认定存在过失。

---

① 参见北京市海淀区人民法院(1999)年海民初字第12142号民事判决书。

课外研习及阅读

课外研习
查找北京市海淀区人民法院(1999)年海民初字第 12142 号民事判决书,学习法院判决思路。

课外阅读
1. 邱聪智:《从侵权行为归责原理之变动论危险责任之构成》,中国人民大学出版社 2006 年版,第二章。
2. 王泽鉴:《侵权行为》,北京大学出版社 2009 年版,第一编第四章第七节。
3. 王成:《侵权损害赔偿的经济分析》,中国人民大学出版社 2002 年版,第五章。

第八章 因果关系

第一节 侵权法上因果关系的分类及其概念

一、责任成立的因果关系和责任范围的因果关系

因果关系是指各种现象之间引起与被引起的关系,引起其他现象的现象称为原因,被其他现象引起的现象称为结果。

世上万物之间均有联系,因此有所谓蝴蝶效应之说。侵权法上因果关系的问题受侵权法基本范畴的约束。侵权法上因果关系的意义也在权衡权利救济与行为自由的关系,尤其是在于对侵权责任加以限定:一方面使受害人得到救济,另一方面又不至于使责任范围无限扩大,限制行为自由。

侵权法上的因果关系包括两种因果关系,即责任成立的因果关系和责任范围的因果关系。

责任成立的因果关系,是指加害行为与权益受侵害之间的因果关系。责任范围的因果关系,是指权益受侵害与损害等不利后果之间的因果关系。责任成立的因果关系与责任范围的因果关系涉及不同的考量因素。前者考量的是行为与权益受到侵害之间引起与被引起的关系,后者考量的是权益受到侵害本身与损害等具体不利后果之间引起与被引起的关系。

责任成立的因果关系决定侵权责任是否成立,而责任范围的因果关系决定责任成立后责任的形式以及大小的问题。因此,责任成立的因果关系属于侵权行为构成要件的范畴,而责任范围的因果关系属于损害赔偿数额以及其他责任形式确定的范畴。

二、事实因果关系与法律因果关系

因果关系还可以分为事实因果关系与法律因果关系,同时,从不同角度,事实因果关系和法律因果关系又可以有不同的界定。

一方面,事实因果关系指行为与权益被侵害之间客观存在的因果关系。法律因果关系指事实因果关系中具有法律意义的部分因果关系。前者是一种客观存在,其中的因果关系有些可以为人类思维所认识,有些则不被人类思维所知晓。但后者的因果关系一定是可以被人类思维所认识、并被赋予法律意义的因果关系。上述概念意味着,事实因果关系是一种纯粹的客观存在,而法律因果关

系是一种主观判断。

在这样的意义上,我们可以理解侵权事故为何无法通过预防的手段彻底消灭。生活经验告诉我们,在一定长的时间段内,即使人们采取了预防措施,许多事故仍会以一定的概率发生,比如火灾、交通事故、医疗事故等。在汉德公式的意义上,最佳的预防只是使事故以适当的概率发生,而不是使事故彻底消灭。这其中一方面的原因当然和预防的成本有很大关系,另一方面也在于人类无法完全认识导致各种具体事故发生的原因,即事实的因果关系。在具体的事故中,人们只能根据自己对问题的认识采取预防措施。在很多情况下,相对于客观因果关系而言,这种认识是有限的,因此预防的效果当然也是有限的。

另一方面,事实因果关系又指有证据证明的可能构成侵权行为的因果关系。法律因果关系指事实因果关系中构成侵权行为要件的因果关系。事实因果关系划定一定的范围,法律因果关系从中选取一部分作为侵权行为的要件。

与第一方面的含义相比较,第二方面含义中的事实因果关系与法律因果关系均是主观判断取舍的结果。

因果关系概念非常好地反映了人类主观认识与客观存在的关系,反映了人类认识的局限性。第二方面的含义在构成要件上具有意义。

关于侵权法上的因果关系,各国法律一般均没有规定。司法实务及学者创造了大量的学说及概念,比如必要条件理论以及假设因果关系、超越因果关系、累积因果关系、因果关系中断等,比如主要为解决累积因果关系问题而提出的实质因果关系说等,比如可预见说、法规目的说等。有兴趣的读者可以参考本章"课外阅读"所列书目中的相关内容。

下面仅讨论相当因果关系说。

第二节 相当因果关系说

一、麻烦的因果关系

行为与权益被侵害之间的关系极其纷繁复杂。作为主观认识的结果,因果关系成为侵权法上最具争议与困扰、最复杂的内容之一。学者常常引用 Prosser 教授的话对此加以说明:关于因果关系,值得说的已经说过很多次,不值得说的更说了不少。[①]

但是,作为法律概念,需要一定的确定性及限定性。

[①] Everything worth saying on the subject has been said many times, as well as a great deal more that was not worth saying. 参见王泽鉴:《侵权行为》,北京大学出版社 2009 年版,第 181—182 页。

确定性给行为人一定的预期,在行为自由与责任承担之间合理安排。所谓公正应当看得见。一个制度提供的公正必须为人们所看得见,人们才会相信这样的制度。

限定性则是依照一定公共政策,将责任限定在一定范围内,既使受害人得到赔偿,又不至于使责任变得漫无边界,影响行为自由。

如何处理麻烦的因果关系? 研究方法上最为重要的是把握其基本概念,建立理论构架,并借此分析实务上的重要案例。①

二、相当因果关系说

如何判断行为与权益被侵害之间的因果关系,有不同学说。目前,相当因果关系说为学说所倡导,并为法院在具体案件的判断中采用。②

(一) 相当因果关系说的概念及判断标准

相当因果关系说始于 1888 年,德国富莱堡大学生理学家 Von Kries 在法律上应用数学上的可能性理论与社会学的统计分析方法,认为客观上事件发生的可能性,可作为说明因果关系的一项要素。

相当因果关系说指如果行为与权益被侵害之间具有相当因果关系,在其他构成要件具备的情况下,则可以构成侵权行为。

相当因果关系的判断分为两个步骤:条件关系和相当性。

条件关系是指行为与权益被侵害之间具有条件关系。条件关系的判断标准是:如果没有某行为,则不会发生某结果,那么该行为就是该结果的条件。这一标准也可以从反面认定:如果没有某行为,某权益被侵害的结果仍会发生,那么该行为就不是该结果的条件。

相当性是指具备条件关系的行为与权益被侵害之间的关系达到一定程度,从而使得该行为人对权益的被侵害承担法律后果具有正当性。相当性的判断标准是"通常会产生该种损害"。相当性的目的在于分析原因行为与其他条件的关系。相当性考量加害人行为之外的其他因素是否降低或者免除加害人法律责任,也就是责任限制的问题。

将条件关系和相当性结合在一起,相当因果关系的判断标准是:无此行为,虽不必生此种损害,有此行为,通常即足生此种损害者,是为有因果关系。无此

---

① 参见王泽鉴:《侵权行为》,北京大学出版社 2009 年版,第 182 页。
② 参见陈聪富:《因果关系与损害赔偿》,台湾元照出版公司 2004 年版,第 7 页。在学说上,我国大陆关于相当因果关系的理论多借鉴自我国台湾地区。此处关于相当因果关系中条件关系及相当性的介绍主要参考王泽鉴:《侵权行为》,北京大学出版社 2009 年版,第 178—215 页,以及陈聪富:《因果关系与损害赔偿》中"侵权行为法上的因果关系"部分。需要指出的是,在我国大陆法院中究竟如何判断因果关系,值得学说总结讨论。

行为,必不生此种损害,有此行为,通常亦不生此种损害者,即无因果关系。

条件关系在于给原因划定范围,看行为是否可以纳入原因范围。范围划定后,再通过相当性来确定行为与损害后果之间的紧密程度。所谓有此行为通常也不会发生此种损害,则不具有相当性;有此行为,通常都会发生此种损害,则具有相当性。如果具有相当性,则该行为与该结果之间,就构成了侵权行为要件的因果关系。

(二) 相当因果关系判断例示

民国时期曾有一判例说明相当因果关系。上诉人将其与某甲共同贩卖的炸药寄放于某乙开设的洗染店楼上,一个多月后的一日夜间,因该洗染店屋内电线走电,引燃该炸药,致将住宿于该店的被上诉人胞兄某丙炸死。当时的最高法院认为:"纵令上诉人如无寄放炸药之行为某丙不致被炸死,然寄放之炸药非自行爆炸者,其单纯之寄放行为,按诸一般情形,实不适于发生炸死他人之结果,是上诉人之寄放炸药与某丙之被炸身死不得谓有相当之因果关系。"①

Von Kries 举下列事例说明因果关系不相当。

甲为马车夫,于执行职务时睡着,马车因而偏离正常路线。在偏离正常路线时,乘客遭雷击死亡。经查,马车若在正常路线上行使,乘客并无遭受雷击的可能。本案马车夫"睡着"实质上并未增加"乘客遭受雷击"的可能性。事实上,无论车夫睡着或者醒着,遭受雷击的机会甚微,因而遭受雷击,一般认为非属事件发生之通常过程,而仅为偶发事件。本案中马车夫睡着,以致马车偏离正常路线,乘客遭受电击致死,若马车在正常路线上行驶,乘客即无电击而死之可能。依据"必要条件说",偏离正常路线应当是乘客死亡之"不可欠缺的条件",具有事实上的因果关系。至于遭受雷击,是否认为属于一般事件通常发生过程之结果,而应由马车夫负责,则属于责任限制之法律上因果关系的问题。Von Kries 认为遭受电击,仅系偶发事件,而不具有因果关系相当性,足见相当因果关系是处理责任限制的问题,而非事实上的因果关系问题。②

(三) 相当因果关系说的内涵

相当因果关系说之重点,在于注重行为人之不法行为介入社会之既存状态,中断或者改变了事物正常发展之进程,并对现存之危险程度有所增加或者改变。亦即行为人增加受害人既存状态之危险,或行为人使受害人暴露于与原本危险不相同之危险状态,行为人之行为即可能构成结果发生之相当性原因。

所谓增加受害人既存状态之危险,比如甲高速驾驶,以至于比预期提前到达

---

① 参见王泽鉴:《侵权行为》,北京大学出版社 2009 年版,第 197—198 页;陈聪富:《因果关系与损害赔偿》,台湾元照出版公司 2004 年版,第 151—152 页。
② 参见陈聪富:《因果关系与损害赔偿》,台湾元照出版公司 2004 年版,第 9 页。

事件发生地点,因树木倒塌,压坏甲的汽车,乘客乙因而受伤。因甲高速驾驶并未增加损害发生的概率,甲对乙之受伤,无须负责。反之,若甲阻碍人行道,乙因而不得不徒步于马路,继而发生车祸,因甲的行为显然增加乙遭受车祸之危险,甲之行为与乙的受伤,应当有相当因果关系。

所谓改变受害人之危险,比如出卖人未按照买受人之指示,改变送货路线,而货物于送货途中毁损灭失,出卖人应当为货物之毁损灭失负责。

相当因果关系说是以行为人改变危险、增加损害结果发生的可能性,以及损害的发生未有异常独立原因介入,即损害之发生,系在"事件正常发展过程中"产生为立论依据。①

事物正常发展进程,是相当因果关系判断的基础。假设在没有加害行为的情况下,事物正常发展进程的方向和结果是 A。由于加害行为的加入,事物正常发展进程的方向和结果改变成了 B。换言之,加害行为出现后,事物正常发展进程的方向和结果就是 B,此时加害行为与结果之间就具有相当因果关系。相反,如果即使有加害行为的加入,仅在偶然情况下,事物发展进程的方向和结果才是B,此时加害行为与结果之间就不存在相当因果关系。

假设在没有加害行为的情况下,事物正常发展进程的方向和结果是 A,由于加害行为的加入,事物正常发展进程的方向和结果改变成了 B。但是在加害行为出现之后,又出现了另一事件,使得事物正常发展进程的方向和结果改变成了 C,此时,加害行为就不再是 C 的原因。这就是所谓因果关系的中断。

(四)价值判断与相当因果关系

相当因果关系的判断,需要注意以下几点:

第一,相当因果关系的认定属于个案判断,无法设定一般性的认定标准。因此,法官在因果关系的判断方面,拥有相当大的自由裁量空间。

第二,在个案认定中,首先应当判断导致结果发生的条件,为损害发生的"不可欠缺的条件",即具有条件关系后,再判断相当性。

第三,相当性的判断,在于行为人增加或者改变了损害发生的危险,即增加了损害结果发生的客观可能性。

第四,损害发生的因果历程必须没有其他异常独立的原因介入,亦即事件发生的因果历程必须符合一般事件的正常发生过程。

第五,相当因果关系的认定,因加害人的故意或者过失而有不同。如果加害行为出于故意,原则上应当就所生损害负责。② 在故意的场合,加害人对于不具有相当因果关系的损害,也应当负责。原因在于,按照相当因果关系说,加害人

---

① 参见陈聪富:《因果关系与损害赔偿》,台湾元照出版公司 2004 年版,第 10 页。
② 参见王泽鉴:《侵权行为》,北京大学出版社 2009 年版,第 181 页。

之所以对于通常不可能发生的结果无须负责,是因为此种结果在其可预见及可能控制的事态之外。在故意场合,加害人既然有意促成某种非通常的结果,自然不存在不必负责的道理。①

第六,相当因果关系的认定,因加害行为所侵害的对象是生命、身体、健康或者纯粹经济上损失而有不同。在前者往往做较为宽松的认定。②

第七,相当因果关系的认定,极其依赖价值判断。相当因果关系并非客观上因果律的问题,而是对行为人公平课以责任的判断标准,具有法律政策判断之色彩。③

相当因果关系的判断要求结果符合"社会的正当性"、符合公平或者法律规范的目的。

美国法官 Andrews 在 Palsgraf v. Long Island R. R. Co. 一案所提反对意见书中有著名的判断:"我们所谓'最近(原因)'之意义是,由于便利、公共政策以及粗略的正义感情,法律独断地不再追溯一系列事件至某一特定点之外。这种判断并非逻辑,而系实际的策略应用。""我们所使用的语言,只是我们关于公共政策之观念的表示方法。"④这些话尽管是在感慨美国法上的因果关系理论,但对于相当因果关系说同样适用。

邱聪智教授认为:法律的主要作用,在于明示设定人类社会秩序之标准或者维持已成人类社会秩序之标准。因此,因果关系等自然法则的运用,不过是形式上或者结构上的要素,对于法律命题何以成立或者何以必须成立,并不具有决定性的判断作用。⑤

所以,相当因果关系的判断,是特定时空范围中价值判断的产物。无论条件关系还是相当性,都不仅是一种法律技术,更是一种法律政策工具以及价值判断。因此,对于因果关系,需要假以时日,不断积累人生及法律思考的经验,方能够作出适当的、符合社会正当性的判断。

三、我国法院对因果关系问题的处理

我国法院如何处理因果关系问题,需要搜集大量判决加以实证研究。就笔者掌握情况来看,至少有以下几方面情况有必要加以说明。

(一)通过鉴定方式来认定因果关系

对于很多因果关系问题,尤其是有关医疗侵权、受害人或者行为人精神状态

---

① 参见王泽鉴:《侵权行为》,北京大学出版社 2009 年版,第 197 页。
② 同上书,第 181 页。
③ 参见陈聪富:《因果关系与损害赔偿》,台湾元照出版公司 2004 年版,第 15 页。
④ 同上书,第 139 页。
⑤ 参见邱聪智:《从侵权行为归责原理之变动论危险责任之构成》,中国人民大学出版社 2006 年版,第 32 页。

等专业性因果关系问题,法院一般采用由相关专业机构鉴定的方式来认定因果关系。

比如,在前文第三章所述的闫某、杨某诉北京市海淀区妇幼保健院一案中,法院通过鉴定来认定医疗行为与胎儿死亡之间是否存在因果关系。鉴定结论认为:产妇自身存在一些异常情况:如羊水过多、糖耐量受损、胎儿先天性心脏病以及产妇当天回家后没有数胎动。上述情况,均可能成为胎死宫内的内在原因。医院的不足之处在于,当时应尽量说服产妇留院观察。但是,即使留院观察,也可能仍不能避免胎儿死在宫内;或者即使入院后做剖宫产,也有新生儿死亡的可能。

一审法院据此认定,妇幼保健院在医疗活动中未尽到注意义务,致使患者丧失救治的机会,而目前尚不能作出即使留院救治,死亡仍必然不可避免的结论,故妇幼保健院的医疗行为具有过错,其医疗行为与损害结果之间有一定因果关系。考虑到患者自身内在原因,以及造成女婴不能存活原因的不确定性和损害的多因一果性,故医院仅应承担有限民事责任。

二审法院认定,妇幼保健院在对杨某的检查过程中,存在医疗行为的过错。其过错与损害结果间有一定的因果关系。①

(二) 相当因果关系说是否是中国法院认定因果关系的通说,存在疑问

相当因果关系的认定,极其依赖裁判者的主观价值判断。这就要求,裁判者必须具有极高的社会信任度,其判断才能为当事人以及社会所接受。而中国的法官,目前尚不具备这样的权威,故而,相当因果关系说在中国司法裁判中是否有立足之地,值得推敲。同时,这也可以解释鉴定在中国司法裁判中大量存在的原因。

当然,中国法院在裁判中如何认定因果关系,本身是一个实证的问题,需要实证研究给出答案。

第三节 因果关系向过失的转化

一、因果关系困扰的原因

各种因果关系理论,都免不了对个案中价值判断的依赖。因此,因果关系的判断具有很大的不确定性。究其原因,至少有以下几点:

(1) 因果关系本身是客观的,但是这种客观现象需要主观的认识,因此,就侵权法上的因果关系而言,它又变成一个非常主观的问题,涉及价值判断。既然

---

① 参见北京市海淀区人民法院(2003)海民初字第 6622 号民事判决书,北京市第一中级人民法院(2003)一中民终字第 10341 号民事判决书。

是主观的问题,就可能出现仁者智者看法的分歧。对主观问题,人们在许多情况下也会达成基本一致的看法。不幸的是,在因果关系问题上,事实已经证明,人们看法出现分歧的时候非常之多。

(2)因果关系困扰人们的另一个原因——也是根本和直接的原因,是因为人们将其作为了认定侵权责任的必要条件。根据汉森伯格不确定性原理,观察本身改变了所研究的对象。如果人们不将因果关系作为侵权责任认定的必要条件,自无任何困扰可言。

二、克服因果关系困扰的思路

针对上面的两点,我们尝试着提出以下解决办法:

(1)因果关系是一个主观性非常强的问题。要解决它,思路就在于看能否将因果关系问题转变为相对客观的问题。

(2)因果关系之所以困扰人们,其根本和直接的原因在于,侵权法将因果关系作为了侵权责任不可或缺的必要条件。那么,是否可以不将因果关系作为侵权责任成立的必要条件呢?

综合起来,将因果关系的判断转化为过错的判断,可能是解决问题的一种思路。

三、因果关系向过失转化的理论基础

(一)侵权法的预防功能

传统的侵权法将侵权损害赔偿的功能主要定位于对具体案件中受害人的补偿。这就必然将思考的目光限于具体的案件中,这种前提必然的推论是:需要在具体加害人的行为与具体受害人的损失之间寻找一条桥梁,从而将具体的加害人与具体的受害人联系起来,也为损害从具体的受害人向具体的加害人移转寻找一种正当化的理由。因此,因果关系的运用既是必要的,也是非常重要的。

经济分析的思路改变了这种向后看的思维模式,在经济分析看来,事故的发生是一种成本,已经发生的损害只是一种过去的成本,这种成本是一种积淀的成本(sunk cost)。成本付出的目的在于有所收益,如果成本是既定的,收益越大,效率越高。成本是过去的,收益是将来的。因此,成本付出后,应着眼于将来的收益。

经济分析并不将收益限定在具体的个人收益上,经济分析所强调的是一种社会效益的最大化。因此,损害发生即成本付出后,需要强调的是社会收益的最大化。基于此,侵权损害赔偿的目光不应当仅仅放在对具体受害人的补偿上——当然并非说这点是不重要的。应当强调的是对将来可能损害的预防,即通过对具体案件中受害人的赔偿,其目的更主要在于产生一种价格,使得将来潜在的加害人知悉这种赔偿产生的价格。理性地使自己利益最大化的潜在加害人会在承担侵权损害赔偿责任与付出成本预防损害发生之间进行选择。这两种选择对潜在的加害人而言都需要付出成本,潜在的加害人在现有信息的情况下会选择对他而言成本最小的结果。因此,理性的使自己利益最大化的行为主体会根据法律和法院判决给定的价格调整自己的行为。

侵权损害赔偿的目的,就是要给未来的潜在加害人这样一种价格,让其自己作出选择。法律和法院判决应当引导理性的潜在加害人作出社会效率最大化的选择:使损害不发生,或者以适当的概率发生。因为损害一旦发生,总需要有人付出成本,而就社会整体而言,无论由当事人哪方付出成本,或者由保险公司付出成本,都是社会的成本。无论对当事人还是对社会,只要事故发生,成本就已经付出,社会为了处理这种成本,还需要继续付出成本。对于资源稀缺的社会而言,这种成本原本是可以投向其他更能产生效益的地方。所以,在侵权损害赔偿意义上的效率最大化,应当是避免损害的发生。① 因此,通过对侵权损害赔偿的判决,使潜在的加害人和潜在的受害人产生预防损害的激励从而避免损害的发生,这才是侵权法、侵权损害赔偿重要的目的和主要的功能之所在。侵权损害赔偿应当是向前看,而不应仅仅是向后看。

人们谈到火灾、台风、地震时总是要谈预防,担心损失发生后无法弥补,希望防患于未然,希望未雨绸缪;不战而屈人之兵也总被认为是上上策。侵权损害赔偿应当同样如此。

(二) 问题的相互性

科斯在《社会成本问题》一文中提出了问题存在相互性的观点,即对于一个事故的发生,双方都是结果的原因。经济分析认为,是稀缺性造成了权利的冲突。问题的相互性给我们这样的提示:如果我们用因果关系的术语来讨论问题,双方都造成了损害。既然如此,因果关系证明以后,在使责任配置具有正当性方面,仍需要更充分的理由。这种理由,在过错责任原则下就是过错。因此,在某些情况下,淡化因果关系,通过对过错的认定替代对因果关系的认定,有可能解决因果关系的困扰问题。

四、思维习惯——因果关系向过失转化与现行思维模式的关系

一种新的思维模式提出后,马上面临的问题就是如何处理这种模式与现有处理办法以及思维习惯的关系——申言之,需要进一步追问:将因果关系转化为

---

① 当然,这恐怕也是非常复杂的问题,因为要实现侵权损害赔偿的效率最大化,需要处理好预防成本与事故发生概率即可能性之间的关系。换言之,预防成本与事故发生概率之间是一种反函数关系,只有在预防成本与在该概率下所导致的事故的损失之和最小时,社会成本才最小。

过失,是具有普遍适用价值,还是仅仅在某些特例中具有意义?

对这一问题的表面回答首先应当回顾一下本节的讨论目的。本节意在克服因果关系的困扰,这就意味着只有出现因果关系的困扰时,才有解决困扰方法的需要。换言之,如果用因果关系的思维方式可以使面临的问题轻易得到解决,自然没有必要寻找一种新的方法。只有因果关系问题出现困扰,因此产生解决的需要时,人们才有动力去寻找解决的途径。一般来说,变化是需要成本的;只有收益大于成本的变化才是需要的。

对这一问题进行深入的思考,或许可能得出另外的解释。我们不妨从人们面对一个已经发生的侵权法问题时的思维习惯入手。在处理具体侵权损害案件时,一般的思维习惯首先是要考虑该案件的涉案当事人:谁是受害人?谁的行为造成了损害?在确定一个大概的范围之后,思维将向具体、深入的方向发展:损害是什么?谁的行为直接造成了损害?造成损害的原因甲、原因乙、原因丙分别是什么?等等。这个过程就是一种寻找因果关系的过程。在这一过程中,因果关系的范围逐渐由一般到具体,由模糊到清晰。不同的案件,思维过程相同,但思维的结果可能是不一样的。在某些案件中,可以找到非常清晰而具体的因果联系;而在另一些案件中,找到清晰而具体的因果关系非常困难,这时就产生了因果关系的困惑,也就出现了向过失转化的必要。下面通过一个案例对此加以说明。

甲为一满载乘客的中巴车的司机,乙为一装有汽油桶的卡车的司机,不知什么原因,乙没有将油桶装在卡车的拖车里面,而是将两个汽油桶挂在车的两边。两辆车迎面驶来,撞在一起。不幸的是,由于惯性的作用,两个汽油桶钻进了中巴车,引起了爆炸,造成了中巴车乘客的伤亡。问题是:谁应为本案中的损失承担责任?

要解决这一问题,首先需要知道涉案的当事人是谁。接下来的问题是:损失——中巴车本身以及乘客的伤亡——是怎么样造成的?造成损失的原因是什么?这里的"原因"可能至少包含两方面的含义:其一是事实原因,其二是具有法律意义的原因。事实原因是清楚的:两车的碰撞引起油桶钻进了中巴车。但是,事实原因对责任确定和承担的帮助比较间接。侵权法上因果关系之"因"并不是事实上的原因,而是指法律上的原因。因此,我们希望知道的是:谁的行为造成了损失的发生;换言之,是谁的行为导致了两车碰撞并且使油桶钻进了中巴车。这里其实又是两个问题:车为什么会撞在一起;以及,油桶为什么会在车相撞后钻进中巴车。在正常情况下,车是不应当撞在一起的;以及,在常见的情况下,车即使撞在一起也不会有油桶钻进中巴车。那么,甲和乙是否存在过失?

到此,我们发现:当对因果关系的思考在一再的追问下没有答案时,思维其实已经将我们引导到了过失方面。因此,面对因果关系向过失的转化在何时发生和适用的问题,可能的答案是:在现有思维模式引导下,当我们对因果关系百思不得其解时,思维会放弃对因果关系的思考,转而以过失来确定责任的归属。

可见,一方面,此处所谈到的因果关系向过失的转化问题在某种意义上可能只是揭示(或解释)了人们的思维习惯。另一方面,只有在对因果关系的判断出现困扰时,才出现因果关系向过失转化的需要。

五、分析模式的应用

(一)"DES"案件、幼童输血感染艾滋病案件及共同危险行为

1. "DES"案件

在辛德尔诉阿伯特实验室(Sindell v. Abborit Laboratories)一案[①]中,1941—1971年间,几家制药公司都在生产一种名为"DES"的药物。该药物用来给孕妇服用以预防胎儿流产。但是到了20世纪60年代后期,人们发现DES能在那些母亲服用过DES的妇女身上快速诱发子宫颈癌。1971年,美国主管当局下令阿伯特以及其他制造商停止销售这种药品。许多妇女以母亲曾服用过这种药物而受到了伤害为由对DES的制造商提出起诉。但是,由于从母亲服用该药到女儿发病之间时间太长,确定200余家生产厂家与具体受害人之间的因果联系几乎是不可能的。作为侵权责任构成要件的因果关系不能确定,原告怎么可能获得赔偿呢?

加州最高法院认为,原告是无辜的,而被告的行为存在过失,如果由于因果关系不能确定而不能给予原告赔偿,是极其不公平的。最后,法院根据被告在原告母亲服用DES期间所占的生产和销售的市场份额比例判决其承担相应的赔偿责任。

我国学者认为这种对因果关系的处理方式是一种因果关系推定。[②] 但是这种因果关系只在称谓上具有因果关系的意义,因此美国学者干脆将这种处理办法称为无因果关系的责任。[③]

可以看到,加州最高法院并没有解决或者试图解决本案中的因果关系问题。从传统思维角度来看,本案中的因果关系问题基本上是没有办法解决的。此种情况下,放弃因果关系,转而通过过失的思路,本案得到了解决。

2. 幼童输血感染艾滋病案件

上海市一个13岁的小男孩从2岁起患了血友病。从1987年开始小男孩一直使用上海血液中心、上海生物制品研究所、莱士血制品公司三家单位生产的血液产品。1998年9月23日,小男孩因为呼吸困难入院检查,发现感染了艾滋病。使得小男孩染上艾滋病的唯一途径是使用血液及血液制品。小男孩的父亲

---

① 26 Cal. 3d 588, 607 P. 2d 942 (1980).
② 参见王利明:《侵权行为法归责原则研究》,中国政法大学出版社1992年版,第82—83页。
③ 参见〔美〕罗伯特·考特、〔美〕托马斯·尤伦:《法和经济学》,张军等译,上海三联书店、上海人民出版社1994年版,第467—469页。

于是将三家血液制品单位告上了法庭。

本案的关键问题是:哪个公司的血液及血液制品让小男孩染上了艾滋病?

血液和血液制品污染可能发生在两个关键环节:血源污染和血检不过关。1999年10月25日,在上海市长宁区法院的法庭上,原被告双方的律师之间就小男孩是否用过国外制造的血液及血液制品发生了争执。被告的律师拿出了上海市第六医院的住院记录,上面写着"用过国外血制品"。开始坚决不承认曾用过国外血液制品的原告律师,此时又主张让被告举出国外血液制品的产地、类型生产日期等。双方围绕这一问题的争论一直从早上8点半持续到中午12点。①

问题是,即使如被告所主张,小男孩使用过国外血液制品,又怎么能够知道小男孩感染的艾滋病究竟是哪家厂商提供的血液及血液制品造成的呢?即使小男孩用过被告所指称的国外的血液及血液制品,就一定能够证明是国外的血液及血液制品造成了小男孩的感染、因此可以免除本案被告的责任吗?这个因果关系的链条如何连接,恐怕超出了当时条件所能够解决的范围。能否因为因果关系问题不能确定而不给小男孩赔偿呢?

本案中,可以将因果关系问题转化为过失问题,即看三家供血商是否尽到了适当的注意,是否采取了应当有的预防措施,是否付出了应有的成本,使社会成本实现了最小化。如果被告没有尽到应该有的注意,则应认定存在过失,因而应承担责任。据报道,上海生物制品研究所所长称,向较为贫困的贵州等地购买卖血者提供的廉价血浆在行业内已经不是什么秘密。报道称,卖血者的血与无偿献血人的血在相同条件下,危险性高5至10倍。② 谁能够知道,曾经有以及将会有多少个不幸的小男孩呢?你我中,谁是下一个?!社会因为某些人的疏于注意将承担多大的成本和痛苦?而这原本可以由被告以较小的成本加以预防的。这或许是将因果关系转化为过失理论更大的社会——而非操作——意义和价值所在。③

3. 共同危险行为

《侵权责任法》第10条规定:"二人以上实施危及他人人身、财产安全的行

---

① 参见《南方周末》1999年11月5日,第5版。

② 同上。

③ 一个可能的质疑是:小男孩为什么不去找其他厂商要求赔偿。换言之,既然不考虑因果关系,那是否意味着可以随便找一家厂商要求赔偿。可能的回答是:第一,此处讨论的因果关系是法律上的因果关系,而不是泛泛的因果关系。这就意味着用过失取代因果关系的思考,只是取代了法律上因果关系的思考。因此,这种思路不排除首先需要确定可能招致小男孩损失的厂商范围。第二,正文前面所强调的:只有在因果关系出现困惑时,才有用过失取代的必要。如果用因果关系能够解决问题,取代是没有意义的。这也说明,在本案中,能够用一般意义上的因果关系确定这三家厂商。只是在确定这三家厂商中的哪一方或者哪几方与小男孩的损害具有因果关系时,才出现了用过失取代的需要,通过过失取代因果关系的主张才具有意义。

为,其中一人或者数人的行为造成他人损害……不能确定具体侵权人的,行为人承担连带责任。"本条规定的是共同危险行为。共同危险行为的典型例子是:甲、乙分别向丙的方向开枪,丙中一弹死亡,但无法确定该子弹系由甲还是乙射出。此时,如果考察因果关系,将会导致丙无法获得任何一人的赔偿,此结果明显有悖法律公平。按照第10条的规定,此种情况下,法律放弃了因果关系的考察,改而考察过错。在过错责任下共同危险行为的前提是各个行为人都没有尽到适当的注意义务,存在着可归责的过错。否则,不应当构成共同危险行为。

《证据规则》第4条第1款第7项规定:"因共同危险行为致人损害的侵权诉讼,由实施危险行为的人就其行为与损害结果之间不存在因果关系承担举证责任。"共同危险行为因果关系证明一般很困难,采因果关系推定,实际上是将败诉的后果转由加害人承担。

(二) 火烧财物案与累积因果关系

1. 火烧财物案

被告的火车引起火苗,火势起来后与其他来源不明的火苗混合在一起,造成原告财物被烧毁。法院认为,被告的火车引燃的火苗与其他火苗结合,任何一项火苗均足以毁损原告的财物,只要被告的火车引燃的火苗对损害发生具有实质影响,则应当承担连带责任。[①]

2. 累积因果关系

《侵权责任法》第11条规定:"二人以上分别实施侵权行为造成同一损害,每个人的侵权行为都足以造成全部损害的,行为人承担连带责任。"本条规定的是累积因果关系。累积因果关系的例子是:二辆汽车同时经过原告的马匹,马匹受惊脱逃,而任何一辆汽车经过都足以引起原告马匹受惊。此时,究竟是哪辆汽车引发马匹受惊,无法考察。此种情况下,法律也会放弃因果关系的考察,改而考察过错。

(三) 杜某琼诉北京市液化石油气公司案及比较过错

1. 杜某琼诉北京市液化石油气公司案

2000年6月22日,杜某琼在北京市液化石油气公司下属双榆树煤气站购买了2米长的液化石油气橡塑软管一根,价值人民币8元。同年7月10日清晨,该煤气软管发生爆炸并引起火灾,将正在做饭的杜某琼烧伤。经鉴定,杜某琼属于七级伤残。法院查明,杜某琼购买的液化石油气橡塑软管系廊坊市通讯电缆厂按照1993年6月10日制定的企业标准生产。该企业标准之阻燃性要求为"软管在酒精灯上燃烧,移开火源后15S内火焰自行熄灭,不再燃烧"。这一

---

① 参见 Anderson v. Minneapolis, St. P. & S. S. M. Ry, 146 Minn. 430, 179 N. W. 45 (1920).转引自陈聪富:《因果关系与损害赔偿》,台湾元照出版公司2004年版,第75页。

标准低于中华人民共和国家用煤气软管化工行业标准之"将软管置于800℃火焰中5S撤离火焰,软管持续燃烧的时间,不得超过5S"的行业标准。廊坊市通讯电缆厂家用煤气软管耐压性企业标准为:"将试样在水压机或油压机0.4 mpa的压力下保持1 min,观察试样是否泄露或局部鼓泡,试样长度不少于600 mm。"该企业标准高于行业标准中"家用软管在0.2 mpa的压力下进行耐压性能试验时,保持1 min不应出现泄露或破裂现象"之行业标准。北京市液化石油气公司认为杜某琼家使用的液化石油气钢瓶及灶具上的液化石油气中压阀系工业产品,不能用于家用灶具。杜某琼予以否认,但未提供充分证据予以证实。经向国家燃气用具质量检验中心及北京市燃气用具质检站询问,家用灶具的灶前压力设计值为2.8 kpa,极限压力为3.3 kpa,输出压力为120—200 kpa的调压器不属于民用范围。因此,液化石油气中压阀不可与家用液化石油气橡塑软管配套使用。

一审北京市海淀区人民法院认为,北京市液化石油气公司作为燃气用具的专业销售单位,对所经营的产品质量是否符合国家强制标准负有注意义务。销售不符合国家强制性标准的产品存在过错,故应当根据其过错承担相应的赔偿责任。杜某琼所购买的煤气软管为民用产品,与该产品配套使用的系杜某琼自行购买的液化石油气中压阀,该中压阀的输出压力远高于普通家用燃气灶具的设计压力范围。因此,对事故的发生也存在过错,应负主要责任。

二审北京市第一中级人民法院认为,北京市液化石油气公司作为燃气用具专业销售单位,所经营的产品应符合国家强制性标准。因其销售不符合国家强制性标准的产品,对消费者因使用不合格产品所产生的人身财产损失,北京市液化石油气公司应根据其过错承担相应赔偿责任。杜某琼所使用的煤气中压阀系自行购买,杜某琼未提供该产品不是工业用中压阀的充分证明,经向有关部门咨询,工业用中压阀输出压力远高于家用燃气中压阀输出压力。故杜某琼对该事故的发生也应承担相应责任。[①]

在本案中,原、被告双方都对事故的发生存在过错。那么,哪方的过错是造成事故发生的过错呢?哪方的行为及过错与事故的发生具有因果关系?究竟是杜某琼自行购买的工业用中压阀导致了事故的发生,还是北京市液化石油气公司销售的不符合国家标准的软管造成了事故的发生?要将此点考察清楚很难。事实上,法院根本没有考虑因果关系的问题,在二级法院的判决书中,没有出现"因果关系"的字眼,法院根据双方的过错直接确定双方的责任。

由此,可以得出这样的结论:如果考虑因果关系的问题,"困惑"就会出现。

[①] 参见北京市海淀区人民法院(2000)海民初字第12492号民事判决书,北京市第一中级人民法院(2001)一中民终字第3284号民事判决书。

但是,一旦不将因果关系作为确定双方责任的要件,因果关系的"困惑"自然就会消失。

2. 比较过错

《侵权责任法》第 26 条规定:"被侵权人对损害的发生也有过错的,可以减轻侵权人的责任。"

该条是关于比较过错的规定。过错由行为体现。责任成立因果关系考察的是损害与行为之间的关联关系。双方对于损害的发生都有过错时,哪方的行为是损害的原因呢?很多场合法院往往会放弃因果关系的考察,改而考察过错。根据彼此过错的程度确定最终的损害分配方案。

第四节 因果关系的证明与推定

因果关系是侵权行为的一般构成要件。由于因果关系的复杂性,许多情况下,对因果关系的证明与认定就成为责任成立的关键。一般情况下,因果关系是否存在,由受害人承担证明责任。但是在有些情况下,法律也会要求由行为人来证明因果关系的不存在。如果不能证明,则推定因果关系的存在。

《水污染防治法》第 98 条规定:"因水污染引起的损害赔偿诉讼,由排污方就法律规定的免责事由及其行为与损害结果之间不存在因果关系承担举证责任。"

《证据规则》第 4 条第 1 款第 3 项规定:"因环境污染引起的损害赔偿诉讼,由加害人就法律规定的免责事由及其行为与损害结果之间不存在因果关系承担举证责任。"第 7 项规定:"因共同危险行为致人损害的侵权诉讼,由实施危险行为的人就其行为与损害结果之间不存在因果关系承担举证责任。"第 8 项规定:"因医疗行为引起的侵权诉讼,由医疗机构就医疗行为与损害结果之间不存在因果关系及不存在医疗过错承担举证责任。"

《证据规则》第 7 条规定:"在法律没有具体规定,依本规定及其他司法解释无法确定举证责任承担时,人民法院可以根据公平原则和诚实信用原则,综合当事人举证能力等因素确定举证责任的承担。"所有的举证责任分配都有最优先的考虑:更加有利于发现案件事实。因此,法律规定因果关系推定、即将因果关系证明责任倒置的场合,行为人比受害人更有条件、需要更低成本就可能证明因果关系。当然,证明责任倒置后,行为人也可能无法证明因果关系的不存在,此时,行为人就要承担不利后果。这也是法律政策的体现。

《审理食品药品纠纷案件的规定》第 5 条第 2 款规定:"消费者举证证明因食用食品或者使用药品受到损害,初步证明损害与食用食品或者使用药品存在因果关系,并请求食品、药品的生产者、销售者承担侵权责任的,人民法院应予支持,但食品、药品的生产者、销售者能证明损害不是因产品不符合质量标准造成的除外。"

  本条规定设置了灵活的因果关系证明责任的分配规则。首先由消费者承担因果关系的初步证明责任,同时食品、药品的生产者、销售者可以通过更有力的证据推翻因果关系的存在。如果食品、药品的生产者、销售者无法提供更有力的证据来推翻消费者提供的证明因果关系存在的证据,则应当认定因果关系存在。

课外研习及阅读

课外研习

查找北京市海淀区人民法院(2000)海民初字第12492号民事判决书与北京市第一中级人民法院(2001)一中民终字第3284号民事判决书,分析法院在处理侵权案件时对因果关系与过失之间关系的思考。

课外阅读

1. 王泽鉴:《侵权行为》,北京大学出版社2009年版,第四章第五节。
2. 陈聪富:《因果关系与损害赔偿》,台湾元照出版公司2004年版。
3. 王成:《侵权损害赔偿的经济分析》,中国人民大学出版社2002年版。
4. 〔美〕罗伯特·考特、〔美〕托马斯·尤伦:《法和经济学》,上海三联书店、张军等译,上海人民出版社1994年版。

第九章 损　　害

第一节　损害的概念和特征

一、损害的概念

损害,也称为损失,是指受害人财产或者人身所遭受的不利影响,包括财产损害、非财产损害,非财产损害又包括人身损害、精神损害。

对损害的解释可以有狭义和广义两种。所谓狭义的损害,是指损害赔偿所针对的损害,即需要通过损害赔偿方式补救的损害。所谓广义的损害,是指一切侵权责任方式所针对的受害人权利和利益的不圆满状态,既包括狭义的损害,也包括停止侵害所针对的正在进行中的侵害、消除危险所针对的危险、排除妨碍所针对的妨碍以及返还财产所针对的非法侵占,等等。

如果采广义的损害界定,则损害就是侵权行为的一般构成要件;如果采狭义的损害界定,损害就不是侵权行为的一般构成要件,即无须狭义的损害也可以构成侵权行为。

《人身损害赔偿解释》的起草人认为,"严重威胁他人人身、财产安全的"行为,就是受害人遭受的不利益,因此也是一种实在的损失。[①] 可见,《人身损害赔偿解释》采广义的损害界定。

《侵权责任法》也采广义的损害界定。[②]

二、损害的特征

侵权法主要保护既存利益(pre-existing interests),兼顾将来的利益(expectation interest)。因此,侵权法上的损害一般是对既存利益侵害的结果。只有在特定条件下,对将来利益的侵害才构成侵权法上的损害。一般说来,作为侵权行为构成要件的损害具备以下特征:

（一）损害是侵害合法民事权益的结果

《民法通则》第5条规定:"公民、法人的合法的民事权益受法律保护,任何组织和个人不得侵犯。"合法民事权益包括合法民事权利和利益。因合法民事权利

[①] 参见黄松有主编:《最高人民法院人身损害赔偿司法解释的理解与适用》,人民法院出版社2004年版,第243页。

[②] 参见王胜明主编:《中华人民共和国侵权责任法释义》,法律出版社2010年版,第43页。

和利益被侵害而遭受的不利益,才是可以获得法律救济的损害。这意味着,合法民事权利和利益的存在,是损害获得救济的前提。没有合法民事权利和利益作为前提的损害,不能获得侵权法的救济。

比如,男女青年以结婚为条件同居,后男青年提出分手,女青年请求"青春损失费"的赔偿。该损失赔偿请求一般不可获得法院的支持。

需要注意的是,某些损害涉及不同的权利。比如,加害行为造成他人死亡,此时,受害人的健康权和生命权同时遭到损害。这种情况下,一般只认为是生命权遭受损失,赔偿的也是生命权的损失,而不会同时还赔偿健康权的损失。这种情况可以被称为从重吸收,对生命权的赔偿吸收了对健康权的赔偿。

当然,如果加害行为造成他人受伤,过了一段时间,加害人又因此死亡的话,则应认定健康权和生命权都遭受了损害,应当同时赔偿健康权和生命权的损失。

(二) 损害具有可补救性

损害的可补救性包括两层含义:

第一层含义是,从量上来看,损害已产生,且已经达到一定的严重程度。只有在量上达到一定程度的损害才是在法律上应当补救的损害。现代社会人口越来越多,每个人的空间越来越小,社会压力越来越大。因此,每个人都必须学会承受和容忍,不能稍稍有所不适即请求赔偿。而动辄就给予赔偿的法律制度也一定不是人们所希望的良法。因此,损害必须在量上达到一定程度方可给予救济。

第二层含义是,损害的可补救性并不是说损害必须是能够计量的。就客观而言,能够计量的损害往往是少数的。但是,法律不能因为损害无法计量就不给予赔偿。损害因其形式不同,法律给予的救济手段也不同。除损害赔偿外,侵权法提供的救济手段尚有停止侵害、排除妨碍、消除危险、返还财产、恢复原状、消除影响、恢复名誉、赔礼道歉。单就损害赔偿而言,很多需要赔偿的损害,例如人身损害赔偿、精神损害赔偿均无法计量,但不能以此为由,拒绝给予赔偿。当然,如何给无法计量的损害以赔偿的救济,是侵权法面临的重大课题。

(三) 损害的确定性

损害的确定性是指:第一,损害是已经发生的事实;第二,损害是真实存在而非主观臆测的事实;第三,损害是对合法民事权利和利益的侵害,此种事实能够依据社会一般观念或者公平意识加以认可。

损害的确定性,与计算损害赔偿时能够确定具体数额是不同的两个问题。计算损害赔偿时能够确定具体数额,是指能够根据一定的标准和计算方法将损害较为精确地计算出来。

计算损害赔偿时能够确定的具体数额,往往是指对具有市场价格的物造成的损害。对于没有市场价格的物的损害,尽管损害具有确定性,但是,一般很难将损害较为精确地计算出来,或者,尽管能够根据一定标准计算出来,但是对于计算标准本身,也会发生很大争议。

比如,关于精神损害赔偿和死亡赔偿金的争论,表面上是关于赔偿的争论,实际上是人们对于精神损害和死亡赔偿金针对的损害产生了意见分歧。尽管法律对赔偿标准有明确或者大致明确的规定,但是因为对损害到底多大本身无法达成一致意见,所以,人们对损害的赔偿也还存在较大的争议。

侵权法主要保护既存利益,只有在特定情况下才对将来利益进行保护。这与将来利益损害的确定性不强有关。比如,纯经济利益的损失,主要是一种将来利益的损失,其确定性的特征就很不明显,故而,侵权法对其保护也就存在很多争议。保护纯经济利益损失是合同法的长项;或者说,对纯经济利益的规范,名义上是在侵权法的调整范围内,实际上是合同法的延伸。[1]

第二节 损害的分类和认定

一、损害的分类

根据不同标准,损害可以进行不同的分类。

(一) 狭义的损害和广义的损害

损害可以分为狭义的损害和广义的损害。如前所述,狭义的损害,是指侵权损害赔偿所针对的损害,即需要通过损害赔偿方式补救的损害。广义的损害,是指一切侵权责任方式所针对的受害人权利和利益的不圆满状态,既包括狭义的损害,也包括停止侵害所针对的正在进行中的侵害、消除危险所针对的危险、排除妨碍所针对的妨碍以及返还财产所针对的非法侵占,等等。

(二) 财产损害和非财产损害

1. 财产损害

财产损害是指因为侵害财产、人身权利或者利益而造成的经济上的损失。

(1) 财产损害根据侵权行为侵害的对象不同分为三类:

一是因侵害财产或者财产权益造成的财产损失;二是因侵害生命权、健康权等物质性人身权造成的财产损失;三是因侵害名誉权、肖像权、姓名权、名称权等精神性人身权益造成的财产损失。

(2) 财产损害可以分为直接损失、间接损失以及纯经济利益的损失。

---

[1] Simon Deakin, "Differences between Contractual and Tortious Liability: the Common Law", *Contractual and Tortious Liability Conference Materials*, pp. 27-28, September 29, 2017, Yantai China.

第一,直接损失。直接损失又称积极损失、实际损失,是指既得利益的丧失或者现有财产的减损,即本不该减少的减少了。

《民法通则》第 117 条第 1、2 款规定:"侵占国家的、集体的财产或者他人财产的,应当返还财产,不能返还财产的,应当折价赔偿。""损坏国家的、集体的财产或者他人财产的,应当恢复原状或者折价赔偿。"

《产品质量法》第 44 条第 2 款前段规定:"因产品存在缺陷造成受害人财产损失的,侵害人应当恢复原状或者折价赔偿。"

这里所规定的损失就是因侵害财产造成的直接损失。

《人身损害赔偿解释》第 17 条第 1 款规定:"受害人遭受人身损害,因就医治疗支出的各项费用以及因误工减少的收入,包括医疗费、误工费、护理费、交通费、住宿费、住院伙食补助费、必要的营养费,赔偿义务人应当予以赔偿。"

《侵权责任法》第 16 条前段规定:"侵害他人造成人身损害的,应当赔偿医疗费、护理费、交通费等为治疗和康复支出的合理费用,以及因误工减少的收入。"

医疗费、护理费、交通费、住宿费、住院伙食补助费以及必要的营养费等为治疗和康复支出的合理费用,就是因侵害人身权造成的直接损失。如果没有侵权行为,这些既得利益原本可以不减少。

第二,间接损失。间接损失又称消极损失,是指可得利益的损失,即未来财产的减少,该得到的没有得到;此种损失虽然不是现实利益的损失,但损失的利益是可以得到的,而非虚构的、臆想的;如果没有侵权行为的发生,正常情况下受害人可以得到该利益。

《民法通则》第 117 条第 3 款规定:"受害人因此遭受其他重大损失的,侵害人并应当赔偿损失。"

《产品质量法》第 44 条第 2 款后段规定:"受害人因此遭受其他重大损失的,侵害人应当赔偿损失。"

上述规定中受害人因财产损失而导致的其他重大损失,就是间接损失。

《人身损害赔偿解释》第 17 条第 1 款和《侵权责任法》第 16 条所规定的因误工减少的收入即误工费,就是因侵害人身权造成的间接损失。如果没有侵权行为,正常情况下受害人原本可以得到该利益。

第三,纯经济利益的损失。纯经济利益的损失是指侵害他人利益造成的金钱损失,而不是侵害人身或者财产权利造成的损失。关于纯经济利益损失,最常见的例子是:施工挖断电力公司的电缆,造成使用电力公司电缆的第三人的经济损失。[①] 在繁忙的道路上发生交通事故,被撞车辆被侵犯的是财产权,如果车上人员受伤,则他们被侵犯的是人身权。因事故导致道路堵塞,致他人不能按时上

---

① 参见重庆市第四中级人民法院(2006)渝四中法民一终字第 9 号民事判决书。

班,无法及时搭乘班机等导致的损失,则可能构成纯经济利益的损失。一个歌星因为车祸无法按计划到剧场演出,剧场附近商店、饭店的损失,小商贩的损失,停车场的损失等,都可能构成纯经济利益的损失。

《产品质量法》第40条第1款规定:"售出的产品有下列情形之一的,销售者应当负责修理、更换、退货;给购买产品的消费者造成损失的,销售者应当赔偿损失:(一)不具备产品应当具备的使用性能而事先未作说明的;(二)不符合在产品或者其包装上注明采用的产品标准的;(三)不符合以产品说明、实物样品等方式表明的质量状况的。"购买的产品有缺陷,导致购买者经济利益的减损,即属于纯经济利益的损失。

《侵权责任法》第41条规定:"因产品存在缺陷造成他人损害的,生产者应当承担侵权责任。"此处的损失,应当包括纯经济利益的损失。

《反不正当竞争法》第17条第3款规定:"因不正当竞争行为受到损害的经营者的赔偿数额,按照其因被侵权所受到的实际损失确定;实际损失难以计算的,按照侵权人因侵权所获得的利益确定。赔偿数额还应当包括经营者为制止侵权行为所支付的合理开支。"此处规定的损失,属于纯经济利益的损失。①

根据最高人民法院《关于审理证券市场因虚假陈述引发的民事赔偿案件的若干规定》第29条、第30条的规定,虚假陈述行为人在证券发行市场虚假陈述,导致投资人损失的,投资人有权要求虚假陈述行为人赔偿投资差额损失、投资差额损失部分的佣金和印花税以及利息。此处规定的损失也属于纯经济利益的损失。

纯经济利益损失的受害人可以不是侵权行为的直接受害人。《民法通则》第119条规定:"侵害公民身体造成伤害的,应当赔偿医疗费、因误工减少的收入、残废者生活补助费等费用;造成死亡的,并应当支付丧葬费、死者生前扶养的人必要的生活费等费用。"死者生前扶养的人并非侵权行为的直接受害人,此处死者生前扶养的人的必要的生活费损失,属于纯经济利益的损失。《侵权责任法》第18条第2款规定:"被侵权人死亡的,支付被侵权人医疗费、丧葬费等合理费用的人有权请求侵权人赔偿费用……"第三人支付的医疗费、丧葬费由侵权人的侵权行为所引起,但并非直接对第三人的人身或者财产权利的侵害,因此也属于纯经济利益的损失。

纯经济利益的损失因为是侵犯利益、而并非直接侵害财产权利或者人身权利所致,法律在利益衡量上存在差异。纯经济利益损失的最大特点是不确定性,

---

① 参见北京百度网讯科技有限公司诉青岛奥商网络技术有限公司、中国联合网络通信有限公司青岛市分公司、中国联合网络通信有限公司山东省分公司、青岛鹏飞国际航空旅游服务有限公司不正当竞争纠纷案。http://vip.chinalawinfo.com/newlaw2002/slc/SLC.asp?gid=33844999&tiao=20&km=cas&subkm=0&db=cas,最后访问日期:2011年1月11日。

涉及者不仅人数众多,往往数量也非常巨大。如果一概承认纯经济利益的损失,很可能会引起逆向选择和道德风险问题。救济的闸门(floodgates)何时开启需要认真考量。① 当事人之间如果存在合同关系,其不确定性可以因合同当事人之间的约定而受到控制,受害人数量和损失程度都可以通过约定而加以确定。因此,合同法就成为保护纯经济利益损失的重要机制。② 对纯经济利益损失的规范,名义上是在侵权法的调整范围内,实际上是合同法的延伸。③

在当事人没有约定的情况下,究竟侵犯哪些利益造成的损失可以算作纯经济利益的损失,如何构成以及是否给予赔偿,都是侵权法面临的难题。

2. 非财产损害

非财产损害是指因侵害权利人的人身权益而造成受害人无法用金钱计量的损害。非财产损害包括自然人的死亡或者伤残,对其他人身权如名誉权、隐私权的损害,以及精神损害。非财产损害虽然无法用金钱计量,但是金钱赔偿却是救济非财产损害的重要途径。

需要注意的是,侵权行为造成的一个损害中可能包括多种损害,比如,侵害他人健康权的,误工损失、医疗费、护理费、交通费等都是因健康权受损导致的财产损害,但是这些财产损害并不能等同于侵害健康权造成的全部损害。受害人还可能遭受肉体和精神痛苦、生活不便、生活质量降低等损害。这些损害,一般都是归入精神损害。救济精神损害,可以采用金钱赔偿的方式,有时候还需要采取赔礼道歉等非财产的方式。

二、损害的结构与损害的认定

损害的结构即构成一个损害需要具备的条件。构成侵权法上的损害事实,需要权利或者合法利益受侵害,同时遭受了法律认可的不利影响。

损害是侵害合法权利及利益使受害人遭受的不利影响,因此,对损害的认定需要以对合法权利和利益的认定作为前提。受害人主张自己遭受了损害,必须有某种合法权利或者利益作为基础。比如,甲的财产被乙损坏,是其对该财产的所有权受到侵害,因而遭受损害。甲的身体被乙打伤,则是其健康权受到侵害,因而遭受损害。乙在网络散布关于甲两性关系的不实言论,甲因此被同事议论纷纷,其家庭关系也受到影响,则是甲的名誉权受到侵害,因而遭受损害。可见,受害人遭受损害,一定是其合法权利或者利益受到了侵害。

---

① Simon Deakin, "Differences between Contractual and Tortious Liability: the Common Law", *Contractual and Tortious Liability Conference Materials*, pp. 32—38, 29 September 2017, Yantai China.
② 参见王泽鉴:《侵权行为》,北京大学出版社 2009 年版,第 297 页。
③ Simon Deakin, "Differences between Contractual and Tortious Liability: the Common Law", *Contractual and Tortious Liability Conference Materials*, pp. 27—28, 29 September 2017, Yantai China.

《侵权责任法》第 2 条规定:"侵害民事权益,应当依照本法承担侵权责任。""本法所称民事权益,包括生命权、健康权、姓名权、名誉权、荣誉权、肖像权、隐私权、婚姻自主权、监护权、所有权、用益物权、担保物权、著作权、专利权、商标专用权、发现权、股权、继承权等人身、财产权益。"《民法总则》第五章规定了各种民事权益。法律规定的人身、财产权益,皆可以作为受害人据以提出主张的基础。

除民事权益遭受侵害外,受害人还必须因此承受了某种法律认可的不利影响,损害才可能构成。

所谓法律认可的不利影响,一般是指不利影响达到了一定的严重程度,法律认为有给予救济的需要。这意味着,对于轻微的不利影响,当事人需要自己来承受,法律不给予救济。

近年来,司法实务中出现了一些案件,当事人的损害如何认定,值得讨论。

比如,甲与乙是夫妻,乙怀孕后一直在某医院进行例行检查。在乙怀孕 37+3 周到医院检查时,B 超显示胎动、胎心率和脐动脉血流正常,但 B 超提示羊水过多。医院未让其留院观察,而是让其回家,次日再来复诊。第二天再次检查,诊断为妊娠期糖耐量异常。行催产素点滴引产术,自娩一死女婴,死胎尸检结果:宫内窒息,肺羊水吸入。[①]

本案中,乙在将要临产前遭遇变故,甲乙自然是遭受了社会一般观念认可的不利影响。但乙的什么权益受到侵害、损害是什么?丈夫甲的什么权益受到侵害、损害是什么?甲和乙的损害是否是同样的损害?

在另一个案件中,甲与乙是夫妻。乙与其上司丙有染,二人生育一子丁。甲一开始并不知道此事,对丁疼爱有加。后来甲发现此事,要求丙支付丁的抚养费。除此之外,甲还提出,由于计划生育政策要求一夫一妻只能生育一个孩子,乙已与丙生育了丁,甲与乙无法再生育自己的孩子,故起诉了丙。

本案中,甲由于乙与丙在婚外生育了丁,因为当时的政策所限无法再生育自己的孩子。甲遭受了社会一般观念认可的不利影响,但甲的什么权益遭受侵害、损害是什么?

这些问题,需要学说的不断发展,以满足司法的需求。

三、损害的计算

一般侵权案件的裁判中,损害的计算都必不可少。损害的计算关系原被告双方切身利益,需要裁判者认真对待。

不同案件中损害计算的复杂程度不同。对于常规案件,法院多已存在成熟的计算标准。对于复杂案件,则需要综合各种因素酌情判断。

---

① 参见北京市海淀区人民法院(2003)海民初字第 6622 号民事判决书。

在重庆市南岸区朝旭养殖有限公司与蒋某强环境污染侵权纠纷上诉案中，被告朝旭公司经营的养鸡场超标排出的污水进入原告蒋某强的鱼塘。从2009年5月起，原告蒋某强鱼塘的鲫鱼和青鱼陆续死亡，由于废水不断排入，蒋某强鱼塘所养鱼的死亡数量不断加大（截止到2009年9月）。

关于赔偿数额的问题，重庆市南岸区人民法院认为，虽然原告蒋某强提交的死鱼清单有瑕疵，但考虑到被告朝旭公司排污必定是事实，且该行为一直在延续，同时原告鱼塘的鱼死亡也是事实，如果仅仅因为原告蒋某强不能提交其鱼塘的鱼死亡的确切数据而判决其败诉，有显失公平之嫌。对于本案，在已经能认定损害确实存在，只是具体数据尚难以确认或者无法确认的情况下，本院将结合有关间接证据和案件其他事实，遵循法官职业道德，运用逻辑推理和日常生活经验，适当确定侵权人应当承担的赔偿数额。本案中，本院从以下几个方面进行裁量：原告蒋某强承包的鱼塘面积为6.3亩，南岸区渔业生产的平均亩产是1000公斤，故推定原告蒋某强鱼塘总产量为6300公斤。从被告朝旭公司排水渠进入另一原告蒋某菊鱼塘入水口处所取水样鉴定，多项指标均超过正常值许多倍，在这种恶劣的条件下，是无法从事渔业生产的。综合本案的实际情况，考虑到朝旭公司排放的污水已经在蒋某菊的鱼塘经过稀释后再排入蒋某强鱼塘，其污染程度轻于蒋某菊鱼塘，本院裁量原告蒋某强鱼塘因污染死亡的鱼按35％死亡率计算，即2205公斤。由于蒋某强死亡的鱼中既有鲫鱼，也有青鱼，但没有青鱼当时的市场价格，本院酌情全部死鱼按照鲫鱼当时的市场价每公斤16元的标准进行计算，原告蒋某强的损失为35280元，对原告治理鱼塘污染花费的药费4750元亦根据实际情况酌情主张2000元，两项合计37280元。①

---

① 参见重庆市第五中级人民法院(2010)渝五中法民终字第2755号民事判决书。

课外研习及阅读

课外研习

1. 查找北京百度网讯科技有限公司诉青岛奥商网络技术有限公司、中国联合网络通信有限公司青岛市分公司、中国联合网络通信有限公司山东省分公司、青岛鹏飞国际航空旅游服务有限公司不正当竞争纠纷案,分析法院对因不正当竞争引发的纯经济利益损失的认定和计算。

2. 查找北京市海淀区人民法院(2003)海民初字第6622号民事判决书,重庆市第五中级人民法院(2010)渝五中法民终字第2755号民事判决书,分析法院对原告损害的认定和计算。

课外阅读

1. 魏振瀛主编:《民法》(第7版),北京大学出版社、高等教育出版社2017年版,第39章。

2. 王利明:《侵权责任法研究》(上卷),中国人民大学出版社2010年版,第五章第二节。

3. 王泽鉴:《侵权行为》,北京大学出版社2009年版,第一编第七章。

4. 张新宝:《侵权责任法立法研究》,中国人民大学出版社2009年版,第十七编。

5. 王胜明主编:《中华人民共和国侵权责任法释义》,法律出版社2010年版,第二章。

第十章 数人侵权行为与责任

第一节 数人侵权行为概述

一、数人侵权行为的概念

数人侵权行为,是指二人以上实施的侵权行为。

数人侵权行为与单独侵权行为对应。根据承担责任的方式,数人侵权行为可以分为承担连带责任的数人侵权行为和承担按份责任的数人侵权行为。《民法通则》第 130 条规定:"二人以上共同侵权造成他人损害的,应当承担连带责任。"《侵权责任法》第 8 条规定:"二人以上共同实施侵权行为,造成他人损害的,应当承担连带责任。"这两条规定的都是承担连带责任的数人侵权行为。

《侵权责任法》第 12 条规定:"二人以上分别实施侵权行为造成同一损害,能够确定责任大小的,各自承担相应的责任;难以确定责任大小的,平均承担赔偿责任。"此条规定的是承担按份责任的数人侵权行为。

二、数人侵权行为的类型体系

《人身损害赔偿解释》第一次构建了我国的数人侵权行为类型体系。

《人身损害赔偿解释》第 3 条规定:"二人以上共同故意或者共同过失致人损害,或者虽无共同故意、共同过失,但其侵害行为直接结合发生同一损害后果的,构成共同侵权,应当依照民法通则第一百三十条规定承担连带责任。""二人以上没有共同故意或者共同过失,但其分别实施的数个行为间接结合发生同一损害后果的,应当根据过失大小或者原因力比例各自承担相应的赔偿责任。"

《人身损害赔偿解释》第 4 条规定:"二人以上共同实施危及他人人身安全的行为并造成损害后果,不能确定实际侵害行为人的,应当依照民法通则第一百三十条规定承担连带责任。共同危险行为人能够证明损害后果不是由其行为造成,不承担赔偿责任。"

此外,《民通意见》第 148 条规定:"教唆、帮助他人实施侵权行为的人,为共同侵权人,应当承担连带民事责任。""教唆、帮助无民事行为能力人实施侵权行为的人,为侵权人,应当承担民事责任。""教唆、帮助限制民事行为能力人实施侵权行为的人,为共同侵权人,应当承担主要民事责任。"

根据上述规定,数人侵权行为包括共同故意或者共同过失的共同侵权行为、共同危险行为、无意思联络的数人侵权行为以及教唆、帮助行为。其中,无意思联络的数人侵权行为又可以分为行为直接结合和行为间接结合的数人侵权行为两种,前者纳入共同侵权行为承担连带责任,后者承担按份责任。教唆、帮助完全民事行为能力人、限制民事行为能力人,构成共同侵权行为;教唆、帮助无民事行为能力人,为单独侵权。

《侵权责任法》对该体系进行了修正。根据《侵权责任法》的规定,数人侵权行为包括共同侵权行为、教唆帮助行为、共同危险行为、无意思联络的数人侵权行为。其中,无意思联络的数人侵权行为包括累积因果关系的侵权行为,不再细分为行为直接结合和行为间接结合的数人侵权行为。

第二节 共同侵权行为与责任

一、共同侵权行为的概念

共同侵权行为是指二人以上共同故意或者共同过失侵害他人,依法承担连带责任的行为。共同故意或者共同过失,是共同侵权行为人承担连带责任的正当性所在。

二、共同侵权行为的构成要件

共同侵权行为需要以下构成要件:

(一)行为人为二人以上

共同侵权行为主体应当多于一人,由此产生数个行为人作为一方对受害人的责任承担以及彼此之间的责任认定和分担问题。这里的主体,可以是自然人,也可以是法人或者其他组织。在行为人为自然人的场合,作为共同侵权行为的主体,需要具备民事责任能力。我国民法没有关于民事责任能力的规定,可以以民事行为能力代之。这一结论可以从《民通意见》第148条得出。

(二)行为的关联性

共同侵权行为的数个行为人,每个人都实施了加害行为。这些行为结合在一起,形成一个有机整体,共同造成了损害后果,各行为彼此之间具有密切的关联性。

(三)共同的过错

传统民法学说认为,共同侵权行为以共同的过错为必要,这种共同过错可以是共同的故意,也可以是共同的过失,还可以是故意和过失的混合。① 传统民法学说将共同的意思作为若干行为人承担连带责任的基础,此即所谓意思共同说。

根据《人身损害赔偿解释》第 3 条第 1 款的规定,在没有共同的故意或者共同的过失的情况下,数人侵害行为的直接结合也可以构成共同侵权行为。此条规定将无意思联络数人侵权中行为直接结合的部分纳入共同侵权行为,此即所谓行为共同说。

《侵权责任法》第 12 条规定:"二人以上分别实施侵权行为造成同一损害,能够确定责任大小的,各自承担相应的责任;难以确定责任大小的,平均承担赔偿责任。"由此可见,《侵权责任法》重新回到了传统民法意思共同说的立场。

(四) 结果的同一性

数个侵权人虽然实施了多个侵权行为,但数个行为造成了同一的损害结果,该损害结果不可分割。

三、共同侵权责任

共同侵权行为较之单独侵权行为,人数多,加害人主观恶性往往更大,由于共同的故意或者过失作用于同一后果,所造成的损害程度一般也更为严重,因此,共同侵权人对受害人承担连带责任。

《侵权责任法》第 13 条规定:"法律规定承担连带责任的,被侵权人有权请求部分或者全部连带责任人承担责任。"《民法总则》第 178 条第 1 款规定:"二人以上依法承担连带责任的,权利人有权请求部分或者全部连带责任人承担责任。"

共同侵权行为的每个行为人都要对受害人所遭受的侵害承担全部责任。受害人有权请求全部行为人或者其中部分行为人承担全部的侵权责任。部分行为人向受害人承担全部责任后,即解除了全部行为人的责任;受害人的请求权全部实现后,就不得再次提出请求。共同侵权人的连带责任是一种法定责任,不因加害人内部的约定而有所改变。

共同侵权人向受害人承担责任后,其内部责任如何分配,有两种不同主张。一种主张认为,各加害人之间应当平均分担,不需要考虑相关的过错程度及原因力等因素。另一种主张认为,应当根据各加害人的过错程度以及其行为与损害结果之间原因力的比例来分担责任。只有在彼此的过错程度及原因力的大小无法区分时,才可以平均分担。《侵权责任法》第 14 条第 1 款规定:"连带责任人根据各自责任大小确定相应的赔偿数额;难以确定责任大小的,平均承担赔偿责任。"《民法总则》第 178 条第 2 款前段规定:"连带责任人的责任份额根据各自责

---

① 在一方是故意、一方是过失的情况下,是否还可谓"共同",值得讨论。当然,这首先取决于规范目的,其次才取决于由此导致的对"共同"一词的理解。

任大小确定；难以确定责任大小的，平均承担责任。"可见，《侵权责任法》和《民法总则》都采后一主张。

《侵权责任法》第14条第2款和《民法总则》第178条第2款后段还规定，实际承担责任超过自己责任份额的连带责任人，有权向其他连带责任人追偿。

此外，需要考虑的一个问题是，受害人是否可以免除部分加害人的侵权责任。这一问题应当从实体和程序两个角度加以分析。从实体角度来看，受害人无权仅免除部分加害人的责任，而只让其他加害人承担侵权责任。因为共同侵权责任是法定连带责任，每个侵权人都应当承担全部责任，同时其内部还有责任的分担，因此，受害人无权免除部分加害人的责任；或者说，受害人无法仅仅免除部分加害人的责任。受害人选择部分侵权人承担全部责任后，承担责任的侵权人有权向未承担责任的其他加害人进行追偿。也就是说，向未承担责任的侵权人进行追偿是已经承担责任的侵权人的权利，受害人无权剥夺他人的权利。如果受害人免除部分侵权人的责任，该部分侵权人所承担的相应责任部分也不应当由其他责任人承担。从程序的角度看，根据连带责任制度，受害人可以选择共同侵权人中的一个或者几个，也可以选择全部侵权人来承担责任。在诉讼中，受害人可以起诉全部侵权人，也可以只起诉部分侵权人。这样才可以更好地保护受害人的利益。

第三节 教唆行为、帮助行为及其责任

一、教唆行为

(一) 教唆行为的概念与特征

教唆行为是指利用一定方式对他人进行开导、说服，或者通过怂恿、刺激、利诱等办法使被教唆者接受教唆意图、并实施侵权行为的行为。根据《侵权责任法》第9条第1款的规定，教唆他人实施侵权行为的，应当与行为人承担连带责任。

教唆行为具有以下特征：

(1) 教唆行为采取的是积极的作为形式，可以通过开导、说服、怂恿、刺激、利诱、收买、授意等方法进行。它既可以用口头方式、书面方式或者其他通讯方式进行，也可以采用打手势、使眼神等方式进行；既可以是公开的，也可以是秘密的。

(2) 教唆者主观上大多是故意的，他不仅认识到自己的教唆行为会使被教唆者产生侵权的意图并可能实施侵权行为，而且认识到被教唆者行为导致的后果，并希望或者放任这种结果的发生。在某些情况下，因疏忽而向他人做出不正

当的指示,致使他人加害于第三人的,亦构成过失的教唆。

(3) 教唆的内容是教唆他人接受教唆意图,并实施特定的侵权行为。

(二) 教唆行为与被教唆者的加害行为构成共同侵权的要件

教唆行为与被教唆者的加害行为构成共同侵权的要件如下:

(1) 教唆者实施了教唆行为,被教唆者按教唆内容实施了加害行为,二者之间具有因果关系。如果仅仅有教唆行为,但被教唆者未按教唆内容实施加害行为,则不构成共同侵权。

(2) 教唆者与被教唆者主观上要有共同过错。如教唆者和被教唆者主观上都是故意,其共同行为构成损害结果发生的原因,当然构成共同侵权。如教唆者主观上是故意,而被教唆者主观上是过失,仍可构成共同侵权。即使教唆者与被教唆者主观上都是过失,亦可以构成共同侵权。

(3) 教唆者和被教唆者都是完全民事行为能力人。

教唆者和被教唆者都是完全民事行为能力人时,构成共同侵权行为,承担连带责任。

在被教唆者是无民事行为能力人、限制民事行为能力人时,根据《侵权责任法》第9条第2款的规定,教唆无民事行为能力人、限制民事行为能力人实施侵权行为的,应当承担侵权责任;该无民事行为能力人、限制民事行为能力人的监护人未尽到监护责任的,应当承担相应的责任。据此,如果被教唆者是无民事行为能力人或者限制民事行为能力人,由教唆者单独承担责任。其原因在于,由于无民事行为能力人、限制民事行为能力人的判断能力有限,教唆这些人实施侵权行为,完全是利用他们判断能力不足的特点,将其作为实施侵权行为的工具,教唆者主观恶意更大。

另外,该无民事行为能力人、限制民事行为能力人的监护人未尽到监护责任的,应当承担相应的责任。此处有两个问题需要讨论:一个是"相应"监护责任的范围如何确定,另一个是"相应"监护责任的性质。

对于"相应"监护责任范围的确定,主要应当根据监护人的过错程度来判断。监护人有多少过错,就应在其过错范围内承担多大的责任。过错的范围要结合监护人未尽到监护责任的程度、加害人的行为能力、教唆人在加害行为中起的作用等综合认定。[①]

至于此种"相应"监护责任的性质如何,即其与教唆人责任是什么关系。有观点认为,首先,"相应"的责任不是监护人与教唆人之间的连带责任。连带责任应建立在共同过错的基础上,而监护人承担责任的原因是未尽到监护责任,是消

[①] 参见奚晓明主编,最高人民法院侵权责任法研究小组编著:《〈中华人民共和国侵权责任法〉条文理解与适用》,人民法院出版社2010年版,第80页。

极的不作为,而非积极的作为,其对加害行为的发生往往并不知情,和教唆人之间在主观上不成立共同过错。再者,连带责任的认定需要有法律的明确规定或当事人的特别约定,第9条第1款明文规定了"连带",但第2款没有规定"连带",故从立法本意出发,不应理解为连带责任。其次,"相应"的责任也不是补充责任。补充责任指先由教唆人赔偿,教唆人赔不了或者只赔了一部分的,剩下的所有都由监护人来赔偿。补充责任对受害人比较有利,但对监护人来说可能责任是非常重的。补充责任若适用,往往法律也会作特别规定,故结合上下文的规定理解,本条"相应"的责任不是补充责任。"相应"的责任应为一种按份责任,按份责任的认定标准为监护人的过错,认定监护人的过错时可采纳比较过错原则、比较原因力原则和衡平考量原则。法院在认定时,可先认定教唆人承担全部责任,在有证据证明监护人"未尽到监护责任"时,再认定监护人承担一定的责任。①

本书认为,此处"相应"监护责任应当认定为补充责任。补充责任意味着全部责任都应当首先由教唆人单独承担。在教唆人无力承担时,再由监护人在其过错范围承担一部分补充责任。监护人承担补充责任后,应当还可以向教唆人追偿。这种责任安排,符合教唆人独立承担全部责任的立法目的,可以惩罚教唆人教唆无民事行为能力人、限制民事行为能力人的恶意行为,也能兼顾受害人保护。将补充责任限定在监护人过错范围之内,监护人只承担与其过错相适应的责任,也不至于过分增加监护人的负担。

二、帮助行为

(一) 帮助行为的概念与特征

帮助行为,是指通过提供工具、指示目标或者以语言激励等方式在物质上或者精神上帮助他人实施侵权行为的行为。

帮助行为具有以下特征:

(1) 帮助的形式一般应是积极的作为,只有在行为人具有作为义务并与实施加害行为人间具有共同故意的情况下,不作为的方式才可能构成帮助。帮助行为的方式很多,包括提供工具、指示目标、言语激励等,它可以是物质上的,也可以是精神上的。

(2) 帮助行为的内容主要是从物质或者精神上帮助他人实施侵权行为,在行为的实施过程中只起辅助作用,这是它与教唆行为的主要区别。

(3) 帮助者主观上一般出于故意,与被帮助者具有共同致人损害的意思联

---

① 参见奚晓明主编,最高人民法院侵权责任法研究小组编著:《〈中华人民共和国侵权责任法〉条文理解与适用》,人民法院出版社2010年版,第80页。

络，但在特殊情况下，应当知道因疏忽而不知他人的行为为侵权行为而提供帮助，对加害行为起到了辅助作用的，亦构成共同侵权。帮助人出于故意对加害人提供帮助，而加害人不知帮助人提供的帮助的，也应当构成共同侵权。

（二）帮助行为与被帮助行为构成共同侵权的要件

帮助行为与被帮助行为构成共同侵权的要件如下：

（1）帮助者与被帮助者分别实施了帮助行为和加害行为。

（2）帮助者和被帮助者都是完全民事行为能力人。如果被帮助者是无民事行为能力人或者限制民事行为能力人，则由帮助者单独承担责任。

三、教唆行为、帮助行为的责任

《侵权责任法》第9条规定："教唆、帮助他人实施侵权行为的，应当与行为人承担连带责任。""教唆、帮助无民事行为能力人、限制民事行为能力人实施侵权行为的，应当承担侵权责任；该无民事行为能力人、限制民事行为能力人的监护人未尽到监护责任的，应当承担相应的责任。"

据此，教唆、帮助完全民事行为能力人实施侵权行为的，教唆行为、帮助行为与被教唆者、被帮助者的行为构成共同侵权行为，承担连带责任。

教唆、帮助无民事行为能力人、限制民事行为能力人实施侵权行为的，由教唆者、帮助者承担侵权责任。被教唆、被帮助的无民事行为能力人、限制民事行为能力人的监护人，根据监护情况承担相应的监护责任。具体情况可以参见"教唆"部分的讨论。

可见，《侵权责任法》没有区分教唆和帮助的法律效果，也没有区分限制民事行为能力人和无民事行为能力人。

当教唆者、帮助者与被教唆者、被帮助者都是限制民事行为能力人或者无民事行为能力人时，责任应当如何构成？《侵权责任法》对此没有规定。本书认为，此时，教唆者、帮助者与被教唆者、被帮助者在意思能力方面没有区别，因此没有特别保护的必要。在责任构成上，应当成立连带责任，由监护人承担责任。

第四节　共同危险行为与责任

一、共同危险行为的概念

共同危险行为，又称准共同侵权行为，指二人以上实施危及他人人身或者财产安全的行为并造成损害后果，不能确定实际侵害行为人的情况。

二、共同危险行为的构成要件

共同危险行为需要以下构成要件：

(1) 主体必须是二人以上。

(2) 每个人都单独实施了危险行为。所谓危险行为,是指可能引发损害后果的行为。二个以上的主体都单独实施了可能引发损害后果的行为,彼此行为之间无关联或者结合关系。

(3) 每个人的行为都构成侵权行为。如果某个人的行为不构成侵权行为,则根本无须承担侵权责任。行为是否构成侵权行为,依侵权行为构成要件加以判断。

(4) 不能确定是哪个人的行为造成了损害后果。在因果关系方面,也许只有一个人的行为造成了损害后果,也许是多人的行为都与损害后果有因果关系,究竟如何,无法确定。如果能够确定具体侵权人的,则属于一般侵权行为,由侵权人承担责任。

三、共同危险责任

《侵权责任法》第 10 条规定:"二人以上实施危及他人人身、财产安全的行为……不能确定具体侵权人的,行为人承担连带责任。"据此,共同危险行为人要对受害人承担连带责任。承担责任的共同危险人内部可以进行追偿。

四、共同危险责任的免责事由

关于共同危险行为的免责事由,学说一直存在争论。一种观点认为,行为人必须证明谁是实际侵权人,才可以免除自己的责任。另一种观点认为,行为人只要证明自己的行为与损害后果之间没有因果关系即可免责。两种学说之间的区别在于利益衡量的不同。前者更注重保护受害人,认为后一学说可能导致所有行为人都证明因果关系不存在而全部免责,使得受害人无法获得赔偿的结果。从《侵权责任法》第 10 条的文义来看,不能确定具体加害人的,由行为人承担连带责任;从反面解释,只有在确定具体加害人的情形下,其他行为人才可以免除责任。[①] 可见,《侵权责任法》采纳了前一种观点。《人身损害赔偿解释》第 4 条后段规定:"共同危险行为人能够证明损害后果不是由其行为造成的,不承担赔偿责任。"可见《人身损害赔偿解释》采纳了后一种观点。其理由在于行为人全部免责的情况甚为罕见,因此不能将法律规则建立在偶然情况上。作为弥补,人民法院在认定行为人主张自己行为与损害无因果关系的证明时,应当严格审查。[②] 同时,如果行为人能够证明损害确由某人所致,当然可以免除行为人的责任。

[①] 参见王胜明主编:《中华人民共和国侵权责任法释义》,法律出版社 2010 年版,第 67 页。
[②] 参见黄松有主编:《最高人民法院人身损害赔偿司法解释的理解与适用》,人民法院出版社 2004 年版,第 76 页。

值得讨论的是,在共同危险行为中,行为人是否可以通过证明自己不存在过错而免责? 在采过错归责的共同危险行为的情况下,过错是责任的前提,因此,既然因果关系不存在可以免责,过错不存在当然也可以免责。因为过错不存在,说明某一行为人的行为不构成侵权行为,与因果关系的逻辑相同。

第五节 无意思联络的数人侵权行为与责任

一、无意思联络的数人侵权行为的概念

无意思联络的数人侵权行为是指数个行为人之间并无意思的联络,但由于数个行为的结合而导致同一损害后果的侵权行为。

《人身损害赔偿解释》第3条将数人之间行为的结合方式分为直接结合和间接结合,前者承担连带责任,后者承担按份责任。《侵权责任法》未采用此种分类方法。

二、无意思联络的数人侵权的类型

(一) 承担连带责任的无意思联络的数人侵权

《侵权责任法》第11条规定:"二人以上分别实施侵权行为造成同一损害,每个人的侵权行为都足以造成全部损害的,行为人承担连带责任。"

承担连带责任的无意思联络数人侵权需要满足以下要件:

(1) 行为人为二人以上。

(2) 数个行为人分别实施了侵权行为,彼此之间没有任何的意思联络。

(3) 损害后果同一。

(4) 每个人的行为都足以造成全部损害结果。

每个人的行为与损害结果之间都有完全的因果关系,因此,此种侵权行为也被称为累积因果关系的侵权行为。累积的因果关系,正是此种侵权行为中无意思联络的数人承担连带责任的正当性所在。

(二) 承担按份责任的无意思联络的数人侵权

《侵权责任法》第12条规定:"二人以上分别实施侵权行为造成同一损害,能够确定责任大小的,各自承担相应的责任;难以确定责任大小的,平均承担赔偿责任。"

承担按份责任的无意思联络数人侵权需要满足以下要件:

(1) 行为人为二人以上。

(2) 数个行为人分别实施了侵权行为,彼此之间没有任何的意思联络。

(3) 行为有某种结合关系。承担按份责任的无意思联络的数人侵权,每个

人的行为都不足以单独造成损害结果。是每个人的行为以某种方式结合在一起,共同造成了损害后果。《人身损害赔偿解释》将这种结合关系进一步区分为直接结合与间接结合,《侵权责任法》未采用此种进一步的分类方法。

(4) 损害后果同一。

不存在累积因果关系的情况下,无意思联络的数人侵权承担按份责任。责任大小如果能够确定,则各自承担相应的责任;责任大小难以确定的,平均承担赔偿责任。

(三) 承担补充责任的无意思联络的数人侵权

《侵权责任法》第 37 条规定:"宾馆、商场、银行、车站、娱乐场所等公共场所的管理人或者群众性活动的组织者,未尽到安全保障义务,造成他人损害的,应当承担侵权责任。""因第三人的行为造成他人损害的,由第三人承担侵权责任;管理人或者组织者未尽到安全保障义务的,承担相应的补充责任。"

适用补充责任的场合也属于无意思联络的数人侵权。但是补充责任仅在法律有明确规定的场合适用。除第 37 条外,《侵权责任法》第 34 条、第 40 条也规定了补充责任。关于补充责任的内容,请参考第十一章第二节的内容。

课外研习及阅读

课外研习

查找《人身损害赔偿解释》第3条、第4条,分析《人身损害赔偿解释》构建的数人侵权体系。

课外阅读

1. 王利明:《侵权责任法研究》(上卷),中国人民大学出版社2010年版,第二编。

2. 张新宝:《侵权责任法立法研究》,中国人民大学出版社2009年版,第九编。

3. 黄松有主编:《最高人民法院人身损害赔偿司法解释的理解与适用》,人民法院出版社2004年版,第47—81页。

4. 王泽鉴:《侵权行为》,北京大学出版社2009年版,第二编第二章。

5. 王竹:《侵权责任分担论:侵权损害赔偿责任数人分担的一般理论》,中国人民大学出版社2009年版。

第十一章 侵权责任

第一节 侵权责任概述

一、侵权责任的概念

侵权责任是指侵权人因侵权行为而承担的民事责任。

按照侵权法的思维模式,行为人因加害行为构成侵权行为,在没有免责事由的情况下,则应当承担侵权责任。因此,侵权责任的承担以侵权行为的成立为前提。换言之,如果侵权行为不成立,则谈不上侵权责任的问题。

《侵权责任法》第3条规定:"被侵权人有权请求侵权人承担侵权责任。"

据此,侵权责任发生在侵权人与被侵权人之间。但是,也存在着例外。比如,《民事诉讼法》第55条规定:"对污染环境、侵害众多消费者合法权益等损害社会公共利益的行为,法律规定的机关和有关组织可以向人民法院提起诉讼。""人民检察院在履行职责中发现破坏生态环境和资源保护、食品药品安全领域侵害众多消费者合法权益等损害社会公共利益的行为,在没有前款规定的机关和组织或者前款规定的机关和组织不提起诉讼的情况下,可以向人民法院提起诉讼。前款规定的机关或者组织提起诉讼的,人民检察院可以支持起诉。"据此,在行为人污染环境、侵害众多消费者合法权益等损害社会公共利益的时候,法律规定的机关和有关组织以及人民检察院可以作为原告提起诉讼。

(一)侵权人

侵权人包括行为主体和责任主体。行为主体指实施侵权行为的人,责任主体指承担侵权责任的人。多数情况下,行为主体和责任主体是同一个人。但是在有些情况下,行为主体和责任主体会发生分离,即实施侵权行为的人和承担侵权责任的人不是同一个人。

比如,《侵权责任法》第32条规定:"无民事行为能力人、限制民事行为能力人造成他人损害的,由监护人承担侵权责任。"第34条第1款规定:"用人单位的工作人员因执行工作任务造成他人损害的,由用人单位承担侵权责任。"第35条前段规定:"个人之间形成劳务关系,提供劳务一方因劳务造成他人损害的,由接受劳务一方承担侵权责任。"

在上述规定中,行为主体分别是无民事行为能力人、限制民事行为能力人、工作人员以及提供劳务一方;责任主体分别是监护人、用人单位以及接受劳务一方。

这种行为主体和责任主体分离的情况,从侵权行为的角度被称为自己所应负责之他人行为构成的侵权行为。正如本书前面所提到的,这种自己所应负责之他人行为构成的侵权行为,是指他人行为侵犯第三人合法权益,但该他人行为应当由自己来负责,因此应当由自己来承担侵权责任的行为。在这种情况下,行为主体和责任主体分离。此类侵权行为构成的前提,是自己和该他人之间存在某种关系,此种关系的存在,使得自己为他人行为承担责任,具有了正当性。

(二) 被侵权人

有权主张侵权责任的人为被侵权人。被侵权人有广义和狭义之分。狭义的被侵权人就是直接受害人。广义的被侵权人包括:直接受害人、间接受害人、承继权利的人。

直接受害人是指自己的人身或者财产权益直接遭受加害行为侵害的人。间接受害人是指因直接受害人受害从而也受到侵害的人。

间接受害人往往是直接受害人的近亲属。《侵权责任法》第 18 条第 1 款前段规定:"被侵权人死亡的,其近亲属有权请求侵权人承担侵权责任。"根据《民通意见》第 12 条的规定,《民法通则》中规定的近亲属,包括配偶、父母、子女、兄弟姐妹、祖父母、外祖父母、孙子女、外孙子女。间接受害人之所以成为受害人,是因为其与直接受害人之间存在某种关系,比如亲属关系。此外,《侵权责任法》第 18 条第 2 款规定:"被侵权人死亡的,支付被侵权人医疗费、丧葬费等合理费用的人有权请求侵权人赔偿费用……"支付医疗费、丧葬费等合理费用的人,因侵权行为造成直接受害人死亡,使其遭受纯经济利益的损失,故而可以向侵权人主张赔偿费用。

承继权利的人是指因单位的分立、合并而有权向侵权人提出主张的人。《侵权责任法》第 18 条第 1 款后段规定:"被侵权人为单位,该单位分立、合并的,承继权利的单位有权请求侵权人承担侵权责任。"

二、侵权责任的特征

(一) 侵权责任是因为侵权行为而承担的责任

侵权行为成立是侵权责任成立的前提。侵权行为不构成,也就谈不上侵权责任的问题。

(二) 侵权责任是民事责任

侵权责任是一种民事责任,它不同于行政责任、刑事责任。当然,行为人实施某一侵权行为,除导致侵权责任外,还可能同时构成行政责任、刑事责任。《侵权责任法》第 4 条第 1 款规定:"侵权人因同一行为应当承担行政责任或者刑事责任的,不影响依法承担侵权责任。"

(三) 财产性的侵权责任具有优先性

《侵权责任法》第 4 条第 2 款规定:"因同一行为应当承担侵权责任和行政责任、刑事责任,侵权人的财产不足以支付的,先承担侵权责任。"

行政责任和刑事责任是公法责任,侵权责任是民事责任、私法责任。侵权责任优先,有助于救济受害人。行政责任中的罚款、刑事责任中的罚金与侵权责任中的赔偿损失同时构成时,应当先承担赔偿损失的责任。

财产性的民事责任优先是我国法律的一贯立场。《刑法》《公司法》《证券法》《食品安全法》《合伙企业法》《产品质量法》《证券投资基金法》以及《个人独资企业法》等都有类似的规定。[①]

(四) 侵权责任具有法定性

侵权责任的主体由法律规定。比如,在产品责任中,产品责任究竟应当由生产者、销售者、运输者还是仓储者承担,法律有明确规定。生产者承担责任后,何种情况下可以向销售者追偿,也由法律规定。

侵权责任的方式由法律规定。《侵权责任法》第 15 条规定了侵权责任的八种主要方式。除此之外,其他法律也可以对侵权责任加以规定。

侵权责任的适用条件由法律规定。比如,《侵权责任法》第 16 条规定了侵犯物质性人身权的赔偿项目,第 22 条、第 47 条分别规定了精神损害赔偿和惩罚性赔偿的适用条件。

此外,停止侵害、排除妨碍、消除危险等责任方式适用何种归责原则、是否适用诉讼时效等,都应当由法律加以规定。

侵权责任的免责事由由法律规定。《侵权责任法》第 3 章规定了不承担责任和减轻责任的六种情形。

(五) 被侵权人对是否主张侵权责任具有决定权

侵权责任是一种私法责任,所以,当事人可以在法律规定的基础上,对是否追究责任以及责任的内容加以变更和处分。因此,被侵权人有权决定是否提出主张、提出何种主张。比如,被侵权人可以同时主张赔偿损失和赔礼道歉,也可以单独主张赔礼道歉。被侵权人还可以决定主张赔偿数额的多少。法院的裁判应以被侵权人的主张为基础。被侵权人没有主张的,法院不应当主动裁判;被侵权人主张较少的赔偿数额的,法院不应当判决高于当事人主张的赔偿数额。

(六) 侵权责任主要是一种财产责任,但不限于财产责任

由于绝大部分侵权行为都会给受害人造成一定的财产损失,故而,行为人需要以自己的财产对行为后果负责。同时,金钱损害赔偿可以作为替代方式,弥补侵权行为给受害人造成的非财产损失。因此侵权责任形式主要是财产责任。但

---

① 参见王胜明主编:《中华人民共和国侵权责任法释义》,法律出版社 2010 年版,第 34—35 页。

是,金钱损害赔偿又具有很大的局限性,为了充分保护民事主体的合法权益,特别是人身权,《侵权责任法》除规定了赔偿损失、返还财产等财产责任外,还规定了停止侵害、恢复名誉、消除影响、赔礼道歉等非财产责任形式。

三、侵权责任的承担方式

侵权责任的承担方式,是指侵权人承担侵权责任的具体形式。侵权责任与侵权责任的承担方式不同。侵权责任决定是否有必要对被侵权人加以救济,而侵权责任的承担方式决定如何对被侵权人加以救济。在时间和逻辑顺序上,侵权责任在先,侵权责任的承担方式在后。后者是对前者的具体落实。

侵权责任的承担方式与被侵权人遭受的不利后果相联系。就效果而言,侵权责任是对被侵权人的救济。因此,被侵权人需要救济的形式决定侵权责任的承担方式。比如,被侵权人需要给予赔偿的,就有赔偿损失的承担方式;被侵权人的财产有被侵害的危险的,就有消除危险的承担方式;被侵权人的财产被侵占的,就有返还财产的承担方式;等等。

《侵权责任法》第 15 条规定了八种承担侵权责任的主要方式。这八种承担方式每一种都针对被侵权人需要救济的不利后果。另外,这里规定的是八种主要责任方式,这意味着还可能有其他责任方式。根据《侵权责任法》第 5 条的规定,其他法律也可以对侵权责任的承担方式作出规定。比如,2014 年修订前的《环境保护法》第 41 条第 1 款规定:"造成环境污染危害的,有责任排除危害,并对直接受到损害的单位或者个人赔偿损失。"《水污染防治法》第 96 条第 1 款规定:"因水污染受到损害的当事人,有权要求排污方排除危害和赔偿损失。"此两处的排除危害,就不同于《侵权责任法》规定的八种责任方式。

侵权责任的承担方式,可以单独适用,也可以合并适用。

第二节 侵权责任的类型

一、自己责任

自己责任,指为自己行为承担的责任。自己责任是现代法治的基本原则。个人的选择是自己行为的私人成本和私人收益比较的结果。每个人都应当为自己的行为负责,整个社会的秩序才能得以保持。因此,自己责任也是侵权责任的基本原则和基本类型。如果没有特别规定,行为人就应当是责任人。这也意味着,法律配置自己责任,无须特别理由;如果配置自己责任的例外,需要特别的规定。

二、他人责任

他人责任,指为他人行为承担的责任。他人责任意味着自己要为他人的行为承担责任。他人责任的情况下,行为主体和责任发生分离。他人责任是自己责任原则的例外,因此,必须有法律的明确规定才能够成立。在他人责任的情况下,必须具有自己之所以要为他人行为承担责任的正当性理由。这种正当性理由往往需要从自己和他人之间的法律关系中寻找。

比如,《侵权责任法》第32条第1款前段规定:"无民事行为能力人、限制民事行为能力人造成他人损害的,由监护人承担侵权责任。"此处监护人承担的就是他人责任。行为主体是无民事行为能力人、限制民事行为能力人,责任主体是监护人。监护人之所以要为被监护人承担侵权责任,是因为二者之间存在监护关系。基于监护关系,监护人应当约束被监护人的行为,从而不至于使被监护人因为不承担行为责任而不顾及其行为后果。

《侵权责任法》第34条第1款规定:"用人单位的工作人员因执行工作任务造成他人损害的,由用人单位承担侵权责任。"此处用人单位承担的责任也是他人责任。行为主体是工作人员,责任主体是用人单位。用人单位之所以要为其工作人员承担责任,是因为二者之间存在工作关系。基于工作关系,用人单位享有其工作人员的工作成果,可以约束其工作人员,同时也要承担其行为的不利后果。当然,从另一个角度看,单位的意思需要由其工作人员来实现,工作人员的行为就是单位的行为。在这样的意义上,用人单位承担的又是自己责任。

《侵权责任法》第35条前段规定:"个人之间形成劳务关系,提供劳务一方因劳务造成他人损害的,由接受劳务一方承担侵权责任。"接受劳务一方因为劳务关系而为提供劳务一方的行为承担侵权责任,也是他人责任。因劳务关系而承担他人责任的情形比较复杂。

三、按份责任

按份责任,指在同一侵权行为中若干侵权人按照法律规定的份额各自承担相应的责任。按份责任适用于数人侵权的场合。存在数个侵权人的情况下,数个侵权人之间如何分担责任,是侵权法的重要内容。按份责任,意味着数个侵权人只承担自己行为的责任。被侵权人只能够分别向不同的侵权人主张相应的份额,而不能要求某一侵权人承担超过其应承担部分的赔偿。

《侵权责任法》第67条规定:"两个以上污染者污染环境,污染者承担责任的大小,根据污染物的种类、排放量等因素确定。"两个以上污染者承担的就是按份责任。

至于侵权人彼此之间的份额如何确定,需要具体情况具体分析。《侵权责任法》第12条规定:"二人以上分别实施侵权行为造成同一损害,能够确定责任大小的,各自承担相应的责任;难以确定责任大小的,平均承担赔偿责任。"《民法总则》第177条规定:"二人以上依法承担按份责任,能够确定责任大小的,各自承担相应的责任;难以确定责任大小的,平均承担责任。"

四、连带责任

连带责任,指在同一侵权行为中若干侵权人之间按照法律规定不分份额地对被侵权人承担全部责任。

《民法总则》第178条第1款、第2款规定:"二人以上依法承担连带责任的,权利人有权请求部分或者全部连带责任人承担责任。""连带责任人的责任份额根据各自责任大小确定;难以确定责任大小的,平均承担责任。实际承担责任超过自己责任份额的连带责任人,有权向其他连带责任人追偿。"

《侵权责任法》第13条规定:"法律规定承担连带责任的,被侵权人有权请求部分或者全部连带责任人承担责任。"被侵权人对侵权人承担责任后,彼此之间还需要进一步划分责任。《侵权责任法》第14条规定:"连带责任人根据各自责任大小确定相应的赔偿数额;难以确定责任大小的,平均承担赔偿责任。""支付超出自己赔偿数额的连带责任人,有权向其他连带责任人追偿。"

《民法总则》第178条第3款规定:"连带责任,由法律规定或者当事人约定。"

连带责任有利于被侵权人得到损害赔偿,同时也意味着侵权人责任的加重,属于自己责任的例外,因此,需要法律的明确规定或者当事人的约定。

《侵权责任法》规定了很多连带责任,比如,第8条、第9条、第10条、第11条、第36条、第51条、第74条、第75条、第86条等。这些规定,体现了立法者倾向于救济被侵权人的立法政策。

五、不真正连带责任

(一)不真正连带责任的概念及特征

不真正连带责任,是指数个侵权人基于不同事由对同一被侵权人承担全部赔偿责任,任何一个侵权人承担全部赔偿责任后,被侵权人不得再向其他侵权人主张赔偿;中间责任人承担全部责任后,有权向终局责任人全部追偿的规则。

不真正连带责任与连带责任一样,都存在着数个侵权人、同一被侵权人、同一损害后果。但在连带责任中,数个侵权人多数都基于同样的事由而承担责任;而在不真正连带责任中,数个侵权人一般是基于不同事由而承担责任。

就侵权人与被侵权人的外部关系而言,不真正连带责任与连带责任一样,每个责任人都承担全部的赔偿责任,由此,被侵权人可以向任一责任人主张全部赔偿数额,也可以向任意几个或者全部责任人主张全部赔偿数额。这就是不真正连带责任中"连带责任"的意义所在。

就侵权人内部关系而言,在连带责任中,每个责任人都是终局责任人,彼此之间要进行责任的分摊。在不真正连带责任中,存在中间责任人和终局全部责任人。被侵权人有权向每个责任人主张全部责任,但是,中间责任人承担责任后,有权向终局全部责任人追偿,终局全部责任人最终要承担全部的责任。在这个意义上,这种责任方式被称为不真正连带责任。

不真正连带责任中的中间责任人只是代人受过。基于救济被侵权人的考量,允许被侵权人向终局全部责任人之外的中间责任人主张全部赔偿。这样安排对被侵权人而言是很大的便利,中间责任人则要自己负担向终局全部责任人追偿的费用和风险。连带责任中,一般不存在终局全部责任人,最终的责任要在所有连带责任人之间进行分摊。

由于不真正连带责任的上述特点,不真正连带责任对应的诉讼是非必要的共同诉讼。被侵权人无须识别中间责任人和终局责任人,他可以选择某个不真正连带责任人请求赔偿,一旦请求得到满足,其请求权就归于消灭,不可以再向其他不真正连带责任人基于同样事由提出同样的主张。承担责任的中间责任人可以向终局责任人进行追偿。

被侵权人也可以同时起诉全部侵权人。在实际的诉讼中,被侵权人为使自己利益最大化,往往会将全部的侵权人同时起诉。在这种情况下,法院应当分别予以判决,并应注明:某一侵权人履行判决,被侵权人的诉讼请求得到满足后,对其他侵权人不得再申请执行。履行判决的中间侵权责任人,可以向终局责任人追偿。如果被侵权人只起诉某一侵权人,在判决经强制执行后,无法得到履行或者无法得到全部履行时,可以再次就未执行部分起诉其他侵权人。

不真正连带责任,在更大程度上保障和便利了受害人获得救济的同时,可能使中间责任人承担全部赔偿责任,同时受害人将对终局责任人的求偿权转移给了中间责任人。这样的责任配置构成了自己责任的例外,因此需要法律的明确规定。

(二)《侵权责任法》的有关规定

《侵权责任法》关于不真正连带责任的规定有以下几方面:

《侵权责任法》第43条规定:"因产品存在缺陷造成损害的,被侵权人可以向产品的生产者请求赔偿,也可以向产品的销售者请求赔偿。""产品缺陷由生产者造成的,销售者赔偿后,有权向生产者追偿。""因销售者的过错使产品存在缺陷的,生产者赔偿后,有权向销售者追偿。"

产品生产者和销售者对被侵权人承担的是不真正连带责任。生产者和销售者对被侵权人都有责任承担全部的赔偿。在其内部,二者可以进行追偿。如果缺陷是生产者造成的,生产者就是终局全部责任人,销售者是中间责任人;反之,则销售者是终局全部责任人,生产者是中间责任人。

《侵权责任法》第59条规定:"因药品、消毒药剂、医疗器械的缺陷,或者输入不合格的血液造成患者损害的,患者可以向生产者或者血液提供机构请求赔偿,也可以向医疗机构请求赔偿。患者向医疗机构请求赔偿的,医疗机构赔偿后,有权向负有责任的生产者或者血液提供机构追偿。"

医疗机构和生产者或者血液提供机构对受害患者承担的是不真正连带责任。医疗机构和生产者或者血液提供机构都有责任对受害患者进行全部赔偿。按照第59条的文义解释,医疗机构是中间责任人,有权向作为终局全部责任人的生产者或者血液提供机构追偿。另外,如果产品的缺陷或者血液的不合格是在医疗机构中造成的,医疗机构也可能成为终局全部责任人。

《侵权责任法》第68条规定:"因第三人的过错污染环境造成损害的,被侵权人可以向污染者请求赔偿,也可以向第三人请求赔偿。污染者赔偿后,有权向第三人追偿。"

污染者和第三人对被侵权人承担的是不真正连带责任。污染者和第三人都有责任对被侵权人进行全部赔偿。就其内部而言,污染者是中间责任人,第三人是终局全部责任人。前者承担责任后,可以向后者追偿。

《水污染防治法》第96条第4款规定:"水污染损害是由第三人造成的,排污方承担赔偿责任后,有权向第三人追偿。"此处规定的责任形式与《侵权责任法》第68条规定的不真正连带责任不同。即使水污染是由第三人造成的,也是由排污方向受害人承担责任。

《侵权责任法》第83条规定:"因第三人的过错致使动物造成他人损害的,被侵权人可以向动物饲养人或者管理人请求赔偿,也可以向第三人请求赔偿。动物饲养人或者管理人赔偿后,有权向第三人追偿。"

动物饲养人或者管理人和第三人承担的是不真正连带责任。动物饲养人或者管理人和第三人都有责任对被侵权人进行全部赔偿。就其内部而言,动物饲养人或者管理人是中间责任人,第三人是终局全部责任人。前者承担责任后,可以向后者追偿。

此外,《铁路运输人身损害赔偿解释》第13条第2款规定:"车外第三人投掷石块等击打列车造成车内旅客人身损害,赔偿权利人要求铁路运输企业先予赔偿的,人民法院应当予以支持。铁路运输企业赔付后,有权向第三人追偿。"铁路运输企业和第三人对受害旅客承担的也是不真正连带责任,铁路运输企业是中间责任人,第三人是终局责任人。

不真正连带责任有向连带责任转化的可能。比如,中间责任人和终局责任人对损害的发生都存在过错的,则可能构成共同过错,或者构成行为直接结合的无意思联络数人侵权,适用《人身损害赔偿解释》则有可能承担连带责任。

六、补充责任

(一) 补充责任的概念

补充责任是相对于直接责任而言的。讨论补充责任的场合,一定存在直接责任;没有直接责任就无所谓补充责任。补充责任是指因直接责任人的行为造成被侵权人损失,补充责任人因为对该损害的发生也具有一定的过错而承担的相应的责任。

确切地说,补充责任应当称为补充赔偿责任。因为补充责任只能适用于赔偿损失的责任方式。

在补充责任存在的场合,损害是由直接责任人造成的,但直接责任人的责任财产往往不足以承担全部责任;为了对被侵权人给予更充分的救济,让对损害发生也具有某种过错的人承担部分补充责任,补充责任人往往是具有一定经济实力的单位或者组织。需要注意的是,补充责任人的过错仅仅是为损害的发生提供了一定条件。这种条件的提供,类似于帮助,但是补充责任人没有帮助的意思,彼此之间没有意思的联络。尽管有这种条件,但如果没有直接责任人的行为,损害一般不会发生。否则,补充责任人承担的就不仅仅是补充责任了。这就是补充责任的内在机制。为了平衡责任施加给补充责任人带来的负担,法律也赋予补充责任人相应的保护措施。

(二) 补充责任的特点

1. 补充责任具有从属性

补充责任的从属性体现在以下几个方面:第一,成立上的从属性。补充责任依赖于直接责任的成立。没有直接责任也就没有补充责任。第二,责任范围上的从属性。补充责任人承担与其过错相适应的责任。该过错与责任的适应需要置于直接责任整个大背景下才可能加以判断。第三,存续上的从属性。如果直接责任人完全承担了赔偿责任,补充责任也便消失了。[①]

2. 补充责任人具有过错

补充责任人本身对于损害后果的发生,具有某种过错。只不过该种过错对于损害的发生,不具有积极的原因力。补充责任人的过错往往是为损害的发生提供了条件。如果没有直接责任人的行为,即使存在该过错,也不会造成被侵权人的损害。

[①] 参见王竹:《侵权责任分担论:侵权损害赔偿责任数人分担的一般理论》,中国人民大学出版社2009年版,第186页。

3. 补充责任人应当后于直接责任人承担责任

被侵权人的损失由直接侵权人造成，因此首先应当由直接侵权人承担责任。需要注意的是，此处补充责任人后于直接责任人承担，与一般保证中保证人的先诉抗辩权不同。补充责任人毕竟是为自己的过错承担责任，因此，这种先后的顺序更多是观念上的，是在终局责任意义上的。被侵权人同时请求直接责任人和补充责任人承担责任的，法院应当允许。被侵权人如果先起诉补充责任人，应当将直接责任人列为共同被告。但如果直接责任人无法确定，则应当允许被侵权人单独起诉补充责任人。①

4. 补充责任人只承担与其过错相适应的责任

补充责任人的过错没有直接导致损害的发生，只是为损害的发生提供了条件，如果没有直接责任人的行为，损害一般不会发生。因此，补充责任人只承担与其过错相适应的责任，而不是承担全部的责任。补充责任人作为中间责任人，只是部分中间责任人，这是它与不真正连带责任的不同之处。

5. 补充责任人承担责任后可以向直接责任人追偿

补充责任人不承担终局责任。如果没有直接责任人的行为，损害后果不会发生。在这个意义上说，补充责任人也是直接责任人行为的受害人，属于代人受过。故而，补充责任人是中间责任人，直接责任人是终局责任人。这种责任方式因此才被称为补充责任。在这一点上，补充责任与不真正连带责任相同，而与连带责任不同。

值得注意的是，关于补充责任人向直接责任人追偿的问题，在《侵权责任法》立法过程中，立法者曾有说明。《侵权责任法》对各种追偿关系并没有明确规定。其原因是立法部门认为，追偿关系比较复杂。根据不同行业、不同工种和不同劳动条件，追偿条件应当有所不同。哪些因过错、哪些因故意或者重大过失可以追偿，该法难以作出一般规定。用人单位与其工作人员之间以及因个人劳务对追偿问题发生争议的，宜由人民法院在审判实践中根据具体情况处理。②

笔者认为，补充责任人能否向直接责任人追偿，取决于补充责任人过错的大小。如果补充责任人过错很小，仅仅是为直接责任人对受害人的侵害提供了条件或者帮助，补充责任可归责性不那么强的话，补充责任人应当可以向直接责任人进行追偿。比如，《侵权责任法》第 37 条规定的安全保障义务人的补充赔偿责任，安全保障义务人未尽到安全保障义务的漏洞被直接责任人加以利用的，此时，安全保障义务人承担责任后就可以向直接责任人追偿。假如补充责任人的过错本身就很大，其过错对受害人遭受的损害产生了较大的影响，则不应当赋予

---

① 参见《人身损害赔偿解释》第 6 条第 2 款。
② 参见 2009 年 12 月 22 日《全国人民代表大会法律委员会关于〈中华人民共和国侵权责任法（草案）〉审议结果的报告》。

补充责任人向直接责任人追偿的权利。补充责任人的过错大到一定程度,则可能变成直接责任人,与实施侵权行为的人一起承担按份责任甚至是连带责任。比如,根据《会计师事务所审计业务活动民事侵权赔偿案件的规定》第5条第1款第1项的规定,注册会计师在审计业务活动中与被审计单位恶意串通,出具不实报告并给利害关系人造成损失的,应当认定会计师事务所与被审计单位承担连带赔偿责任。其第6条第1款规定:"会计师事务所在审计业务活动中因过失出具不实报告,并给利害关系人造成损失的,人民法院应当根据其过失大小确定其赔偿责任。"根据第10条第1项的规定,人民法院根据本规定第6条确定会计师事务所承担与其过失程度相应的赔偿责任时,应先由被审计单位赔偿利害关系人的损失。被审计单位的出资人虚假出资、不实出资或者抽逃出资,事后未补足,且依法强制执行被审计单位财产后仍不足以赔偿损失的,出资人应在虚假出资、不实出资或者抽逃出资数额范围内向利害关系人承担补充赔偿责任。出资人承担补充赔偿责任后,则不应当再有权利向作为直接责任人的被审计单位进行追偿。

最高人民法院《审理食品药品纠纷案件的规定》第12条规定:"食品、药品检验机构故意出具虚假检验报告,造成消费者损害,消费者请求其承担连带责任的,人民法院应予支持。""食品、药品检验机构因过失出具不实检验报告,造成消费者损害,消费者请求其承担相应责任的,人民法院应予支持。"食品、药品检验机构故意出具虚假检验报告,要承担连带责任;食品、药品检验机构过失出具不实检验报告,要承担相应责任。此处的相应责任,按照最高法院的解释,则为按份责任,而不是补充责任。① 笔者认为,此处之所以不是补充责任而是按份责任,与其过失的严重程度直接相关。

6. 补充责任只适用于赔偿损失的责任方式

补充责任的机理在于补足直接责任人责任财产的不足,让补充责任人先承担一部分责任后,再向直接责任人追偿。责任追偿是存在风险的,因此补充责任实际上是让补充责任人的财产变为责任财产,将追偿的风险转由补充责任人来承担。因此,其他责任方式都无法适用补充责任。

7. 补充责任的适用需要法律的特别规定

补充责任要求补充责任人为直接责任人承担部分责任,属于自己责任的例外,故而需要法律的特别规定。

(三) 适用补充责任的侵权行为类型

1. 安全保障义务人承担的补充责任

安全保障义务人承担补充责任开始于《人身损害赔偿解释》第6条。第6条第2款规定:"因第三人侵权导致损害结果发生的,由实施侵权行为的第三人承

---

① 参见奚晓明主编,最高人民法院民事审判第一庭编著:《最高人民法院关于食品药品纠纷司法解释理解与适用》,人民法院出版社2014年版,第177页。

担赔偿责任。安全保障义务人有过错的,应当在其能够防止或者制止损害的范围内承担相应的补充赔偿责任。安全保障义务人承担责任后,可以向第三人追偿。赔偿权利人起诉安全保障义务人的,应当将第三人作为共同被告,但第三人不能确定的除外。"

《侵权责任法》对安全保障义务人的补充责任也进行了规定。《侵权责任法》第37条规定:"宾馆、商场、银行、车站、娱乐场所等公共场所的管理人或者群众性活动的组织者,未尽到安全保障义务,造成他人损害的,应当承担侵权责任。""因第三人的行为造成他人损害的,由第三人承担侵权责任;管理人或者组织者未尽到安全保障义务的,承担相应的补充责任。"

安全保障义务人承担的补充责任,是最典型的补充责任。在安全保障义务的场合,造成损害的第三人是直接责任人,安全保障义务人是补充责任人。无论《人身损害赔偿解释》第6条还是《侵权责任法》第37条,都规定安全保障义务人只有存在过错的情况下才承担相应的补充责任。《权责任法》第37条尽管没有明确安全保障义务人的追偿权,但是,应当采与《人身损害赔偿解释》第6条同样的解释。

2. 幼儿园、学校或者其他教育机构对未成年人承担的补充责任

此类补充责任也始于《人身损害赔偿解释》。《人身损害赔偿解释》第7条规定:"对未成年人依法负有教育、管理、保护义务的学校、幼儿园或者其他教育机构,未尽职责范围内的相关义务致使未成年人遭受人身损害,或者未成年人致他人人身损害的,应当承担与其过错相应的赔偿责任。""第三人侵权致未成年人遭受人身损害的,应当承担赔偿责任。学校、幼儿园等教育机构有过错的,应当承担相应的补充赔偿责任。"

《侵权责任法》对此类补充责任也进行了规定。《侵权责任法》第40条规定:"无民事行为能力人或者限制民事行为能力人在幼儿园、学校或者其他教育机构学习、生活期间,受到幼儿园、学校或者其他教育机构以外的人员人身损害的,由侵权人承担侵权责任;幼儿园、学校或者其他教育机构未尽到管理职责的,承担相应的补充责任。"

在幼儿园、学校或者其他教育机构里发生的第三人致害场合,造成损失的第三人是直接责任人,幼儿园、学校或者其他教育机构是补充责任人。后者只承担与其过错相应的补充责任。承担责任后还可以向前者追偿。

3. 劳务派遣单位承担的补充责任

这是《侵权责任法》新规定的一种补充责任。《侵权责任法》第34条第2款规定:"劳务派遣期间,被派遣的工作人员因执行工作任务造成他人损害的,由接受劳务派遣的用工单位承担侵权责任;劳务派遣单位有过错的,承担相应的补充责任。"

劳务派遣单位承担补充责任所对应的,是接受劳务派遣的用工单位承担的

直接责任。劳务派遣单位对于派遣工作人员存在过错的,承担与其过错相适应的补充责任。

此种类型的补充责任,与前面两种补充责任存在着差异。就行为主体和责任主体一方而言,存在三角关系。造成他人损害的行为主体是被派遣的工作人员,直接责任主体是接受派遣的用工单位。后者所承担的责任本身也是他人责任,即代人受过。而劳务派遣单位的过错,如果存在的话,是通过被派遣的工作人员来产生作用。这意味着接受劳务派遣单位也要代派遣单位承担责任。在这种情况下,如果接受劳务派遣的单位全部承担了责任,则可能存在着同时向工作人员和劳务派遣单位追偿的可能。相反,劳务派遣单位承担了与其过错相适应的补充责任的,只有可能向被派遣的工作人员追偿,而不能再向接受派遣的单位进行追偿。

可见,此种类型的补充责任,由于加入了行为主体和责任主体分离的因素,使得追偿关系发生变化而且变得更加复杂。但承担补充责任的劳务派遣单位可能向造成损失的被派遣工作人员、同时也可能是终局责任的承担者进行追偿的基本结构还是存在的。

如前所述,《侵权责任法》对各种追偿关系并没有明确规定。其原因,是立法部门认为,追偿关系比较复杂。根据不同行业、不同工种和不同劳动条件,追偿条件应当有所不同。哪些因过错、哪些因故意或者重大过失可以追偿,该法难以作出一般规定。用人单位与其工作人员之间以及因个人劳务对追偿问题发生争议的,宜由人民法院在审判实践中根据具体情况处理。[①]

七、补偿责任

补偿责任,是指一方当事人在没有过错的情况下基于公平原则对受害人的损失加以补偿,从结果上减轻受害人所受损害的责任形式。

补偿责任人对损害的发生不存在过错,同时法律也没有规定让其承担无过错责任。他之所以对受害人进行补偿,要么是作为受益人、要么是基于结果的公平。在这种情况下,尽管仍将当事人对受害人的补偿称为责任,但此种责任的机理与其他责任存在不同。

补偿责任的适用需要法律明确规定。在个案中如何补偿,需要由法官根据具体情况作出判断。

《民法通则》对补偿责任就有所规定。《民法通则》第109条规定:"因防止、制止国家的、集体的财产或者他人的财产、人身遭受侵害而使自己受到损害的,

---

[①] 参见2009年12月22日《全国人民代表大会法律委员会关于〈中华人民共和国侵权责任法(草案)〉审议结果的报告》。

由侵害人承担赔偿责任,受益人也可以给予适当的补偿。"

《人身损害赔偿解释》有两处规定了补偿责任。其中第14条规定:"帮工人因帮工活动遭受人身损害的,被帮工人应当承担赔偿责任。被帮工人明确拒绝帮工的,不承担赔偿责任;但可以在受益范围内予以适当补偿。""帮工人因第三人侵权遭受人身损害的,由第三人承担赔偿责任。第三人不能确定或者没有赔偿能力的,可以由被帮工人予以适当补偿。"第15条规定:"为维护国家、集体或者他人的合法权益而使自己受到人身损害,因没有侵权人、不能确定侵权人或者侵权人没有赔偿能力,赔偿权利人请求受益人在受益范围内予以适当补偿的,人民法院应予支持。"

《侵权责任法》在四个条文中规定了补偿责任。

第23条规定:"因防止、制止他人民事权益被侵害而使自己受到损害的,由侵权人承担责任。侵权人逃逸或者无力承担责任,被侵权人请求补偿的,受益人应当给予适当补偿。"

第31条规定:"因紧急避险造成损害的,由引起险情发生的人承担责任。如果危险是由自然原因引起的,紧急避险人不承担责任或者给予适当补偿。紧急避险采取措施不当或者超过必要的限度,造成不应有的损害的,紧急避险人应当承担适当的责任。"

第33条第1款规定:"完全民事行为能力人对自己的行为暂时没有意识或者失去控制造成他人损害有过错的,应当承担侵权责任;没有过错的,根据行为人的经济状况对受害人适当补偿。"

第87条规定:"从建筑物中抛掷物品或者从建筑物上坠落的物品造成他人损害,难以确定具体侵权人的,除能够证明自己不是侵权人的外,由可能加害的建筑物使用人给予补偿。"

第三节 侵权损害赔偿[①]

一、侵权损害赔偿的概念与特征

侵权损害赔偿,是指支付一定的金钱或者实物以赔偿侵权行为所造成损失的侵权责任方式。侵权损害赔偿具有以下特征:

其一,侵权损害赔偿是一种适用最广泛的侵权责任方式。作为民事责任方式,侵权损害赔偿的适用范围最为广泛。在其他责任方式无法实现或者其他责

[①] 由于第九章第二节已经讨论了损害,此部分重点讨论对损害的赔偿。因此,关于损害的界定,此处略去。有需要的读者可以参阅前面的内容。

任方式不足以救济受害人时,侵权损害赔偿都有适用余地。尽管第15条规定了八种责任方式,但《侵权责任法》的很多规定都是以侵权损害赔偿为背景制定的。

其二,侵权损害赔偿具有非常丰富的内容,构成一项法律制度。侵权损害赔偿不仅适用范围最为广泛,同时包含了非常复杂的内容,这些内容已经构成一个相对独立的法律制度。

其三,侵权损害赔偿可以是金钱赔偿,也可以是实物赔偿,但主要是金钱赔偿。金钱是一般等价物,可以起到其他实物无法替代的作用。

其四,侵权损害赔偿的基础是造成损害的侵权行为。侵权损害赔偿作为一种侵权责任方式,以侵权行为的成立作为基础。换言之,只有在侵权行为成立后,受害人需要以赔偿的方式加以救济时,才有侵权损害赔偿的必要。在思维模式上,侵权损害赔偿置于侵权行为成立之后。

二、侵权损害赔偿的原则与确定赔偿数额的考量因素

(一)侵权损害赔偿的原则

1. 侵权损害赔偿以全面赔偿为原则

侵权法的功能之一是填补损失。侵权行为给他人造成损失,作为救济方式,损害赔偿应当使受害人的状况尽可能恢复到权益未被侵害之前的状态。因此,侵权损害赔偿既包括直接损失的赔偿,也包括间接损失以及精神损失的赔偿。违约损害赔偿与侵权损害赔偿的区别之一是,违约损害赔偿要受可预见规则的限制,而侵权损害赔偿不受可预见规则的限制。当然,间接损失以及精神损失的赔偿,应当以法律有规定为限。

2. 侵权损害赔偿以统一赔偿为原则

所谓统一赔偿原则,是指在不同的侵权场合,对损害赔偿数额进行计算时,具体项目的计算方法应当统一。例如,在具体项目计算方面,因医疗事故发生的损害赔偿,应当与因其他侵权行为发生的损害赔偿相同。目前,不同法律规定之间存在的不统一情况还较为严重,例如,《医疗事故处理条例》规定的医疗事故损害赔偿各项目数额的确定,基本是以医疗事故发生地的标准来计算;而《人身损害赔偿解释》中各项目数额的确定,基本是以受诉法院所在地的标准来计算。这样做的结果,首先是无法解释这种不同的原因;其次,损害后果相同,赔偿数额不同,会造成不公平的局面,也会影响法制的统一;再次,当事人会规避某些法律规定,从而影响法律的适用。

(二)确定损害赔偿数额的考量因素

在确定侵权损害赔偿时,应当充分考虑以下因素:

1. 预防损害的发生

根据《侵权责任法》第1条的规定,侵权法的一个主要功能是预防损害的发生。由加害人对受害人的损失进行赔偿,在效果上就由侵权人自己承担其行为的成本,实现了成本的内化。一个人行为时考虑的是私人成本和私人收益,成本内化就是将社会成本转化为私人成本,即由行为人承担给他人和社会造成的损失。这样,在以后类似的行为中,行为人以及潜在行为人在作出类似侵权行为之前,就会考虑可能造成的损失。经过成本收益的权衡,行为人就可能采取措施预防损失的发生,从而使损害有可能得以避免。

2. 考虑加害人的过错程度

损害赔偿实现了损失的内化,从而改变了行为人行为的成本收益。一般情况下,加害人主观状态不同,其行为的成本和收益也不同。当行为人主观过错为故意时,行为人预期该行为的成本很小,收益很大,成本收益之比最大。此时就应当要求行为人承担较大的损害赔偿数额,这样才可能抵销其行为成本与收益的差距,起到预防损害发生的作用。很多国家支持在故意情况下判处惩罚性赔偿,原因正在于此。当行为人主观过错为过失时,行为人预期行为的成本收益之比就要小于故意的场合,此时,行为人承担的损害赔偿就应当小于故意时的赔偿。因此在过失的场合,一般不会支持惩罚性赔偿。我国法就采这种立场。《侵权责任法》第47条规定:"明知产品存在缺陷仍然生产、销售,造成他人死亡或者健康严重损害的,被侵权人有权请求相应的惩罚性赔偿。"但是,需要注意的是,同样是过失,也存在程度上的差异。行为人在重大过失时的成本收益之比非常接近故意的情况,因此,法律一般将重大过失等同于故意来处理。

3. 过错相抵

过错相抵,也称为与有过失,是指受害人对损失的发生或者扩大也存在过错的,要减轻加害人损害赔偿数额的规则。《民法通则》第131条规定:"受害人对于损害的发生也有过错的,可以减轻侵害人的民事责任。"《人身损害赔偿解释》第2条第1款规定:"受害人对同一损害的发生或者扩大有故意、过失的,依照民法通则第一百三十一条的规定,可以减轻或者免除赔偿义务人的赔偿责任。但侵权人因故意或者重大过失致人损害,受害人只有一般过失的,不减轻赔偿义务人的赔偿责任。"《精神损害赔偿解释》第11条规定:"受害人对损害事实和损害后果的发生有过错的,可以根据其过错程度减轻或者免除侵权人的精神损害赔偿责任。"《侵权责任法》第26条规定:"被侵权人对损害的发生也有过错的,可以减轻侵权人的责任。"

过错相抵的原因在于,损害结果的出现是加害人过错和受害人过错共同的结果。此时,受害人和加害人各自承担自己过错的后果,方显公平。至于过错如何相抵,除非法律有明确规定,需要由法官在个案中具体裁量。

与过错相抵相联系的一个概念是原因力比较。所谓原因力比较,是指双方当事人的行为或者受害人自身的特殊情况都构成损害结果的原因时,根据不同原因对损害结果所起作用的大小来确定各自承担的责任。原因力比较可以作为过错相抵的补充。当双方过错程度无法确定或者过错程度相等时，或者行为人存在过错，受害人自身有某些特殊情况时，原因力大小可以对损害结果的承担产生影响。史尚宽先生认为："第一应比较双方过失之重轻（危险大者所要求之注意力亦大，故衡量过失之重轻，应置于其所需注意之程度），是以故意重于过失，重大过失重于轻过失。其过失相同者，除有发生所谓因果关系中断之情事外，比较其原因力之强弱以定之。"[1]有观点主张，在无过错责任原则下，由于不考虑行为人的过错，或者行为人对损害的发生没有过错，此时就可以适用原因力比较。[2]《人身损害赔偿解释》第3条第2款采用了原因力的概念，只不过用于无意思联络的数人之间的比较。《侵权责任法》中则没有出现原因力的概念。

原因力概念在我国司法裁判中被大量使用。比如，在医疗侵权案件中，医疗机构的过错与受害人自身原因对损害结果的发生都可能产生影响，此时，法院习惯用原因力的概念对此进行描述和解释。《审理医疗纠纷案件的解释》第12条规定："鉴定意见可以按照导致患者损害的全部原因、主要原因、同等原因、次要原因、轻微原因或者与患者损害无因果关系，表述诊疗行为或者医疗产品等造成患者损害的原因力大小。"鉴定意见确定的原因力大小，一般会作为判决确定责任大小的依据。

4. 损益相抵

损益相抵是指受害人基于损失发生的同一原因而获得利益时，应当将该利益从赔偿数额中抵销，加害人仅对抵销后的损失承担赔偿责任。

损益相抵的理论依据在于，侵权赔偿的前提是受害人的损失，而受害人基于同一原因获得的利益本身就会冲抵其损失。因此，损益相抵的目的是要计算出受害人真正的损失，使受害人的真正损失得到赔偿。

5. 人道主义

所谓人道主义的考量，是指在确定损害赔偿数额时，应适当考虑加害人的经济状况，要为其保留基本生活所必需的经济条件。

我国台湾地区"民法"第218条规定："损害非因故意或重大过失所致者，如其赔偿致赔偿义务人之生计有重大影响时，法院得减轻其赔偿金额。"

《民通意见》第142条规定："为了维护国家、集体或者他人合法权益而使自己受到损害，在侵害人无力赔偿或者没有侵害人的情况下，如果受害人提出请求的，人民法院可以根据受益人受益的多少及其经济状况，责令受益人给予适当补

---

[1] 史尚宽：《债法总论》，中国政法大学出版社2000年版，第680页。
[2] 参见沈德咏主编，最高人民法院研究室、最高人民法院环境资源审判庭编著：《最高人民法院环境侵权责任纠纷司法解释理解与适用》，人民法院出版社2016年版，第60页。

偿。"根据《精神损害赔偿解释》第10条第1款第5项的规定,精神损害赔偿数额的确定要考虑侵权人承担责任的经济能力。如果案件中存在受益人,在加害人的确无力偿还时,可以考虑由受益人适当补偿。

《侵权责任法》也在多个条文中体现了人道主义。比如,其第23条规定:"因防止、制止他人民事权益被侵害而使自己受到损害的,由侵权人承担责任。侵权人逃逸或者无力承担责任,被侵权人请求补偿的,受益人应当给予适当补偿。"第25条规定:"损害发生后,当事人可以协商赔偿费用的支付方式。协商不一致的,赔偿费用应当一次性支付;一次性支付确有困难的,可以分期支付,但应当提供相应的担保。"

人道主义的考量在我国司法实务中多有体现。

第四节 财产损害赔偿

一、财产损害赔偿

财产损害赔偿,指针对受损害的财产权益给予的赔偿。

侵权行为造成他人财产权益损失的,行为人应当承担财产损害赔偿责任。财产损害赔偿是全面赔偿,赔偿范围既包括受害人遭受的直接损失,也包括受害人遭受的间接损失。

直接损失,也称为实际损失,是指受害人现有财产的减少。间接损失,也称为可得利益损失,是指受害人原本可以得到但因侵权行为而未得到的利益。

《民法通则》第117条规定:"侵占国家的、集体的财产或者他人财产的,应当返还财产,不能返还财产的,应当折价赔偿。损坏国家的、集体的财产或者他人财产的,应当恢复原状或者折价赔偿。受害人因此遭受其他重大损失的,侵害人并应当赔偿损失。"

《产品质量法》第44条第2款规定:"因产品存在缺陷造成受害人财产损失的,侵害人应当恢复原状或者折价赔偿。受害人因此遭受其他重大损失的,侵害人应当赔偿损失。"

上述条文中前半段规定的是直接损失,而后半段规定的则是间接损失。关于间接损失的赔偿,《最高人民法院关于交通事故中的财产损失是否包括被损车辆停运损失问题的批复》中提到:在交通事故损害赔偿案件中,如果受害人以被损车辆正用于货物运输或者旅客运输经营活动,要求赔偿被损车辆修复期间的停运损失的,交通事故责任者应当予以赔偿。根据《道路交通事故赔偿解释》第15条第3项的规定,依法从事货物运输、旅客运输等经营性活动的车辆,因无法从事相应经营活动所产生的合理停运损失,侵权人应当予以赔偿。

《侵权责任法》第 19 条规定:"侵害他人财产的,财产损失按照损失发生时的市场价格或者其他方式计算。"据此,财产损失的计算标准为损失发生时的市场价格。如果被侵害的财产已经使用,则应当按照相当使用年限财产的市场价格计算。对于不存在市场价格的财产,则应当按照其他方式来计算。此处规定的财产,主要指有形财产。

侵害知识产权的损害赔偿,需要根据相关知识产权法律加以确定。比如,《著作权法》第 49 条规定:"侵犯著作权或者与著作权有关的权利的,侵权人应当按照权利人的实际损失给予赔偿;实际损失难以计算的,可以按照侵权人的违法所得给予赔偿。赔偿数额还应当包括权利人为制止侵权行为所支付的合理开支。""权利人的实际损失或者侵权人的违法所得不能确定的,由人民法院根据侵权行为的情节,判决给予五十万元以下的赔偿。"《专利法》第 65 条、《商标法》第 63 条都有类似的规定。

二、纯经济利益损失的赔偿

纯经济利益损失的赔偿,是指针对受害人纯经济利益损失给予的赔偿。

有些常见的赔偿就属于纯经济利益损失的赔偿。比如,《民法通则》第 119 条规定的死者生前扶养的人必要的生活费用的赔偿。又如,《侵权责任法》第 18 条第 2 款规定:"被侵权人死亡后,支付被侵权人医疗费、丧葬费等合理费用的人有权请求被侵权人赔偿该费用……"被侵权人对第三人支付的医疗费、丧葬费等合理费用的赔偿,也属于纯经济利益损失的赔偿。

纯经济利益损失的赔偿,可以通过合同责任予以救济。比如,购买的产品存在缺陷,导致的消费者经济利益的减损,即属于纯经济利益的损失。

《产品质量法》对产品本身缺陷导致消费者经济利益的减损即纯经济利益的损失与消费者因此遭受的其他损失采取了分别处理的方法。

根据《产品质量法》第 40 条第 1 款的规定:售出的产品如果不具备产品应当具备的使用性能而事先未作说明的,不符合在产品或者其包装上注明采用的产品标准的,不符合以产品说明、实物样品等方式表明的质量状况的,销售者应当负责修理、更换、退货;给购买产品的消费者造成损失的,销售者应当赔偿损失。此处的损害,是指纯经济利益的损失。请求赔偿的基础,应当是合同责任。

《产品质量法》第 41 条规定:"因产品存在缺陷造成人身、缺陷产品以外的其他财产(以下简称他人财产)损害的,生产者应当承担赔偿责任。"此处的损害,是指人身以及缺陷产品以外的其他财产损害,不包括纯经济利益的损害。

通过合同责任规范纯经济利益损失的赔偿,有助于赔偿范围的明确。

《侵权责任法》采用了统一赔偿的立法体例。《侵权责任法》第 41 条规定:"因产品存在缺陷造成他人损害的,生产者应当承担侵权责任。"此处的损害,应当包括纯经济利益的损失。

如果受害人纯经济利益的损失难以计算,赔偿额可以根据侵权人在侵权期间获得的利润来确定。

《反不正当竞争法》第17条第3款前段规定:"因不正当竞争行为受到损害的经营者的赔偿数额,按照其因被侵权所受到的实际损失确定;实际损失难以计算的,按照侵权人因侵权所获得的利益确定。"

违反法律规定,采用不正当竞争手段给他人造成的损害,即属于侵害他人利益造成的纯经济利益的损失。如果该损失能够计算,则赔偿该损失;如果该损失难以计算,赔偿额根据侵权人在侵权期间获得的利润确定。

在星源公司、统一星巴克诉上海星巴克、上海星巴克分公司商标侵权及不正当竞争纠纷案中,原告星源公司、统一星巴克起诉主张的赔偿数额共计人民币106万元。其中,关于经济损失部分,根据对被告上海星巴克、上海星巴克分公司三年来经营状况的分析,被告三年中的利润为人民币272万余元,但原告只主张其中的50万元;关于为制止侵权及不正当竞争行为所支付的合理开支部分,原告主张律师费人民币48.8万元、公证费人民币2万元、翻译费人民币5.2万元,共计56万元。关于律师费,原告与律师事务所约定以计时方式支付,按每小时人民币3000元计算。被告辩称,原告自己计算得出的被告利润数额缺乏依据,不予认可,还认为被告代理律师用过多时间从事与本案无关的驰名商标的取证,故原告对律师费的计算不合理。

上海市第二中级人民法院认为,原告星源公司、统一星巴克系以被告上海星巴克、上海星巴克分公司侵权所获得的利润为基础请求赔偿其经济损失的,利润金额是基于经公证的、对被告客流量的统计计算得出的,计算时虽考虑了被告利润形成的部分因素,但整体上并不完全客观合理,故法院对由此计算得出的利润金额不予采纳。对原告主张的律师费,应根据本案纠纷的实际情况,确定属于合理开支范围的律师费数额。由于两被告因侵权所获得的利益和两原告因侵权所受到的损失均难以确定,故依法酌情确定赔偿数额为人民币50万元。[1]

很多情况下,纯经济利益损失的受害人、赔偿数额的确定都是很麻烦的事情。卡多佐曾经形象地说,纯经济利益损失的赔偿是"对不确定的人、于不确定期间,承担不确定数额的赔偿责任"。[2] 这一点在证券市场因虚假陈述引发的民事赔偿案件中体现得特别明显。

由于证券市场因虚假陈述引发的民事赔偿案件中纯经济利益损失赔偿面临

---

[1] 参见中华人民共和国上海市高级人民法院(2006)沪高民三(知)终字第32号民事判决书。
[2] Ultramares Corporation v. Touche, 225 NY. 170, 174 N. E. 441 (1931).

的种种困难,法院一度不受理此类案件。2002年1月15日,最高人民法院下发《最高人民法院关于受理证券市场因虚假陈述引发的民事侵权纠纷案件有关问题的通知》。通知规定,人民法院对证券市场因虚假陈述引发的民事侵权赔偿纠纷案件,凡符合《民事诉讼法》规定受理条件的,自本通知下发之日起予以受理。根据该通知,虚假陈述民事赔偿案件,是指证券市场上证券信息披露义务人违反《证券法》规定的信息披露义务,在提交或公布的信息披露文件中作出违背事实真相的陈述或记载,侵犯了投资者合法权益而发生的民事侵权索赔案件。虚假陈述案件由中级人民法院作为一审法院,有关中级人民法院受理此类案件后,应在3日内将受理情况逐级上报至最高人民法院。

2003年1月9日,最高人民法院公布《最高人民法院关于审理证券市场因虚假陈述引发的民事赔偿案件的若干规定》。其中第29条、第30条规定,虚假陈述行为人在证券发行市场虚假陈述,导致投资人损失的,投资人有权要求虚假陈述行为人赔偿投资差额损失、投资差额损失部分的佣金和印花税以及利息。此处规定的损失也属于纯经济利益的损失。之后的第31条至第35条,详细规定了投资差额损失如何具体计算的问题。这些规定在具体案件中的运用也相当麻烦。[1]

证券市场上因虚假陈述引发的纯经济利益的损失具有不确定性,往往数量巨大,涉及人数众多。如何确定受害人及其损失,是侵权法面临的难题。

第五节 人身损害赔偿

人身损害赔偿,是针对受损害的人身权益给予的赔偿。根据受损害的人身权益的类型,可以将人身损害赔偿分为侵害物质性人身权的损害赔偿和侵害精神性人身权的损害赔偿。

一、侵害物质性人身权的损害赔偿

(一)侵害物质性人身权损害赔偿的界定

所谓物质性人身权,指以人的身体利益为载体的人身权,根据《民法总则》第110条第1款的规定,自然人享有生命权、身体权、健康权。侵害物质性人身权的损害赔偿,即侵害身体权、健康权和生命权等给予的损害赔偿。

侵害物质性人身权的损害赔偿,是最常见的损害赔偿。侵权行为造成他人人身损失的,行为人应当承担人身损害赔偿责任。人身损害赔偿实际上是一种财产的赔偿。这是因为,人身受到伤害,需要花费金钱进行治疗和康复。虽然经

---

[1] 参见广东省广州市中级人民法院(2009)穗中法民二初字第60号民事判决书。

过治疗和康复也有可能无法回到伤害前的状态，比如，有些人身伤害并不能完全治愈康复，即使能够完全治愈康复，受到过伤害的身体也不再是完好的身体，但是，财产赔偿是人身受到伤害后最主要和最好的救济方式。

(二）侵害物质性人身权损害赔偿的内容

《民法通则》第119条规定："侵害公民身体造成伤害的，应当赔偿医疗费、因误工减少的收入、残废者生活补助费等费用；造成死亡的，并应当支付丧葬费、死者生前扶养的人必要的生活费等费用。"

《产品质量法》第44条第1款规定："因产品存在缺陷造成受害人人身伤害的，侵害人应当赔偿医疗费、治疗期间的护理费、因误工减少的收入等费用；造成残疾的，还应当支付残疾者生活自助具费、生活补助费、残疾赔偿金以及由其扶养的人所必需的生活费等费用；造成受害人死亡的，并应当支付丧葬费、死亡赔偿金以及由死者生前扶养的人所必需的生活费等费用。"

《侵权责任法》第16条规定："侵害他人造成人身损害的，应当赔偿医疗费、护理费、交通费等为治疗和康复支出的合理费用，以及因误工减少的收入。造成残疾的，还应当赔偿残疾生活辅助具费和残疾赔偿金。造成死亡的，还应当赔偿丧葬费和死亡赔偿金。"

相对于财产损害赔偿而言，人身损害赔偿更加复杂。2004年5月1日生效的《人身损害赔偿解释》，总结多年来审判工作及研究成果，在我国第一次对人身损害赔偿作出了较为详细、全面的规定，在操作上具有重要意义。多年司法实务的经验表明，绝大多数的规定是符合实际需要的。

根据受害人所遭受人身损害的程度，人身损害赔偿一般可分为三种情况：

1. 受害人遭受人身损害，但没有致残或者死亡的

《人身损害赔偿解释》第17条第1款规定："受害人遭受人身损害，因就医治疗支出的各项费用以及因误工减少的收入，包括医疗费、误工费、护理费、交通费、住宿费、住院伙食补助费、必要的营养费，赔偿义务人应当予以赔偿。"

2. 受害人遭受人身损害致残的

《人身损害赔偿解释》第17条第2款规定："受害人因伤致残的，其因增加生活上需要所支出的必要费用以及因丧失劳动能力导致的收入损失，包括残疾赔偿金、残疾辅助器具费、被扶养人生活费，以及因康复护理、继续治疗实际发生的必要的康复费、护理费、后续治疗费，赔偿义务人也应当予以赔偿。"

3. 受害人遭受人身伤害死亡的

《人身损害赔偿解释》第17条第3款规定："受害人死亡的，赔偿义务人除应当根据抢救治疗情况赔偿本条第一款规定的相关费用外，还应当赔偿丧葬费、被扶养人生活费、死亡补偿费以及受害人亲属办理丧葬事宜支出的交通费、住宿费和误工损失等其他合理费用。"

关于《人身损害赔偿解释》中残疾赔偿金和死亡赔偿金的性质，需要特别加以说明。《人身损害赔偿解释》中规定了残疾赔偿金和死亡补偿费即死亡赔偿金。在之前的《精神损害赔偿解释》第 9 条中曾规定："精神损害抚慰金包括以下方式：(1) 致人残疾的，为残疾赔偿金；(2) 致人死亡的，为死亡赔偿金；(3) 其他损害情形的精神抚慰金。"这一规定，将这两种赔偿金定性为精神损害赔偿。但《人身损害赔偿解释》第 31 条第 1 款规定：人民法院应当按照《民法通则》第一百三十一条以及本解释第二条的规定，确定第十九条至第二十九条各项财产损失的实际赔偿金额。该条第 2 款规定："前款确定的物质损害赔偿金与按照第十八条第一款规定确定的精神损害抚慰金，原则上应当一次性给付。"残疾赔偿金和死亡赔偿金分别规定在第 25 条和第 29 条，可见，这两种赔偿金被定性为物质损害赔偿金。根据《人身损害赔偿解释》第 36 条第 2 款的规定，在该解释公布施行之前已经生效施行的司法解释，其内容与该解释不一致的，以该解释为准。《精神损害赔偿解释》于 2001 年 3 月 10 日生效，《人身损害赔偿解释》于 2004 年 5 月 1 日生效，因此，伤残赔偿金和死亡赔偿金属于物质损害赔偿金，受害人还可以依据《人身损害赔偿解释》第 18 条的规定，要求精神损害赔偿。

(三)《侵权责任法》关于残疾赔偿金和死亡赔偿金的规定

《侵权责任法》第 16 条规定了残疾赔偿金和死亡赔偿金，第 22 条规定了精神损害赔偿。可见《侵权责任法》延续了《人身损害赔偿解释》对残疾赔偿金和死亡赔偿金的定性。

关于残疾赔偿金和死亡赔偿金，还有以下几点值得注意：

(1)《侵权责任法》第 16 条关于受害人致残或者死亡的赔偿项目的规定中，没有被扶养人生活费的内容。那么这是否意味着被扶养人生活费不再是残疾或者死亡赔偿的项目？

根据《最高人民法院关于适用〈中华人民共和国侵权责任法〉若干问题的通知》，人民法院适用侵权责任法审理民事纠纷案件，如受害人有被扶养人的，应当依据《人身损害赔偿解释》第 28 条的规定，将被扶养人生活费计入残疾赔偿金或死亡赔偿金。

据此，在《侵权责任法》的赔偿体系里，被扶养人生活费包括在残疾赔偿金和死亡赔偿金里，但计算方法仍然沿用《人身损害赔偿解释》的规定。

(2)《侵权责任法》第 17 条规定："因同一侵权行为造成多人死亡的，可以以相同数额确定死亡赔偿金。"

本条规定意在回应《人身损害赔偿解释》出台后引发的所谓"同命同价"的争议。

所谓"同命同价"的争议，是指关于受害人因侵权行为死亡后，究竟应当按照同样的标准确定死亡赔偿金还是按照不同的标准确定死亡赔偿金的争论。

对此有两种截然对立的观点。一种观点认为,对于不同的人,应当按照相同的标准确定死亡赔偿金。理由在于,人的生命没有高低贵贱之分,所以同命应当同价。

另一种观点则认为,应当根据不同的标准来确定不同人的死亡赔偿金。至于采用何种不同的标准,也存在各种观点。可能的标准包括:职业、收入状况、户籍、年龄等等。主张采用不同标准确定死亡赔偿金观点的理由在于,不同的人生前的生活水平、收入等都不同,死亡以后获得的赔偿当然应当与其生前的情况相适应,采用不同的标准予以赔偿。

《人身损害赔偿解释》第29条规定:"死亡赔偿金按照受诉法院所在地上一年度城镇居民人均可支配收入或者农村居民人均纯收入标准,按二十年计算。但六十周岁以上的,年龄每增加一岁减少一年;七十五周岁以上的,按五年计算。"

本条规定被许多人解读为所谓"同命不同价",认为最高人民法院根据户籍将人分为三六九等,农村户籍的人因侵权行为致死后获得的赔偿要低于城市户籍的人获得的赔偿,因此存在对农村户籍的歧视。

作为对这种解读的回应,在2006年4月3日《最高人民法院民一庭关于经常居住地在城镇的农村居民因交通事故伤亡如何计算赔偿费用的复函》中,最高人民法院民一庭针对云南省高级人民法院《关于罗金会等五人与云南昭通交通运输集团公司旅客运输合同纠纷一案所涉法律理解及适用问题的请示》作出如下答复:人身损害赔偿案件中,残疾赔偿金、死亡赔偿金和被扶养人生活费的计算,应当根据案件的实际情况,结合受害人住所地、经常居住地等因素,确定适用城镇居民人均可支配收入(人均消费性支出)或者农村居民人均纯收入(人均年生活消费支出)的标准。本案中,受害人唐某虽然是农村户口,但在城市经商、居住,其经常居住地和主要收入来源地均为城市,有关损害赔偿费用应当根据当地城镇居民的相关标准计算。

最高人民法院在2006年第9期《最高人民法院公报》上刊登了季某等诉财保海安支公司、穆某、徐某交通事故损害赔偿纠纷案。江苏省海安县人民法院认为,本案受害人季某户籍登记虽为农村居民,但根据现有证据,季某与许某婚后常年居住于海安县城,季某生前曾在海安县城多家单位从事工作,有较稳定的收入,其主要消费地也在海安县城。季某的死亡必然会影响其家庭的消费水平,其家庭可预期的未来收入势必也随之减少。故在确认季某的死亡赔偿金计算标准时,应客观考虑季某生前的经常居住地、工作地、获取报酬地、生活消费地等均在城镇的因素,以城镇居民的标准计算死亡赔偿金。据此,确认季某的死亡赔偿金应按照江苏省统计部门公布的2004年度城镇居民人均可支配收入10482元计算20年,共计209640元。

鉴于最高人民法院案例"是最高人民法院正式选编的适用法律和司法解释审理各类案件的典型裁判范例"①,因此,本案中法院的处理意见,可以看作是最高人民法院的意见。

2006年6月,河南省高级人民法院制定了《河南省高级法院关于加强涉及农民工权益案件审理工作 切实保护农民工合法权益的意见》。该意见第15条规定,受害人为农民工的医疗损害、交通肇事及其他损害赔偿案件审理中,凡在城镇有经常居住地,且其主要收入来源地为城镇的,有关损害赔偿费用根据当地城镇居民的相关标准计算。河南省法院将此意见也适用到了有关案件的审理中。②

最高人民法院及河南省高级人民法院等关于《人身损害赔偿解释》中残疾赔偿金和死亡赔偿有关规定的解释修正值得肯定。从文意来看,第25条及第29条规定了城镇居民人均可支配收入和农村居民人均纯收入两个标准,但是条文并没有明确什么样的人适用什么样的标准。根据死者生前的经常居住地、工作地、获取报酬地、生活消费地等因素,综合考量确定残疾赔偿金和死亡赔偿金的赔偿标准,具有一定合理性。

(3)关于侵权行为致人死亡后如何确定死亡赔偿金的争论,表面是关于死亡赔偿的争论,究其实质是关于赔偿对象的争论。人死亡以后,侵权人究竟应当赔偿什么?所谓"同命同价"的主张,认为赔偿对象是人的生命。如果赔偿对象是人的生命,人本无高低贵贱之分,同命同价理所当然。此种主张的问题在于,如果赔偿的是人的生命,生命无价,将导致无法赔偿。

侵权法关于死亡的赔偿对象,实际上不是人的生命。关于赔偿对象,学理上有所谓"扶养丧失说"和"继承丧失说"两种观点。"扶养丧失说"主张以被扶养人丧失的生活来源作为赔偿依据。"继承丧失说"主张以家庭整体收入的减少作为赔偿依据。无论"扶养丧失说"还是"继承丧失说",不同的人之间的赔偿数额当然会存在着差异。

在《侵权责任法》制定过程中,如何确定死亡赔偿金的标准也成为争论最多、社会关注度最高的问题之一。《侵权责任法》草案对此也是几易其稿。理解《侵权责任法》第17条,需要注意以下几点:

第一,死亡应当发生在同一侵权行为中。这是第17条适用的前提,比如,同一次车祸、同一次矿难、同一次空难等。

第二,第17条没有解决不同侵权行为导致的死亡赔偿金如何确定的问题。在目前的情况下,依然应当适用最高人民法院的有关司法解释。

---

① 参见《最高法院人民公报》征订资料,载《最高人民法院公报》2006年第9期中缝插页。
② 参见河南省南阳市中级人民法院(2006)南民二终字第672号民事判决书。

第三,按照第 17 条的规定,法院"可以"根据同一标准确定死亡赔偿金,而不是"必须"采用相同标准。这样的措辞表明,第 17 条是一种授权条款,即授权法官根据案件的实际情况,综合考量各种因素加以确定。因此,以相同数额确定死亡赔偿金并非确定死亡赔偿金的一般方式。①

第四,按照第 17 条的规定,法院可以以相同数额确定死亡赔偿金。那么究竟应该以哪个标准计算"相同数额"呢?目前法院采取的是就高不就低的做法。即如果同一侵权行为中的受害人有些要按照城镇标准计算,有些要按照农村标准计算,则都按照城镇的标准计算死亡赔偿金。

二、侵害精神性人身权的损害赔偿

(一)侵害精神性人身权损害赔偿的界定

所谓精神性人身权,指以人的精神利益为载体的人身权。根据《民法总则》第 110 条第 1 款的规定,自然人享有姓名权、肖像权、名誉权、荣誉权、隐私权、婚姻自主权等权利。侵害精神性人身权的损害赔偿,即侵害姓名权、肖像权、名誉权、荣誉权、隐私权、婚姻自主权等给予的损害赔偿。

侵害精神性人身权,可能给受害人造成精神损害,也可能给受害人造成物质损害。侵害精神性人身权之所以可能给受害人造成物质损害,原因在于精神性人身权的商品化。换言之,自然人的精神性人身权可以通过市场获得物质性回报。在上述列举的精神性人身权中,最常见的被商品化的包括姓名权及肖像权。名誉权、荣誉权、隐私权及婚姻自主权一般不可能被商品化,因此,侵害这些权利,一般只造成精神损害,可给予精神损害赔偿以及其他责任方式的救济。

精神损害赔偿部分,下节专题讨论。这里仅讨论侵害精神性人身权造成物质损害的赔偿。

(二)侵害精神性人身权损害赔偿的内容

侵害精神性人身权给予财产损害赔偿的制度,从《民法通则》就开始了。《民法通则》第 120 条规定:"公民的姓名权、肖像权、名誉权、荣誉权受到侵害的,有权要求停止侵害,恢复名誉,消除影响,赔礼道歉,并可以要求赔偿损失。""法人的名称权、名誉权、荣誉权受到侵害的,适用前款规定。"

《民通意见》第 150 条规定:"公民的姓名权、肖像权、名誉权、荣誉权和法人的名称权、名誉权、荣誉权受到侵害,公民或者法人要求赔偿损失的,人民法院可以根据侵权人的过错程度、侵权行为的具体情节、后果和影响确定其赔偿责任。"

《侵权责任法》第 20 条规定:"侵害他人人身权益造成财产损失的,按照被侵权人因此受到的损失赔偿;被侵权人的损失难以确定,侵权人因此获得利益的,

---

① 参见王胜明主编:《中华人民共和国侵权责任法释义》,法律出版社 2010 年版,第 92—93 页。

按照其获得的利益赔偿；侵权人因此获得的利益难以确定，被侵权人和侵权人就赔偿数额协商不一致，向人民法院提起诉讼的，由人民法院根据实际情况确定赔偿数额。"

《侵权责任法》第 20 条确立了损害赔偿额确定的三个方法。这些方法是对法院多年司法经验的总结，对具体案件的处理具有一定意义。

在腾格尔诉沈阳市腾格尔音乐艺术发展有限公司名誉权、姓名权、肖像权纠纷一案中，腾格尔认为被告利用自己的声誉，在公司名称中使用自己的姓名、在经营场所悬挂自己的照片构成侵权。腾格尔的诉讼请求中包括请求赔偿经济损失 10 万元。北京市海淀区人民法院一审认为，腾格尔公司在营业中未经过腾格尔同意使用腾格尔的姓名和肖像，应给予腾格尔相应的使用费补偿，具体数额由法院酌定为 2 万元。二审北京市第一中级人民法院认为，腾格尔要求赔偿经济损失的诉讼请求包含要求腾格尔公司补偿使用费的部分，原审法院判决由腾格尔公司补偿腾格尔使用费并无不当。[①] 本案中，法院以使用费来确定赔偿数额，可以看作是以原告遭受的损失来确定赔偿数额。

在刘翔诉《精品购物指南》报社肖像权纠纷一案中，刘翔认为《精品购物指南》报社未经其许可在封面上使用其肖像构成侵权。刘翔的诉讼请求中包括请求判令被告赔偿经济损失 125 万元，包括精神损害抚慰金 25 万以及被告其他不当获利 100 万元。北京市海淀区人民法院一审认为被告不构成侵权，因此对其请求概不支持。二审北京市第一中级人民法院撤销了一审判决，但对于刘翔的该项主张，法院认为，刘翔没有提供证据证实受有经济损失，故不予支持。[②] 单纯从损害赔偿的主张来看，如果案件发生在《侵权责任法》生效之后，刘翔可以根据第 20 条，主张自己的损失难以确定，要求按照对方的获利来确定损害赔偿数额，或者要求法院根据实际情况确定赔偿数额。

第六节 精神损害赔偿

一、精神损害赔偿的概念

精神损害赔偿，是指自然人在人身权益或者某些财产权益受到不法侵害，致使其本人或者其近亲属遭受精神痛苦时，受害人本人或本人死亡后其近亲属有权要求侵权人给予损害赔偿的民事法律制度。

[①] 参见北京市海淀区人民法院(2003)海民初字第 12870 号民事判决书，北京市第一中级人民法院(2004)一中民终字第 04637 号民事判决书。
[②] 参见北京市海淀区人民法院(2005)海民初字第 2938 号民事判决书，北京市第一中级人民法院(2005)一中民终字第 8144 号民事判决书。

一般而言，精神损害赔偿必须是人身权益遭受非法侵害才可以要求赔偿。财产权益遭受非法侵害也可能导致受害人精神方面的痛苦，但是，除非法律有明确规定，否则对这种痛苦不给予精神损害赔偿。[①] 精神损害包括两种情况，一种情况是因为遭受有形人身损害或者财产损害而导致的精神损害，另一种情况是未遭受有形人身损害或者财产损害而直接导致的精神损害。精神损害包括两种形态，一种是积极的精神损害即受害人可以感知的精神痛苦，另一种是消极的精神损害即受害人无法感知的知觉丧失或心智丧失。精神痛苦必须达到一定程度，才可以给予赔偿。所谓达到一定严重程度，一般认为，受害人死亡或者残疾的，均可以认定其近亲属或者本人的精神痛苦达到了一定严重程度。除此之外，需要根据具体情况加以确定。在身体权、健康权和生命权等人身权未遭受任何有形损害的前提下，受害人也可能遭受严重的精神痛苦。精神损害本身是一种无形的痛苦，无法确切计算和度量。但是，不能因为精神损害无法确切计算和度量，就不给予赔偿。对精神损害给予救济，物质性赔偿是主要的途径。除此之外，受害人还可以要求赔礼道歉等。

死者的近亲属可以提出精神损害赔偿。这里包含两层含义：第一，只有死者的近亲属可以提出精神损害赔偿；受害人未死亡的，其近亲属一般不可以提出精神损害赔偿。第二，死者近亲属提出损害赔偿的请求权基础，是死者近亲属遭受了精神损害，而不是死者遭受了精神损害。这里的近亲属，首先是配偶、父母和子女，没有配偶、父母和子女的，死者的其他近亲属可以要求精神损害赔偿。[②]

二、精神损害赔偿的法律根据

（一）《民法通则》第 120 条与第 119 条

一般认为，精神损害赔偿在民事基本法中的法律根据是《民法通则》第 120 条。该条第 1 款规定："公民的姓名权、肖像权、名誉权、荣誉权受到侵害的，有权要求停止侵害，恢复名誉，消除影响，赔礼道歉，并可以要求赔偿损失。"其中所谓"并可以要求赔偿损失"，一般认为就包括了赔偿精神损失。

侵害生命、身体及健康权等物质性人身权的场合，有学说主张扩大解释《民法通则》第 119 条。该条规定："侵害公民身体造成伤害的，应当赔偿医疗费、因误工减少的收入、残废者生活补助费等费用；造成死亡的，并应当支付丧葬费、死者生前扶养的人必要的生活费等费用。"学说认为，可以将此条规定中两处"等费用"解释为包括精神损害赔偿在内。

司法实务中判决给予物质性人身权受到侵害的受害人精神损害赔偿的第一

---

① 参见《精神损害赔偿解释》第 4 条。
② 参见《精神损害赔偿解释》第 3 条、第 7 条。

个案件,正是扩大解释了《民法通则》第119条。这一案件即著名的贾某诉北京国际气雾剂有限公司、山东龙口市厨房配套设备用具厂、北京市海淀区春海餐厅人身损害赔偿案。北京市海淀区人民法院审理查明,1995年3月8日晚7时许,原告贾某与家人及邻居在春海餐厅聚餐。被告春海餐厅在提供服务时,所使用的卡式炉燃烧气是被告北京国际气雾剂有限公司生产的"白旋风"牌边炉石油气,炉具是被告厨房用具厂生产的YSQ-A"众乐"牌卡式炉。当贾某等人使用完第一个换置第二个燃气罐继续使用约10分钟时,餐桌上正在使用的卡式炉燃气罐发生爆炸,致使贾某面部、双手烧伤,当即被送往医院治疗。医院诊断结果为:"面部、双手背部深2度烧伤,烧伤面积8%。"原告贾某主张,此次事故造成其容貌被毁,手指变形,留下残疾,不仅影响了学业,也给其身体、精神造成极大痛苦。

法院认为,依照《民法通则》第119条"侵害公民身体造成伤害的,应当赔偿医疗费、因误工减少的收入、残废者生活补助费等费用"的规定,人身损害赔偿应当按照实际损失确定。根据《民法通则》第119条规定的原则和司法实践掌握的标准,实际损失除物质方面外,也包括精神损失,即实际存在的无形的精神压力与痛苦。本案原告贾某在事故发生时尚未成年,身心发育正常,烧伤造成的片状疤痕对其容貌产生了明显影响,并使之劳动能力部分受限,严重地妨碍了其学习、生活和健康,除肉体痛苦外,无可置疑地给其精神造成了伴随终身的遗憾与伤痛,必须给予抚慰与补偿。赔偿额度要考虑当前社会普遍生活水准、侵害人主观动机和过错程度及其偿付能力等因素。据此,法院判决被告给予精神损害赔偿10万元。[①]

(二)《精神损害赔偿解释》

《精神损害赔偿解释》于2001年3月10日施行,是最高人民法院在总结多年民事侵权精神损害赔偿案件审理经验、吸收学说研究成果的基础上作出的重要司法解释,是法院审理精神损害赔偿案件重要的法律依据。

(三)《侵权责任法》

《侵权责任法》第22条规定:"侵害他人人身权益,造成他人严重精神损害的,被侵权人可以请求精神损害赔偿。"这是我国法律第一次明确规定精神损害赔偿,意义重大。

三、精神损害赔偿的范围与条件

(一)精神损害赔偿所依据的人格权基础

《精神损害赔偿解释》第1条规定:"自然人因下列人格权利遭受非法侵害,

---

① 参见北京市海淀区人民法院(1995)海民初字第5287号民事判决书。

向人民法院起诉请求赔偿精神损害的,人民法院应当依法予以受理:(一)生命权、健康权、身体权;(二)姓名权、肖像权、名誉权、荣誉权;(三)人格尊严权、人身自由权。""违反社会公共利益、社会公德侵害他人隐私或者其他人格利益,受害人以侵权为由向人民法院起诉请求赔偿精神损害的,人民法院应当依法予以受理。"

《精神损害赔偿解释》第2条规定:"非法使被监护人脱离监护,导致亲子关系或者近亲属间的亲属关系遭受严重损害,监护人向人民法院起诉请求赔偿精神损害的,人民法院应当依法予以受理。"

《精神损害赔偿解释》第4条规定:"具有人格象征意义的特定纪念物品,因侵权行为而永久性灭失或者毁损,物品所有人以侵权为由,向人民法院起诉请求赔偿精神损害的,人民法院应当依法予以受理。"一般而言,精神损害赔偿所依据的只能够是人身权利。但是,那些被权利人赋予特定精神内涵、具有人格象征意义的特定物,对权利人而言,具有类似人身权利一样的精神价值。因此,第4条作出这样的规定,是为精神损害赔偿权利依据的例外。需要注意的是,《侵权责任法》第22条将精神损害赔偿限定在侵害他人人身权益的场合。二者如何协调,值得讨论。

(二)侵犯死者导致死者近亲属精神损害的情况

《精神损害赔偿解释》第3条规定:"自然人死亡后,其近亲属因下列侵权行为遭受精神痛苦,向人民法院起诉请求赔偿精神损害的,人民法院应当依法予以受理:(一)以侮辱、诽谤、贬损、丑化或者违反社会公共利益、社会公德的其他方式,侵害死者姓名、肖像、名誉、荣誉;(二)非法披露、利用死者隐私,或者以违反社会公共利益、社会公德的其他方式侵害死者隐私;(三)非法利用、损害遗体、遗骨,或者以违反社会公共利益、社会公德的其他方式侵害遗体、遗骨。"

(三)侵害他人生命权或者自然人死亡后近亲属提出精神损害赔偿时的范围及顺序

《精神损害赔偿解释》第7条规定:"自然人因侵权行为致死,或者自然人死亡后其人格或者遗体遭受侵害,死者的配偶、父母和子女向人民法院起诉请求赔偿精神损害的,列其配偶、父母和子女为原告;没有配偶、父母和子女的,可以由其他近亲属提起诉讼,列其他近亲属为原告。"

(四)精神损害赔偿诉讼不予受理或者不予支持的情况

(1)法人或者其他组织提出的精神损害赔偿请求,不予受理。《精神损害赔偿解释》第5条规定:"法人或者其他组织以人格权利遭受侵害为由,向人民法院起诉请求赔偿精神损害的,人民法院不予受理。"

(2)当事人在侵权诉讼后单独提出精神损害赔偿的,不予受理。《精神损害赔偿解释》第6条规定:"当事人在侵权诉讼中没有提出赔偿精神损害的诉讼请求,诉讼终结后又基于同一侵权事实另行起诉请求赔偿精神损害的,人民法院不予受理。"

(3) 未造成严重后果的,一般不予支持。《精神损害赔偿解释》第8条规定:"因侵权致人精神损害,但未造成严重后果,受害人请求赔偿精神损害的,一般不予支持,人民法院可以根据情形判令侵权人停止侵害、恢复名誉、消除影响、赔礼道歉。"

(五) 确定精神损害赔偿考虑的因素

精神损害赔偿的前提是精神损失,而精神损失是无形的,无法精确度量。如果完全按照填补损失的思想,将导致这种损失无法填平。因此,精神损害赔偿的具体数额,要根据各种因素综合确定。

《精神损害赔偿解释》第10条规定:"精神损害的赔偿数额根据以下因素确定:(一)侵权人的过错程度,法律另有规定的除外;(二)侵害的手段、场合、行为方式等具体情节;(三)侵权行为所造成的后果;(四)侵权人的获利情况;(五)侵权人承担责任的经济能力;(六)受诉法院所在地平均生活水平。""法律、行政法规对残疾赔偿金、死亡赔偿金等有明确规定的,适用法律、行政法规的规定。"

(六) 过错相抵

过错相抵规则对精神损害赔偿数额的确定也有适用。《精神损害赔偿解释》第11条规定:"受害人对损害事实和损害后果的发生有过错的,可以根据其过错程度减轻或者免除侵权人的精神损害赔偿责任。"

(七) 精神损害请求权不得让与或者继承

《人身损害赔偿解释》第18条第2款规定:"精神损害抚慰金的请求权,不得让与或者继承。但赔偿义务人已经以书面方式承诺给予金钱赔偿,或者赔偿权利人已经向人民法院起诉的除外。"

本条规定参考了我国台湾地区"民法"第195条。精神损害赔偿请求权是对人身权益受损的救济,具有一定人身专属性,因此,不得让与或者继承。赔偿义务人通过书面方式同意给予赔偿,或者赔偿权利人已经起诉的,该请求权可以让与或者继承。

第七节 其他侵权责任方式

《侵权责任法》第15条规定:"承担侵权责任的方式主要有:(一)停止侵害;(二)排除妨碍;(三)消除危险;(四)返还财产;(五)恢复原状;(六)赔偿损失;(七)赔礼道歉;(八)消除影响、恢复名誉。""以上承担侵权责任的方式,可以单独适用,也可以合并适用。"本条规定基本上延续了《民法通则》第134条的内容。

赔偿损失前面已经讨论过。下面分别讨论其他侵权责任方式。

一、停止侵害

根据《侵权责任法》第 21 条的规定,侵权行为危及他人人身、财产安全的,被侵权人可以请求侵权人承担停止侵害的责任。加害行为正在侵害他人民事权益,如果不立即停止将导致损失的延续或者扩大的,被侵权人可以请求侵权人停止加害行为。此处需要停止侵害的行为包括各种具体加害行为,也包括构成不正当竞争的行为。

停止侵害是一种预防性救济措施,具有广泛的适用性。在侵害肖像权、姓名权的案件中,原告一般都会主张停止侵害。

需要注意的是,停止侵害可以分为作为民事责任的停止侵害与程序性的停止侵害。《民法通则》第 134 条和《侵权责任法》第 15 条规定的停止侵害是作为民事责任的停止侵害。《商标法》第 65 条、《专利法》第 66 条、《著作权法》第 50 条规定的是程序性的停止侵害。

(一)停止侵害责任的构成要件

1. 侵害民事权益的行为正在进行中

侵害行为正在进行中,如果不停止将导致损失的延续或者扩大,停止侵害的责任方式才有适用的必要。停止侵害责任的核心是侵害的"停止",因此,对尚未发生和已经终止的侵害行为不适用停止侵害责任。

比如,在刘翔诉《精品购物指南》报社肖像权纠纷一案中,刘翔请求法院判令被告停止使用其肖像的行为。二审北京市第一中级人民法院认为,(《精品购物指南》)千期专刊已经发行,报社在千期专刊封面使用刘翔肖像的行为已经完成,故刘翔要求停止侵权行为,显然不现实,无法得到支持。[1]

在侵害肖像权、姓名权的案件中,原告一般都会主张停止侵害。但停止侵害的主要目的是防止侵害后果的扩大,它可以适用于各种侵权行为。例如,砍伐他人林木,销售侵害他人注册商标的商品,印刷销售侵害他人名誉权、著作权的书籍,排放有害气体,在网上暴露他人的隐私,进行不正当竞争等。

对侵害时间的认定可扩大解释,即停止侵害责任不仅适用于正在进行的侵害行为,而且适用于很可能重复进行侵害的情况。例如,一个成年人经常殴打他的母亲,法院为保护被侵权人身体完整性发出了禁止令等。[2]

---

[1] 参见北京市第一中级人民法院(2005)一中民终字第 8144 号民事判决书。
[2] 参见〔德〕克雷斯蒂安·冯·巴尔:《欧洲比较侵权行为法》(下卷),焦美华译,法律出版社 2004 年版,第 167—169 页。

2. 停止侵害责任的承担无须以过错为要件

通说认为,停止侵害无须以过错为要件。

在湖南王跃文诉河北王跃文等侵犯著作权、不正当竞争纠纷案中,法院查明,原告湖南王跃文系国家一级作家,擅长撰写官场小说,在全国范围内享有较高知名度,其1999年创作的小说《国画》,被"中华读书网"称为十大经典反腐小说的代表作。2004年6月,原告湖南王跃文在被告叶国军经营的叶洋书社购买了长篇小说《国风》。该书定价25元,由被告华龄出版社出版,被告中元公司负责发行。该书封面标注的作者署名为"王跃文",封三下方以小号字刊登的作者简介为:"王跃文,已发表作品近百万字,并触及敏感问题,在全国引起较大争议"。发行商中元公司给书商配发的该书大幅广告宣传彩页上,以黑色字体标注着"王跃文最新长篇小说""《国画》之后看《国风》""华龄出版社隆重推出""风行全国的第一畅销小说"等内容。另查明:被告河北王跃文原名王立山,后改名为王跃文。在《国风》一书出版前,未发表过任何文字作品。

原告湖南王跃文主张,四被告严重侵犯原告的著作权,且对原告构成不正当竞争,请求判令四被告:(1) 停止侵权,公开赔礼道歉;(2) 连带赔偿原告的经济损失50万元,原告为诉讼的合理开支3万元;(3) 负担本案诉讼费用。

关于停止侵害部分,长沙市中级人民法院判令被告叶国军、河北王跃文、中元公司、华龄出版社立即停止对原告湖南王跃文的不正当竞争行为。关于叶国军部分,法院认为,被告叶国军从正规渠道进货,并在获取相关委托手续后才销售《国风》一书。作为一般图书经营者,叶国军已尽合理的注意义务,对本案的不正当竞争后果不具有主观过错,无须承担赔偿责任,但若继续销售《国风》一书,则是扩大不正当竞争损害后果,故应当停止销售。①

可见,停止侵害责任的承担无须以过错为要件。

3. 损害后果已经出现或者将要出现

民事权益正在受到侵害又分为两种情况:一种情况是民事权益正在遭受侵害,损害后果已经显现。例如销售侵害他人注册商标的商品。另一种情况是侵害民事权益的行为正在进行中,损害后果还未显现,但如果行为不停止的话,损害后果就会出现。例如,正在印刷侵害他人名誉权的书籍,尚未造成他人名誉的贬损,但如果任其行为正常延续的话,损害后果将会出现。

如果没有侵害他人的民事权益,权利人无权主张停止侵害。在刘翔诉《精品购物指南》报社肖像权纠纷一案中,刘翔除请求法院判令被告停止在《精品购物指南》封面使用其肖像的行为外,还要求被告对2004年第80期(总第1003期)《精品购物指南》第18版中的肖像停止使用。北京市第一中级人民法院认为,由

---

① 参见湖南省长沙市中级人民法院(2004)长中民三初字第221号民事判决书。

于在不构成侵权的条件下可以对肖像进行使用,故刘翔无权要求《精品购物指南》报社一概停止使用其肖像,更无权要求精品报社停止使用不构成侵权的千期专刊第18版中的肖像。①

(二)停止侵害责任的承担

侵害行为造成损害的,行为人除承担停止侵害责任外,还应当承担赔偿损失的责任。②

有些营业活动造成附近居民的侵害,如果停止营业对更多的人不利,则可采取特定时间暂停营业或者用金钱补偿等方法解决。③

二、排除妨碍

根据《侵权责任法》第21条的规定,侵权行为危及他人人身、财产安全的,被侵权人可以请求侵权人承担排除妨碍的责任。侵权行为使他人无法正常行使民事权利或者享有民事权益的,被侵权人可以请求侵权人排除妨碍。

排除妨碍是一种预防性救济措施,不要求受害人遭受实际的损失。

(一)排除妨碍责任的构成要件

1. 存在妨碍他人正常行使民事权利或者享有民事权益的行为或者状态

妨碍状态多数是行为造成的,比如,堆放物品影响他人通行,违章建筑妨碍相邻一方通风、采光,在他人建筑物上设置广告,将有害液体泄露在他人的土地上,等等。妨碍状态也有自然原因形成的,例如树根蔓延至相邻一方的土地。

排除妨碍与停止侵害关系密切,但二者针对的是不同的侵权事实。排除妨碍一般针对对权利的行使构成妨碍的行为或状态,停止侵害一般针对对权利本身构成侵害的行为。排除妨碍针对的妨碍对受害人的不利影响多表现为静态,而停止侵害针对的侵害对受害人的不利影响多表现为动态。

在有些场合,排除妨碍与停止侵害不容易区分清楚。

在梁某诉史某等侵权赔偿纠纷案中,法院查明,原告承包了属于磨湾村东洼组的石门荒沟,承包期限20年。合同约定,原告可根据需要对荒沟进行平整、改良。2010年6月6日,原告租赁挖掘机、铲车各1台开始对石门荒沟进行平整时,二被告以该荒沟属于寺河村为由,阻挡机械施工,致使机械闲置6天。6月11日,寺河乡村镇建设发展中心召集磨湾村、寺河村干部,依据两个村于1992年3月签订的权属界线协议书,经过双方现场指认界点,并经土地管理部门卫星定位、测绘界线图,确认原告承包的石门荒沟属磨湾村界内。6月12日,原告重

---

① 参见北京市第一中级人民法院(2005)一中民终字第8144号民事判决书。
② 参见广东省广州市中级人民法院(2005)穗中法民二终字第1770号民事判决书。
③ 参见魏振瀛主编:《民法》(第7版),北京大学出版社、高等教育出版社2017年版,第680页。

新开始施工。6月14日早,被告段某再次阻挡机械施工,直至6月18日,致机械再次闲置5天。6月21日,原告起诉,要求二被告立即停止对原告荒沟平整改良工程施工的阻挡,并赔偿因被告阻挡行为给原告造成的经济损失2.2万元。

灵宝市人民法院认为,原告承包属于寺河乡磨湾村东洼组的石门荒沟,在对该荒沟进行工程施工时,二被告阻挡原告正常施工,二被告的行为属侵权行为,同时给原告造成了相应经济损失。原告要求二被告停止侵权行为,并赔偿因侵权行为给原告造成的经济损失2.2万元,合法有据,本院予以支持。法院判决:(1)二被告不得对原告石门荒沟施工设置障碍或阻挡。(2)二被告共同赔偿原告梁某经济损失2.2万元。[①]

在本案中,究竟适用停止侵害还是排除妨碍,判决书也语焉未详。笔者认为,本案中,被告的行为主要表现为妨碍了原告正常权利的行使,因此,适用排除妨碍更合适些。当然,在很多场合,适用停止侵害和排除妨碍都可以对原告加以救济,作更细致的区分并没有太多实益。原告在起诉时往往会同时提出停止侵害、排除妨碍的主张。

2. 妨碍行为或状态不具有正当性

妨碍行为或状态不具有正当性,是指妨碍行为或状态没有法律根据或者合同约定,缺乏合理性。有些妨碍同时造成他人财产损失,例如,在施工过程中,塔吊因超负荷砸坏了他人的房屋,并阻塞了通道。妨碍状态一般都给他人造成不便,但给予排除妨碍的救济,还需要看妨碍是否超过了合理的限度。现代社会,轻微的妨碍势所难免。妨碍状态是否超过了合理的限度,应当结合当时当地人们一般的观念判断。

3. 不以过错的存在为必要

被侵权人主张排除妨碍时,无须考虑侵权人的过错。这意味着,侵权人即使没有过错,也应当承担排除妨碍的责任。同时,如果侵权人存在过错,当然更应当承担排除妨碍的责任。

(二)行为妨碍人与状态妨碍人

通过行为造成妨碍状态的人为行为妨碍人。妨碍状态的出现虽然与某人的行为无关,但是有责任排除这种妨碍的人为状态妨碍人。例如,他人在夜里把散发臭味的垃圾倒在甲使用的土地上,这些垃圾也给乙使用土地造成了无法忍受的状态。在这种情况下,甲是状态妨碍人,有责任清除这些垃圾。按照德国民法理论,此例中甲对其使用的土地为其责任领域,甲承担责任是由于"后果不法",

---

[①] 参见河南省灵宝市人民法院(2010)灵民一初字第1387号民事判决书。

责任性质属于"状态责任"。①

三、消除危险

根据《侵权责任法》第 21 条的规定，侵权行为危及他人人身、财产安全的，被侵权人可以请求侵权人承担消除危险的责任。消除危险属于预防性救济措施。《民通意见》第 103 条规定："相邻一方在自己使用的土地上挖水沟、水池、地窖等或者种植的竹木根枝伸延，危及另一建筑物的安全和正常使用的，应当分别情况，责令其消除危险，恢复原状，赔偿损失。"

消除危险责任需要以下构成要件：

（一）存在危及他人人身、财产安全的现实危险

何种情况下构成危险，应当根据一般社会观念确定，有的需要技术鉴定。例如，房屋将要倒塌，剧烈的机械震动使相邻一方的墙壁产生裂缝，从事高度危险作业没有按照规定采取必要的安全防护措施等。

危险必须是现实的，而不是主观臆想出来的。比如，家人怀孕，担心无线 wifi 对孕妇及胎儿产生危险，从而要求邻居都不能使用。就目前的科技认知来看，无线 wifi 应该不会对孕妇及胎儿产生危险。此种危险就是一种主观臆想的危险。

消除危险针对的危险极有可能导致他人损害，但损害一般尚未发生。当然，也有损害已经发生，但还可能有更大损害发生的危险。此时，也存在消除危险的必要。比如，建筑物的部分墙体倒塌，砸坏受害人的部分财产。如果不及时消除危险的话，整个建筑物都可能倒塌，从而造成更大的损失。

（二）危险的存在是由某人的行为或者其管理的物造成的

前者如企业从事拆迁作业等行为，后者如归某公司所有或者管理的危险建筑物等。

（三）不以过错的存在为必要

危险状态如果不及时消除，很可能会给受害人造成现实的损失。因此，被侵权人主张消除危险时，无须考虑侵权人的过错。这意味着，侵权人即使没有过错，也应当承担消除危险的责任。如果侵权人存在过错，当然更应当承担消除危险的责任。

四、返还财产

返还财产是指将侵占他人的特定财产返还给被侵权人。《民法通则》第 117

---

① 参见〔德〕迪特尔·施瓦布：《民法导论》，郑冲译，法律出版社 2006 年版，第 268 页；〔德〕马克西米利安·福克斯：《侵权行为法》，齐晓琨译，法律出版社 2006 年版，第 135 页。

条第 1 款规定:"侵占国家的、集体的财产或者他人财产的,应当返还财产,不能返财产的,应当折价赔偿。"

基于合同、无因管理、不当得利、拾得遗失物和占有等法律关系,也会发生返还原物。但是这些法律关系与侵权关系的性质不同,基于这些法律关系的返还原物与基于侵权的返还财产责任的性质不同。

返还财产责任需要以下构成要件:

(一) 存在侵占或者以其他不合法方式占有他人特定财产的侵权行为

返还财产是侵权责任的方式,承担侵权责任需要以侵权行为构成为前提。因此,返还原物需要有侵占或者以其他不合法方式占有他人特定财产的侵权行为。

侵占他人的物是指非法占有他人的物,抢劫、盗窃、强行占有他人的物属于侵占,以其他不合法的方式占有他人财产的行为也属于侵占,例如,擅自长期占有或者使用他人的物。

(二) 被侵占的财产是特定物或者被特定化的种类物

返还财产针对的财产应当是特定物或者已经被特定化的种类物。如果是一般可以替代的种类物,可以看作返还财产,也可以看作是以物进行的损害赔偿。

(三) 财产具备返还的条件

财产具备返还的条件,首先需要财产仍然存在且未被毁损。如果财产已经灭失,则没有返还的可能;如果财产没有灭失,但是已经被毁损,此时要看财产被毁损的程度,赋予被侵权人选择请求返还财产或者赔偿损失的权利。其次,返还财产的成本应当是合理的。如果返还财产的花费甚巨,则应当赔偿损失。

当财产被转卖无法追回时,可以返还价款作为返还财产的替代。

在路某与韩某返还财产纠纷上诉案中,河南省辉县人民法院查明:本案争议车辆(车号为豫 E34591 及挂车豫 E4473)由万某从安阳国安运销有限责任公司购买,后万某以 10.75 万元的价格卖给了路某,路某将车款付清。2005 年 6 月 3 日,路某与安阳国安运销有限责任公司补办了买卖协议。之后,路某交由韩某帮助运输。其间,韩某私自将该车变卖,得款 5 万元。

辉县法院认为:《民法通则》第 117 条第 1 款规定,侵占国家的、集体的财产或者他人财产的,应当返还财产,不能返还财产的,应当折价赔偿。本案中,路某从他人手中购买的车辆,并有证据证明该车的所有权归其所有,韩某使用后在未征得路某同意的情况下私自将车卖掉,其行为已构成侵权,理应承担相应的赔偿责任,路某现要求韩某返还车辆或赔偿损失理由正当,应予以支持,但该车辆韩某已经卖掉,现对其价格也无法认定,应按照韩某销售车辆所得实际价款予以返还路某为宜,不足部分待路某证据充分后,可另行主张。①

在我国台湾地区"民法"上,返还财产属于损害赔偿中回复原状的范畴。②

五、恢复原状

《民法通则》第 117 条第 2 款规定:"损坏国家的、集体的财产或者他人财产的,应当恢复原状或者折价赔偿。"

恢复原状有狭义、广义和最广义之分。狭义的恢复原状是指将受到损坏的物恢复到侵权行为发生之前的状态,包括动产修理、不动产修缮、填平被挖掘的土地、恢复被填平的湖泊、修复被堵塞的航道等。广义的恢复原状是指将受到损害的民事权益恢复到受侵害之前的状态,但金钱赔偿除外。最广义的恢复原状是指将受到损害的民事权益恢复到受侵害之前的状态,包括金钱赔偿在内。③

在我国,恢复原状与回复原状的含义相同。《民法通则》《侵权责任法》及《民法总则》都使用"恢复原状"一词,并采狭义的恢复原状概念。

恢复原状责任需要以下构成要件:

(一)动产或者不动产受到损坏

动产或者不动产的损坏是指其外在形态被破坏、变形或者内在质量降低,影响原有的使用功能,降低了原有的价值。

(二)恢复原状有可能和必要

恢复原状有可能是指可以将被损坏的物恢复到受侵害前的状态,无法修复的不适用恢复原状责任。恢复原状有必要,主要是从成本角度考虑的。如果恢复原状花费过巨,甚至超过了被损坏的物的价值,一般不适用恢复原状责任。

在我国台湾地区,使用"回复原状"一词并采广义的回复原状概念。台湾地区"民法"第 213 条第 1 项规定:"负损害赔偿责任者,除法律另有规定或者契约另有约定外,应回复他方损害发生前原状。"第 215 条规定:"不能回复原状或回复原状显有困难者,应以金钱赔偿。"灭失之物如果是具代替性的新物,则应赔偿同类的新物;如果是具代替性的旧物,则应赔偿同类等价物。仅在灭失物为不可替代物时,才以金钱赔偿。

1999 年台湾地区"民法"债编修订时,增加第 213 条第 3 项规定:"第 1 项之情形,债权人得请求支付回复原状所必要之费用,以代替回复原状。"此项修订被认为是损害赔偿金钱化的一项重大制度性变革。其立法理由认为,民法损害赔偿之方法,以回复原状为原则,金钱赔偿为例外。然回复原状,若必由债务人为

---

① 参见河南省新乡市中级人民法院(2010)新中民四终字第 136 号民事判决书。
② 参见王泽鉴:《财产上损害赔偿》(三),载台湾《月旦法学》第 135 期。
③ 参见魏振瀛主编:《民法》(第 7 版),北京大学出版社、高等教育出版社 2017 年版,第 696 页。

之,对被害人有时可能缓不济急,或者不能符合被害人之意。为期合乎实际需要,并使被害人获得更周密之保障,爰参考《德国民法典》第249条后段之立法例,增设第三项,使被害人得请求回复原状所必要之费用,以代回复原状。①

恢复原状与损害赔偿关系密切。我国台湾地区"民法"以回复原状为原则,价值损害赔偿为例外。我国大陆地区正好相反,受害人财物受损,多数给予赔偿救济而不是恢复原状。

在浙江中隧建设投资有限公司等与张某等财产损害赔偿纠纷上诉案中,陕西省榆林市中级人民法院认为,根据我国有关法律规定:国家、集体、公民的合法财产受法律保护,禁止任何组织、个人侵犯、破坏,否则要恢复原状或折价赔偿。张某等四人的住房属合法财产,浙江中隧建设投资有限公司在施工中实施爆破作业,致使其房屋裂缝受损,故应当对房屋裂缝的损失承担赔偿责任。陕西红柠铁路有限公司属工程的发包人,当张某等人的房屋出现裂缝后,书面承诺对损坏房屋进行赔偿,但一直未做赔偿,故应对房屋损失承担连带赔偿责任。②

本案中,上诉人施工爆破致使被上诉人房屋裂缝受损,法院没有判决恢复原状,而是判决赔偿损失,符合我国大陆地区法院的通行做法。

六、赔礼道歉

赔礼道歉是指侵权人承认其错误行为、并就其行为给被侵权人造成的不利后果表示歉意。

赔礼道歉是一种精神性的责任方式,它所针对的是被侵权人遭受的精神损害。但是,通过赔礼道歉加以救济的精神损害,不是必然要给予精神损害赔偿。是否给予精神损害赔偿,需要看有关精神损害赔偿的规定。

《精神损害赔偿解释》第8条规定:"因侵权致人精神损害,但未造成严重后果,受害人请求赔偿精神损害的,一般不予支持,人民法院可以根据情形判令侵权人停止侵害、恢复名誉、消除影响、赔礼道歉。""因侵权致人精神损害,造成严重后果的,人民法院除判令侵权人承担停止侵害、恢复名誉、消除影响、赔礼道歉等民事责任外,可以根据受害人一方的请求判令其赔偿相应的精神损害抚慰金。"本条规定强调精神损害赔偿与侵权后果严重程度的关系,这一点与《侵权责任法》第22条的规定精神是一致的。

造成他人精神损害的,可以是他人人身权益的损害,也可以是他人财产权益的损害。比如,放火将他人房屋烧毁,导致他人颠沛流离,居无定所。此时他人

---

① 参见王泽鉴:《财产上损害赔偿(三)》,载台湾《月旦法学》第135期。
② 参见陕西省榆林市中级人民法院(2010)榆中法民二终字第203号民事判决书。

要求赔礼道歉,似乎不是过分的要求。在前文讨论过的湖南王跃文诉河北王跃文等侵犯著作权、不正当竞争纠纷案中,长沙市第一中级人民法院认为,赔礼道歉是人身权利受到侵害时,侵权人承担民事责任的方式。由于各被告的行为不构成侵犯著作权,故对此项诉讼请求不予支持。[①] 此结论似乎有待斟酌。

赔礼道歉有助于抚慰被侵权人的精神伤害,化解矛盾,维护社会和谐,具有其他责任方式不可替代的作用。

赔礼道歉可以是口头的,也可以是书面的。在诉讼过程中,如果侵权人现场口头道歉或者在诉讼外进行了道歉,被侵权人接受的,则无须再进行书面赔礼道歉。但赔礼道歉是侵权人向受害人表达歉意的方式,其目的在于受害人所受精神伤害的慰藉。如果口头道歉无法得到受害人谅解,则应当继续道歉。

在上诉人艺龙网信息技术(北京)有限公司(以下简称艺龙网公司)与被上诉人葛优肖像权纠纷一案中,艺龙网公司二审主张其在接到葛优起诉后及时删除了涉案微博且发表了致歉声明,故一审法院不应判决其再次于微博中道歉。

二审北京市第一中级人民法院认为,艺龙网公司该项上诉主张不应予以支持,理由有二:

其一,赔礼道歉作为一种向对方表示歉意进而请求对方原谅的表达行为,既是道德责任,也是法律责任,两种责任的区别在于,作为民事法律责任承担方式,法律赋予了其强制性的力量。当赔礼道歉作为民事责任承担方式以法院判决的形式作出时,能够更有效地平息当事人之间的纷争,并对社会形成行为指引,其起到的社会效果、公示效果及法律效果与当事人在诉讼之外的道歉显然不同。因此,艺龙网公司认为其诉讼之外的主动道歉等同于法院判决赔礼道歉的观点不能成立。

其二,赔礼道歉作为民事责任承担方式的一种具有承认错误、表示歉意并请求对方谅解的功能,是对被侵权人内心伤害的一种填补,与其他责任承担方式不同的是,赔礼道歉的效果难以量化。因此,当一方当事人在诉讼之外已经进行赔礼道歉,但并未得到被侵权人的谅解,且被侵权人在诉讼中仍然坚持要求法院判决赔礼道歉时,法院应对诉讼外的道歉予以审查,确定道歉是否已经达到了应达到的效果,即是否对被侵权人的内心伤害予以弥补。

本案中,艺龙网公司确实发布了含有致歉内容的微博,但从整体来看,上述致歉微博的语气表达轻松诙谐,缺乏严肃性,且再次涉及宣传品牌的表述。在葛优不认可该致歉微博且坚持要求法院判决赔礼道歉的情况下,本院认为,上述致歉微博不能达到相应的致歉效果。故在艺龙网公司确实侵犯了葛优肖像权的情

[①] 参见湖南省长沙市中级人民法院(2004)长中民三初字第221号民事判决书。

形下,一审法院判决艺龙网公司在其微博上公开发布致歉声明并无不当。①

诉讼中,法院如果支持原告要求被告赔礼道歉的请求,判词往往如下:被告于本判决生效后10日内向原告书面致歉,内容需经本院审核,逾期不执行的,本院将在相关媒体上刊登本判决书的主要内容,所需费用由被告承担。② 这种执行方式究竟能否起到赔礼道歉应有的效果,值得反思。

有学说认为,赔礼道歉必须是侵权人发自内心地承认错误、表示歉意,因此,赔礼道歉属于不可代替行为,不可强制执行。法院采用刊登判决书的方式,仅仅起到了消除影响或者恢复名誉的效果,不宜作为赔礼道歉的替代方式。赔礼道歉能否作为一种法律责任的方式,也值得讨论。③ 笔者认为,赔礼道歉的重点不在于侵权人的内心,而在于受害人内心的感受。侵权人被迫道歉可能比自愿道歉更能慰藉受害人精神受到的伤害。因为侵权人不愿意就放弃让其赔礼道歉,其合理性值得商榷。

七、消除影响、恢复名誉

加害行为给他人造成不良影响的,被侵权人可以请求侵权人消除影响。

加害行为贬损他人名誉的,被侵权人可以请求侵权人为其恢复名誉。

《民法通则》第134条和《侵权责任法》第15条将消除影响和恢复名誉放在一项中规定,主要是因为二者关系密切。在侵害名誉权的场合,消除影响可以作为恢复名誉的方法。但是,二者所针对的侵权行为有所不同。消除影响的目的在于澄清因被告行为导致的不实事实。此种不实事实不限于涉及名誉的不实事实,因此,消除影响和恢复名誉不必然总是同时适用。

在上海帕弗洛文化用品有限公司诉上海艺想文化用品有限公司擅自使用知名商品特有名称、包装、装潢纠纷案中,上海市第一中级人民法院认为,原告从2004年起就开始经营"毕加索"书写工具,并将现有设计运用到商品的包装装潢上。被告于2008年5月成立,生产、销售"毕加索金笔"。原、被告双方生产、销售的是同类商品,属于同业竞争者。从原、被告双方商品名称及其包装装潢的比对情况可以看出,无论是商品名称(包括"毕加索"及902、903、908各型号与款式的名称)、"毕加索"、中英文标识的组合方式及其标注的位置,还是钢笔装潢与包装装潢上图案、文字与色彩的组合方式,被告均与原告的上述信息形成一一对应关系(除902A钢笔的笔盒外)。被告对原告所述两者近似性的对比情况亦表示无异议,故原、被告双方生产、销售的902、903、908型钢笔的商品名称与包装装

---

① 北京市第一中级人民法院(2018)京01民终97号民事判决书。
② 参见北京市第一中级人民法院(2017)京01民终509号民事判决书。
③ 参见吴小兵:《赔礼道歉的合理性研究》,载《清华法学》2010年第6期。

潢构成近似(除902A钢笔的笔盒以外)。被告的关联公司通过在香港注册含有"毕加索"或与之相近的企业名称,在国家商标局与香港商标注册处分别申请注册"毕加索"等商标。被告在系争商品上标注了上述未核准注册的商标标识以及香港公司的名称,使用与原告商品极其近似的标识与装潢,并在网上大肆做宣传,故被告从设立之初就存在仿冒原告商品名称及其包装装潢的故意,且主观恶意明显。仿冒他人商品的商品名称、包装装潢是一种违反公平和诚实信用原则的不正当竞争行为,其行为会造成消费者对商品的误认和误购。同时,由于原、被告双方销售的是同类商品,而被告的商品价格与原告的价格相比明显较低,故被告的行为还将直接损害原告的经济利益与商品信誉。因此,尽管原告在本案中主张其商品为知名商品的请求未获支持,但基于原告成立在先,经过数年经营已形成一定规模并有相应的消费群体,而被告生产、销售故意仿冒原告"毕加索"商品名称与包装装潢的商品,违反了公平与诚实信用原则,故被告的行为对原告构成了不正当竞争。被告实施了不正当竞争行为,依法应当承担停止侵害、消除影响并赔偿损失的民事责任。据此法院判定,被告于本判决生效之日起立即停止对原告的不正当竞争行为;被告于本判决生效之日起30日内就其不正当竞争行为在《新民晚报》上刊登声明以消除影响,声明内容须经法院审核。①

本案中,被告不正当行为给原告造成了损失,同时其行为会造成消费者对商品的误认和误购。因此,法院判决被告停止侵害、消除影响并赔偿损失。但是,被告行为并未给原告名誉造成影响,因此无须判决被告承担恢复名誉的责任。

随着人权观念和人格权观念的增强,消除影响和恢复名誉就显得更加重要。消除影响和恢复名誉难以用其他责任方式替代。

为消除影响和恢复名誉责任所应采取的措施,应当结合侵权行为的具体情况和后果而定。应当在不良影响和贬损名誉所及的范围内,采取妥当措施;既不应敷衍了事,也要避免方式不当反而扩大不良影响和贬损名誉。

八、侵权责任方式的开放性

侵权责任方式应当能够救济受害人遭受的不利益。故而,侵权责任的方式取决于受害人遭受的不利益。《侵权责任法》规定了八种主要的侵权责任方式,所谓"主要"意味着还有其他责任方式,即侵权责任方式具有开放性。侵权责任方式的开放性体现在法律可以有特别规定,还体现在人民法院审判实践中可以根据案件具体情况适用民事责任方式。例如,人民法院在审理知识产权案件中,采用的"废弃侵权物"是对《民法通则》第134条规定的责任方式的灵活适用,"废

---

① 参见上海市第一中级人民法院(2009)沪一中民五(知)初字第20号民事判决书。

弃侵权物"可能成为侵害知识产权的一种独立的责任方式。

现代社会是高科技社会、高风险社会、注重人格尊严的社会,伴随而来的是民事权益种类的增多,侵权的方法多样,侵权责任方式也应当有所发展。侵权责任方式既要贯彻法定原则,又要灵活适用;既要充分保护民事权益,又要不限制人们的自由,这是构建和谐社会的需要。[1]

---

[1] 参见魏振瀛主编:《民法》(第7版),北京大学出版社、高等教育出版社2017年版,第698页。

课外研习及阅读

课外研习

1. 查找北京市海淀区人民法院(2003)海民初字第 12870 号民事判决书、北京市第一中级人民法院(2004)一中民终字第 04637 号民事判决书;北京市第一中级人民法院(2005)一中民终字第 8144 号民事判决书;上海市第一中级人民法院(2009)沪一中民五(知)初字第 20 号民事判决书;北京市第一中级人民法院(2017)京 01 民终 509 号民事判决书。分析法院关于精神损害赔偿及侵害人身权益造成财产损失赔偿的确定。

2. 查找湖南王跃文诉河北王跃文等侵犯著作权、不正当竞争纠纷案,分析法院关于停止侵害、赔礼道歉、赔偿损失等责任方式的适用。

3. 查找最高人民法院《关于审理证券市场因虚假陈述引发的民事赔偿案件的若干规定》,分析司法解释关于纯经济利益损失的规定。

4. 查找陈丽华等 23 名投资人诉大庆联谊公司、申银证券公司虚假陈述侵权赔偿纠纷案;陈锦棠诉广东美雅集团股份有限公司证券虚假陈述赔偿纠纷案,分析法院对纯经济利益损失的计算。

课外阅读

1. 魏振瀛主编:《民法》(第 7 版),北京大学出版社、高等教育出版社 2017 年版,第四十一章。

2. 王泽鉴:《财产上的损害赔偿》(三),载台湾《月旦法学》第 135 期。

3. 王利明:《侵权责任法研究(上卷)》,中国人民大学出版社 2010 年版,第十二章。

4. 王胜明主编:《中华人民共和国侵权责任法释义》,法律出版社 2010 年版,第二章。

5. 奚晓明主编,最高人民法院侵权责任法研究小组编著:《〈中华人民共和国侵权责任法〉条文理解与适用》,人民法院出版社 2010 年版,第二章。

6. 王竹:《侵权责任分担论:侵权损害赔偿责任数人分担的一般理论》,中国人民大学出版社 2009 年版。

第十二章 侵权责任的免责事由

侵权责任的免责事由,是指免除或者减轻侵权责任的条件。有些学者将免责事由称为抗辩事由。在我国台湾地区,由于学说继受德国理论,强调违法性,因此将免责事由称为违法阻却事由。[①]

顾名思义,免责事由的作用在于免除或者减轻行为人的侵权责任。这一概念也意味着,免责事由存在的前提是侵权行为已经构成。按照侵权法的思维模式,在逻辑顺序上,侵权行为构成要件具备后,如果没有免责事由,则会有侵权责任的成立。免责事由是从结果上免除或者减轻行为人的侵权责任,因此,将其称为免责事由更确切一些。

免责事由可以分为特殊免责事由和一般免责事由。

所谓特殊免责事由,是指仅适用于某些侵权责任的免责事由,比如,《产品质量法》第41条第2款规定:"生产者能够证明有下列情形之一的,不承担赔偿责任:(一)未将产品投入流通的;(二)产品投入流通时,引起损害的缺陷尚不存在的;(三)将产品投入流通时的科学技术水平尚不能发现缺陷的存在的。"再比如,《侵权责任法》第60条第1款规定:"患者有损害,因下列情形之一的,医疗机构不承担赔偿责任:(一)患者或者其近亲属不配合医疗机构进行符合诊疗规范的诊疗;(二)医务人员在抢救生命垂危的患者等紧急情况下已经尽到合理诊疗义务;(三)限于当时的医疗水平难以诊疗。"

所谓一般免责事由,是指对一般侵权责任都适用的免责事由。下面讨论的免责事由,就是指一般免责事由。

一般认为,侵权责任的免责事由可以分为两大类:正当理由和外来原因。

作为免责事由的正当理由包括依法执行公务、正当防卫、紧急避险、受害人同意、自助行为、无因管理。在正当理由作为免责事由的场合,行为人的行为造成了受害人的损失,因此构成侵权行为。但是,行为人的行为具有正当理由,从而抵销或者阻却了行为侵害他人权益的不法性,因此,可以免除或者减轻行为人的责任。

作为免责事由的外来原因包括不可抗力、意外事件、受害人过错、第三人过错。在外来原因作为免责事由的场合,行为人的行为造成了受害人的损失,因此构成侵权行为,但是,是其他原因促成了行为人的行为,或者行为人的行为并非

[①] 参见王泽鉴:《侵权行为》,北京大学出版社2009年版,第216—236页。

导致损失的唯一原因,多因一果使得行为人承担责任或者承担全部责任失去正当性。因此,需要免除或者减轻行为人的侵权责任。

总体而言,无论正当理由还是外来原因,都使得行为人的行为具有某种正当性,从而可以免除或者减轻责任。

第一节　正　当　理　由

一、依法执行公务

(一) 依法执行公务的概念

作为免责事由的依法执行公务,是指造成他人损害的侵权行为是国家机关工作人员依照法律授权执行公务的行为,比如,依法限制犯罪嫌疑人或者罪犯的人身自由、依法剥夺死刑犯的生命等。按照国家形成理论,社会个体将一定的权利让渡给国家,由国家基于社会成员整体的考虑,行使一定的公共管理职能。这些公共管理职能的行使,可能会给社会个体造成损失。由于这种损失是公共权力行使必须付出的代价,所以,需要受损失的个体加以容忍,依法执行公务的行为人无须承担侵权责任。

(二) 依法执行公务的两面性

依法执行公务是否可以免责,有两方面的情况需要注意。

首先,现有法律规定,国家机关及其工作人员在执行公务时,侵犯他人合法权益造成损失的,应当承担责任。

《民法通则》第121条规定:"国家机关或者国家机关工作人员在执行职务中,侵犯公民、法人的合法权益造成损害的,应当承担民事责任。"《国家赔偿法》第2条第1款规定:"国家机关和国家机关工作人员行使职权,有本法规定的侵犯公民、法人和其他组织合法权益的情形,造成损害的,受害人有依照本法取得国家赔偿的权利。"

其次,学说一般认为,依法执行公务是侵权责任的免责事由。

《侵权责任法》制定过程中,几个专家建议稿都规定依法执行公务是侵权责任的免责事由。比如,王利明教授版的专家建议稿第1848条"依法执行职务"规定:"行为人依法行使职权造成他人损害的,不承担民事责任,但法律另有规定的除外。"本条题目尽管为"依法执行职务",但就其内容及后附的立法理由书的解释来看,其意是指依法执行公务,即将行为主体限定为国家机关及其工作人员。①

《侵权行为法》第三章关于"不承担责任和减轻责任的情形"的规定中,没有依法执行公务免责的内容。全国人大法工委对此的解释是:其一,国家工作人员依法履行职责不存在过错,自然免责;其二,国家机关工作人员执行职务的行为主要应由行政管理方面的法律来规定。②

上述两方面的情况产生了这样的问题:执行公务的行为可能承担责任,也可能免责。那么,何种情况下要承担责任、何种情况下可以免责?执行公务的"依法"与否,能不能作为具有操作性的判断标准?比如,在夜查醉酒驾车时,为了防止少数违法驾驶者拒不停车或者突然加速驾车逃跑、甚至撞伤民警的情况发生,交通警察使用拦车破胎器,由此给车辆、驾驶人甚至路人造成损失,是否应当予以赔偿?又如,警察搜查犯罪嫌疑人的身体,因此侵害了犯罪嫌疑人的身体甚至隐私,是否应当承担责任?再比如,歹徒劫持车辆,警察在解救过程中,造成了车上游客伤亡,警察是否应当承担责任?

由此,就需要讨论执行公务免责以及需要承担责任的界限。

(三)依法执行公务的正当性

国家机关及其工作人员承载着人民的信任,为人民提供服务。因此,执行公务当然也是为了社会或者大多数人的公益。执行公务侵犯他人利益是否可以免责的问题,就转化成了社会或者大多数人利益与少数人或者个人利益之间的权衡问题。

社会或者大多数人利益与少数人或者个人利益能够同时兼顾,是一个理想状态。但在多数情况下,为了社会或者大多数人的利益,不得已必须牺牲少数人或者个人的利益。由此,我们讨论的问题就出现了。

执行公务行为之所以可以免责的正当性在于,我们推定执行公务是为了整个社会或者更多人的利益,不得已只好牺牲个人或者少数人的利益。反过来,如果不是为了整个社会或者更多人的利益,侵犯他人的权益,就是要承担责任的。比如,个人私自限制他人人身自由要承担责任,一方面是为了受害人的合法权益,另一方面也是为了整个社会的秩序。所以,让侵犯他人权益的个人承担责任和让侵犯他人合法权益的执行公务的国家机关及其工作人员不承担责任,都是为了社会整体的利益、为了社会的秩序。换言之,国家机关及其工作人员之所以侵犯他人合法权益、却不承担责任的正当性,不是因为不构成侵权,而是因为社

---

① 参见王利明:《中国民法典学者建议稿及立法理由(侵权行为编)》,法律出版社2005年版,第50页。

② 参见王胜明主编:《中华人民共和国侵权责任法释义》,法律出版社2010年版,第132页。

会整体利益使得该种行为具有了正当性,因此可以免责。少数人或者个人的利益并非天然不应当保护,归根到底,社会或者大多数人的利益,也是由个人或者少数人的利益组成的。少数人或者个人的利益之所以被牺牲,是当其和社会以及大多数人利益冲突的时候,没有办法得到兼顾。人类对犯罪的界定和惩罚也是如此。正如涂尔干所言:如果一种行为触犯了强烈而又明确的集体意识,那么这种行为就是犯罪。[1] 我们不该说一种行为因为是犯罪才会触犯集体意识,而应该说正是因为它触犯了集体意识才是犯罪。

因此,在执行公务过程中,除非是为了社会整体利益或者大多数人的利益不得已必须牺牲少数人的利益,否则,不能侵犯少数人的利益。换言之,如果能够兼顾少数人或者个人的利益,就一定要兼顾。这就是执行公务的界限。如果超出了这个界限,就可能要承担责任。

比如,警察对犯罪嫌疑人采取强制措施,目的是要确保犯罪嫌疑人配合对其进行询问或者羁押。所以,只要这一目的能够实现,就不能采取过多的强制措施。比如,警察对犯罪嫌疑人采取强制措施,对方没有反抗,但警察依然对其暴打一顿,甚至打断了其胳膊,则要承担责任;再比如,在羁押期间,警察造成了羁押者的非正常死亡等。如果执行公务或者采取强制措施超出了必要的限度,其正当性就会减弱或者消失。因为在必要的限度内,社会整体利益就可以得到维护。超出了必要限度,就不再是维护社会整体利益了,反倒是损害社会整体利益了,就又回到了侵权的范畴。

所以,执行公务能否免责的关键,在于是否为维护社会整体利益所必要。如果必要,则具有正当性,可以免责;反之则不可以免责。

二、正当防卫

(一) 正当防卫的概念

正当防卫,是指为了使公共利益、本人或者他人的财产或人身免于正在遭受的不法侵害而对行为人采取的防卫措施。

《民法通则》第128条规定:"因正当防卫造成损害的,不承担民事责任。正当防卫超过必要的限度,造成不应有的损害的,应当承担适当的民事责任。"《侵权责任法》第30条规定:"因正当防卫造成损害的,不承担责任。正当防卫超过必要的限度,造成不应有的损害的,正当防卫人应当承担适当的责任。"《民法总则》第181条也有类似的规定。

民法中没有关于正当防卫的界定。《刑法》第20条第1款规定:"为了使国家、公共利益、本人或者他人的人身、财产和其他权利免受正在进行的不法侵害,

---

[1] 〔法〕埃米尔·涂尔干:《社会分工论》,渠东译,生活·读书·新知三联书店2000年版,第43页。

而采取的制止不法侵害的行为,对不法侵害人造成损害的,属于正当防卫,不负刑事责任。"一般认为,民法中正当防卫的概念,可以按照《刑法》第 20 条的规定来理解。

(二) 正当防卫的条件

正当防卫属于私力救济,因此必须有严格的条件限定,否则社会秩序将会严重受损。作为免责事由,正当防卫必须具备以下条件:(1) 防卫必须出于正当的目的,即为了避免国家、公共利益、本人或者他人的财产及人身遭受损害。(2) 防卫必须针对正在进行的、现实的侵害行为。不能在侵害行为已经结束或者尚未开始时对他人实施防卫行为,也不能对臆想的侵害行为采取所谓的防卫措施。(3) 防卫必须对行为人本人实施,而不能对行为人以外的人实施。因为防卫的目的是为了阻止侵害的发生,所以只能对行为人本人实施。(4) 防卫不能超过必要的限度造成不应有的损害。所谓必要的限度,一般以足以防止或者制止侵害行为为标准,只要是为了制止不法行为所必需,就不认为是超越了必要的限度。

在司法实务中,正当防卫的认定比较困难。在因琐事发生争执扭打造成伤害的案件中,一方甚至双方往往都会主张正当防卫。但由于证据问题,此种主张一般难以得到支持。或许正是因为这样的原因,认定正当防卫构成的民事判决并不多见。在我国台湾地区,情况也基本如此。[①] 随着视频录制方式的普及,这种情况会发生变化。例如,2018 年 8 月 27 日夜晚江苏省昆山市发生的于海明正当防卫事件,现场视频起了至关重要的作用。

三、紧急避险

(一) 紧急避险的概念

紧急避险,是指为了防止公共利益、本人或者他人的合法权益免受正在发生的紧急危险,不得已而采取的损害另一较小利益的行为。

《民法通则》第 129 条规定:"因紧急避险造成损害的,由引起险情发生的人承担民事责任。如果危险是由自然原因引起的,紧急避险人不承担民事责任或者承担适当的民事责任。因紧急避险采取措施不当或者超过必要的限度,造成不应有的损害的,紧急避险人应当承担适当的民事责任。"《侵权责任法》第 31 条规定:"因紧急避险造成损害的,由引起险情发生的人承担责任。如果危险是由自然原因引起的,紧急避险人不承担责任或者给予适当补偿。紧急避险采取措施不当或者超过必要的限度,造成不应有的损害的,紧急避险人应当承担适当的责任。"《民法总则》第 182 条也有类似的规定。

---

① 参见王泽鉴:《侵权行为》,北京大学出版社 2009 年版,第 222 页。

民法中没有关于紧急避险的界定。《刑法》第 21 条第 1 款规定:"为了使国家、公共利益、本人或者他人的人身、财产和其他权利免受正在发生的危险,不得已采取的紧急避险行为,造成损害的,不负刑事责任。"一般认为,民法中正当防卫的概念,也可以按照《刑法》第 21 条的规定来理解。

(二) 紧急避险的条件

紧急避险属于私力救济,因此必须有严格的条件限定,否则社会秩序将会严重受损。作为免责事由,紧急避险必须具备以下条件:(1) 必须是国家、公共利益、本人或者他人的人身、财产权益遭遇现实存在的紧急危险。(2) 必须是在不得已的情况下采取的紧急措施。所谓不得已,是指如果不采取紧急避险措施将会有严重后果。(3) 避险行为不得超过必要的限度。由于紧急避险行为的采取,一定发生在万分紧急的情况下,因此,这里的必要限度不应要求过于苛刻。一般来说,判断标准以避险行为导致和挽救的损失大小来比较。如果以较小损失避免了较大损失,则不认为超过必要限度。

与正当防卫相比,紧急避险涉及更多利益的权衡与取舍。紧急避险行为的正当性在于以较小损失换来了较大收益,此种成本收益衡量,为一般人所赞同,故而可以免除或者减轻侵权责任。但是,紧急避险毕竟造成了无辜人的损失,让无辜人自己承担损失,也有所不妥。《民法通则》第 129 条、《侵权责任法》第 31 条以及《民法总则》第 182 条根据险情由谁引起以及避险行为是否超过必要限度,规定了以下责任安排:因自然人引起险情的,由引起险情发生的人承担民事责任;危险是由自然原因引起的,紧急避险人不承担民事责任或者承担适当的民事责任。因紧急避险采取措施不当或者超过必要的限度,造成不应有的损害的,紧急避险人应当承担适当的民事责任。

在李某与勉县勉阳初级中学等身体权纠纷上诉案中,被告李某用砖头撇砸刘某,砖头扔出后,被老师徐某发现并用手一挡,砖头偏离方向,砸在原告侯某前额,致使原告受伤。原告受伤后被同学送到诊所简单包扎,因伤势较重被送到勉县医院住院治疗 30 天,诊断为:(1) 左额骨开放粉碎性骨折;(2) 脑挫裂伤并出血。

一审汉中市勉县人民法院认为,被告徐某在发现砖头飞来时,情急之下采取措施用手阻挡砖头是为了保护学生,属于紧急避险,因此被告徐某对原告的损害后果不承担民事责任,应由引起险情发生的被告李某承担民事责任。二审汉中市中级人民法院认为,被上诉人徐某在发现砖头飞来时,情急之下采取措施用手阻挡砖头,是为了保护学生,属于紧急避险,对侯某的损害后果不承担民事责任。①

---

① 参见陕西省汉中市中级人民法院(2010)汉中民终字第 238 号民事判决书。

本案中,徐某发现李某抛来的砖头,用手臂一挡,使得砖头偏离方向,造成本案原告损害。如果徐某不用手臂挡住砖头的话,则可能造成刘某的更大伤害,所以一二审法院关于徐某行为属于紧急避险的认定值得赞同。该险情由人为因素引起,应当由引起险情的李某承担责任。

四、受害人的同意

(一)受害人同意的概念

作为免责事由的受害人同意,是指在不违背法律及公序良俗的情况下,受害人同意他人实施某种行为或者于损害发生前明确表示自愿承担某种不利后果的行为。

受害人同意多数表现为对某种不利后果的同意,比如,同意医院进行有创伤性的治疗。对于同意他人实施某种行为的表示,也构成受害人同意。比如,同意为他人献血、同意拥抱接吻、同意发生性关系等。这些同意并不是对某种不利后果的同意,但是,如果没有同意,即使没有不利后果,他人行为皆可能构成侵权行为甚至犯罪行为。

(二)受害人同意的特征

作为免责事由,受害人的同意必须具备以下特征:(1)受害人自愿承担某种不利后果或者同意他人实施某种行为。如果侵权行为导致的损害不是受害人同意承担的该种不利后果,而是另一种不利后果,则受害人的同意不能免除导致另一种后果行为的责任。(2)受害人的自愿是其真实意思表示。根据具体情况,自愿可以采取明示或者默示的方式。在默示推定时,应当采严格解释。(3)受害人自愿承担不利后果的表示不违背法律及公序良俗。比如,根据《合同法》第53条的规定,造成对方人身伤害或者因故意或重大过失造成对方财产损失的免责条款无效。据此,尽管受害人同意,侵权人的侵权责任仍不能免除。再比如,某些人体医学实验为法律所禁止,此时同意的意思表示无效。(4)受害人的同意应当在不利后果发生前作出。如果受害人在损害后果发生后表示自愿承担该不利后果,应当视为受害人对加害人侵权责任的事后免除。

受害人的同意可以表现为双方协议的条款,也可以表现为单方的允诺。尽管如此,一般认为,受害人的同意不在于发生一定法律效果,仅仅涉及自己权益被侵害后的处理,因此不属于意思表示,而属于准法律行为,不能完全适用民法关于行为能力的规定,原则上应不以行为能力为要件,而应当以具体的识别能力为判断标准。[①] 不具有相当识别能力的受害人,其同意不产生免责的效果。

《侵权责任法》第55条第1款规定:"医务人员在诊疗活动中应当向患者说

[①] 参见王泽鉴:《侵权行为》,北京大学出版社2009年版,第226—227页。

明病情和医疗措施。需要实施手术、特殊检查、特殊治疗的,医务人员应当及时向患者说明医疗风险、替代医疗方案等情况,并取得其书面同意;不宜向患者说明的,应当向患者的近亲属说明,并取得其书面同意。"

本条规定的患者或其近亲属的书面同意,即属于受害人同意。患者或其近亲属的书面同意,意味着医疗机构可以对患者实施手术、特殊检查、特殊治疗。由于对患者实施手术、特殊检查、特殊治疗,不可避免地要侵犯患者的人身权益,故而,如果没有患者的同意,可能要承担侵权责任。需要注意的是,患者或其近亲属同意的是对患者实施手术、特殊检查或者特殊治疗。如果医疗机构在上述过程中发生医疗事故,则超出了患者同意的范围,医疗机构要承担侵权责任。

(三) 受害人同意和自甘冒险

需要注意区分的是受害人同意和自甘冒险。从广义而言,自甘冒险也属于受害人同意的范畴,因此也可以作为免责事由。二者的共同之处在于,都是受害人自愿从事某种具有危险的活动。同时,受害人表示同意都有一定范围的限制,比如,受害人自愿参加某种游戏,只有在游戏规则之内发生的伤害才属于受害人自愿的范围。二者也存在不同。受害人同意一般是指同意某种具体的行为,有明确的同意对象。自甘冒险往往是指受害人自愿进入某种场所或者参加某种活动,将自己置于某种可能的危险境地。比如,参加有风险的体育活动,参加有风险的郊野旅游等。受害人同意的风险一般是具体的、通常都会发生的;自甘冒险的风险一般是不确定的。此外,受害人同意一般应当有明确的意思表示,自甘冒险则可以从主动参加某种活动的行为中加以推定。

《侵权责任法》第 76 条规定:"未经许可进入高度危险活动区域或者高度危险物存放区域受到损害,管理人已经采取安全措施并尽到警示义务的,可以减轻或者不承担责任。"本条规定可以看作是关于自甘冒险的规定,但不能理解为受害人同意。

在比较法上,自甘冒险有时也会被认为是与有过失。比如,明知他人酒后驾车,仍然搭乘。此时,侵权人的责任可能被减轻,但却不可以被完全免除。仅在自甘冒险的情形严重时,才可能完全免除加害人责任。[①] 我国法院的判决中,法院也认为,主张自甘冒险抗辩,也并不必定免除加害人的侵权责任,而是要通过适用过失相抵规则具体地、因案制宜地减轻或免除其责任。[②]

在刘涛因替他人球队作守门员扑球时被撞伤故而起诉参赛双方及碰撞人丁山花园酒店等赔偿案中,1998 年 11 月 28 日,南京丁山花园酒店有限公司职工

---

① 参见王泽鉴:《侵权行为》,北京大学出版社 2009 年版,第 226—227、512 页。
② 参见北京市第一中级人民法院(2017)京 01 民终 1536 号民事判决书。

组成的足球队与江苏星汉美食城有限公司职工组成的足球队举行足球比赛。原告刘涛得知赛事后,也来到赛场。比赛进行到下半场星汉美食城球队守门员要求换人时,刘涛要求上场,星汉美食城球队未予反对,刘涛即上场担任该队守门员。当丁山花园酒店球队球员郑小刚带球向星汉美食城球门进攻时,刘涛上前扑球,双方发生碰撞,致使刘涛腿部受伤,经医院诊断为左髌骨粉碎性骨折。南京市中级人民法院认为:足球比赛是一种激烈的竞技性运动,此性质决定了参赛者难以避免地存在潜在的人身危险。参赛者自愿参加比赛,属自甘冒险行为,在比赛中受到人身损害时,被请求承担侵权民事责任者可以以受害人的同意作为抗辩理由,从而免除民事责任。①

南京市中级人民法院认为,参赛者自愿参加比赛,属自甘冒险;被告可以以受害人同意作为抗辩理由。可见,在法院看来,自甘冒险等同于受害人同意。无论理由如何,参加运动竞赛,在游戏规则范围内伤及他人,行为人可以免责是各国通例。

五、自助行为

(一) 自助行为的概念

作为免责事由的自助行为,也称为紧急自助行为,是指行为人为保护自己的合法权益,在情况紧急无法及时获得公力救济时,对他人的财产或者人身造成一定侵害的行为。

自助行为是公力救济的补充,它对于保护合法权益、维护社会善良风俗具有重要意义,故而为法律所允许。行为人因自助行为给他人造成的损失,可以免于承担侵权责任。但因为自助行为要侵犯他人权益,属于私力救济,因此,必须有严格限定,否则社会秩序将会受到严重影响。

(二) 自助行为的条件

一般认为,作为免责事由的自助行为需要具备以下条件:(1) 必须是保护自己的合法权益。没有合法权益作为基础,不构成作为免责事由的自助行为。(2) 必须是情况紧急无法及时获得公力救济。(3) 必须不能超过必要的限度。所谓必要的限度,指保护自己合法权益的限度。必要限度的认定,需要根据具体情况以及一般社会观念加以判断。超过必要限度时,行为人要承担侵权责任。(4) 必须及时请求公力救济。自助行为是在紧急情况下不得已采取的措施,一旦情况许可则需要及时请求公力救济。自助行为的拖延,也可能构成侵权行为。

在张某等与李某财产损害赔偿纠纷上诉案中,2007 年 10 月 26 日,原告李

---

① 参见 http://vip.chinalawinfo.com/case/displaycontent.asp? Gid=1174633838&Keyword=受害人同意,最后访问日期:2010 年 12 月 14 日。

某驾驶豫 E61520 号货车,将被告周某的机器设备从林州运至安阳。原告李某在被告周某纸箱厂门口卸货时,机器设备将路过此处的被告张某妻子董某砸伤。当晚,因医疗费问题,二被告将原告豫 E61520 号货车暂扣于被告周某纸箱厂院内。原告于 2007 年 10 月 27 日给付被告张某 3000 元,2007 年 10 月 29 日给付被告张某 9000 元。2007 年 10 月 30 日晚上,原告李某前去被告周某纸箱厂开车,被告周某以张某不在场为由,不同意原告将车开走,原告电话联系张某,张某当时在医院,并以时间太晚为由未到现场,原告未能将车辆开走。原告的豫 E61520 号货车一直被扣留于被告周某纸箱厂院内。2008 年 2 月 1 日,在法院主持下,原告李某将其车辆开走。

河南省安阳市文峰区人民法院认为,二被告在事故发生后,因医疗费暂时扣留原告车辆,属紧急自助行为,并无不当。但在原告支付 1.2 万元医疗费后,二被告应及时通过法律途径进行解决,仍长期扣留原告车辆达 92 天(从 2007 年 10 月 31 日至 2008 年 2 月 1 日),已侵犯了原告的财产所有权。①

本案中,法院认定紧急情况下暂扣原告车辆,属于紧急自助行为。在能够通过法律途径加以解决时,仍长期扣留,则转化成侵权行为。此种认定值得赞同。

六、无因管理

无因管理,是指没有法定的或者约定的义务,为避免他人利益受损失而进行管理或者服务的行为。

无因管理行为是对他人事务的干涉,可能构成侵权行为;但无因管理同时又是人人互助的行为,为法律和社会道德所提倡,因此,无因管理可以作为侵权责任的免责事由。无因管理成立后,管理人因为过错侵害本人权利的,侵权行为仍可以成立。比如,收留迷路儿童,管理人于该儿童生病时,因疏忽大意而没有及时送医诊治。管理人的管理行为没有依照本人明示或者可得推知的意思,以有利于本人的方法为之,导致其健康受损,则构成侵权行为。

第二节 外来原因

一、不可抗力

(一)不可抗力的概念和作用机理

1. 不可抗力的概念

《民法通则》第 153 条规定:"本法所称的'不可抗力',是指不能预见、不能避免

---

① 参见河南省安阳市中级人民法院(2008)安民二终字第 882 号民事判决书。

并不能克服的客观情况。"《民法总则》第 180 条第 2 款作了同样的规定。据此,不可抗力是一种客观情况,能否预见、避免和克服需要根据一般人的标准加以判断。

随着科学技术的发展,原本无法预见的客观情况可能会变得能够预见。比如,现代科技可以对热带风暴进行较为准确的预见,现代通信技术的发展使得一般人均可方便获得有关信息。因此,热带风暴就不应当再属于不可抗力。[①] 但是,人类对地震的预见还无法达到准确的程度,因此,地震可能构成不可抗力。

不可抗力是具体的,需要在个案中加以判断。比如,地震可能构成某些案件的不可抗力,但是,有些事情恰好就是围绕地震展开的,在这样的场合地震就不再是不可抗力。

《民法通则》第 107 条规定:"因不可抗力不能履行合同或者造成他人损害的,不承担民事责任,法律另有规定的除外。"《民法总则》第 180 条第 1 款规定:"因不可抗力不能履行民事义务的,不承担民事责任。法律另有规定的,依照其规定。"《侵权责任法》第 29 条规定:"因不可抗力造成他人损害的,不承担责任,法律另有规定的,依然其规定。"据此,不可抗力是一般民事责任的免责事由,包括侵权责任。

2. 不可抗力的作用机理

不可抗力构成免责事由的机理是:不可抗力作用于加害行为,加害行为再作用于受害人的权益,并造成受害人损失。对于这样的损失,根据《民法通则》第 107 条、《民法总则》第 180 条第 1 款及《侵权责任法》第 29 条的规定,行为人不承担责任。如果是不可抗力直接造成了受害人损失,而没有行为人的行为作为中介,则当然不会有侵权责任的存在。所以,对上述条文不能仅从字面意思来理解。

3. 《民法通则》第 107 条、《民法总则》第 180 条第 1 款和《侵权责任法》第 29 条的解释

《民法通则》第 107 条的措辞是"法律另有规定的除外",《民法总则》第 180 条第 1 款和《侵权责任法》第 29 条的措辞是"法律另有规定的,依照其规定"。由于不可抗力是一般民事责任包括一般侵权责任的免责事由,因此,如果适用不可抗力作为免责事由,则无须法律另有规定。所谓"法律另有规定",应当理解为不可抗力不能免责时才有必要另有规定。换言之,不可抗力可以免责是原则,不可抗力不能免责是例外。例外才需要另有规定,否则,所有责任条款都需要把不可抗力作为免责事由单独规定一遍。

《侵权责任法》第 72 条规定:"占有或者使用易燃、易爆、剧毒、放射性等高度危险物造成他人损害的,占有人或者使用人应当承担侵权责任,但能够证明损害

[①] 参见北海海事法院(2010)海事初字第 3 号民事判决书。

是因受害人故意或者不可抗力造成的,不承担责任……《侵权责任法》第73条规定:"从事高空、高压、地下挖掘活动或者使用高速轨道运输工具造成他人损害的,经营人应当承担侵权责任,但能够证明损害是因受害人故意或者不可抗力造成的,不承担责任……"从立法技术上看,上述两条中单独规定不可抗力作为免责事由,仅仅是为了起强调作用。

《水污染防治法》第96条第2款规定:"由于不可抗力造成水污染损害的,排污方不承担赔偿责任;法律另有规定的除外。"这里"法律另有规定的除外",指的应当是不可抗力造成水污染损害,排污方依然要承担责任的情形。

(二)不可抗力的理解与适用

1. 不存在一般意义上的不可抗力

不可抗力的三个"不能",需要置于具体个案中判断。换言之,只有在个案的具体情境下,才能够判断是否可以预见、避免和克服。故而,不存在一般意义上的不可抗力。

2. 三个"不能"需要同时具备

不能预见、不能避免以及不能克服,需要同时具备才能够构成不可抗力。

3. 不可抗力与加害人的行为以及受害人的损失之间存在因果关系

构成免责事由的不可抗力,一定是经过加害人的行为,作用于受害人,产生了损害后果。故而,不可抗力与加害人的行为之间、加害人的行为与受害人的损失之间,应当有连续的因果关系链条。

4. 不可抗力是小概率事件

所谓不能预见、不能避免以及不能克服,在很多时候是指预见、避免以及克服的成本太高,以至于人们不愿意投入成本去预见、避免和克服。而与成本太高相对应的,是收益很低;或者是在收益也很高的情况下,发生的概率太低。构成不可抗力的客观情况,其发生概率往往都非常低,属于小概率事件。因此人们往往放弃投入太高成本进行预见、避免和克服。

5. 不可抗力排除了加害人过错的存在

行为人因不可抗力造成受害人损失时,不能有过错的存在。如果有过错,则要因该过错而承担责任。

6. 不可抗力免责的正当性

不可抗力之所以可以免责,从成本收益的角度分析,就是对构成不可抗力的客观事件进行预见、避免和克服太不合算了。与花那么大成本进行预防相比较,人们不得不接受这种小概率事件造成的不利后果。

二、意外事件

意外事件也称为意外事故,是指通常情况下无法预见的小概率事件。由于意外事件无法预见,因此通常也无法避免。或者说,为了预防和避免意外事件,需要太多的成本,不符合人们日常行为习惯,因此,意外事件可以作为侵权责任的免责事由。

意外事件是具体的,需要结合具体情境加以判断。比如,城市或者公路上的堵车是否可以构成意外事件？在通常并不堵车的时间和场所发生堵车,可能构成意外事件。相反,堵车在某时某地经常发生,则应当不是小概率事件,不构成意外事件。

手术过程中停电是否构成意外事件,值得讨论。在西平县人民医院等与张某红等人身损害赔偿纠纷再审案中,西平县人民医院对张某峰进行抢救过程中,3月10日9时30分,张某峰呼吸停止,给予呼吸机辅助呼吸,进一步用药治疗,此后张某峰依靠呼吸机持续维持呼吸。3月11日0时14分,因突然停电而停用呼吸机,西平县人民医院未能始终保障张某峰呼吸道的通畅和有效通气,导致其心脏骤停,该医院遂用药物进行治疗,同时行胸外心脏按压,0时58分张某峰因抢救无效而死亡。河南省高级人民法院认为,西平县人民医院在病房大楼未安装双回路电路的情况下,应当预见到停电将会给依靠呼吸机呼吸的张某峰造成损害后果而未预见,具有过错,故此次停电对西平县人民医院来说不属医疗意外。[①]

意外事件与不可抗力的关系在于,二者都是通常情况下无法预见的事件,但是,不可抗力通常是无法克服的自然灾难或者重大社会事件,即使预见,也可能无法克服。而意外事件通常只是无法预见,如果能够提前预见,往往可以克服。此外,意外事件往往用来衡量过错的存在,因此一般只适用于过错责任原则下的侵权责任。不可抗力则往往可以适用于各种归责原则下的侵权责任。

三、受害人过错

(一) 受害人过错的概念

作为免责事由的受害人过错,是指当受害人对于损失的发生或者扩大存在过错时,可以减轻或者免除行为人的侵权责任。

《民法通则》第131条规定:"受害人对于损害的发生也有过错的,可以减轻侵害人的民事责任。"《人身损害赔偿解释》第2条第1款规定:"受害人对同一损害的发生或者扩大有故意、过失的,依照民法通则第一百三十一条的规定,可以减轻或者免除赔偿义务人的赔偿责任。但侵权人因故意或者重大过失致人损害,受害人只有一般过失的,不减轻赔偿义务人的赔偿责任。"

(二)《侵权责任法》的规定

《侵权责任法》将受害人过错分为过失和故意分别规定。《侵权责任法》第

[①] 参见河南省高级人民法院(2010)豫法民提字第185号民事判决书。

26 条规定:"被侵权人对损害的发生也有过错的,可以减轻侵权人的责任。"第 27 条规定:"损害是因受害人故意造成的,行为人不承担责任。"前者规定的是过错相抵,受害人的过错应当是故意之外的过失;后者规定的是受害人故意。

1. 受害人过失

在过错责任原则下,过错是归责的根据。如果损害是由于加害人过错造成的,要由加害人承担责任。如果被侵权人的过失也是造成损害的原因,则要因其过错承担相应的责任,侵权人的责任则相应减少。《侵权责任法》第 26 条指的就是这种情况。

在无过错责任原则下,被侵权人存在过错是否可以减轻侵权人的责任,不无疑问。《人身损害赔偿解释》第 2 条第 2 款规定:"适用民法通则第一百零六条第三款规定确定赔偿义务人的赔偿责任时,受害人有重大过失的,可以减轻赔偿义务人的赔偿责任。"可见,解释采肯定立场,但是将受害人过错限定为重大过失。《水污染防治法》第 96 条第 3 款后段规定:"水污染损害是由受害人重大过失造成的,可以减轻排污方的赔偿责任。"

《侵权责任法》同样采肯定立场。其第 72 条规定:"占有或者使用易燃、易爆、剧毒、放射性等高度危险物造成他人损害的,占有人或者使用人应当承担侵权责任,但能够证明损害是因受害人故意或者不可抗力造成的,不承担责任。被侵权人对损害的发生有重大过失的,可以减轻占有人或者使用人的责任。"第 73 条规定:"从事高空、高压、地下挖掘活动或者使用高速轨道运输工具造成他人损害的,经营者应当承担侵权责任,但能够证明损害是因受害人故意或者不可抗力造成的,不承担责任。被侵权人对损害的发生有过失的,可以减轻经营者的责任。"

2. 受害人故意

在受害人故意的情况下,侵权人的责任一般都可以免除。除《侵权责任法》第 27 条作为一般规定外,第 72 条、第 73 条都规定受害人故意的情况下,侵权人不承担责任。此外,第 70 条规定:"民用核设施发生核事故造成他人损害的,民用核设施的经营者应当承担侵权责任,但能够证明损害是因战争等情形或者受害人故意造成的,不承担责任。"第 71 条规定:"民用航空器造成他人损害的,民用航空器的经营者应当承担侵权责任,但能够证明损害是因受害人故意造成的,不承担责任。"第 78 条规定:"饲养的动物造成他人损害的,动物饲养人或者管理人应当承担侵权责任,但能够证明损害是因被侵权人故意或者重大过失造成的,可以不承担或者减轻责任。"《道路交通安全法》第 76 条第 2 款规定:"交通事故的损失是由非机动车驾驶人、行人故意碰撞机动车造成的,机动车一方不承担赔偿责任。"《水污染防治法》第 96 条第 3 款前段规定:"水污染损害是由受害人故意造成的,排污方不承担赔偿责任。"

除了过错相抵和受害人故意以外,还需要讨论的是,受害人具有的故意以外的过失是造成损害的唯一原因时,责任该如何配置?

受害人的过失是造成损害的唯一原因,意味着行为人对损害的发生没有过错。在这种情况下,如果适用过错责任原则,由于行为人对损失的发生没有过错,所以也就没有侵权责任。因此,损失只能够由受害人自己承担,行为人对损失不承担责任。但是,这种责任的不承担是因为原本就不存在责任,而并非免责事由所致。如果适用无过错责任原则,行为人即使不存在过错,也要承担侵权责任。因此,受害人过错的存在可能使行为人的责任得以减轻或者免除。

四、第三人过错

(一)第三人过错的概念

作为免责事由的第三人过错,是指当第三人对于损失的发生或者扩大存在过错时,可以减轻或者免除行为人的侵权责任。

(二)第三人过错的几种情况

第三人过错作为免责事由,可以分为以下几种情况:

(1)第三人过错导致的行为是损失发生的唯一原因。行为人和受害人对损失的发生都没有过错。

在此情况下,如果适用过错责任原则,行为人对损失发生没有过错,因此不存在侵权责任。此时责任应当由第三人来承担。行为人不承担责任是因为责任不构成,而不是因为免责事由的存在。此种情况如果适用无过错责任原则,行为人即使不存在过错,也要承担侵权责任。同时,第三人过错的存在可能使行为人的责任得以减轻或者免除。

《人身损害赔偿解释》第6条第2款前段规定:"因第三人侵权导致损害结果发生的,由实施侵权行为的第三人承担赔偿责任。"第7条第2款前段规定:"第三人侵权致未成年人遭受人身损害的,应当承担赔偿责任。"

《民法通则》第127条后段规定:"由于第三人的过错造成损害的,第三人应当承担民事责任。"

《侵权责任法》第28条规定:"损害是由第三人造成的,第三人应当承担侵权责任。"

(2)第三人和行为人对损失的发生都存在过错。在此情况下,行为人的责任可能因第三人的过错而减轻或者免除。

《侵权责任法》第37条第2款规定:"因第三人的行为造成他人损害的,由第三人承担侵权责任;管理人或者组织者未尽到安全保障义务的,承担相应的补充责任。"第40条规定:"无民事行为能力人或者限制民事行为能力人在幼儿园、学校或者其他教育机构学习、生活期间,受到幼儿园、学校或者其他教育机构以外的人员人身损害的,由侵权人承担侵权责任;幼儿园、学校或者其他教育机构未尽到管理职责的,承担相应的补充责任。"

(3) 关于第三人过错责任的特别规定。

《侵权责任法》第 28 条的规定属于一般规定,在法律有特别规定的情况下,要优先适用特别规定。比如,《侵权责任法》第 83 条规定:"因第三人的过错致使动物造成他人损害的,被侵权人可以向动物饲养人或者管理人请求赔偿,也可以向第三人请求赔偿。动物饲养人或者管理人赔偿后,有权向第三人追偿。"这种情况下,因第三人的过错造成损害的,发生不真正连带责任,由第三人承担终局责任。中间责任人承担责任后,可以向第三人追偿。从终局责任归属的意义上,也可以说直接侵权人的责任得到了免除或者减轻。同样的情况还有《侵权责任法》第 68 条的规定,即:"因第三人的过错污染环境造成损害的,被侵权人可以向污染者请求赔偿,也可以向第三人请求赔偿。污染者赔偿后,有权向第三人追偿。"《审理环境侵权案件的解释》第 5 条规定:"被侵权人根据侵权责任法第六十八条规定分别或者同时起诉污染者、第三人的,人民法院应予受理。""被侵权人请求第三人承担赔偿责任的,人民法院应当根据第三人的过错程度确定其相应赔偿责任。""污染者以第三人的过错污染环境造成损害为由主张不承担责任或者减轻责任的,人民法院不予支持。"

我国法律也存在第三人过错不免除行为人责任的情况。《水污染防治法》第 96 条第 4 款规定:"水污染损害是由第三人造成的,排污方承担赔偿责任后,有权向第三人追偿。"据此,在水污染造成损害的情况下,相对于受害人而言,第三人过错并不能免除排污方的责任。当然,在终局意义上,排污方的责任也得到了免除。

课外研习及阅读

课外研习

1. 查找北海海事法院(2010)海事初字第 3 号民事判决书,分析不可抗力的构成。
2. 查找河南省高级人民法院(2010)豫法民提字第 185 号民事判决书,分析意外事件的构成。
3. 查找陕西省汉中市中级人民法院(2010)汉中民终字第 238 号民事判决书,分析紧急避险的构成。
4. 查找河南省安阳市中级人民法院(2008)安民二终字第 882 号民事判决书,分析自助行为的构成。
5. 查找北京市第一中级人民法院(2017)京 01 民终 1536 号民事判决书,分析自甘冒险的构成。

课外阅读

1. 王利明:《侵权责任法研究》(上卷),中国人民大学出版社 2010 年版,第六章。
2. 王泽鉴:《侵权行为》,北京大学出版社 2009 年版,第一编第四章第六节。

第十三章　类型化侵权责任

本章讨论十四种类型的侵权责任。其中第一节到第八节按照《侵权责任法》第五章到第十一章的顺序排列,第九节到第十四节按照《侵权责任法》第四章的条文顺序排列。

第一节　产品责任

一、产品责任的概念

产品责任,是指产品的制造者和销售者,因制造、销售的产品存在缺陷造成他人人身、财产损害或者危及他人人身、财产安全而应当承担的民事责任。

《民法通则》第122条规定:"因产品质量不合格造成他人财产、人身损害的,产品制造者、销售者应当依法承担民事责任。运输者、仓储者对此负有责任的,产品制造者、销售者有权要求赔偿损失。"在《民法通则》的基础上,1993年通过的《产品质量法》对产品责任作了进一步的规定,该法于2000年、2009年和2018年进行了修正。

《侵权责任法》第5章专章规定了产品责任。

二、产品侵权行为的构成要件

(一)产品有缺陷

1. 产品和缺陷的界定

关于产品和缺陷,《侵权责任法》没有界定,应当按照《产品质量法》的有关规定来认定。

所谓产品,《产品质量法》第2条第2款、第3款规定:"本法所称产品是指经过加工、制作,用于销售的产品。""建设工程不适用本法规定;但是,建设工程使用的建筑材料、建筑构配件和设备,属于前款规定的产品范围的,适用本法规定。"

所谓缺陷,《产品质量法》第46条规定:"本法所称缺陷,是指产品存在危及人身、他人财产安全的不合理的危险;产品有保障人体健康和人身、财产安全的国家标准、行业标准的,是指不符合该标准。"另外,根据该法第40条的规定,下列情况也属于缺陷范围:(1)不具备产品应当具备的使用性能而事先未作说明的;(2)不符合在产品或者其包装上注明采用的产品标准的;(3)不符合以产品说明、实物样品等方式表明的质量状况的。

2. 产品有缺陷的证明

产品有缺陷,是产品侵权行为及责任构成的核心关键,也是胜诉、败诉的核心关键。值得讨论的是,缺陷的证明,应当由被告还是由原告来承担?司法实务对此有不同见解。

在赵某与银川正大有限公司等产品质量损害赔偿纠纷上诉案中,宁夏回族自治区高级人民法院认定,上诉人(原告)赵某应就奶牛"172"浓缩料存在缺陷、使用缺陷产品所致的财产损害、该产品缺陷与其饲养的奶牛产奶量下降之间的因果关系等事实承担举证责任。上诉人首先应举证证明正大公司生产的奶牛"172"浓缩料存在缺陷。上诉人未能举证证明,因此败诉。①

在秦某与王某等产品质量损害赔偿纠纷上诉案中,江苏省徐州市中级人民法院认为,受害人首先需举证证明其使用的产品存在缺陷,使用缺陷产品所导致的损害结果存在、产品缺陷与受害人所受损害之间存在因果关系,而产品的生产者主张免责,就应举证证明存在法律规定的免责事由。因此,本案中,上诉人秦某应当就涉案红砖存在缺陷,以及粉墙结果与涉案红砖之间存在因果关系承担举证责任。上诉人未能举证证明,因此败诉。②

在辛某与甘肃青黛中草药美容研究有限责任公司等产品质量损害赔偿纠纷申请再审案中,申请再审人(一审原告、二审被上诉人)辛某认为,因缺陷产品致人损害的侵权诉讼应由产品"豆拜拜"的生产者甘肃青黛中草药美容研究有限责任公司举证证明"豆拜拜"是合格产品、申诉人双眼失明与使用"豆拜拜"没有因果关系;如不能举证证明以上免责事实,就应承担赔偿责任,而原判却错误规定由申诉人承担举证责任。河南省濮阳市中级人民法院认为,被申请人甘肃青黛中草药美容研究有限责任公司生产的"豆拜拜"产品有国家质量监督检验检疫总局颁发的"食品卫生许可证"和"产品生产许可证",该产品又经甘肃省医学科学研究院检验。申请再审人称该产品属存在缺陷产品,但无证据证明。据此,濮阳中院驳回辛某之再审申请。③

在甘肃省公路局诉日本横滨橡胶株式会社产品责任侵权纠纷案中,西安市中级人民法院选择适用日本的《制造物责任法》作为审理本案的准据法。日本于1995年7月1日制定了《制造物责任法》,并于1996年7月1日作为日本民法的特别法开始适用。法院认为,原告要求适用《制造物责任法》追究制造商的损害

---

① 参见宁夏回族自治区高级人民法院(2009)宁民终字第12号民事判决书。
② 参见江苏省徐州市中级人民法院(2009)徐民一终字第1707号民事判决书。
③ 参见河南省濮阳市中级人民法院(2009)濮中法民申字第76号民事裁定书。

赔偿责任,首先应证明"8·9"事故现场的爆胎产品是被告制造的产品,及该产品存在缺陷之事实,而原告现有的证据不足以认定该事实存在,故其诉请事由,不能成立。①

在东风汽车有限公司等与商洛市秦锌运输有限责任公司等产品质量损害赔偿纠纷上诉案中,原审陕西省商洛市中级人民法院认为,根据产品责任制度保护消费者合法权益的立法目的,在认定产品缺陷时以不合理危险为衡量标准,产品不符合保障人身、财产安全的国家标准或行业标准的,可以直接认定产品存在缺陷,产品符合保障人身、财产安全的国家标准或行业标准的,只能初步证明产品无缺陷,若有证据证明产品存在不合理危险,仍应认定产品存在缺陷。本案中,秦锌公司所购的车辆烧毁后,当地消防部门对火灾原因进行了技术鉴定,西安汽车产品质量监督检验站受秦锌公司的委托对烧毁车辆起火原因进行了技术鉴定,这两个机构虽无鉴定汽车产品质量缺陷的资质,不能以两份技术鉴定报告直接认定秦锌公司所购的车辆存在缺陷,但两份报告均确认火源是来自汽车自身,可以认定秦锌公司所购的车辆是在正常行驶过程中发生的燃烧。从秦锌公司2007年4月6日购车之日至2007年4月19日事故发生之日仅13天,按常理,这时候车辆各方面性能和状况应该是非常好的,不存在电器、油路老化问题,四被告也没有证据证明秦锌公司使用不当或者没有尽维修、保养义务。在秦锌公司正常使用车辆的情况下,车辆发生燃烧,造成严重损害,超出了秦锌公司安全行驶的合理期待和对危险的预防能力,在排除了其他可能原因的情况下,作为致害原因之一的产品存在缺陷的可能性达到了高度盖然性,此种情况下,四被告没有证据证明秦锌公司使用不当或其他原因导致车辆烧毁,可以推定产品存在危及人身、财产安全的不合理危险,即产品存在缺陷。

二审陕西省高级人民法院认为,东风公司承认争议车辆底盘由其生产,故东风公司应是涉案底盘车的生产者。在本院庭审中,楚胜公司承认其实施了改装行为,所以楚胜公司亦是争议车辆的生产者。东风公司、楚胜公司均以出厂合格证证明其产品不存在产品缺陷,而是对方原因所致,但并未举证证明,况且,东风公司、楚胜公司在本案诉讼中均未举出具有法定免责事由的证据,故东风公司、楚胜公司均应依法对损害后果承担责任。东风公司、楚胜公司上诉认为其不应承担责任的理由不能成立。②

在上述讨论的五个案件中,前四个案件的判决均认定缺陷的证明责任应当由原告承担,原告因此而败诉。第五个案件中,判决事实上将缺陷的证明责任转由被告承担,原告因此而胜诉。

---

① 参见陕西省西安市中级人民法院(2002)西经二初字第074号民事判决书。
② 参见陕西省高级人民法院(2010)陕民二终字第34号民事判决书。

缺陷的认定本身涉及方方面面的专业技术问题,非一般人所能够证明。加之,事故一旦发生,产品本身必定有所毁损、甚至灭失,要证明缺陷之存在,更加难上加难。可见,缺陷证明责任配置之所在,胜诉败诉之所在。此处讨论的五个案件充分证明了此点。因此,缺陷证明的配置,值得认真讨论和反思。

《证据规则》对此没有规定。值得注意的是,我国《消费者权益保护法》第23条规定:"经营者应当保证在正常使用商品或者接受服务的情况下其提供的商品或者服务应当具有的质量、性能、用途和有效期限;但消费者在购买该商品或者接受该服务前已经知道其存在瑕疵,且存在该瑕疵不违反法律强制性规定的除外。""经营者以广告、产品说明、实物样品或者其他方式表明商品或者服务的质量状况的,应当保证其提供的商品或者服务的实际质量与表明的质量状况相符。""经营者提供的机动车、计算机、电视机、电冰箱、空调器、洗衣机等耐用商品或者装饰装修等服务,消费者自接受商品或者服务之日起六个月内发现瑕疵,发生争议的,由经营者承担有关瑕疵的举证责任。"

从上述规定看,产品责任的受害人如果是消费者的话,产品瑕疵的证明责任应当由经营者来承担。

《审理食品药品纠纷案件的规定》第6条第一句规定:"食品的生产者与销售者应当对于食品符合质量标准承担举证责任。"食品瑕疵的证明责任也是由生产者与销售者来承担。

(二) 人身、财产遭受损害或有遭受损害之虞

1. 人身、财产遭受损害

产品缺陷致人损害包括人身损害、精神损害、财产损害。财产损害中包括纯经济利益的损失。人身损害包括致人受伤、伤残以及致人死亡。

关于财产损害,《产品质量法》分两条分别规定。根据第40条第1款的规定,售出的产品如果有不具备产品应当具备的使用性能而事先未作说明的,不符合在产品或者其包装上注明采用的产品标准的,不符合以产品说明、实物样品等方式表明的质量状况的,销售者应当负责修理、更换、退货;给购买产品的消费者造成损失的,销售者应当赔偿损失。此处的损失应当是纯经济利益的损失,即由于产品存在缺陷造成购买者经济利益的减损。《产品质量法》第41条第1款规定:"因产品存在缺陷造成人身、缺陷产品以外的其他财产(以下简称他人财产)损害的,生产者应当承担赔偿责任。"此处他人财产的损害属于纯经济利益损失之外的其他财产损害。

《侵权责任法》第41条规定:"因产品存在缺陷造成他人损害的,生产者应当承担侵权责任。"此处的损害,既包括人身损害、精神损害,也包括财产损害。损害的存在及大小,需要由原告来证明。

2. 人身、财产有遭受损害之虞

《侵权责任法》第 45 条规定："因产品缺陷危及他人人身、财产安全的,被侵权人有权请求生产者、销售者承担排除妨碍、消除危险等侵权责任。"可见,只要存在损害的危险,被侵权人就有权请求生产者、销售者承担预防性侵权责任。

(三) 须有因果关系

产品的缺陷与受害人的损害之间需要存在引起与被引起的关系,亦即产品缺陷是损害的原因,损害是产品缺陷导致的后果。

因果关系的认定与缺陷的证明一样,非常困难。前面所讨论的五个案件也充分说明了此点。

《审理食品药品纠纷案件的规定》第 5 条第 2 款规定："消费者举证证明因食用食品或者使用药品受到损害,初步证明损害与食用食品或者使用药品存在因果关系,并请求食品、药品的生产者、销售者承担侵权责任的,人民法院应予支持,但食品、药品的生产者、销售者能证明损害不是因产品不符合质量标准造成的除外。"可见,在食品、药品侵权领域,消费者承担因果关系证明的初步责任,生产者、销售者可以举证证明因果关系不存在。

食品、药品之外其他产品责任的因果关系如何证明,也是司法实务中的难题。有学者认为,对于高科技产品致人损害的侵权,理论上认为可以有条件地适用因果关系推定理论,即受害人证明使用或者消费某产品后发生了某种损害,且这种缺陷产品通常可以造成这种损害,即可以推定因果关系成立,除非产品的销售者、生产者等能够证明该因果关系不成立。[①]

事实上,不单是高科技产品,几乎所有产品责任中的因果关系的证明都有反思的必要。其原因,一是因为因果关系本身的极端复杂性,二是因为与缺陷一样,产品事故一旦发生,产品本身往往已经毁损甚至灭失,此时再从技术上认定因果关系,相当困难。

在产品本身没有毁损的情况下,认定缺陷及因果关系的难度就会小一些。对于某些因果关系,可以通过专业技术鉴定加以认定。

在汉中市陕南珍稀植物培育有限公司与汉中市兴汉商业大厦有限责任公司产品质量损害赔偿纠纷上诉案中,陕西省汉中市中级人民法院查明,植物院三号院发生触电事故后,汉台区政府组织成立的事故调查组对现场进行了勘查。在汉中市兴汉商业大厦有限责任公司和汉中市陕南珍稀植物培育有限公司双方均在场的情况下将触电的热水器取下,贴上由汉中市兴汉商业大厦有限责任公司和汉中市陕南珍稀植物培育有限公司双方签字的封条,送汉中质检局检验,没检验成后存放在植物园的仓库内。2008 年 6 月 13 日中国质量检验协会组织的鉴

[①] 参见王利明:《民法·侵权行为法》,中国人民大学出版社 1993 年版,第 430—431 页。

定专家到陕南珍稀植物园查勘了现场,并与汉中市陕南珍稀植物培育有限公司和汉中市兴汉商业大厦有限责任公司相关人员就发生事故的热水器的安装使用情况进行了座谈了解,同时对封存的希贵牌电热水器进行了检验、试验。专家组作质量鉴定报告后,参与鉴定的专家均签名,同时中国质量检验协会在鉴定报告上盖章并附函寄送委托其鉴定的汉中市中级人民法院。汉中市中级人民法院认为,经中国质量检验协会对该希贵牌热水器进行质量鉴定,结论为该热水器绝缘系统良好,未发现存在漏电问题。该电热水器使用的插座零线与保护性接地线接错,造成电热水器外壳带电。此种情况下,触及热水器外壳或用其洗浴时,会发生触电危险。①

三、产品责任的责任主体

（一）产品生产者和销售者

《产品质量法》第 4 条规定:"生产者、销售者依照本法规定承担产品质量责任。"

《侵权责任法》第 41 条规定:"因产品存在缺陷造成他人损害的,生产者应当承担侵权责任。"第 42 条规定:"因销售者的过错使产品存在缺陷,造成他人损害的,销售者应当承担侵权责任。""销售者不能指明缺陷产品的生产者也不能指明缺陷产品的供货者的,销售者应当承担侵权责任。"

可见,产品责任的责任主体是生产者和销售者。《民法通则》《产品质量法》《侵权责任法》中都没有关于产品生产者的定义。最高人民法院在《关于产品侵权案件的受害人能否以产品的商标所有人为被告提起民事诉讼的批复》中提出:"任何将自己的姓名、名称、商标或者可资识别的其他标识体现在产品上,表示其为产品制造者的企业或者个人,均属于《中华人民共和国民法通则》第一百二十二条规定的'产品制造者'和《中华人民共和国产品质量法》规定的'生产者'"。此外,一般认为,产品的进口商可以视为产品的生产者。

产品生产者和销售者承担的是不真正连带责任。《侵权责任法》第 43 条规定:"因产品存在缺陷造成损害的,被侵权人可以向产品的生产者请求赔偿,也可以向产品的销售者请求赔偿。""产品缺陷由生产者造成的,销售者赔偿后,有权向生产者追偿。""因销售者的过错使产品存在缺陷,生产者赔偿后,有权向销售者追偿。"最高人民法院《审理食品药品纠纷案件的规定》第 2 条第 1 款规定:"因食品、药品存在质量问题造成消费者损害,消费者可以分别起诉或者同时起诉销售者和生产者。"

不真正连带责任意味着产品生产者和销售者对被侵权人都要承担全部赔偿

---

① 参见陕西省汉中市中级人民法院(2010)汉中民终字第(68)号民事判决书。

责任。任何一方承担责任后,可以向终局责任人追偿。这样的安排有利于被侵权人及时有效地获得救济。

需要注意的是,《侵权责任法》第 43 条第 2 款规定:"产品缺陷由生产者造成的,销售者赔偿后,有权向生产者追偿。"这意味着即使缺陷是由于生产者造成的、与销售者的过错无关,被侵权人同样可以选择请求销售者承担侵权责任。这样的规定与第 42 条第 1 款关于因销售者的过错使产品存在缺陷,销售者才承担责任的规定是否矛盾?

就第 43 条的规定来看,生产者和销售者对被侵权人承担的是不真正连带责任。这意味着,生产者和销售者对被侵权人都应当承担全部赔偿责任。但是,究竟哪方是终局责任人,需要根据第 43 条第 2 款和第 3 款来判断。而第 43 条第 2 款的依据,就是第 42 条第 1 款。因此,从体系解释来看,第 42 条第 1 款规定的是终局责任。即如果缺陷是由于销售者的过错造成的,生产者赔偿后,可以向销售者追偿。如果缺陷不是销售者的过错造成的,销售者应当首先向被侵权人承担全部赔偿责任,然后向终局责任人生产者追偿。销售者不能因缺陷不是自己造成的而抗辩或者拒绝被侵权人的赔偿请求。

(二) 产品运输者和仓储者等第三人

《侵权责任法》第 44 条规定:"因运输者、仓储者等第三人的过错使产品存在缺陷,造成他人损害的,产品的生产者、销售者赔偿后,有权向第三人追偿。"

因运输者、仓储者等第三人的过错造成缺陷致人损害的,被侵权人依然是向产品的生产者、销售者请求赔偿。赔偿后的生产者、销售者可以向运输者、仓储者追偿。这种追偿问题与这里讨论的产品责任问题的关系较为间接。运输者、仓储者等第三人不属于产品责任的主体。

四、产品责任的归责原则

关于产品责任的归责原则,存在两种不同观点。一种观点认为产品责任是无过错责任,另一种观点认为产品责任是过错责任。

笔者认为,产品责任的责任主体包括生产者和销售者,根据《侵权责任法》第 42 条的规定,在终局的意义上,销售者承担的是过错责任。因此,关于产品责任归责原则的争议主要是关于生产者责任归责原则的争议。那么,生产者的责任究竟是无过错责任还是过错责任呢?

有学说认为,生产者的责任应当是无过错责任。理由在于,无过错责任能够兼顾救济权利、补偿损失与惩罚侵权的功能,也合乎国际立法趋向。[①] 还有观点认为,销售者承担过错责任,《产品质量法》第 42 条和《侵权责任法》第 42 条都明

---

① 参见杨立新:《侵权责任法》,法律出版社 2010 年版,第 311—312 页。

确使用了"过错"一词,如果生产者承担的也是过错责任的话,立法应当同样对待、采取同样的措辞。因此,生产者的责任应当是无过错责任。

笔者认为:第一,《侵权责任法》第 42 条规定的"因销售者的过错使产品存在缺陷的",其意思应当解释为"是因为销售者的原因使产品存在缺陷"。此处的过错与侵权法上一般过错的含义不完全相同。按照《侵权责任法》第 41 条的规定,因产品存在缺陷造成他人损害的,生产者应当承担侵权责任。此处的意思是说,缺陷是因为生产者的原因造成的。这样来看,立法对于生产者和销售者的态度,是完全一致的。此点可以从《侵权责任法》第 43 条第 2 款、第 3 款的措辞中看出。第二,产品责任的前提是产品存在缺陷,缺陷本身就是一个客观标准的过错。如果产品不存在缺陷,也就不存在产品责任。

五、产品责任的责任方式

《侵权责任法》第五章规定了以下几种责任方式。

(一)损害赔偿

损害赔偿是产品责任的基本责任方式,也是产品责任制度设计的主线。

(二)排除妨碍、消除危险

《侵权责任法》第 45 条规定:"因产品缺陷危及他人人身、财产安全的,被侵权人有权请求生产者、销售者承担排除妨碍、消除危险等侵权责任。"

人的生活时时刻刻都离不开产品。产品的安全至关重要。对于有缺陷的产品,如何使缺陷不造成损害,同样至关重要。排除妨碍、消除危险是预防性救济措施,有助于减少产品缺陷造成的危害。

(三)警示、召回

《侵权责任法》第 46 条规定:"产品投入流通后发现存在缺陷的,生产者、销售者应当及时采取警示、召回等补救措施。未及时采取补救措施或者补救措施不力造成损害的,应当承担侵权责任。"

排除妨碍、消除危险是在消费者发现产品存在缺陷,可能危及人身、财产安全时,向生产者、销售者提出请求,生产者、销售者被动采取的预防性救济措施。警示、召回属于生产者、销售者主动发现缺陷后采取的预防性救济措施。

(四)惩罚性赔偿

1. 惩罚性赔偿在我国法上的规定

《侵权责任法》第 47 条规定:"明知产品存在缺陷仍然生产、销售,造成他人死亡或者健康严重损害的,被侵权人有权请求相应的惩罚性赔偿。"

本条以一般条款的形式,规定了产品责任中的惩罚性赔偿。本条适用的前提,一是明知产品缺陷的存在,二是后果必须是造成他人死亡或者健康严重损害。

本条没有明确惩罚性赔偿的数额、形式或者计算方法，专门性的法律对此可以进行进一步规定。比如，2015年修订前的《食品安全法》第96条第2款规定："生产不符合食品安全标准的食品或者销售明知是不符合食品安全标准的食品，消费者除要求赔偿损失外，还可以向生产者或者销售者要求支付价款十倍的赔偿金。"

值得注意的是，我国《消费者权益保护法》第55条第2款规定："经营者明知商品或者服务存在缺陷，仍然向消费者提供，造成消费者或者其他受害人死亡或者健康严重损害的，受害人有权要求经营者依照本法第四十九条、第五十一条等法律规定赔偿损失，并有权要求所受损失二倍以下的惩罚性赔偿。"

这种以损失二倍计算的惩罚性赔偿规则是我国立法上惩罚性赔偿制度的重要变化，力度空前。

2015年及2018年修订后的《食品安全法》也体现了这种变化。民以食为天，食品的重要性不言而喻，食品的惩罚性赔偿应当比一般产品更严厉。《食品安全法》第148条第2款规定："生产不符合食品安全标准的食品或者经营明知是不符合食品安全标准的食品，消费者除要求赔偿损失外，还可以向生产者或者经营者要求支付价款十倍或者损失三倍的赔偿金；增加赔偿的金额不足一千元的，为一千元。但是，食品的标签、说明书存在不影响食品安全且不会对消费者造成误导的瑕疵的除外。"

最高人民法院《审理医疗纠纷案件的解释》第23条规定："医疗产品的生产者、销售者明知医疗产品存在缺陷仍然生产、销售，造成患者死亡或者健康严重损害，被侵权人请求生产者、销售者赔偿损失及二倍以下惩罚性赔偿的，人民法院应予支持。"

对本条解释的理解需要注意以下三点：

第一，药品等医疗产品也可以惩罚性赔偿。

根据《消费者权益保护法》第55条第2款以及《食品安全法》第148条的规定，经营者明知商品或者服务存在缺陷仍然生产、经营，消费者因此遭受严重损失时可以主张二倍惩罚性赔偿或者三倍惩罚性赔偿。按照这样的立法逻辑，生产者、销售者明知医疗产品存在缺陷仍然进行生产销售，作为医疗产品的消费者，因此遭受严重损失时，当然也可以、甚至是更应当主张惩罚性赔偿。

第二，药品等医疗产品适用二倍惩罚性赔偿。

药品等医疗产品与食品同样重要，或者更重要。为何药品等医疗产品适用《消费者权益保护法》规定的二倍惩罚性赔偿而不是《食品安全法》规定的三倍惩罚性赔偿？其原因在于，最高人民法院《审理医疗纠纷案件的解释》是司法解释，必须有解释所依赖的法律根据。此外，受害人是因为消费医疗产品遭受严重损害而主张惩罚性赔偿，造成消费者严重损害的是药品而不是食品。故而，司法解释只能根据《消费者权益保护法》而不能根据《食品安全法》作出,惩罚性赔偿的倍数也只能是二倍而不能是三倍。

第三,适用惩罚性赔偿的是医疗产品的生产者、销售者,医疗机构不适用惩罚性赔偿。

根据《审理医疗纠纷案件的解释》第22条的规定,缺陷医疗产品与医疗机构的过错诊疗行为共同造成患者同一损害的,患者可以请求医疗机构与医疗产品的生产者或者销售者承担连带责任。但是,从第23条的规定来看,惩罚性赔偿的责任主体只是医疗产品的生产者、销售者,医疗机构不适用惩罚性赔偿。其原因在于,惩罚性赔偿的功能是为了震慑生产者、销售者研发、制造或者销售缺陷产品。医疗机构为患者提供的是服务,不宜认定为医疗产品的销售者,其对研发、制造过程并无影响力,令其承担惩罚性赔偿,并不能达到震慑效果。虽然目前医疗机构存在医药不分家、医疗机构加价销售医疗产品的情况,但是改革的趋势是医药分家。此外,医疗产品的生产者和销售者作为经营企业能够向产品的使用者分散风险,而医疗机构是公益机构,其承担惩罚性赔偿,意味着风险最终由社会公众承担。①

2. 知假买假是否可以适用惩罚性赔偿

知假买假是指明知产品存在缺陷而购买的行为。知假买假是否可以适用《消费者权益保护法》《食品安全法》规定的惩罚性赔偿,向来有肯定与否定两种观点,司法实务中肯定和否定的判决都有。最高人民法院《审理食品药品纠纷案件的规定》第3条规定:"因食品、药品质量问题发生纠纷,购买者向生产者、销售者主张权利,生产者、销售者以购买者明知食品、药品存在质量问题而仍然购买为由进行抗辩的,人民法院不予支持。"可见,至少在食品、药品领域,最高人民法院司法解释采肯定立场。②

六、产品责任的免责事由

《产品质量法》第41条第2款规定:"生产者能够证明有下列情形之一的,不承担赔偿责任:(1)未将产品投入流通的;(2)产品投入流通时,引起损害的缺陷尚不存在的;(3)将产品投入流通时的科学技术水平尚不能发现缺陷的存在的。"《证据规则》第4条第1款第6项规定:"因缺陷产品致人损害的侵权诉讼,由产品的生产者就法律规定的免责事由承担举证责任。"根据这一规定,生产者要想免责,需要自己来承担证明责任。

---

① 参见沈德咏、杜万华主编:《最高人民法院医疗损害责任司法解释理解与适用》,人民法院出版社2018年版,第390—391页。

② 参见奚晓明主编,最高人民法院民事审判第一庭编著:《最高人民法院关于食品药品纠纷司法解释理解与适用》,人民法院出版社2014年版,第54—64页。

七、产品责任的诉讼时效

《民法总则》第 188 条第 1 款规定:"向人民法院请求保护民事权利的诉讼时效期间为三年。法律另有规定的,依照其规定。"产品责任要适用《产品质量法》的特别规定。《产品质量法》第 45 条规定:"因产品存在缺陷造成损害要求赔偿的诉讼时效期间为二年,自当事人知道或者应当知道其权益受到损害时起计算。""因产品存在缺陷造成损害要求赔偿的请求权,在造成损害的缺陷产品交付最初消费者满十年丧失;但是,尚未超过明示的安全使用期的除外。"

八、责任竞合

在受害人为产品的购买者时,可以产生侵权责任和违约责任的竞合。《合同法》第 122 条规定:"因当事人一方的违约行为,侵害对方人身、财产权益的,受损害方有权选择依照本法要求其承担违约责任或者依照其他法律要求其承担侵权责任。"在受害人是产品的购买者时,意味着受害人与另一方当事人之间存在合同关系,受害人可以基于合同关系而主张违约责任;同时,因对方的违约行为造成受害人的人身、财产权益的损害,因此,也可以基于侵权而主张侵权责任。但是,对于合同关系以外的其他受害人,只能够主张侵权,因为合同关系具有相对性,无法约束合同关系以外的当事人。同时,同样由于合同相对性的存在,基于合同关系主张违约责任时,如果产品的生产者和销售者不是同一主体,违约责任只能够向销售者主张,而不能向生产者主张。

第二节 道路交通事故责任

一、道路交通事故侵权行为的概念

道路交通事故是指道路交通参与人之间因违反道路交通安全法律法规或者因意外情况发生的造成人身或者财产损失的事故。道路交通事故侵权行为指道路交通参与人因违反道路交通安全法律法规发生道路交通事故,导致他人人身或者财产损失、应当承担侵权责任的行为。

道路交通参与人包括机动车驾驶人、非机动车驾驶人及行人,但承担道路交通事故责任的主体则不限于机动车驾驶人、非机动车驾驶人及行人。比如,《侵权责任法》第 51 条规定:"以买卖等方式转让拼装或者已达到报废标准的机动车,发生交通事故造成损害的,由转让人和受让人承担连带责任。"

道路交通事故一定发生在道路上。何谓道路,《道路交通安全法》第 119 条第 1 项规定:"'道路',是指公路、城市道路和虽在单位管辖范围但允许社会机动车通行的地方,包括广场、公共停车场等用于公众通行的场所。"《道路交通安全法》第77条规定:"车辆在道路以外通行时发生的事故,公安机关交通管理部门接到报案的,参照本法有关规定办理。"

二、道路交通事故侵权行为的类型

根据《道路交通安全法》的规定,因道路交通事故主体的不同,道路交通事故侵权行为可以分为机动车之间发生的道路交通事故侵权行为以及机动车与非机动车驾驶人、行人之间发生的道路交通事故侵权行为。

《道路交通安全法》第119条第3项规定:"'机动车',是指以动力装置驱动或者牵引,上道路行驶的供人员乘用或者用于运送物品以及进行工程专项作业的轮式车辆。"第4项规定:"'非机动车',是指以人力或者畜力驱动,上道路行驶的交通工具,以及虽有动力装置驱动但设计最高时速、空车质量、外形尺寸符合有关国家标准的残疾人机动轮椅车、电动自行车等交通工具。"关于电动自行车的认定,按照《电动自行车安全技术规范》的规定,电动自行车整车最高车速应不大于25 km/h,整车质量(含电池)不超过55 kg,车轮轮胎宽度不大于54 mm,蓄电池电压不大于48 V。超过这些标准,就被认定为机动车。

由于《道路交通安全法》第119条第5项将该法所称的"交通事故"限定为车辆在道路上因过错或者意外造成的人身伤亡或者财产损失的事件,因此,非机动车驾驶人之间以及非机动车驾驶人和行人之间因道路交通事故发生的侵权行为,《道路交通安全法》没有规定。《北京市实施〈中华人民共和国道路交通安全法〉办法》第71条规定:"非机动车之间、非机动车与行人之间发生交通事故造成人身伤亡、财产损失的,由有过错的一方承担赔偿责任;双方都有过错的,按照各自过错的比例承担赔偿责任;无法确定双方当事人过错的,平均分担赔偿责任。"

三、道路交通事故责任的法律适用

《侵权责任法》第48条规定:"机动车发生交通事故造成损害的,依照道路交通安全法的有关规定承担赔偿责任。"可见,规范机动车交通事故责任的主要法律依据是《道路交通安全法》。《侵权责任法》第六章"机动车交通事故责任"规定了《道路交通安全法》中没有规定的一些具体侵权责任类型。关于赔偿,则要适用《侵权责任法》及《民法通则》的有关规定。本节之所以名为"道路交通事故责任",而没有用"机动车交通事故责任",是因为所有交通工具均有可能发生交通事故,本节讨论的内容不限于机动车发生的交通事故责任。

四、道路交通事故侵权行为的构成要件

(一) 道路交通参与人有违反道路交通安全法律法规的行为,存在过错

过错包括故意和过失。过失的认定采客观主义,以是否违反道路交通安全法律法规作为认定标准。此点从《道路交通安全法》第76条的措辞中可以得到验证。在道路交通事故侵权行为中,很多情况是当事人双方都有过错,因此,过错相抵在道路交通事故侵权中会经常用到。

需要注意的是,《道路交通安全法》第76条第1款第2项第三段规定:"机动车一方没有过错的,承担不超过百分之十的赔偿责任。"这意味着,对于机动车一方而言,即使在没有过错的情况下,也可能构成侵权行为,但承担的是有限的赔偿责任。

尽管有上述规定,总体而言,道路交通事故侵权行为的构成,需要有过错。在处理道路交通事故时,需要分清基本的对错。分清对错,对于妥善解决纠纷、平衡各方利益,实现社会和谐是非常必要的。

(二) 道路交通事故参与人一方受有损失

在机动车与非机动车驾驶人或者行人之间发生道路交通事故后,受有损失的一方往往是非机动车驾驶人或者行人。这一特点是许多人对道路交通事故中的侵权行为进行讨论时的出发点。但是,在许多情况下,机动车驾驶人的人身或者机动车也会受有损失。在机动车与机动车之间发生的道路交通事故,更是如此。

(三) 违反道路交通安全法律法规的行为与损失之间有因果关系

机动车闯红灯发生交通事故造成过街行人人身损害,闯红灯行为与损害之间具有因果关系。假设机动车刹车尾灯不亮,在道路信号灯为绿灯时与横闯马路的行人发生交通事故,那么尽管刹车尾灯不亮也违反了道路交通安全法律法规,但是与该损失之间不存在因果关系。

(四) 道路交通事故侵权行为的归责原则

(1) 机动车之间发生的道路交通事故侵权行为,适用过错责任原则。《道路交通安全法》第76条第1款第1项规定:"机动车之间发生交通事故的,由有过错的一方承担责任;双方都有过错的,按照各自过错的比例分担责任。"

机动车与非机动车驾驶人、行人之间发生的道路交通事故侵权行为应当适用什么样的归责原则,存在非常激烈的争论。这些争论直接影响到了《道路交通安全法》相关条文的制定。《道路交通安全法》制定后,这一争论非但没有平息,反而更加引起社会的普遍关注。

(2) 关于机动车与非机动车驾驶人、行人之间发生的道路交通事故侵权行为,其归责原则有两种不同的主张。

一种主张认为,机动车与非机动车驾驶人、行人之间发生的道路交通事故侵

权行为应当采用无过错责任原则。主要理由在于以下三个理论：

第一，报偿理论，即谁享受利益谁承担风险，机动车一方享受了机动车带来的利益，自然应当由其承担因机动车运行所带来的风险。

第二，危险控制理论，即谁能够控制、减少危险，谁承担责任，机动车一方更能够控制机动车带来的危险，因此应当由机动车一方承担责任。

第三，危险分担理论，即机动车一方承担的责任，可以通过保险制度分散到整个社会。无过错责任似乎对机动车一方很苛刻，实际上是最公平的。

另一种主张认为，机动车与非机动车驾驶人、行人之间的道路交通事故侵权行为的归责原则应当采用过错责任原则。笔者坚持后一种主张，主要理由如下：

第一，道路交通安全法律、法规是全体道路交通参与人的法规，除机动车驾驶人外，非机动车驾驶人和行人也应当遵守。

第二，道路交通事故是由双方原因决定的事故，仅仅一方的预防无法使事故发生概率降低。

第三，只有所有道路交通参与人都有动力采取措施预防事故的发生，才可能使事故发生概率降低。而只有事故发生概率下降，非机动车驾驶人和行人的人身和财产权益才能够真正得到保障。

第四，机动车一方的无过错责任可能会使机动车一方预防过度，而非机动车驾驶人和行人一方则可能预防不足。

第五，只有适用双方的过错责任，根据过错程度承担责任，才可能实现事故发生概率下降，从而真正保护非机动车驾驶人和行人的合法权益。①

(3) 在比较法上，各国和地区对此规定并不相同。英美法采过失责任，适用普通法原则；德国及日本均采无过失责任（危险责任），规定于特别法。我国台湾地区"民法"1999年债编修正时，增设第191条之2采过失推定责任。该条规定："汽车、机车或其他非依轨道行驶之动力车辆，在使用中加损害于他人者，驾驶人应赔偿因此所生之损害。但于防止损害之发生，已尽相当注意者，不在此限。"②

(4) 2003年《道路交通安全法》第76条第1款第2项规定："机动车与非机动车驾驶人、行人之间发生交通事故的，由机动车一方承担责任；但是，有证据证明非机动车驾驶人、行人违反道路交通安全法律、法规，机动车驾驶人已经采取必要处置措施的，减轻机动车一方的责任。"据此，机动车与非机动车驾驶人、行人之间发生交通事故的，由机动车一方承担无过错责任。如果能够证明非机动车驾驶人、行人违反道路交通安全法律、法规，存在过错，而机动车驾驶人已经采

---

① 关于道路交通事故侵权行为归责原则更详细的讨论，可参见王成：《道路交通事故损害赔偿归责原则之经济分析》，载崔建远主编：《民法九人行》（第1卷），金桥文化出版（香港）有限公司2003年版，第195—229页。

② 参见王泽鉴：《侵权行为》，北京大学出版社2009年版，第501—502页。

取必要处置措施的,机动车一方的责任可以减轻。

2011年《道路交通安全法》第76条第1款第2项规定:"机动车与非机动车驾驶人、行人之间发生交通事故,非机动车驾驶人、行人没有过错的,由机动车一方承担赔偿责任;有证据证明非机动车驾驶人、行人有过错的,根据过错程度适当减轻机动车一方的赔偿责任;机动车一方没有过错的,承担不超过百分之十的赔偿责任。"据此,机动车与非机动车驾驶人、行人之间发生交通事故时,要根据过错程度来确定彼此的责任。按照第76条第1款第2项规定的第一段,非机动车驾驶人、行人没有过错的,要由机动车一方来承担责任。但是,结合该规定第三段,无论非机动车驾驶人、行人有没有过错,只要机动车一方没有过错,就只承担不超过10%的责任。在双方都没有过错的情况下,让机动车一方承担不超过10%的责任,体现了法律向非机动车驾驶人、行人一方的倾斜。① 机动车一方有过错的,承担过错责任。双方都有过错的,各自按照过错程度承担责任。

2003年《道路交通安全法》第76条第2款规定:"交通事故的损失是由非机动车驾驶人、行人故意造成的,机动车一方不承担责任。"据此,只有非机动车驾驶人、行人故意造成交通事故的情况下,机动车一方才可以免责。

修订后的《道路交通安全法》第76条第2款规定:"交通事故的损失是由非机动车驾驶人、行人故意碰撞机动车造成的,机动车一方不承担赔偿责任。"比较而言,修订后的条文对非机动车驾驶人、行人的故意进行了更加明确的限定。

(5) 简单的小结

就我国现行法而言,道路交通事故侵权行为采多种归责原则混合适用的归责体系。有结果归责、过错归责、也有无过错归责。这种多种归责原则混合适用的归责原则体系值得赞同。但就总体而言,我国现行法采用的还是过错责任原则。

五、道路交通事故责任的认定

《道路交通安全法》第72条第1款规定:"公安机关交通管理部门接到交通事故报警后,应当立即派交通警察赶赴现场,先组织抢救受伤人员,并采取措施,尽快恢复交通。"第73条规定:"公安机关交通管理部门应当根据交通事故现场勘验、检查、调查情况和有关的检验、鉴定结论,及时制作交通事故认定书,作为处理交通事故的证据。交通事故认定书应当载明交通事故的基本事实、成因和

---

① 这一规定,基本上回归到了1991年《道路交通事故处理办法》的规定。《道路交通事故处理办法》第44条规定:"机动车与非机动车、行人发生交通事故,造成对方人员死亡或者重伤,机动车一方无过错的,应当分担对方百分之十的经济损失。但按照百分之十计算,赔偿额超过交通事故发生地十个月平均生活费的,按十个月的平均生活费支付。""前款非机动车、行人一方故意造成自身伤害或者进入高速公路造成损害的除外。"

当事人的责任,并送达当事人。"

据此,道路交通事故发生后,首先应当由公安机关交通管理部门对事故进行处理,及时制作交通事故认定书。交通事故认定书是确定道路交通事故侵权责任非常重要的证据。事故认定书不仅是认定事实的证据,也是认定双方过错及过错程度的证据。一方面,道路交通事故的现场处理具有专业性;另一方面,如果发生诉讼,法官不可能回到过去到现场进行勘验。诉讼中事实的认定对公安机关交通管理部门出具的事故认定书具有很强的依赖性。

《道路交通事故赔偿解释》第 27 条规定:"公安机关交通管理部门制作的交通事故认定书,人民法院应依法审查并确认其相应的证明力,但有相反证据推翻的除外。"交通事故认定书是道路交通事故民事诉讼中最重要的证据。除非有相反证据,法官应确认交通管理部门出具的交通事故认定书的证明力。

在杨某诉何某、王某交通事故人身损害赔偿一案中,被告何某于 2000 年 3 月 26 日 22 时 30 分在北京市海淀区屯佃村二队场口,驾驶小客车(京 C86578)由西向东行驶,适有原告杨某驾驶小客车(京 AR8376)内乘胡某由东向南左转弯,何车前部与杨车右侧相撞,两车损坏,杨某、胡某受伤。北京市公安交通管理局海淀交通支队经查后做出责任认定书认定,何某驾车超速行驶,未确保安全以至于发生事故,违反《道路交通管理条例》第 7 条第 2 款的规定;杨某车发生事故,违反《道路交通管理条例》第 40 条第 3 项的规定。故根据《道路交通事故处理办法》第 19 条的规定,认定何某、杨某负此事故的同等责任。何某对此责任认定不服提出复议,海淀支队于 2000 年 11 月 14 日做出道路责任认定书,认定"事故后经调查,京 C86578 小客车司机驾车发生交通事故,弃车逃逸,违反《道路交通事故处理办法》第 20 条的规定;认定京 C86578 小客车司机负此事故全部责任;杨某、胡某不负此事故责任"。法院审理中查明,京 C86578 小客车的车主王某在开庭时称何某是事故发生时该车的司机,何某在庭审中以证人身份出庭陈述时承认其是事故的肇事司机,杨某在庭审中认可事故发生后,何某在事故现场,并在起诉时也认可何某是肇事司机。海淀支队在事故发生后从事故车上提取的血液与何某的血液进行鉴定的结果是:车上提取的血液与何某的血液是一致的。因此第一次认定何某是肇事司机,故认定何某与杨某负事故的同等责任。在海淀支队对何某的异议加以复议时,于 2000 年 7 月 14 日从事故车上提取的毛发与何某的血液鉴定结论进行对比后,因结论不同,故得出肇事司机逃逸的结论,因此由京 C86578 小客车的司机负此事故的全部责任。

法院认为,海淀支队所做出的肇事司机逃逸结论的依据是从事故车上提取的毛发,但此次提取毛发的时间距事发已四月之久,其间不排除事故车辆已被人为变动,且该鉴定结论与事发不久从车内提取的血液鉴定结论不同。根据双方陈述情况,在何某承认其为肇事司机,杨某也曾在起诉书中以何某为被告要求其承担赔偿责任的情况下,仅以事后所做的毛发鉴定,不能排除何某是肇事司机的可能。因此,海淀支队最后做出的事故认定,不能作为本案确定赔偿责任的依据。①

六、道路交通事故责任的赔偿范围

《道路交通事故赔偿解释》第15规定:"因道路交通事故造成下列财产损失,当事人请求侵权人赔偿的,人民法院应予支持:(一)维修被损坏车辆所支出的费用、车辆所载物品的损失、车辆施救费用;(二)因车辆灭失或者无法修复,为购买交通事故发生时与被损坏车辆价值相当的车辆重置费用;(三)依法从事货物运输、旅客运输等经营性活动的车辆,因无法从事相应经营活动所产生的合理停运损失;(四)非经营性车辆因无法继续使用,所产生的通常替代性交通工具的合理费用。"

第15条列举的四项赔偿项目中,没有机动车的贬值损失。所谓机动车的贬值损失,是指在交通事故中受损的机动车修复后的价值与未受损前价值之间的差额。受损修复与未受损的机动车之间,在市场价格上肯定会存在着差异,因此,贬值损失是客观存在的。但是,贬值损失是否是法律认可的损失,存在着不同的看法。

许多法院支持贬值损失的赔偿。比如,2006年3月4日中午,南京市某公司的陈某驾驶一辆崭新的轿车,到饭店用餐。到达饭店门前广场时,司机即将车辆交给店方泊车管理人员,由他们统一停放。泊车人员在停车时,将车子撞上了饭店门前的石柱,损坏十分严重。保险公司以饭店泊车人员属无照驾驶,不符合理赔条件为由拒绝理赔。经评估,该车辆修复的贬值损失为5.8万元。由于双方未能达成一致的修复意见,车主方遂将饭店起诉到南京市鼓楼区法院,请求法院判令被告赔偿车辆维修费、车辆修复后的贬值损失及其他损失,共计15.96万元。法院认为,原告主张的车辆修理费、维修评估费、施救及停车费等直接损失,均有相应的证据证实,被告应予赔偿。关于贬值损失,法院认为,民法上的财产损害赔偿以填补损失为原则,虽然原告车辆被撞后有一些部件可以完全修复或者更换,但也有一些部件的功能性损失和隐蔽性损害,在客观上并不能通过修理来恢复其正常形态,其贬值损失客观存在,侵权人应对该损失承担赔偿责任。鼓楼区物价局认证中心的《价格鉴定结论书》,是在车辆已经实际维修、现场查看车辆、动态测试后出具,更加科学和符合实际,法律予以采信。被告应当依照该份

---

① 参见北京市海淀区人民法院(2001)海民初字第11755号民事判决书。

鉴定结论所确定的数额,赔偿原告车辆修复后的贬值损失 3.71 万元。①

近年来,贬值损失的赔偿得到了广泛的认可。但上述解释第 15 条规定列举的四项财产损失中,没有包括贬值损失。据该解释起草者的解释,第 15 条中没有规定贬值损失,应当解释为赔偿范围中不包括贬值损失。可见,最高人民法院对贬值损失并不认可。

七、机动车第三者责任强制保险和道路交通事故社会救助基金

《道路交通安全法》第 17 条规定:"国家实行机动车第三者责任强制保险制度,设立道路交通事故社会救助基金。具体办法由国务院规定。"

《侵权责任法》第 53 条规定:"机动车驾驶人发生交通事故后逃逸,该机动车参加强制保险的,由保险公司在机动车强制保险责任限额范围内予以赔偿;机动车不明或者该机动车未参加强制保险,需要支付被侵权人人身伤亡的抢救、丧葬等费用的,由道路交通事故社会救助基金垫付。道路交通事故社会救助基金垫付后,其管理机构有权向交通事故责任人追偿。"

(一)机动车第三者责任强制保险

1. 机动车第三者责任强制保险的界定

机动车第三者责任强制保险,一般简称为交强险,《机动车交通事故责任强制保险条例》第 3 条规定:"本条例所称机动车交通事故责任强制保险,是指由保险公司对被保险机动车发生道路交通事故造成本车人员、被保险人以外的受害人的人身伤亡、财产损失,在责任限额内予以赔偿的强制性责任保险。"

交强险属于强制保险,在中华人民共和国境内道路上行驶的机动车的所有人或者管理人,应当依照《道路交通安全法》的规定投保交强险。

2. 交强险法律关系的主体

交强险法律关系的主体包括:保险人、投保人、被保险人、受害人。

(1)保险人

保险人是指承保交强险的保险公司。2012 年 5 月 1 日之前,承保交强险的只能是经原保监会批准的中资保险公司。其后,承保交强险的不再限于中资保险公司。

(2)投保人

投保人,是指与保险公司订立机动车交通事故责任强制保险合同,并按照合同负有支付保险费义务的机动车的所有人、管理人。

---

① 杨向涛、李自庆:《江苏首例轿车受损贬值索赔案落槌》,载《江苏法制报》2006 年 9 月 15 日,http://hi.baidu.com/nj8688/item/2bf2d7a5fb6f6dda5af19167,最后访问时间:2014 年 6 月 15 日。

(3) 被保险人

被保险人，是指投保人及其允许的合法驾驶人。

(4) 受害人

《机动车交通事故责任强制保险条例》第 21 条第 1 款规定："被保险机动车发生道路交通事故造成本车人员、被保险人以外的受害人人身伤亡、财产损失的，由保险公司依法在机动车交通事故责任强制保险责任限额范围内予以赔偿。"

交强险属于第三者责任险，因此交强险的受害人限于第三者。《道路交通事故赔偿解释》第 17 条规定："投保人允许的驾驶人驾驶机动车致使投保人遭受损害，当事人请求承保交强险的保险公司在责任限额范围内予以赔偿的，人民法院应予支持，但投保人为本车上人员的除外。"可见，投保人也可能成为交强险中的第三者。能否成为交强险的受害人，关键是看其在事故发生时为本车人员还是第三者。这一问题在第三者责任商业险中同样存在。

在郑某诉徐某、中国人民财产保险股份有限公司长兴支公司道路交通事故人身损害赔偿纠纷案中，原告郑某乘坐被告徐某所有、杨某驾驶的汽车沿 312 国道由西向东行驶，途中车辆失控，将乘坐在车内的原告甩出车外，原告随后又被该车碾压致重伤。交警部门事故认定书认定杨某负事故全部责任，原告不负事故责任。

被告徐某为涉案肇事车辆向被告财保长兴支公司投保机动车辆第三者责任险，同时还为该车投保了车上人员险。

本案一审的争议焦点之一是：原本坐在涉案肇事车辆内的郑某因车辆失控被甩出车外，而后被该车碾伤，该情形属于机动车第三者责任险的理赔范围，还是属于车上人员责任险的理赔范围。

长兴县人民法院一审认为：在交通事故发生之前，原告是车上的乘客，属于车上人员，但原告先是因车辆失控被甩出车外，落地后发生被该车碾压致伤的涉案交通事故，涉案交通事故发生时原告已经置身于车之下，据此认定原告属于"因保险车辆发生意外事故遭受人身损害的保险车辆下的受害者"，即在涉案交通事故发生时，原告已经由"车上人员"（乘客）转化为"第三者"。

湖州市中级人民法院二审认为，本案二审的争议焦点仍然是涉案交通事故责任属于机动车辆第三者责任险的理赔范围，还是属于车上人员责任险的理赔范围。

湖州市中级人民法院认为，判断因保险车辆发生意外交通事故而受害的人属于"第三者"还是属于"车上人员"，必须以该人在交通事故发生当时这一特定的时间是否身处保险车辆之上为依据，在车上即为"车上人员"，在车下即为"第三者"。同时，由于机动车辆是一种交通工具，任何人都不可能永久地置身于机动车辆之上,故涉案机动车辆保险合同中所涉及的"第三者"和"车上人员"均为在特定时空条件下的临时性身份,即"第三者"与"车上人员"均不是永久的、固定不变的身份,二者可以因特定时空条件的变化而转化。本案中,涉案交通事故的事实,是郑某被涉案保险车辆碾压致伤。该事故发生前,郑某的确乘坐于涉案保险车辆之上,属于车上人员。但由于驾驶员遇到紧急情况时操作不当,导致涉案保险车辆失控,将郑某甩出车外,随后被涉案保险车辆碾压至重伤。因此,涉案交通事故发生时,郑某不是在涉案保险车辆之上,而是在该车辆之下。如果郑某在涉案交通事故发生时是涉案保险车辆车上人员,则根本不可能被该车碾压致伤。因此,财保长兴支公司仅以郑某在涉案交通事故发生前乘坐于涉案保险车辆之上的事实,即认为郑某属于涉案保险车辆车上人员、涉案交通事故责任应当按照车上人员责任险理赔的观点不仅不符合涉案保险合同的规定,亦有悖于常理。[1]

在曹某等与谢某等交通事故人身损害赔偿纠纷上诉案中,谢某驾驶登记车主为张某的鄂 S08851 号车牵引鄂 S1928 号挂车满载货物并搭载杨某等三人行驶至广州市环城高速公路右线岑村匝道由西往南转弯处时,由于谢某违反安全驾驶规范,而且车厢水泥货物未经捆绑紧扎,导致乘坐在货物表层的杨某等三人随部分水泥货物从车上甩出摔下,杨某当场死亡。鄂 S08851 号重型半挂牵引车交强险保险单位为中华联合财产保险股份有限公司随州中心支公司;鄂 S1928 号重型普通半挂车交强险保险单位为中联财险随州支公司。交警部门道路交通事故认定书认定:谢某承担事故的全部责任。

关于责任的承担问题,为证明中联财险随州支公司的保险责任问题,张某举出上述案例,即郑某诉徐某、中国人民财产保险股份有限公司长兴支公司道路交通事故人身损害赔偿纠纷案。

一审广州市天河区人民法院认为,本案具体情节与郑某案迥然不同。在郑案中郑某是合法乘车人,由于驾驶员操作失当致郑某甩出车外之后,又被该车碾压致重伤,其先期存在甩出,之后发生碾压,郑某的五级重伤是因汽车碾压而发生,并非从车体甩出即发生,因此,本案杨某之死不能简单套用郑案中关于车上和车下的论述。本案中,杨某的死亡并不存在如郑案中甩至"车下"之后又出现"汽车碾压"的转化情形,也就没有由"乘车人"转化为"第三者"的事实依据。谢某让杨某等三人搭车的行为本身首先即属违法,并且鄂 S08851 号货车存在超载现象;其次散装水泥货物未经捆绑紧扎即驶入高速公路,对于被搭乘的杨某等三人在高速路转弯中被甩出车体的危险,谢某应当能够预见而没有预见或自信能够避免,存在疏忽大意的过失或者过于自信的过失,因此,对于杨某的死亡,谢某

---

[1] 参见《最高人民法院公报》2008 年第 7 期。

和车主张某要承担过失侵权的民事责任。另外，虽然杨某被甩至车下，但于"车下"之时，杨某的身体并没有与鄂S08851号货车车体出现接触或碰撞，亦即于车下之时空范围内杨某和货车并没有发生"关系"，相对于鄂S08851号货车而言，杨某只是一个潜在的"第三者"，而没有形成实质上的第三者关系。在机动车辆第三者责任险中的第三者概念是指，"除投保人、被保险人、保险人以外的，因保险车辆发生意外事故遭受人身伤亡或财产损失的保险车辆下的受害者"，即先有车辆事故，之后基于车辆和人之间发生接触而产生的关系，出现人的伤亡或财产损失，如此才形成"第三者"概念。本案杨某是从车体被抛离，因重力作用与地面发生碰撞而致死亡，并非出现从"车上"到"车下"之后，再有与车体的实质接触才遭受身体伤亡，不符合机动车交强险适用条件，因此中联财险随州支公司无须承担交强险保险责任。

二审广州市中级人民法院认为，本案的争议焦点之一为本案交通事故责任是否属于交强险保险责任范围。由于运行中的机动车具有相当的质量与速度，也就具有非常大的危险性，因此交强险的主要目的在于保护道路通行中的相对机动车而言处于弱势地位的车外人员，而不包括本车车上人员。故本案交通事故责任是否属于交强险保险责任范围，关键在于确定死者杨某是否属于《机动车交通事故责任强制保险条例》所规定的"本车车上人员"。根据民法侵权理论中的因果关系学说，先行行为是导致损害结果产生的原因，损害结果只是先行行为作用的具体表现和必然延展。对于交通事故保险赔偿而言，受害人与被保险车辆在事故发生时的位置关系决定了适用保险的种类，也因此，只要事故的发生是一个连续的过程，中间并无其他外在介入因素的影响，以先行行为发生的瞬间时间进行判断，此时受害人在车下就属于车下人员，在车上就属于车上人员，而不是根据损害结果出现的时间来判断。本案中，先行行为系驾驶员违反安全驾驶规范，且车厢水泥货物未经捆绑紧扎，导致乘坐在货物表面的杨某随部分水泥货物从车上甩出摔下而死亡，事故的发生过程是连续的，中间并无其他外在介入因素（如本车碾压碰撞等），在事故发生瞬间，杨某应属车上人员，不符合交强险赔偿责任范围，因此中联财险随州支公司无须承担交强险保险责任。[①]

3. 责任限额

《机动车交通事故责任强制保险条例》第23条规定："机动车交通事故责任强制保险在全国范围内实行统一的责任限额。责任限额分为死亡伤残赔偿限额、医疗费用赔偿限额、财产损失赔偿限额以及被保险人在道路交通事故中无责任的赔偿限额。""机动车交通事故责任强制保险责任限额由国务院保险监督管理机构会同国务院公安部门、国务院卫生主管部门、国务院农业主管部门规定。"

[①] 参见广州市中级人民法院(2010)穗中法民一终字第2863号民事判决书。

根据有关规定,2008年2月1日以前的事故,被保险机动车在道路交通事故中有责任的赔偿限额为:死亡伤残赔偿限额为5万元人民币、医疗费用赔偿限额为8000元人民币、财产损失赔偿限额为2000元人民币。被保险机动车在道路交通事故中无责任的赔偿限额为:死亡伤残赔偿限额为1万元人民币、医疗费用赔偿限额为1600元人民币、财产损失赔偿限额为400元人民币。2008年2月1日以后的事故,被保险机动车在道路交通事故中有责任的赔偿限额为:死亡伤残赔偿限额为11万元人民币、医疗费用赔偿限额为1万元人民币、财产损失赔偿限额为2000元人民币。被保险机动车在道路交通事故中无责任的赔偿限额为:死亡伤残赔偿限额为1.1万元人民币、医疗费用赔偿限额为1000元人民币、财产损失赔偿限额为100元人民币。

4. 赔偿条件

(1)《机动车交通事故责任强制保险条例》第21条规定:"被保险机动车发生道路交通事故造成本车人员、被保险人以外的受害人人身伤亡、财产损失的,由保险公司依法在机动车交通事故责任强制保险责任限额范围内予以赔偿。""道路交通事故的损失是由受害人故意造成的,保险公司不予赔偿。"第22条规定:"有下列情形之一的,保险公司在机动车交通事故责任强制保险责任限额范围内垫付抢救费用,并有权向致害人追偿:(一)驾驶人未取得驾驶资格或者醉酒的;(二)被保险机动车被盗抢期间肇事的;(三)被保险人故意制造道路交通事故的。""有前款所列情形之一,发生道路交通事故的,造成受害人的财产损失,保险公司不承担赔偿责任。"

第22条第2款关于保险公司对财产损失不承担赔偿责任的规定,有学者持批评意见:交强险的目的在于保护交通事故受害人。因为驾驶人原因或者被保险机动车原因对受害人的财产损失不予赔偿,于理不通。[①]

《道路交通事故赔偿解释》第18条第1款规定:"有下列情形之一导致第三人人身损害,当事人请求保险公司在交强险责任限额范围内予以赔偿,人民法院应予支持:(一)驾驶人未取得驾驶资格或者未取得相应驾驶资格的;(二)醉酒、服用国家管制的精神药品或者麻醉药品后驾驶机动车发生交通事故的;(三)驾驶人故意制造交通事故的。"

(2)《道路交通事故赔偿解释》第23条规定:"机动车所有权在交强险合同有效期内发生变动,保险公司在交通事故发生后,以该机动车未办理交强险合同变更手续为由主张免除赔偿责任的,人民法院不予支持。""机动车在交强险合同有效期内发生改装、使用性质改变等导致危险程度增加的情形,发生交通事故

---

① 参见李明发、王俊超:《机动车交通事故责任险与民事赔偿关系研究》,载《法学家》2007年第5期。

后,当事人请求保险公司在责任限额范围内予以赔偿的,人民法院应予支持。""前款情形下,保险公司另行起诉请求投保义务人按照重新核定后的保险费标准补足当期保险费的,人民法院应予支持。"

5. 未投保交强险的机动车发生交通事故时的赔偿

机动车未投保交强险,可能是投保义务人不愿意投保,也可能是由于保险公司的原因未与投保义务人订立交强险合同。

对于前者,《道路交通事故赔偿解释》第19条规定:"未依法投保交强险的机动车发生交通事故造成损害,当事人请求投保义务人在交强险责任限额范围内予以赔偿的,人民法院应予支持。""投保义务人和侵权人不是同一人,当事人请求投保义务人和侵权人在交强险责任限额范围内承担连带责任的,人民法院应予支持。"

对于后者,《道路交通事故赔偿解释》第20条规定:"具有从事交强险业务资格的保险公司违法拒绝承保、拖延承保或者违法解除交强险合同,投保义务人在向第三人承担赔偿责任后,请求该保险公司在交强险责任限额范围内承担相应赔偿责任的,人民法院应予支持。"

6. 多辆机动车发生交通事故时的赔偿

《道路交通事故赔偿解释》第21条规定:"多辆机动车发生交通事故造成第三人损害,损失超出各机动车交强险责任限额之和的,由各保险公司在各自责任限额范围内承担赔偿责任;损失未超出各机动车交强险责任限额之和,当事人请求由各保险公司按照其责任限额与责任限额之和的比例承担赔偿责任的,人民法院应予支持。""依法分别投保交强险的牵引车和挂车连接使用时发生交通事故造成第三人损害,当事人请求由各保险公司在各自的责任限额范围内平均赔偿的,人民法院应予支持。""多辆机动车发生交通事故造成第三人损害,其中部分机动车未投保交强险,当事人请求先由已承保交强险的保险公司在责任限额范围内予以赔偿的,人民法院应予支持。保险公司就超出其应承担的部分向未投保交强险的投保义务人或者侵权人行使追偿权的,人民法院应予支持。"

7. 交强险和商业三者险的赔偿顺序

根据《道路交通事故赔偿解释》第16条的规定,机动车同时投保交强险和商业三者险的,先由承保交强险的保险公司在责任限额范围内予以赔偿;不足部分,由承保商业三者险的保险公司根据保险合同予以赔偿;仍有不足的,依照《道路交通安全法》和《侵权责任法》的相关规定由侵权人予以赔偿。被侵权人或者其近亲属请求承保交强险的保险公司优先赔偿精神损害的,人民法院应予支持。

(二) 道路交通事故社会救助基金

《机动车交通事故责任强制保险条例》第24条规定:"国家设立道路交通事故社会救助基金(以下简称救助基金)。有下列情形之一时,道路交通事故中受害人人身伤亡的丧葬费用、部分或者全部抢救费用,由救助基金先行垫付,救助基金管理机构有权向道路交通事故责任人追偿:(一)抢救费用超过机动车交通事故责任强制保险责任限额的;(二)肇事机动车未参加机动车交通事故责任强制保险的;(三)机动车肇事后逃逸的。"第25条规定:"救助基金的来源包括:(一)按照机动车交通事故责任强制保险的保险费的一定比例提取的资金;(二)对未按照规定投保机动车交通事故责任强制保险的机动车的所有人、管理人的罚款;(三)救助基金管理机构依法向道路交通事故责任人追偿的资金;(四)救助基金孳息;(五)其他资金。"

八、机动车交通事故责任的类型

(一)租赁、借用及未经允许驾驶他人机动车发生交通事故后的责任承担

《侵权责任法》第49条规定:"因租赁、借用机动车等情形机动车所有人与使用人不是同一人时,发生交通事故后属于机动车一方责任的,由保险公司在机动车强制保险责任限额范围内予以赔偿。不足部分,由机动车使用人承担赔偿责任;机动车所有人对损害的发生有过错的,承担相应的赔偿责任。"

之所以让机动车使用人承担赔偿责任,是因为使用人直接控制着机动车,更有能力和可能避免损害的发生。但是,如果所有人的过错对损害的发生造成了影响,则要承担相应的责任。

《道路交通事故赔偿解释》第2条规定:"未经允许驾驶他人机动车发生交通事故造成损害,当事人依照侵权责任法第四十九条的规定请求由机动车驾驶人承担赔偿责任的,人民法院应予支持。机动车所有人或者管理人有过错的,承担相应的赔偿责任,但具有侵权责任法第五十二条规定情形的除外。"

根据《道路交通事故赔偿解释》第1条的规定,机动车所有人或者管理人的过错包括:(1)知道或者应当知道机动车存在缺陷,且该缺陷是交通事故发生原因之一的;(2)知道或者应当知道驾驶人无驾驶资格或者未取得相应驾驶资格的;(3)知道或者应当知道驾驶人因饮酒、服用国家管制的精神药品或者麻醉药品,或者患有妨碍安全驾驶机动车的疾病等依法不能驾驶机动车的;(4)其他应当认定机动车所有人或者管理人有过错的。

(二)转让机动车但未办理所有权移转手续期间发生交通事故后的责任承担

《侵权责任法》第50条规定:"当事人之间已经以买卖等方式转让并交付机动车但未办理所有权转移登记,发生交通事故后属于机动车一方责任的,由保险公司在机动车强制保险责任限额范围内予以赔偿。不足部分,由受让人承担赔偿责任。"

《道路交通事故赔偿解释》第4条规定:"被多次转让但未办理转移登记的机动车发生交通事故造成损害,属于该机动车一方责任,当事人请求由最后一次转

让并交付的受让人承担赔偿责任的,人民法院应予支持。"

让受让人承担责任的原因,是因为受让人控制着机动车,更有能力和可能避免损害的发生。如果受让人将机动车以租赁或者借用的方式交由他人驾驶期间发生交通事故,此时的受让人则相当于《侵权责任法》第 49 条中的所有人,对损害的发生如果有过错,要承担相应的赔偿责任。

(三) 转让拼装或者报废机动车发生交通事故后的责任承担

《侵权责任法》第 51 条规定:"以买卖等方式转让拼装或者已达报废标准的机动车,发生交通事故后造成损害的,由转让人和受让人承担连带责任。"

《道路交通事故赔偿解释》第 6 条规定:"拼装车、已达到报废标准的机动车或者依法禁止行驶的其他机动车被多次转让,并发生交通事故造成损害,当事人请求由所有的转让人和受让人承担连带责任的,人民法院应予支持。"

根据《道路交通安全法》第 16 条第 1 项的规定,任何人不得拼装机动车。该法第 100 条第 1 款规定:"驾驶拼装的机动车或者已达到报废标准的机动车上道路行驶的,公安机关交通管理部门应当予以收缴,强制报废。"

可见,拼装机动车或者驾驶已达报废标准的机动车,是违法行为;买卖拼装机动车或者已达报废标准的机动车,也是违法行为。因违法行为发生交通事故的,所有转让人和受让人承担连带责任。

(四) 盗窃、抢劫或者抢夺的机动车发生交通事故后的责任承担

《侵权责任法》第 52 条规定:"盗窃、抢劫或者抢夺的机动车发生交通事故造成损害的,由盗窃人、抢劫人或者抢夺人承担赔偿责任。保险公司在机动车强制保险责任限额范围内垫付抢救费用的,有权向交通事故责任人追偿。"

根据最高人民法院《关于被盗机动车辆肇事后由谁承担损害赔偿责任问题的批复》的规定,使用盗窃的机动车辆肇事,造成被害人物质损失的,肇事人应当依法承担损害赔偿责任,被盗机动车辆的所有人不承担损害赔偿责任。

机动车辆被盗窃、抢劫或者抢夺后,机动车的所有人失去了对机动车的控制。相反,机动车由盗抢人控制,由其承担责任,既可能激励其避免损害的发生,也体现了对盗抢人的制裁和惩罚。

(五) 发生交通事故后机动车驾驶人逃逸的责任承担

《侵权责任法》第 53 条规定:"机动车驾驶人发生交通事故后逃逸,该机动车参加强制保险的,由保险公司在机动车强制保险责任限额范围内予以赔偿;机动车不明或者该机动车未参加强制保险,需要支付被侵权人人身伤亡的抢救、丧葬等费用的,由道路交通事故社会救助基金垫付。道路交通事故社会救助基金垫付后,其管理机构有权向交通事故责任人追偿。"

(六) 挂靠的机动车发生交通事故后的责任承担

《道路交通事故赔偿解释》第 3 条规定:"以挂靠形式从事道路运输经营活动

的机动车发生交通事故造成损害,属于该机动车一方责任,当事人请求由挂靠人和被挂靠人承担连带责任的,人民法院应予支持。"

所谓挂靠,指一方当事人以另一方当事人的名义从事经营活动,前者为挂靠人,后者为被挂靠人。被挂靠人同意挂靠人以其名义开展经营活动,往往会获得某种回报。同时,在对外关系上,挂靠人和被挂靠人在形式上是一体的。故而,挂靠人和被挂靠人应当承担连带责任。

(七)套牌机动车发生交通事故后的责任承担

《道路交通事故赔偿解释》第5条规定:"套牌机动车发生交通事故造成损害,属于该机动车一方责任,当事人请求由套牌机动车的所有人或者管理人承担赔偿责任的,人民法院应予支持;被套牌机动车所有人或者管理人同意套牌的,应当与套牌机动车的所有人或者管理人承担连带责任。"

所谓套牌,是指非法冒用他人的机动车号牌,从而形成两辆或者两辆以上的机动车号牌相同的情况。套牌是一种非法行为,会严重扰乱机动车管理秩序,也会影响到道路交通事故侵权责任主体的认定。根据上述规定,发生交通事故后,由套牌车的所有人或者管理人承担赔偿责任。如果被套牌机动车的所有人或者管理人同意套牌的,则与套牌机动车的所有人或者管理人承担连带责任。

(八)机动车驾驶培训单位的学员在培训活动中发生交通事故后的责任承担

《道路交通事故赔偿解释》第7条规定:"接受机动车驾驶培训的人员,在培训活动中驾驶机动车发生交通事故造成损害,属于该机动车一方责任,当事人请求驾驶培训单位承担赔偿责任的,人民法院应予支持。"

在机动车驾驶培训单位接受培训的人员,不具备驾驶资格,其驾驶技术由培训单位教授,其驾驶行为的危险性也应当由培训单位管控。故而,发生交通事故后,其责任也应当由培训单位承担。

(九)试乘过程中发生交通事故后的责任承担

《道路交通事故赔偿解释》第8条规定:"机动车试乘过程中发生交通事故造成试乘人损害,当事人请求提供试乘服务者承担赔偿责任的,人民法院应予支持。试乘人有过错的,应当减轻提供试乘服务者的赔偿责任。"

试乘过程中发生交通事故造成第三人损害,如何承担责任,解释没有规定。笔者认为,应当参照《侵权责任法》第49条的规定处理。

第三节 医疗损害责任

一、医疗侵权行为的概念

医疗侵权行为,是指因医疗机构及其医务人员的过错,致使患者在诊疗活动中受到损害,由医疗机构承担赔偿责任的行为。

《侵权责任法》第 7 章没有采用"医疗事故"的概念,而是用"医疗损害责任"的概念。

医疗行为具有高度的专业性,医疗损害责任属于专家责任的范畴。

二、医疗侵权行为的构成要件

(一)医疗机构及其医务人员实施了医疗行为

医疗侵权行为发生在医务人员以医疗机构名义从事的医疗活动中。因此,医务人员是行为主体,医疗机构是责任主体。

(二)患者遭受非正常的损害

大多数医疗行为都具有侵袭性。因此,在医疗活动中遭受一定的侵袭,是医疗行为不可避免的。患者同意医疗机构为其实施治疗行为,视为患者同意接受这种侵袭行为及其后果。但是,这种侵袭必须是正常医疗行为导致的合理损害,如果超出了合理范围,则构成了非正常损害。这种非正常损害,才是构成医疗侵权行为的损害。

患者遭受非正常损害的证明责任,由患者一方承担。《审理医疗纠纷案件的解释》第 4 条第 1 款规定:"患者依据侵权责任法第 54 条规定主张医疗机构承担赔偿责任的,应当提交到该医疗机构就诊、受到损害的证据。"

(三)医疗机构存在过错

医疗侵权采过错归责原则。《侵权责任法》第 54 条规定:"患者在诊疗活动中受到损害,医疗机构及其医务人员有过错的,由医疗机构承担赔偿责任。"

医疗机构在诊疗活动中负担法定的注意义务。没有尽到这些义务的,则构成过错。《侵权责任法》第 57 条规定:"医务人员在诊疗活动中未尽到与当时的医疗水平相应的诊疗义务,造成患者损害的,医疗机构应当承担赔偿责任。"最高人民法院《审理医疗纠纷案件的解释》第 16 条规定:"对医疗机构及其医务人员的过错,应当依据法律、行政法规、规章以及其他有关诊疗规范进行认定,可以综合考虑患者病情的紧急程度、患者个体差异、当地的医疗水平、医疗机构与医务人员资质等因素。"

由于诊疗活动的高度专业性,过错的认定是非常复杂的问题。同时,由哪一方当事人来承担过错的证明责任同样是一个复杂的问题。

最高人民法院《证据规则》第 4 条第 1 款第 8 项规定:"因医疗行为引起的侵权诉讼,由医疗机构就医疗行为与损害结果之间不存在因果关系及不存在医疗过错承担举证责任。"据此,医疗侵权实行医疗机构一方的过错推定,医疗机构一方想要免责,需要证明过错不存在。

按照《证据规则》的规定,过错的认定过程是:损害事实→推定→过错,即以损害事实作为基础事实,过错的存在是推定事实。医疗机构可以通过证据推翻推定来证明过错的不存在。

根据《侵权责任法》第 58 条的规定,如果医疗机构违反法律、行政法规、规章以及其他诊疗规范的规定,隐匿或者拒绝提供与纠纷有关的病历资料,伪造、篡改或者销毁病历资料的,则推定其存在过错。

当医疗机构已经违反法律、行政法规、规制以及其他诊疗规范时,是推定其过错还是认定其过错,不无疑问。

根据《侵权责任法》第 58 条的规定,过错的认定过程是:违反规定,隐匿或拒绝提供病历,伪造、篡改或销毁病历→推定→过错,即以违反规定、隐匿拒绝提供病历、伪造销毁病历等作为基础事实,以过错的存在作为推定事实。这种认定过程将基础事实大大推后。对于原告来说,仅仅能证明损害事实还远远不够。原告必须大大往前走,只有在证明违反规定等三种情形存在的情况下,才有过错的推定。

比较而言,《证据规则》的规定对患者更为有利。证明损害事实的存在是比较容易的,而损害事实本身距离过错很远,因此推定过错对原告会非常有利,可以大大减轻其举证责任。患者要证明医疗机构的行为存在违法情形通常是很困难的事情。违法等情形离过错已经很近,相反,离损害事实却很远。在违法情形已经证明的情况下,过错推定是否还有必要,值得怀疑。因此,第 58 条规定的推定对患者一方以及对案件事实的发现并不有利,对原告举证责任的减轻作用也大打折扣。①

《审理医疗纠纷案件的解释》第 4 条第 2 款规定:"患者无法提交医疗机构及其医务人员有过错、诊疗行为与损害之间具有因果关系的证据,依法提出医疗损害鉴定申请的,人民法院应予准许。"本条规定事实上将过错的证明责任加到了患者身上,只不过患者可以通过申请鉴定来确定过错是否存在。

(四)医疗过失行为与患者遭受的损害之间具有因果关系

1. 因果关系的证明

医疗侵权行为中因果关系的认定是异常复杂的。一方面,医疗损害的造成,往往是多因一果,既有医疗机构的过失,也有患者自身体质的因素。更复杂的是到目前为止,人类对自身身体结构和机理的认识还非常有限,很多损害结果的确切原因究竟是什么,并不是非常清晰。另一方面,由于医疗活动的高度专业性,就像过错的证明一样,对于患者而言要证明因果关系的存在,几乎是不可能的。同样不具有专业知识的法官,面对当事人提出的专业证据,一般也无法对因果关

---

① 参见王成:《医疗侵权行为法律规制的实证分析——兼评〈侵权责任法〉第七章》,载《中国法学》2010 年第 5 期。

系是否存在直接作出判断。基于这些考虑,《证据规则》第 4 条第 1 款第 8 项规定:"因医疗行为引起的侵权诉讼,由医疗机构就医疗行为与损害结果之间不存在因果关系及不存在医疗过错承担举证责任。"

在荣昌县中医院与郑某医疗损害赔偿纠纷上诉案中,一审重庆市荣昌县人民法院认为,对于医疗损害赔偿纠纷,医疗机构负有证明其过错行为与损害后果之间不存在因果关系的证明责任,否则,应承担赔偿损失的民事责任。本案庭审中,中医院辩称其医疗行为不是造成损害后果的全部原因,郑某自身的疾病参与度是损害后果的次要原因,由于中医院没有举证证明,其辩解理由不能成立。

中医院对一审判决不服。关于因果关系部分,中医院认为,一审法院判决由中医院承担全部责任不公平。郑某自身的疾病参与度也是损害后果的原因之一,与损害后果之间存在一定的因果关系。郑某拒绝医疗事故鉴定,其过错不在中医院。另外,根据医疗等级鉴定为三级丙等医疗事故来综合判断中医院的过错程度不应该是全部责任。

重庆市第五中级人民法院认为,中医院称其医疗行为不是造成损害后果的全部原因,郑某自身的疾病参与度是损害后果的次要原因,中医院不应承担全部民事赔偿责任。因中医院未提供证据证明其医疗行为不是造成损害后果的全部原因,一审法院根据本案已查明的事实,依法判决中医院承担全部民事赔偿责任是正确的。①

《侵权责任法》没有关于因果关系推定的规定。《审理医疗纠纷案件的解释》第 4 条第 2 款规定:"患者无法提交医疗机构及其医务人员有过错、诊疗行为与损害之间具有因果关系的证据,依法提出医疗损害鉴定申请的,人民法院应予准许。"本条规定事实上改变了《证据规则》第 4 条第 1 款第 8 项确定的由诊疗机构证明因果关系是否存在的规则,将因果关系的证明责任放在了患者一方身上。在患者无法提供因果关系存在的证据时,需要由患者而不是诊疗机构提出因果关系鉴定的申请。

2. 因果关系、原因力及其比例

因果关系是否存在,主要通过鉴定来认定。此外,医疗侵权案件中,医疗过失行为与损害结果之间往往不是百分之百的对应关系,患者自身体质、疾病的发展也是造成损害结果的原因。因此,医疗过失行为通常只是造成损害结果的部分原因,但究竟起了多大作用、产生了多大影响,需要在具体案件中加以判断。此点也是医疗案件审理的难题。

在安某与新疆维吾尔自治区人民医院分院等医疗损害赔偿纠纷上诉案中,

---

① 参见重庆市第五中级人民法院(2010)渝五中法民终字第 2600 号民事判决书。

安某在家摔倒致使右膝损伤,右髌骨骨折,伤后住新疆维吾尔自治区人民医院分院,先后行右髌骨骨折关节镜下复位、螺钉内固定手术,切开复位张力带内固定植骨术,骨折愈合后取内固定物+关节镜下关节内松解术。术后安某认为医院在治疗过程中存在过错,造成其身体受损。

原审乌鲁木齐市沙依巴克区人民法院在审理过程中,委托新疆天正司法鉴定所进行司法鉴定。鉴定结论为"安某右膝损伤致十级伤残"。(1)自治区人民医院分院在对安某的诊治过程中存在医疗过错和不当。(2)医院的过错与安某右髌骨粉碎性骨折共同导致右膝关节创伤性关节炎,参与度域值45%—55%。法院据此认为,本案中,依据司法鉴定结论,人民医院分院在X光拍片报告欠准确、手术方式选择欠妥、术后指导病人康复不明确等处存在过错和不当,其过错医疗行为与安某右髌骨粉碎性骨折共同导致右膝关节创伤性关节炎,参与度域值为45%—55%。故认定:自治区人民医院分院的过失医疗行为与安某的损害之间存在因果关系,综合全案,自治区人民医院分院承担50%的民事赔偿责任为宜。

乌鲁木齐市中级人民法院认为,本案医疗机构的过错行为与患者目前的损害事实存在一定因果关系是双方不争的事实。自治区人民医院分院的诊疗活动及手术诊治行为对患者安某目前造成的损害结果的原因力即应当承担何种比例的责任是本案主要争议焦点。法院认为,医方对患方在术后的相关注意事项并未明确予以指导,且在拍片发现患方存在术后分离骨片及骨折线较宽的情形下,理应预见到患者可能存在术后骨不连的症状,但医方并未采取积极有效的治疗补救措施,直至发生螺钉固定松动后近一个月才采取了相应的二次手术即切开复位张力带内固定并植骨术,后出现骨折愈合。现有的相关病历资料证明,从第一次入院未告知患者采取关节镜下复位内固定术导致骨不连,到第二次实施切开复位张力带内固定并植骨术后出现骨折愈合情形,医方在手术方式的选择上存在相关过失,另外在术后治疗中存在消极不作为。同时司法鉴定在对医方存在的过错分析中,亦说明医方所选择采取的首次手术方式欠妥,对病人的康复和功能训练方式及注意事项指导不明确。另外,虽然髌骨粉碎性骨折的手术、复位、固定有一定难度,难以达到原有的解剖复位,但髌骨粉碎性骨折并不意味着术后必然发生骨不连这一并发症状。这与患者的自身体质状况、病症及相关的医疗诊治行为存在关联性。本案正是由于自治区人民医院分院对患者采取相关的二次替代补救手术后,骨折出现了愈合,说明患者骨不连与医方的首次手术治疗及术后预防存在关联性,医方所进行的二次补救手术及必要的第三次手术,扩大了对患者的损害,增加了患者病症痛苦。综上,尽管患者系髌骨粉碎性骨折,但目前医疗诊疗资料均可证实区人民医院分院对患者的诊疗存在过错,自治区人民医院分院医源性的损害行为对患者右膝关节创伤性关节炎症状的发生应承担主要责任。对患者安某所造成的损害,自治区人民医院分院理应承担80%的赔偿责任为妥。原审法院认定由自治区人民医院分院与安某平均分担责任即由自治区人民医院分院承担50%的责任不妥,本院予以纠正。①

本案中,一审法院直接依据鉴定结论作出了判决,二审法院则根据具体案情对因果关系及原被告的责任比例作出了判决。哪种方式更为妥当、哪种结果更为合理,值得讨论。

根据《审理医疗纠纷案件的解释》第11条第2款第2项,当事人申请鉴定或者人民法院认为应当鉴定时,可以在鉴定委托书中要求鉴定机构对诊疗行为与损害后果之间是否存在因果关系以及原因力大小进行鉴定。第12条规定:"鉴定意见可以按照导致患者损害的全部原因、主要原因、同等原因、次要原因、轻微原因或者与患者损害无因果关系,表述诊疗行为或者医疗产品等造成患者损害的原因力大小。"

三、医疗机构及其医务人员的义务

根据《侵权责任法》第7章,医疗机构及其医务人员有以下义务:

(一) 遵守诊疗规范的义务

诊疗规范是医疗机构及其医务人员从事诊疗活动的行为准则。医疗机构及其医务人员的一切诊疗活动都应当遵守诊疗规范。根据《侵权责任法》第58条第1项的规定,违反法律、行政法规、规章以及其他有关诊疗规范的规定的,推定医疗机构有过错。因此,医疗机构及其医务人员应当根据诊疗规范,适当履行检查、治疗等与当时医疗水平相适应的各项诊疗义务。《侵权责任法》第57条规定:"医务人员在诊疗活动中未尽到与当时的医疗水平相应的诊疗义务,造成患者损害的,医疗机构应当承担赔偿责任。"此处"当时的医疗水平",应当扩大解释为包括具体地区、具体医疗机构的资质等因素。同时,医疗机构及其医务人员不能违反诊疗规范进行过度医疗。《侵权责任法》第63条规定:"医疗机构及其医务人员不得违反诊疗规范实施不必要的检查。"

(二) 如实说明的义务

根据《侵权责任法》第55条第1款的规定,医务人员在诊疗活动中应当向患者说明病情和医疗措施。需要实施手术、特殊检查、特殊治疗的,医务人员应当及时向患者说明医疗风险、替代医疗方案等情况;不宜向患者说明的,应当向患者的近亲属说明。

根据《医疗纠纷预防和处理条例》第13条第1款的规定,医务人员在诊疗活动中应当向患者说明病情和医疗措施。需要实施手术,或者开展临床试验等存

---

① 参见新疆维吾尔自治区乌鲁木齐市中级人民法院(2010)乌中民一终字第840号民事判决书。

在一定危险性、可能产生不良后果的特殊检查、特殊治疗的,医务人员应当及时向患者说明医疗风险、替代医疗方案等情况;在患者处于昏迷等无法自主作出决定的状态或者病情不宜向患者说明等情形下,应当向患者的近亲属说明。

一般情况下,医疗机构的说明是征得患者同意的前提。但是,书面同意并不必然表明医疗机构向患者尽到了说明义务。最高人民法院《审理医疗纠纷案件的解释》第 5 条第 2 款后段规定:"医疗机构提交患者或者患者近亲属书面同意证据的,人民法院可以认定医疗机构尽到说明义务,但患者有相反证据足以反驳的除外。"也就说,患者可以通过相反证据证明,尽管自己签署了书面同意,但是医疗机构并未尽到说明义务。

(三)征得同意的义务

根据《侵权责任法》第 55 条第 1 款的规定,需要实施手术、特殊检查、特殊治疗的,应当取得患者书面同意;不宜向患者说明的,应当取得其近亲属书面同意。《医疗纠纷预防与处理条例》第 13 条第 1 款也有类似的规定。

患者到医疗机构就诊,其行为本身并不能被推定为愿意接受所有的检查、治疗及手术。因此,要实施手术、特殊检查、特殊治疗,医疗机构必须在充分说明医疗风险、替代治疗方案的基础上,征得患者或者近亲属同意。换言之,患者到医疗机构就诊,同意医疗机构为其治疗疾病,该同意不能扩大解释为对所有医疗行为的同意。只有患者同意后,医疗机构才能够为患者实施手术、特殊检查、特殊治疗。当然,出现《侵权责任法》第 56 条规定的抢救患者生命等紧急情况,不能取得患者或者其近亲属意见的,经医疗机构负责人或者授权的负责人批准,可以立即实施相应的医疗措施。

在前面讨论的安某与新疆维吾尔自治区人民医院分院等医疗损害赔偿纠纷上诉案中,乌鲁木齐市中级人民法院认为,根据双方当事人提供的相关证据及病历资料的质证,上诉人安某因髌骨骨折(实为髌骨粉碎性骨折)首次入住自治区人民医院分院诊治时,被上诉人自治区人民医院分院在手术治疗方式的选择上,没有完全向患方履行充分的说明和告知义务,而自行决定直接实施关节镜下复位内固定术,因关节镜下复位内固定术并不是手术治疗髌骨粉碎性骨折的唯一方式,因此被上诉人在手术治疗方式的选择上,侵害了患者的知情权和同意权。[①]

在未向患者说明也未征得患者同意时,医疗机构不能以患者尽管未同意、但肯定会同意而主张免责。如果手术不成功,则要承担责任;如果手术成功,其违法性亦不因此而受影响,只是因为无损害,故而不成立因果关系。[②] 最高人民法

[①] 参见新疆维吾尔自治区乌鲁木齐市中级人民法院(2010)乌中民一终字第 840 号民事判决书。
[②] 参见王泽鉴:《侵权行为》,北京大学出版社 2009 年版,第 232、236 页。

院《审理医疗纠纷案件的解释》第 17 条规定:"医务人员违反侵权责任法第五十五条第一款规定义务,但未造成患者人身损害,患者请求医疗机构承担损害赔偿责任的,不予支持。"

在蔡某与重庆市第二人民医院医疗损害赔偿纠纷上诉案中,重庆市永川区人民法院查明:2003 年 8 月 14 日,蔡某因右腹疼痛 5 天、加重伴全腹痛 10+小时入住重庆市第二人民医院治疗,经蔡某及其家属同意后于当日行剖腹探查术,术中,重庆市第二人民医院将所见输卵管情形向蔡某家属交代,征得蔡某家属同意后,切除了蔡某双侧明显积脓的输卵管部分,同时,亦切除了蔡某的阑尾。术后,医院将切除的双侧输卵管及阑尾交蔡某家属过目后,进行了病检,病理诊断为双侧化脓性输卵管炎并一侧穿孔、慢性阑尾炎。蔡某认为重庆市第二人民医院在为其诊治过程中存在如下过错:(1) 阑尾不应当切除而切除,且切除时未履行告知义务;(2) 双侧输卵管切除术中,只切除了右侧输卵管,未切除左侧输卵管;(3) 在未告知的情况下切除了其右侧部分卵巢。针对上述过错,蔡某书面提出鉴定申请,经双方选定鉴定机构,法院依法委托重庆市法庭科学司法鉴定所对重庆市第二人民医院在为蔡某诊治过程中有无上述过错、过错大小及过错与损害后果的关联程度进行了鉴定。该鉴定所出具司法鉴定意见书,认为:(1) 蔡某以"全腹膜炎"收住院。入院时体检急性化脓性全腹膜炎已经存在,手术指征明确。术中发现"阑尾充血、水肿明显,表面附有脓苔",阑尾炎症存在(继发性可能大),具有阑尾手术切除指征,术后病理检验亦予以证实。术中腹腔脓液清洗后发现妇科疾病,请妇科医生会诊手术符合医疗处置规范。(2) 妇科手术中发现蔡某双侧输卵管显著肿胀,状如充气小肠,输卵管内积脓,鉴于蔡某有生育史,小孩健康,经其及家属同意,切除双侧病变输卵管的手术指征明确,术后病理检验证实为"双侧化脓性输卵管炎伴一侧穿孔"。根据法院目前所提供病历材料无证据证实蔡某右侧卵巢被切除。如果重庆市第二人民医院在对蔡某实施手术前即考虑到妇科疾病的鉴别诊断,预先邀请妇科医生进行会诊更为完善。但双侧输卵管已经积脓并有一侧穿孔,病变输卵管仍需切除。综上所述,重庆市第二人民医院在蔡某的医疗处置过程中存在术前未请妇科会诊的过错,其过错符合重庆市司法局《医疗过错司法鉴定规则(试行)》第 30 条第 6 项"有过错、无因果关系:指医疗行为虽存在过错,但与损害后果无因果关系"之规定。鉴定结论为:重庆市第二人民医院在蔡某的医疗处置过程中存在过错,但与蔡某双侧病变输卵管切除无因果关系。2010 年 1 月 21 日,重庆市法庭科学司法鉴定所针对蔡某提出的过错出具补充说明意见,认为:(1) 手术时,蔡某左侧输卵管内的脓液已经破溃入腹污染了整个腹腔,阑尾因此而继发感染致"慢性阑尾炎(病理报告)"急性发作,根据法院所提供病历材料中手术记录描述"阑尾充血、水肿明显,表面脓苔覆盖"具备明确的手术指征。如果当时未切除,很可能会导致二次开腹手术,增加患者的身体痛苦及经济负担。未告知属重庆市第二人民医院的过错,但切除病变之阑尾符合医疗处置规范。……(4)本次手术与蔡某长期腹痛无因果关系,其腹痛与自身原发疾病化脓性输卵管炎脓液破溃入腹腔所导致全腹膜炎、腹腔内粘连直接相关。

永川区法院认为,蔡某提出重庆市第二人民医院在术中不应当切除其阑尾而切除,且切除时未履行告知义务,对此,司法鉴定意见书及补充说明意见认为重庆市第二人民医院在术中发现"阑尾充血、水肿明显,表面附有脓苔",阑尾炎症存在(继发性可能大),具有阑尾切除手术指征,且术后病理检验亦予以证实,如当时不切除阑尾,很可能会导致二次开腹手术,增加患者的身体痛苦及经济负担,切除病变之阑尾符合医疗处置规范。但重庆市第二人民医院未向蔡某履行告知义务,属重庆市第二人民医院的过错。另司法鉴定意见书及补充说明意见认为重庆市第二人民医院存在术前未请妇科会诊的过错,但该过错与蔡某的双侧病变输卵管被切除无因果关系;切除阑尾未履行告知义务是重庆市第二人民医院的过错,但切除病变之阑尾符合医疗处置规范。综述,重庆市第二人民医院在对蔡某的诊治过程中,切除阑尾、双侧病变输卵管手术指征明确,仅存在术前未请妇科会诊及切除阑尾时未履行告知义务的过错,而该过错与损害后果无因果关系,故蔡某的请求不能成立,不予支持。

重庆市第五中级人民法院认为,根据重庆市法庭科学司法鉴定所的鉴定结论及补充说明意见认定:阑尾手术时未告知属重庆市第二人民医院的过错,但切除病变之阑尾符合医疗处置规范。重庆市第二人民医院确实切除了蔡某双侧积脓之输卵管,手术治疗的原则是只切除病变组织,不能擅自扩大手术范围。术后左侧残余输卵管因为没有功能退化"僵硬",随着时间的推移会逐渐被机体所吸收,对身体无害。这里的"僵硬"是相对腹腔中其他空腔脏器而言。本次手术与蔡某长期腹痛无因果关系。综上,一审判决认定事实清楚,适用法律正确,审理程序合法。故而予以维持。①

(四)紧急情况下实施相应医疗措施的义务

对于医疗机构而言,抢救病人的生命永远是第一位的职责所在。征得患者或者其近亲属同意的义务,存在着例外。《侵权责任法》第56条规定:"因抢救生命垂危的患者等紧急情况,不能取得患者或者其近亲属意见的,经医疗机构负责人或者授权的负责人批准,可以立即实施相应的医疗措施。"《医疗纠纷预防与处理条例》第13条第2款也有类似规定。

《审理医疗纠纷案件的解释》第18条第1款规定:"因抢救生命垂危的患者等紧急情况且不能取得患者意见时,下列情形可以认定为侵权责任法第56条规

---

① 参见重庆市第五中级人民法院(2010)渝五中法民终字第2830号民事判决书。

定的不能取得患者近亲属意见:(一)近亲属不明的;(二)不能及时联系到近亲属的;(三)近亲属拒绝发表意见的;(四)近亲属达不成一致意见的;(五)法律、法规规定的其他情形。"

因抢救生命垂危的患者等紧急情况,不能取得患者及其近亲属同意的情况下,医务人员经医疗机构负责人或者授权的负责人批准立即实施相应医疗措施,患者因此请求医疗机构承担赔偿责任的,法院不予支持。相反,如果医疗机构及其医务人员怠于实施相应医疗措施造成损害,患者请求医疗机构承担赔偿责任的,法院则应予支持。

(五)如实记录、保管及提供病历资料的义务

病历资料是医疗机构诊疗活动最原始、完整的记录。如果病历资料记录不完整、不一致,诊疗行为的真实情况就无法认定。

医疗机构应当如实记录、保管病历资料。

《侵权责任法》第61条规定:"医疗机构及其医务人员应当按照规定填写并妥善保管住院志、医嘱单、检验报告、手术及麻醉记录、病理资料、护理记录、医疗费用等病历资料。""患者要求查阅、复制前款规定的病历资料的,医疗机构应当提供。"

《医疗纠纷预防和处理条例》第15条规定:"医疗机构及其医务人员应当按照国务院卫生主管部门的规定,填写并妥善保管病历资料。""因紧急抢救未能及时填写病历的,医务人员应当在抢救结束后6小时内据实补记,并加以注明。""任何单位和个人不得篡改、伪造、隐匿、毁灭或者抢夺病历资料。"

患者有权查阅复制所有病历资料。

《医疗纠纷预防与处理条例》第16条规定:"患者有权查阅、复制其门诊病历、住院志、体温单、医嘱单、化验单(检验报告)、医学影像检查资料、特殊检查同意书、手术同意书、手术及麻醉记录、病理资料、护理记录、医疗费用以及国务院卫生主管部门规定的其他属于病历的全部资料。""患者要求复制病历资料的,医疗机构应当提供复制服务,并在复制的病历资料上加盖证明印记。复制病历资料时,应当有患者或者其近亲属在场。医疗机构应患者的要求为其复制病历资料,可以收取工本费,收费标准应当公开。""患者死亡的,其近亲属可以依照本条例的规定,查阅、复制病历资料。"

根据《侵权责任法》第58条第2项、第3项的规定,如果医疗机构隐匿或者拒绝提供与纠纷有关的病历资料;伪造、篡改或者销毁病历资料的,则推定其存在过错。根据《审理医疗纠纷案件的解释》第6条的规定,《侵权责任法》第58条规定的病历资料包括医疗机构保管的门诊病历、住院志、体温单、医嘱单、检验报告、医学影像检查资料、特殊检查(治疗)同意书、手术同意书、手术及麻醉记录、病理资料、护理记录、医疗费用、出院记录以及国务院卫生行政主管部门规定的

其他病历资料。患者依法向人民法院申请医疗机构提交由其保管的与纠纷有关的病历资料等,医疗机构未在人民法院指定期限内提交的,人民法院可以依照《侵权责任法》第58条第2项规定推定医疗机构有过错,但是因不可抗力等客观原因无法提交的除外。

在新疆维吾尔自治区人民医院与高某等医疗损害赔偿纠纷上诉案中,一审乌鲁木齐市天山区人民法院在审理过程中,自治区人民医院申请乌鲁木齐医学会对自治区人民医院的医疗行为与张某的死亡之间是否存在因果关系以及是否构成医疗事故进行鉴定。鉴定过程中,高某等对自治区人民医院提供的病历提出质疑。2009年5月14日,乌鲁木齐医学会作出医疗事故鉴定中止通知书。后法院根据高某等三人的申请,委托新疆光正司法鉴定所对自治区人民医院提供的20753953号住院病历的真实性、客观性进行鉴定。鉴定意见为:张某在自治区人民医院治疗期间,由于医护人员的病历记载不完整,书写记录多处不一致,病历缺乏客观性,不能如实地反映医院对张某术后真实的诊疗行为。因双方无新的鉴定材料向乌鲁木齐医学会提交,2009年10月20日,乌鲁木齐医学会作出《医疗事故技术鉴定终止通知书》。

天山区人民法院认为:因医疗行为引起的侵权诉讼,由医疗机构就医疗行为的过错承担举证责任。对于医疗机构而言承担上述举证责任最主要的证据就是其在诊疗过程中的病历记录,而病历成为证据的前提条件是其本身具有真实性,使得其可以成为评价医疗行为的客观依据。在进行医疗事故技术鉴定过程中,高某等三人对自治区人民医院提供的病历真实性提出了质疑。经其申请,法院委托新疆光正司法鉴定所对该病历的真实性、客观性进行了鉴定,鉴定意见为:病历记载不完整,书写记录多处不一致,病历缺乏客观性,不能如实反映医院对张某术后真实的诊疗行为。因自治区人民医院提供的病历不具有真实性,从而导致医疗事故技术鉴定工作无法进行,并导致本案的基本事实无法查清,对此自治区人民医院应承担相应责任。自治区人民医院又未提供其他相应有效证据证明其医疗行为与张某的死亡之间不存在因果关系及其医疗行为不存在医疗过错,故推定自治区人民医院具有过错,其应对张某的子女即高某等三人承担民事赔偿责任。

乌鲁木齐市中级人民法院认为:患者的诊疗病历是医疗行为发生的第一手原始证据材料,更是诉讼前与诉讼中进行鉴定的基础材料,因此,病历资料的真实、完整性对医患纠纷的双方而言,无疑是至关重要的。因为,病历资料不仅记载了患者就医的整个过程,对案件的事实认定产生决定性的影响,而且也记录了诊疗过程中医生的主观诊疗过程,对认定医方的主观过错存在与否及过错程度具有决定性的直接影响。因此,医方有责任保证医疗纠纷案件相关病历资料的真实性与完整性。本案中,自治区人民医院对其病历记载不规范的事实表示认可,而本案讼争也正是因为其提供的病历缺乏真实性和客观性致使乌鲁木齐医学会终止医疗事故鉴定而引起。本院认为,鉴于医疗行为的复杂性、专业性和技术性,决定了医疗事故技术鉴定在医疗纠纷中的重要作用。一般情况下,人民法院不能直接通过证据审查得出有无因果关系的结论,必须依赖于专业技术鉴定结论对争议事实作出判断。本案由于乌鲁木齐医学会终止医疗事故技术鉴定,导致本院对患者张某的死亡后果与自治区人民医院的治疗行为之间是否存在因果关系无法确定。加之自治区人民医院所提供的病历记录尚不足以否定上述两者之间的因果关系及过错的存在。因此,本院认为可以推定自治区人民医院对张某的治疗存在过错,且不能排除该过错与患者死亡之间的因果关系。故原审判决认定事实清楚,适用法律适当。[①]

(六) 对患者隐私保密的义务

《侵权责任法》第62条规定:"医疗机构及其医务人员应当对患者的隐私保密。泄露患者隐私或者未经患者同意公开其病历资料,造成患者损害的,应当承担侵权责任。"

四、医疗损害纠纷中的鉴定

(一) 医疗损害纠纷中鉴定的必要性

由于诊疗行为的高度专业性,医疗侵权诉讼的原告以及法官都无法根据一般生活常识对医疗机构及其工作人员在诊疗活动中是否存在过错、过错与损害之间是否存在因果关系以及原因力的大小作出判断。即使原告或者法官具有医学专业背景,也不可能对诉讼可能涉及的医学各方面的专业知识都熟悉,尤其是不可能跟踪医学专业日新月异的发展。通过专业人员对上述事项进行鉴定并得出供法官裁判时加以参考的结论,就显得非常必要。

(二) 鉴定的发起

鉴定的发起,是指由哪方当事人提出鉴定的申请。

最高人民法院《证据规则》第4条第1款第8项规定:"因医疗行为引起的侵权诉讼,由医疗机构就医疗行为与损害结果之间不存在因果关系及不存在医疗过错承担举证责任。"第25条第2款规定:"对需要鉴定的事项负有举证责任的当事人,在人民法院指定的期限内无正当理由不提出鉴定申请或者不预交鉴定费用或者拒不提供相关材料,致使对案件争议的事实无法通过鉴定结论予以认定的,应当对该事实承担举证不能的法律后果。"根据上述规定,医疗机构有义务发起鉴定,否则就要承担举证不能的法律后果。

《审理医疗纠纷案件的解释》第4条第2款规定:"患者无法提交医疗机构及

[①] 参见新疆维吾尔自治区乌鲁木齐中级人民法院(2010)乌中民一终字第666号民事判决书。

其医务人员有过错、诊疗行为与损害之间具有因果关系的证据,依法提出医疗损害鉴定申请的,人民法院应予准许。"根据上述规定,患者需要提交的证据中,包括证明医疗机构及其医务人员有过错、诊疗行为与损害之间具有因果关系的证据。患者无法提交上述证据时,就应当提出鉴定申请,否则就要承担举证不能的法律后果。

《审理医疗纠纷案件的解释》第8条第2款规定:"当事人未申请鉴定,人民法院对案件的专门性问题认为需要鉴定的,应当依职权委托鉴定。"由此,人民法院也可以依职权发起鉴定。

(三)确定鉴定人的规则

鉴定人应当从具备相应鉴定能力、符合鉴定要求的专家中确定。根据《审理医疗纠纷案件的解释》第9条的规定,确定鉴定人有以下几种方法:首先是由双方当事人协商确定鉴定人。其次,当事人就鉴定人的确定无法达成一致意见时,人民法院可以提出确定鉴定人的方法,当事人同意的,按照该方法确定。再次,如果当事人不同意人民法院提出的鉴定人确定方法,则由人民法院指定鉴定人。

(四)鉴定的项目和要求

根据《审理医疗纠纷案件的解释》第11条第2款的规定,下列专门性问题可以作为申请医疗损害鉴定的事项:(1)实施诊疗行为有无过错;(2)诊疗行为与损害后果之间是否存在因果关系以及原因力大小;(3)医疗机构是否尽到了说明义务、取得患者或者患者近亲属书面同意的义务;(4)医疗产品是否有缺陷、该缺陷与损害后果之间是否存在因果关系以及原因力的大小;(5)患者损伤残疾程度;(6)患者的护理期、休息期、营养期;(7)其他专门性问题。

鉴定要求包括鉴定人的资质、鉴定人的组成、鉴定程序、鉴定意见、鉴定期限等。鉴定人应当按照委托鉴定的事项和要求进行鉴定。

(五)鉴定意见的采用

根据《审理医疗纠纷案件的解释》第13条的规定,鉴定意见应当经当事人质证。在对鉴定意见进行质证时,当事人可以申请鉴定人出庭作证。经人民法院审查同意,或者人民法院认为鉴定人有必要出庭的,应当通知鉴定人出庭作证。如果双方当事人同意,鉴定人也可以通过书面说明、视听传输技术或者视听资料等方式作证。鉴定人因健康原因、自然灾害等不可抗力或者其他正当理由不能按期出庭的,案件可以延期开庭。经人民法院许可,鉴定人也可以通过书面说明、视听传输技术或者视听资料等方式作证。

如果缺乏上述正当理由鉴定人拒绝出庭作证、当事人对鉴定意见又不认可的,对该鉴定意见不予采信。

根据《审理医疗纠纷案件的解释》第15条的规定,当事人共同委托鉴定人作出的医疗损害鉴定意见,一方当事人不认可的,应当提出明确的异议内容和理由。经法院审查,有证据足以证明异议成立的,该鉴定意见则不予采信;异议不成立的,则应予采信。当事人自行委托鉴定人作出的医疗损害鉴定意见,其他当事人认可的,可予采信。如果其他当事人不认可,则不予采信。

在对鉴定意见进行质证时,当事人可以申请人民法院准许通知一至二名具有医学专门知识的人出庭,对鉴定意见或者案件的其他专门性事实问题提出意见。具有医学专门知识的人提出的意见,视为当事人的陈述,经质证可以作为认定案件事实的根据。

五、医疗产品侵权行为

医疗产品侵权行为是指因药品、医疗设备存在缺陷造成患者损害的侵权行为。

《侵权责任法》第59条规定:"因药品、消毒药剂、医疗器械的缺陷,或者输入不合格的血液造成患者损害的,患者可以向生产者或者血液提供机构请求赔偿,也可以向医疗机构请求赔偿。患者向医疗机构请求赔偿的,医疗机构赔偿后,有权向负有责任的生产者或者血液提供机构追偿。"

医疗产品属于产品,因此,适用产品责任的有关法律规定。

需要注意的是,缺陷医疗产品可以适用惩罚性赔偿。《审理医疗纠纷案件的解释》第23条规定:"医疗产品的生产者、销售者明知医疗产品存在缺陷仍然生产、销售,造成患者死亡或者健康严重损害,被侵权人请求生产者、销售者赔偿损失及二倍以下惩罚性赔偿的,人民法院应予支持。"

六、数个医疗机构的侵权行为

根据《审理医疗纠纷案件的解释》第19条的规定,因两个或者两个以上医疗机构的诊疗行为造成患者同一损害的,可能构成数人侵权行为。应当区分不同情况,依照《侵权责任法》第8条、第11条或者第12条的规定,确定各医疗机构承担的赔偿责任。

《审理医疗纠纷案件的解释》第24条规定:"被侵权人同时起诉两个以上医疗机构承担赔偿责任,人民法院经审理,受诉法院所在地的医疗机构依法不承担赔偿责任,其他医疗机构承担赔偿责任的,残疾赔偿金、死亡赔偿金的计算,按下列情形分别处理:(一)一个医疗机构承担责任的,按照该医疗机构所在地的赔偿标准执行;(二)两个以上医疗机构均承担责任的,可以按照其中赔偿标准较高的医疗机构所在地标准执行。"这样规定有利于患者获得较高的赔偿数额。

《审理医疗纠纷案件的解释》第20条规定:"医疗机构邀请本单位以外的医务人员对患者进行诊疗,因受邀医务人员的过错造成患者损害的,由邀请医疗机构承担赔偿责任。"对于患者而言,患者到某一医疗机构就医,不会区分也无法区分实施诊疗行为的医务人员究竟是该医疗机构的医务人员还是其他机构的医务人员。医务人员在医疗机构中为患者实施诊疗行为也是以该医疗机构的名义、而不是以个人名义或其原本所属单位的名义进行的。所以,因诊疗行为而产生的责任也应当由患者就医的医疗机构来承担。

七、医疗损害责任的免责事由

医疗侵权行为具有特殊性。首先,医疗活动为人类生活所必需;其次,人类对自身疾病的认知还非常有限;再次,大多数医疗活动都具有侵袭性;最后,许多医疗风险已经向患者或者其家属说明并征得同意。基于此,医疗侵权行为除可以适用一般过错侵权行为的免责事由外,还有一些特殊的免责事由。

《侵权责任法》第60条规定:"患者有损害,因下列情形之一的,医疗机构不承担赔偿责任:(一)患者或者其近亲属不配合医疗机构进行符合诊疗规范的诊疗;(二)医务人员在抢救生命垂危的患者等紧急情况下已经尽到合理诊疗义务;(三)限于当时的医疗水平难以诊疗。""前款第一项情形中,医疗机构及其医务人员也有过错的,应当承担相应的赔偿责任。"

第四节 污染环境致人损害侵权行为与责任

一、污染环境致人损害侵权行为的概念

污染环境是指由于人为原因而使人类赖以生存发展的空间和资源发生化学、物理、生物特征上的不良变化,以致影响人类健康或者生物生存。污染环境致人损害的侵权行为,是指污染环境造成他人财产或者人身损害而应承担民事责任的行为。

《民法通则》第124条规定:"违反国家保护环境防止污染的规定,污染环境造成他人损害的,应当依法承担民事责任。"

《侵权责任法》第8章专章规定环境污染责任。此外,《环境保护法》《海洋环境保护法》《水污染防治法》《大气污染防治法》《环境噪声污染防治法》和《放射性污染防治法》等法律对环境污染责任也各有规定。

《环境保护法》第64条规定:"因污染环境和破坏生态造成损害的,应当依照《中华人民共和国侵权责任法》的有关规定承担侵权责任。"

据此,污染环境破坏生态造成损害,要适用《侵权责任法》的规范,《环境保护法》等另有特别规定的,则要依据该特别规定。

二、污染环境致人损害侵权行为的构成要件

污染环境致人损害侵权行为需要以下构成要件：

1. 行为人有污染环境的行为

受害人应当对行为人污染环境的行为承担证明责任。

2. 受害人遭受了损害

受害人应当对自己遭受的损害承担证明责任。

国家可以作为受害人。根据《物权法》第 46 条的规定,海域属于国家所有。《海洋环境保护法》第 89 条第 2 款规定:"对破坏海洋生态、海洋水产资源、海洋保护区,给国家造成重大损失的,由依照本法规定行使海洋环境监督管理权的部门代表国家对责任者提出损害赔偿要求。"

根据最高人民法院《审理海洋自然资源与生态环境赔偿案件的规定》第 3 条的规定,《海洋环境保护法》第 5 条规定的行使海洋环境监督管理权的机关,包括国务院环境保护行政主管部门、国家海洋行政主管部门、国家海事行政主管部门、国家渔业行政主管部门以及军队环境保护部门,可以根据其职能分工提起海洋自然资源与生态环境损害赔偿诉讼。根据最高人民法院上述规定第 6 条,依法行使海洋环境监督管理权的机关可以请求造成海洋自然资源与生态环境损害的责任者承担停止侵害、排除妨碍、消除危险、恢复原状、赔礼道歉、赔偿损失等民事责任。另外,该规定第 10 条第 1 款规定:"人民法院判决责任者赔偿海洋自然资源与生态环境损失的,可以一并写明依法行使海洋环境监督管理权的机关受领赔款后向国库账户交纳。"

3. 行为人污染环境行为与受害人损害之间存在因果关系

环境污染与损害之间的因果关系通常都非常复杂,有些环境污染的后果需要很长时间才能显现出来。受害人一般不具有证明污染行为与损害结果之间因果关系的能力。因此,《证据规则》第 4 条第 1 款第 3 项规定:"因环境污染引起的损害赔偿诉讼,由加害人就法律规定的免责事由及其行为与损害结果之间不存在因果关系承担举证责任。"据此,因果关系的证明实行倒置方式,由加害人举证证明因果关系的不存在。如果不能证明,则推定因果关系的存在。另外,如果法律规定了环境污染责任的免责事由,也由行为人承担证明责任。

《侵权责任法》延续了因果关系倒置的规则。第 66 条规定:"因污染环境发生纠纷,污染者应当就法律规定的不承担责任或者减轻责任的情形及其行为与损害之间不存在因果关系承担举证责任。"

在蚌埠市园味园食品有限公司与陆开文环境污染损害赔偿纠纷上诉案中,一审蚌埠市龙子湖区人民法院认定,2004 年 7 月 18 日,园味园食品公司排放的污水将陆开文的鱼塘污染,导致陆开文饲养的鱼虾大量死亡。当时,园味园食品公司同意低价出售因污染导致死亡的鱼虾,并赔偿陆开文出售的价格与市场价格的差价,陆开文当日遂以每斤2元的价格出售了666.6斤。2004年8月5日陆开文为得知水体污染情况,花监测费500元,委托蚌埠市环境监测站对其水体进行监测,结果氨、氮均超标。法院认为,因环境污染引起的损害赔偿诉讼,由加害人就法律规定的免责事由及其行为与损害结果之间不存在因果关系承担举证责任,园味园食品公司提出流入陆开文鱼塘的污水并不是园味园食品公司一家,另外还有生活污水,从而导致鱼塘内鱼虾死亡,园味园食品公司并没有证据证明鱼虾死亡与其之间不存在因果关系,故园味园食品公司应承担陆开文鱼塘内鱼虾死亡的后果。

二审安徽省蚌埠市中级人民法院认为,在上诉人排放的污水流入被上诉人鱼塘后,被上诉人鱼塘内出现鱼虾死亡现象,上诉人否认被上诉人鱼塘内鱼虾死亡系其排放的污水造成,应由上诉人举证证明。但上诉人没有证据证明其排污行为与被上诉人鱼塘内鱼虾死亡不存在因果关系。因此,被上诉人鱼塘内鱼虾死亡的损害后果应认定系上诉人排污行为造成,上诉人对该损失应当承担赔偿责任。①

由于环境污染与损害结果之间因果关系的复杂性,受害人证明因果关系存在是个难题,污染者证明因果关系的不存在,同样是个难题。那么,污染者如何证明因果关系不存在?《审理环境侵权案件的解释》第7条规定:"污染者举证证明下列情形之一的,人民法院应当认定其污染行为与损害之间不存在因果关系:(一)排放的污染物没有造成该损害可能的;(二)排放的可造成该损害的污染物未到达该损害发生地的;(三)该损害于排放污染物之前已发生的;(四)其他可以认定污染行为与损害之间不存在因果关系的情形。"总结起来,上述四种情形分别是:相对于损害而言污染行为不存在、污染物未到达、损害早已发生并且未加重以及其他兜底条款。②

污染者承担因果关系不存在的证明责任,并不意味着受害人因此就不需要承担任何证明责任。根据《审理环境侵权案件的解释》第6条第3项的规定,被侵权人应当就污染者排放的污染物或者其次生污染物与损害之间具有关联性提供证据材料。

之所以由被侵权人就关联性提供证据材料,是基于以下三点理由:

第一,举证责任分为行为意义上的举证责任和结果意义上的举证责任。行为意义上的举证责任,是指依据《民事诉讼法》第64条的规定,当事人对自己提

---

① 参见安徽省蚌埠市中级人民法院(2005)蚌民一终字第285号民事判决书。
② 参见沈德咏主编,最高人民法院研究室、最高人民法院环境资源审判庭编著:《最高人民法院环境侵权责任纠纷司法解释理解与适用》,人民法院出版社2016年版,第100页。

出的主张,有责任提供证据。因此,原被告双方都有义务就自己提出的任何主张提供证据。结果意义上的举证责任,是指当事人对自己提出的诉讼请求所依据的法律要件事实真伪不明时,由对该事实承担举证责任的一方承担不利后果。《侵权责任法》第 66 条关于被告就不存在因果关系承担举证责任的规定即为结果意义上的举证责任。因此,就环境侵权责任纠纷案件中的因果关系而言,被侵权人和污染者双方都负有行为意义上的举证责任,都有提出证据的责任。人民法院结合双方的证据综合全案判断因果关系是否存在,事实仍然真伪不明的,才会启动举证责任分配原则,由对因果关系负有结果意义举证责任的污染者承担不利后果。

第二,环境侵权责任纠纷案件既要解决立案难,又要防止滥诉。提交关联性的初步证明材料,意味着只要具有一般表象证据即可,不必严苛到这些证据与污染行为之间存在必然的直接联系。这样规定,既有利于保护被侵权人的合法权益,又有利于防止滥诉。

第三,这种意见在实践中已基本形成共识。大多数环境侵权责任纠纷案件都要求被侵权人提供污染行为与损害之间存在关联性的初步证据。法院普遍拒绝在原告未对因果关系存在的可能性进行初步举证的前提下,直接适用举证责任倒置规则,因为如果直接适用举证责任倒置,往往会导致推定出的因果关系在客观性和可靠性方面无法经受实践的检验。造成这一问题的原因在于举证责任倒置规则在逻辑结构上的不足。[①]

4. 行为人污染环境的行为违反了国家保护环境防止污染的规定

这一要件是污染环境致人损害侵权行为最特殊的要件。侵权法的基本范畴在于权衡权利救济和行为自由的关系。侵权法通过各种机制划定权利救济和行为自由的界限,在环境污染责任中,国家保护环境防止污染的规定就是一种划分机制。

有些国家通过结果来划分界限,比如,日本有忍受限度理论,所谓忍受限度理论,是用来衡量环境侵权行为违法性的理论。它就受害者方面损害的性质(健康损害、精神损害、财产损害)及其轻重等情况,加害者方面加害行为的社会评价(公共性、有用性)、损害防除设施的设置状况、管制法律的遵守等各方面情况进行比较衡量,并对客观方面的工厂所在地的状况、先住后住关系等周边情况进行综合性考虑,从而个别地具体地判定损害的忍受限度,认定损害超过忍受限度时加害行为就是违法的。这种判断违法性的方法就是忍受限度理论。[②] 公害程度

[①] 参见沈德咏主编,最高人民法院研究室、最高人民法院环境资源审判庭编著:《最高人民法院环境侵权责任纠纷司法解释理解与适用》,人民法院出版社 2016 年版,第 86—87 页。

[②] 参见〔日〕原田尚彦:《环境法》,于敏译,法律出版社 1999 年版,第 24 页。

如超过被害人社会生活上应忍受限度时,被害人即得请求损害赔偿或请求排除、禁止或者防止公害。忍受限度理论的判断取决于各种利益的比较衡量,包括受害利益之性质及其程度,加害行为之态样、性质、程度及社会上的评价,地区性,加害人有无采取最完善损害防止措施,是否遵守公法上排放标准,土地利用之先后关系。①

《民法通则》第124条关于国家保护环境防治污染的规定就是划分界限的机制。比如,法院在判定被告行为是否构成侵权行为从而承担侵权责任时,往往是通过对行为或其结果是否违反具体的标准来判断。

在陈仁霞诉尹红霞环境污染损害赔偿案中,陈仁霞与尹红霞系邻居。2000年底,尹红霞以自家住房开办紫东浴室。尹红霞在经营过程中,为降低成本,使用烟煤作为燃料。原告诉称:被告所烧的锅炉未采取环保防尘措施,致使大量烟尘落入其居住的房顶、院落和空间,使其家长年累月门窗不敢开,衣服无法晾晒,长年需要在家每日清扫数遍,无法正常工作。

安徽省滁州市琅琊区人民法院认为:陈仁霞主张尹红霞经营的浴室给其造成侵害,但未能提供相应的证据证明尹红霞经营的浴室排污超过环保标准,且要求尹红霞赔偿经济损失1.44万元,也未能提供相关证据证实。陈仁霞要求赔偿精神损失,不符合法律规定。法院因此判决原告败诉。②

除上述事实外,二审安徽省滁州市中级人民法院另查明,根据陈仁霞的申请,滁州市环境监测站于2003年12月27日对紫东浴室燃煤锅炉烟气黑度进行监测,并出具环监字(2003)第191号"检测报告书",认定紫东浴室燃煤锅炉烟气黑度为4级,超过限值,建议限期治理。安徽省滁州市中级人民法院认为:被上诉人尹红霞自2000年开始经营浴室,浴室锅炉长期超标排放烟尘,上诉人陈仁霞住在其隔壁,长期遭受烟尘污染。尹红霞的排污行为对陈仁霞的健康和居住环境构成损害,应承担相应的民事责任。尹红霞辩称其已交纳了排污费,其排污行为是合法的。但排污费的收取是国家运用经济杠杆,对排污单位进行管理和限制的一种手段,并不能免除污染单位的治理责任和对污染造成损害的赔偿责任。据此,二审法院判决被上诉人立即停止侵害并赔偿上诉人损失。③

在本案中,原告之所以在一审中败诉、在二审中胜诉,关键在于被告排污是否违反有关标准。在室内噪声污染案件中、在工厂排污导致鱼塘污染引起鱼死亡案件中,法院也是根据污染是否违反有关标准来确定被告责任的有无及大

---

① 参见曾隆兴:《公害纠纷与民事救济》,台湾三民书局1995年版,第79—87页。
② 参见安徽省滁州市琅琊区人民法院(2003)琅民一初字第649号民事判决书。
③ 参见安徽省滁州市中级人民法院(2004)滁民一终字第120号民事判决书。

小。① 可见，有关保护环境防止污染的规定和标准，在具体案件裁判中是判断侵权行为是否构成的关键所在。

在这样的意义上，无论《民法通则》第124条还是《侵权责任法》第8章，都不足以判断侵权行为是否构成，在处理具体案件时，需要查找国家保护环境防止污染的规定或者标准。

三、污染环境致人损害侵权行为的归责原则

污染环境致人损害侵权行为适用什么样的归责原则，学者对此争论颇多。不同类型的环境污染是否应当适用不同的归责原则，也值得研究。例如欧洲各国对环境污染造成损害适用无过错责任的范围差别就很大。②

在我国，主要有三种观点。

一种观点认为，污染环境致人损害侵权行为应当适用无过错责任原则。国家保护环境防止污染的规定，是环保部门决定排污单位是否需要缴纳超标排污费和进行环境管理的依据，而不是确定排污单位是否承担赔偿责任的界限。2014年修订前的《环境保护法》第41条第1款规定，造成环境污染危害的，有责任排除危害，并对直接受到损害的单位或者个人赔偿损失。本条采用的就是无过错责任原则。《侵权责任法》第65条规定："因污染环境造成损害的，污染者应当承担侵权责任。"就文意来看，本条采用的也是无过错责任。

污染环境致人损害侵权行为采无过错责任的观点在司法实务中有不小影响。③《审理环境侵权案件的解释》第1条第1款规定："因污染环境造成损害，不论污染者有无过错，污染者应当承担侵权责任。污染者以排污符合国家或者地方污染物排放标准为由主张不承担责任的，人民法院不予支持。"本条规定采用了《侵权责任法》第7条"不论有无过错"的措辞，同时强调了污染者不得以排污符合有关标准而免责。可见，司法解释采纳了最严格的结果归责。

另一种观点认为，根据不同的污染源，要适用不同的归责原则。居民之间生活污染适用过错责任，主要由物权法规定的相邻关系解决，不属于《侵权责任法》第8章的调整范围。企业生产等污染环境的行为适用无过错责任，主要由《侵权责任法》《环境保护法》《大气污染防治法》《水污染防治法》等相关法律调整。④此种观点有一定启发，但是从法律解释和适用的角度来看，无法从现有法律规定

---

① 参见吉林省长春市朝阳区人民法院(2004)朝民重字第42号民事判决书，广东省广州市中级人民法院(2005)穗中法民二终字第1770号民事判决书。
② 参见〔德〕克雷斯蒂安·冯·巴尔：《欧洲比较侵权行为法》(下卷)，焦美华译，法律出版社2004年版，第505—515页。
③ 参见广东省广州市中级人民法院(2005)穗中法民二终字第1770号民事判决书。
④ 参见王胜明主编：《中华人民共和国侵权责任法释义》，法律出版社2010年版，第326页。

中得出这样的结论。

还有一种观点认为,污染环境致人损害侵权行为应当适用过错责任原则。笔者持此种观点。从解释论的角度出发,《民法通则》第124条要求,承担环境污染责任要以违反国家保护环境防止污染的规定作为前提。违反国家保护环境防止污染的规定,本身就存在过错。这种认定正是过失客观化的体现。2014年修订前的《环境保护法》第41条第1款规定的是环境污染责任的后果,而不是规定的归责原则。之所以要以违反保护环境防止污染的规定作为是否承担责任的界限,是因为很多环境污染往往是与人类生存所必需的生产及生活活动相伴随的,尤其是在经济发展的起步阶段。侵权责任需要权衡权利救济与行为自由两个基本范畴。在配置环境污染的归责原则时,应当考虑到这一具体情况。

在胡某诉江西九江供电公司环境污染损害赔偿纠纷案中,2002年初,被告江西九江供电公司架设220KV浔妙Ⅱ线从原告世居的李家凹43号房屋的附近上方通过。原告以房前屋后树木死亡以及父亲罹患癌症去世为由向法院起诉,要求判令被告停止侵害,消除高压电磁辐射造成的损害,并赔偿经济损失1万元。

江西省九江市庐山区人民法院认为,220KV浔妙Ⅱ线李家凹自然村43号处的最低高压线与原告土房屋脊的垂直距离21.623米,最边高压线与土房最近檐廊角的水平距离达3.63米,这两项数据均达到中华人民共和国经济贸易委员会1999年8月2日发布的中华人民共和国电力行业标准《110—500KV架空送电线路设计技术规程》的规定(该规程规定16.0.4 220KV导线与建筑物之间最小的垂直距离6米,16.0.4 220KV边导线与建筑物之间的最小水平距离为2.5米)。虽然水平距离未达到《电力设施保护条例实施细则》第5条规定的220KV电压导线边线在计算导线最大风偏情况下,距建筑物的水平安全距离5米的要求。但是,依据《110—500KV架空送电线路设计技术规程》16.0.4—2 220KV边导线与建筑物之间的最小水平距离为5米,指导线与城市多层建筑物之间的水平距离,原告的房屋不在城市规划范围内,系一层土木结构瓦房,与浔妙Ⅱ线不在同一水平面上,二者的垂直水平距离在2.5米以上。并且,被告已采取增加杆塔高度的措施,使垂直距离达到21.623米,远远高于最小垂直6米的国家标准,这一措施已足以保证原告房屋安全。同时,经实地检测,原告胡某家生活场所电场强度为0.011—0.913 KV/m,磁感应强度为0.383—1.182 T,均低于国家环境保护总局1998年11月19日批准的中华人民共和国环境保护行业标准《500KV超高压送变电工程电磁辐射环境影响评价技术规范》(此规范适用于500KV超高压送变电工程电磁辐射环境影响的评价,也可参照本规范应用于110KV、220KV、330KV送变电工程电磁辐射环境影响的评价)推荐的工频电场、磁场强度限值(居民区工频电场评价标准为4 KV/m,磁感应强度评价标准为0.1mT),符合国家环境保护行业标准。现有的证据证明被告的高压电线没有给原告的房屋带来损害及安全隐患。根据原、被告提供的照片以及实地所见,原告房前屋后的植物绝大部分长势良好,原告以经济作物干黄、枯死为由要求赔偿10000元经济损失的请求证据不足,不予支持。①

可见,以污染行为是否超出有关标准作为责任是否构成的界限,是环境污染案件处理的基本思路。②

四、污染环境致人损害侵权责任的承担

(一) 数个行为主体时责任的承担

1. 连带责任

根据《审理环境侵权案件的解释》的规定,数个行为主体承担连带责任的情形包括:

(1) 两个以上污染者共同实施污染行为造成损害的,应当根据《侵权责任法》第8条的规定承担连带责任。

(2) 两个以上污染者分别实施污染行为造成同一损害,每一个污染者的污染行为都足以造成全部损害的,应当根据《侵权责任法》第11条规定承担连带责任。

(3) 两个以上污染者分别实施污染行为造成同一损害,部分污染者的污染行为足以造成全部损害,部分污染者的污染行为只造成部分损害,足以造成全部损害的污染者与其他污染者应当根据《侵权责任法》第11条规定就共同造成的损害部分承担连带责任。足以造成全部损害的污染者并应当对全部损害承担责任。

2. 按份责任

根据《审理环境侵权案件的解释》的规定,两个以上污染者分别实施污染行为造成同一损害,每一个污染者的污染行为都不足以造成全部损害的,应当根据《侵权责任法》第12条的规定承担按份责任。

3. 数个侵权人之间的责任划分

数个侵权人之间的责任划分,既包括数个侵权人对外承担连带责任时内部责任的分担,也包括数个侵权人对外承担按份责任时的责任划分。

《侵权责任法》第67条规定:"两个以上污染者污染环境,污染者承担责任的大小,根据污染物的种类、排放量等因素确定。"

---

① 参见江西省九江市庐山区人民法院(2006)庐民一初字第116号民事判决书。
② 参见广东省广州市中级人民法院(2005)穗中法民二终字第1770号民事判决书,上海市第二中级人民法院(2006)沪二民一(民)终字第3160号民事判决书,重庆市第五中级人民法院(2010)渝五中法民终字第3407号民事判决书。

本条规定既适用于对外的按份责任份额的确定,也适用于两个以上污染者对外承担连带责任后的内部责任分担。

《审理环境侵权案件的解释》第 4 条规定:"两个以上污染者污染环境,对污染者承担责任的大小,人民法院应当根据污染物的种类、排放量、危害性以及有无排污许可证、是否超过污染物排放标准、是否超过重点污染物排放总量控制指标等因素确定。"这一解释进一步细化了《侵权责任法》第 67 条的考量因素。值得注意的是其中的"污染物排放标准"。尽管符合国家或者地方污染物排放标准不能成为企业不承担责任的抗辩事由,但是,解释起草者认为,为保护企业持证达标排放的积极性,体现"肯定持证达标排放企业,制裁未持证不达标排放企业"的指导思想,以维护法律的公平和促进经济的科学发展,持证达标排污的污染者可以主张减轻责任。①

根据《侵权责任法》第 67 条无法确定责任大小时,则应当根据《侵权责任法》第 12 条及第 14 条的规定,由数个排污者平均承担责任。

(二)损害是因第三人过错造成时的责任承担

《侵权责任法》第 68 条规定:"因第三人的过错污染环境造成损害的,被侵权人可以向污染者请求赔偿,也可以向第三人请求赔偿。污染者赔偿后,有权向第三人追偿。"

关于本条规定的理解,有以下几点需要注意:

(1)依照《侵权责任法》第 28 条的规定,损害是因第三人造成的,第三人应当承担侵权责任。换言之,直接侵权行为人可以因此而免责。如何处理第 28 条与本条的关系?可以从两个方面进行解释。首先,第 28 条中"第三人应当承担侵权责任"可以解释为终局责任。当第三人承担终局责任时,第 28 条与第 68 条的规定就是一致的。其次,从《侵权责任法》的体系安排来看,第 28 条规定是一般规定,本条规定是在环境侵权领域中的特别规定,故而本条规定在环境侵权领域应当优先适用。在环境侵权的场合,因第三人的过错污染环境造成损害的,污染者并不能因此而免除责任。在水污染环境侵权场合,《水污染防治法》第 96 条第 4 款规定:"水污染损害是由第三人造成的,排污方承担赔偿责任后,有权向第三人追偿。"依此规定,第三人造成的水污染损害,要先由排污方承担责任。本条规定,可以看作是《侵权责任法》第 68 条的特殊规定。《审理环境侵权案件的解释》第 5 条第 3 款规定:"污染者以第三人的过错污染环境造成损害为由主张不承担责任或者减轻责任的,人民法院不予支持。"

(2)第三人承担的是过错责任。与《侵权责任法》第 65 条规定污染者承担

---

① 参见沈德咏主编,最高人民法院研究室、最高人民法院环境资源审判庭编著:《最高人民法院环境侵权责任纠纷司法解释理解与适用》,人民法院出版社 2016 年版,第 63 页。

无过错责任不同,第三人承担的是过错责任。第三人只有存在过错的情况下,才向被污染者承担责任。同时,根据《审理环境侵权案件的解释》第5条第2款的规定,第三人赔偿责任的大小也要根据其过错程度来确定。

(3) 第三人和污染者之间是不真正连带责任。被侵权人可以分别或者同时起诉污染者、第三人。关于不真正连带责任的更多讨论,可以参看本书第十一章第二节的有关内容。

(三) 有关环境服务提供者的责任

《环境保护法》第65条规定:"环境影响评价机构、环境监测机构以及从事环境监测设备和防治污染设施维护、运营的机构,在有关环境服务活动中弄虚作假,对造成的环境污染和生态破坏负有责任的,除依照有关法律法规规定予以处罚外,还应当与造成环境污染和生态破坏的其他责任者承担连带责任。"

这是2014年《环境保护法》修订时新增加的一项重要规定。根据本条规定,环境影响评价机构、环境监测机构以及环境监测设备和防止污染设施维护、运营机构,如果在有关活动中弄虚作假,对造成环境污染和生态破坏负有责任的话,则要与造成环境污染和生态破坏的其他责任者承担连带责任。

五、污染环境致人损害侵权责任的免责事由

《审理环境侵权案件的解释》第1条第1款规定污染环境致人损害侵权责任采严格的归责原则,即不论行为人有无过错,均应承担侵权责任。污染者不得因排污行为符合国家或者地方污染物排放标准而免责。

《审理环境侵权案件的解释》第1条第2款规定:"污染者不承担责任或者减轻责任的情形,适用海洋环境保护法、水污染防治法、大气污染防治法等环境保护单行法的规定;相关环境保护单行法没有规定的,适用侵权责任法的规定。"

据此,污染环境致人损害侵权责任人免责的途径有两条:

第一,单行法的规定。

比如,《海洋环境保护法》第91条规定:"完全属于下列情形之一,经过及时采取合理措施,仍然不能避免对海洋环境造成污染损害的,造成污染损害的有关责任者免予承担责任:(一)战争;(二)不可抗拒的自然灾害;(三)负责灯塔或者其他助航设备的主管部门,在执行职责时的疏忽,或者其他过失行为。"

《水污染防治法》第96条第2款、第3款规定:"由于不可抗力造成水污染损害的,排污方不承担赔偿责任;法律另有规定的除外。""水污染损害是由受害人故意造成的,排污方不承担赔偿责任。水污染损害是由受害人重大过失造成的,可以减轻排污方的赔偿责任。"

第二,侵权责任法的规定。

《侵权责任法》第八章"环境污染责任"中没有免责的规定。因此要适用该法

第三章关于"不承担责任和减轻责任的情形"的一般规定。

六、环境公益诉讼

《环境保护法》第 58 条规定:"对污染环境、破坏生态,损害社会公共利益的行为,符合下列条件的社会组织可以向人民法院提起诉讼:(一)依法在设区的市级以上人民政府民政部门登记;(二)专门从事环境保护公益活动连续五年以上且无违法记录。""符合前款规定的社会组织向人民法院提起诉讼,人民法院应当依法受理。""提起诉讼的社会组织不得通过诉讼牟取经济利益。"

环境公益诉讼不影响普通民事诉讼。《审理环境民事公益诉讼案件的解释》第 29 条规定:"法律规定的机关和社会组织提起环境民事公益诉讼的,不影响因同一污染环境、破坏生态行为受到人身、财产损害的公民、法人和其他组织依据民事诉讼法第一百一十九条的规定提起诉讼。"《审理矿业权案件的解释》第 21 条规定:"勘查开采矿产资源造成环境污染,或者导致地质灾害、植被毁损等生态破坏,法律规定的机关和有关组织提起环境公益诉讼的,人民法院应依法予以受理。""法律规定的机关和有关组织提起环境公益诉讼的,不影响因同一勘查开采行为受到人身、财产损害的自然人、法人和其他组织依据民事诉讼法第一百一十九条的规定提起诉讼。"

七、污染环境致人损害侵权责任的诉讼时效

《环境保护法》第 66 条规定:"提起环境损害赔偿诉讼的时效期间为三年,从当事人知道或者应当知道其受到损害时起计算。"

第五节 高度危险责任

一、高度危险侵权行为和责任的概念

高度危险作业是指从事高空、高速、高压、易燃、易爆、剧毒及放射性等对周围的人身或者财产安全具有高度危险性的活动。因从事高度危险作业造成他人损害而应当承担民事责任的行为就是高度危险侵权行为;因高度危险行为而承担的侵权责任是高度危险责任。

《民法通则》第 123 条规定:"从事高空、高压、易燃、易爆、剧毒、放射性、高速运输工具等对周围环境有高度危险的作业造成他人损害的,应当承担民事责任;如果能够证明损害是由受害人故意造成的,不承担民事责任。"

《侵权责任法》第 69 条规定:"从事高度危险作业造成他人损害的,应当承担侵权责任。"

社会发展需要不断创新,创新过程难免存在高度危险。许多事物在最初出现时,由于经验的缺乏,往往会带来预见不到的危险;还有很多事物,在既有科技条件下,即使人们在操作、管理过程中极为谨慎,仍难免发生危险事故。基于此,法律一方面允许高度危险作业的存在,另一方面,高度危险作业者要为因此给他人带来的损害承担无过错责任。也正因为如此,高度危险责任一般都存在责任限额。《侵权责任法》第77条规定:"承担高度危险责任,法律规定赔偿限额的,依照其规定。"《国内航空运输承运人赔偿责任限额规定》第3条规定,对每名旅客的赔偿责任限额为人民币40万元,对每名旅客随身携带物品的赔偿责任限额为人民币3000元,对旅客托运的行李和对运输的货物的赔偿责任限额为每公斤人民币100元。

二、高度危险侵权行为的认定

高度危险侵权行为的构成需要以下要件:

(一)行为人从事了高度危险的作业

高度危险作业是一个集合概念。《民法通则》第123条列举了若干种典型的高度危险作业类型。但是,《民法通则》第123条规定的高空、高压、易燃、易爆、剧毒、放射性以及高速运输工具等各个概念,也是概括性概念。某种具体行为是否可以归入其中,比如在城市道路上行使的机动车是否属于高速运输工具,因此是否应当适用第123条的规定,存在不同的看法。

由于高度危险侵权行为给行为人配置了较重的责任,因此,某种行为是否属于高度危险行为,也会成为原被告双方争议的焦点。

在籍某某诉中国石化胜利油田有限公司地球物理勘探开发公司财产损害赔偿纠纷再审案中,原审原告于2000年3月18日承包了胜利石油管理局供水公司的25个池塘,约300亩,从事鱼种养殖生产,期限10个月,承包费8万元,计划产值34万元。原审原告于2000年5月20日至25日购买花鲢、白鲢、草鱼、鲤鱼共209万尾,计款38000元,投放到25个鱼塘。2000年度仅实现产值34578.40元。原审被告于2000年5月29日在原审原告所承包的300亩池塘范围内布线准备放炮进行勘探作业,同月31日放炮,共放18炮,其中池间陆地上钻井到地下15米处放15炮,在3个池塘中分别钻井到距水底15米处放3炮,以上18炮药量均为1公斤。原审原告在原审被告进行施工时就考虑到放炮会对鱼苗产生影响,经协商原审被告在勘探放炮之前同意给予一定的补偿,但因补偿数额太少,原审原告没有同意。

本案的焦点之一是,原审被告的勘探放炮作业是否属于高度危险作业。东营市东营区人民法院经两次审理,均认为原审被告物探公司所从事的地震勘探作业,系在地下15米处、药量为1公斤的条件下进行的,不属于高度危险作业,不适用举证责任倒置。[1]

《侵权责任法》第 9 章列举了各类高度危险责任,有助于对高度危险作业概念的理解。

(二) 受害人遭受了损害

(三) 行为人从事的高度危险作业与损害之间存在因果关系

与产品责任一样,高度危险作业与损害之间的因果关系往往非常复杂,受害人通常没有能力了解高度危险作业的运作原理和工作程序,更无法证明作业与损害之间的因果关系。比如,原告因无法证明修建机场实施的爆破行为与 600 米外的养猪场猪舍顶棚玻纤瓦破损、母猪流产之间是否存在因果关系而败诉。[2]

《证据规则》第 7 条规定:"在法律没有具体规定,依本规定及其他司法解释无法确定举证责任承担时,人民法院可以根据公平原则和诚实信用原则,综合当事人举证能力等因素确定举证责任的承担。"据此,对于高度危险侵权行为的因果关系,可以考虑在一定情况下适用因果关系推定的方法,由行为人对此承担证明责任。

(四) 高度危险作业致人损害的侵权行为适用无过错责任

在高度危险作业致人损害的情况下,受害人对损害的发生无能为力,因此,一方面,无过错责任不会产生受害人一方的道德风险问题;另一方面,无过错责任有助于激励行为人投入适当的预防成本。如果行为人投入预防成本以及承担侵权责任后使得该作业入不敷出,说明对于社会而言,该作业给社会带来的成本要大于其带来的收益,因此可能没有存在的必要。就这一点而言,无过错责任具有纠错功能。

三、高度危险责任的类型

《侵权责任法》第 9 章规定了高度危险责任的七种类型。

(一) 民用核设施的核事故责任

《侵权责任法》第 70 条规定:"民事核设施发生核事故造成他人损害的,民用核设施的经营者应当承担侵权责任,但能够证明损害是因战争等情形或者受害人故意造成的,不承担责任。"

本条规范对象是民用核设施而不是军用核设施;同时,本条规范的事故是核事故而不是一般的事故。民用核设施也可能发生一般的事故,比如核设施的墙体倒塌造成他人损害等。只有民用核设施发生核事故才属于高度危险责任,因为核设施墙体倒塌与其他设施的墙体倒塌没有区别。

---

[1] 参见山东省东营市东营区人民法院(2002)东民再字第 2 号民事判决书。
[2] 参见重庆市黔江区人民法院(2010)黔法民初字第 01104 号民事判决书。

民用核设施的核事故责任采无过错归责原则。核设施的经营者要想免除责任,需要自己来证明损害是由于战争等情形或者受害人故意造成的。

(二) 民用航空器责任

《侵权责任法》第71条规定:"民用航空器造成他人损害的,民用航空器的经营者应当承担侵权责任,但能够证明损害是因受害人故意造成的,不承担责任。"

本条规范的对象是民用航空器而不是军用航空器。由于高度危险责任的前提是存在高度危险,因此应当对本条作限缩解释,即只有与民用航空器特有危险相关的损害,民用航空器的经营者才承担无过错责任。比如,飞机座椅挤压衣服造成损害,不能适用第71条。因为飞机座椅和任何其他座椅没有任何区别。

民用航空器的经营者要想免除责任,需要自己来证明损害是由于受害人故意造成的。

此外,《民用航空法》第124条规定:"因发生在民用航空器上或者在旅客上、下民用航空器过程中的事件,造成旅客人身伤亡的,承运人应当承担责任;但是,旅客的人身伤亡完全是由于旅客本人的健康状况造成的,承运人不承担责任。"第125条第2款规定:"旅客随身携带物品或者托运行李的毁灭、遗失或者损坏完全是由于行李本身的自然属性、质量或者缺陷造成的,承运人不承担责任。"

(三) 占有、使用高度危险物责任

《侵权责任法》第72条规定:"占有或者使用易燃、易爆、剧毒、放射性等高度危险物造成他人损害的,占有人或者使用人应当承担侵权责任,但能够证明损害是受害人故意或者不可抗力造成的,不承担责任。被侵权人对损害的发生有重大过失的,可以减轻占有人或者使用人的责任。"

易燃、易爆、剧毒、放射性等高度危险物的存在,会改变或者增加某地某时原有的危险,因此,占有或者使用行为本身即是责任产生的依据。法律或者行政法规对易燃、易爆、剧毒、放射性等高度危险物的占有、使用也都有特别的规定。比如,《民用爆炸物品安全管理条例》第40条规定:"民用爆炸物品应当储存在专用仓库内,并按照国家规定设置技术防范设施。"《危险化学品安全管理条例》第24条规定:"危险化学品应当储存在专用仓库、专用场地或者专用储存室(以下统称专用仓库)内,并由专人负责管理;剧毒化学品以及储存数量构成重大危险源的其他危险化学品,应当在专用仓库内单独存放,并实行双人收发、双人保管制度。""危险化学品的储存方式、方法以及储存数量应当符合国家标准或者国家有关规定。"如果损害是高度危险物的危险与被侵权人重大过失共同的结果,则占有人或者使用人的责任可以减轻。

(四) 高空、高压、地下挖掘活动或者使用高速轨道运输工具责任

《侵权责任法》第73条规定:"从事高空、高压、地下挖掘活动或者使用高速轨道运输工具造成他人损害的,经营者应当承担侵权责任,但能够证明损害是因

受害人故意或者不可抗力造成的,不承担责任。被侵权人对损害的发生有过失的,可以减轻经营者的责任。"

从事高空、高压、地下挖掘活动或者使用高速轨道运输工具,会改变或者增加某地某时原有的危险,因此,活动本身即是责任产生的依据。但是,经营者如果能够证明损害发生的原因不是活动本身,而是受害人的故意或者不可抗力,经营者则不承担责任。

如果损害是高空、高压、地下挖掘活动或者高速轨道运输工具的危险与被侵权人过失共同的结果,则经营者的责任可以减轻。

此类案件中最常见的当属因高压线路造成的事故。根据失效的《触电人身损害赔偿解释》第1条的规定,1千伏(KV)及其以上电压等级的为高压电。该解释第2条还规定,因高压电造成人身损害的案件,电力设施产权人是责任人。电力设施产权人可能是供电人,也可能是用电人,双方的分界点一般在《高压电供用电合同》中约定。事故如果发生在供电人为产权人的一侧,则供电人为责任人,反之,用电人则是责任人。[①]

(五)遗失、抛弃高度危险物责任

《侵权责任法》第74条规定:遗失、抛弃高度危险物造成他人损害的,由所有人承担侵权责任。所有人将高度危险物交由他人管理的,由管理人承担侵权责任;所有人有过错的,与管理人承担连带责任。

占有、使用高度危险物,即因占有、使用而产生责任。遗失、抛弃高度危险物则使得危险范围无限扩大。因此,所有人或者管理人产生责任。遗失、抛弃高度危险责任本身没有特殊免责事由,由此可见立法者对遗失、抛弃危险物者的严厉态度。

高度危险物由管理人管理的,管理人承担责任。所有人有过错的,与管理人承担连带责任。所有人的过错包括选任管理人、对管理人做出具体工作指示等。需要注意的是,此处的管理人不包括所有人的雇员。因为雇员的行为后果应当由所有人来承担。

(六)非法占有高度危险物责任

《侵权责任法》第75条规定:"非法占有高度危险物造成他人损害的,由非法占有人承担侵权责任。所有人、管理人不能证明对防止他人非法占有尽到高度注意义务的,与非法占有人承担连带责任。"

非法占有高度危险物本身即可以产生责任。非法占有,则由非法占有者承担责任。所有人、管理人对危险物的管理,包括防止他人非法占有,应当尽到高

[①] 参见北京市海淀区人民法院(2004)海民初字第15090号民事判决书,海南省三亚市中级人民法院(2007)三亚民一终字第225号民事判决书。

度注意义务,否则,与非法占有人承担连带责任。

此处的注意义务是高度注意义务,与一般注意义务不同。是否尽到高度注意义务,由所有人、管理人来证明。

(七) 未经许可进入高度危险区域责任

《侵权责任法》第 76 条规定:"未经许可进入高度危险活动区域或者高度危险物存放区域受到损害,管理人已经采取安全措施并尽到警示义务的,可以减轻或者不承担责任。"

本条规定究竟采何种归责原则,值得讨论。从文义来看,管理人证明自己已经采取安全措施并尽到警示义务后,责任可以减轻或者免除。这意味着,管理人之所以承担责任或者承担较重责任,是因为没有采取安全措施并尽到警示义务。由此可见,本条采过错责任原则。

《道路交通事故赔偿解释》第 9 条第 2 款规定:"依法不得进入高速公路的车辆、行人,进入高速公路发生交通事故造成自身损害,当事人请求高速公路管理者承担赔偿责任的,适用侵权责任法第七十六条的规定。"

第六节 饲养动物致人损害侵权行为与责任

一、饲养动物致人损害侵权行为的概念

饲养动物致人损害的侵权行为,是指因饲养的动物造成他人人身或者财产损害而依法由动物饲养人或者管理人承担损害赔偿责任的行为。《民法通则》第 127 条规定:"饲养的动物造成他人损害的,动物饲养人或者管理人应当承担民事责任;由于受害人的过错造成损害的,动物饲养人或者管理人不承担民事责任;由于第三人的过错造成损害的,第三人应当承担民事责任。"

饲养动物致人损害是一种多发的侵权行为。2009 年,根据我国人用狂犬病疫苗的使用量,估计全国(不含香港、澳门特别行政区及台湾地区)被动物伤害的人数超过 4000 万人。[①] 我国民众有养狗的习惯,因饲养的狗致人损害是此类侵权行为的主要类型。《侵权责任法》第 10 章专章规定了饲养动物损害责任。

二、饲养动物致人损害侵权行为的认定

认定饲养动物致人损害侵权行为,需要注意以下几点:

(1) 该损害是由饲养的动物造成的,饲养的动物所对应的概念是野生的动物。饲养的动物,是指为人们管束喂养的动物。

---

① 参见王胜明主编:《中华人民共和国侵权责任法释义》,法律出版社 2010 年版,第 384 页。

损害由饲养的动物造成,既包括动物撕咬致害的情况,也包括没有接触、但造成受害人惊吓而受损的情况。①

（2）该损害是由动物独立的动作造成的。

所谓动物独立的动作,是指动物自身的动作而非受外人驱使。例如,无人看管的恶狗在大街上咬伤行人,属于动物独立的动作。如果动物是在受人驱赶、命令的情况造成的伤害,则属于一般侵权行为,由驱赶、命令者承担责任。

三、饲养动物致人损害责任的类型

《侵权责任法》第10章规定了五种饲养动物致人损害责任类型：

（一）饲养动物致人损害的一般责任

《侵权责任法》第78条规定:"饲养的动物造成他人损害的,动物饲养人或者管理人应当承担侵权责任,但能够证明损害是因被侵权人故意或者重大过失造成的,可以不承担或者减轻责任。"

饲养动物损害责任采无过错归责原则,即只要饲养的动物造成他人损害,动物饲养人或者管理人就应当承担责任。但责任人如果证明损害是被侵权人故意或者重大过失造成的,其责任可以减轻或者免除。对被侵权人的故意或者重大过失应当严格认定,只有被侵权人的故意或者重大过失是诱发动物致害的直接原因时,才能够作为责任免除或者减轻的事由。②

关于受害人过错的认定,有一则判决可供参考。

在王某英与傅某松饲养动物致人损害赔偿纠纷上诉案中,2009年7月27日晚7、8时许,王某英与其同事在未提前招呼的情况下进入傅某松位于重庆市万盛区万东镇团结村水口组的房前院坝过程中,被傅某松以近2米长铁链拴养在院坝内的狗咬伤右小腿,造成一长约6厘米、宽约2厘米、深约2厘米的伤口。

重庆市万盛区人民法院认为,王某英被傅某松的狗咬伤属实,傅某松应对王某英所受的损失承担民事赔偿责任；但王某英在未提前招呼屋主的情况下,于夜间天色昏暗时贸然通过傅某松房前的巷道进入傅某松的院坝,而该巷道及院坝并非行人通行的必经之地,且王某英的陈述亦表明其系专程入内询问傅某松是否有房出租,因此王某英的行为对于其被狗咬伤的结果具有相当过错,应当对自己的损害承担主要责任。王某英称重庆市关于养狗的规定是要求拴狗的绳子不超过1米,因此傅某松有过错,但经核实,《重庆市预防控制狂犬病办法》规定拴养狗的绳子不能超过3米,故其观点不予采纳。故根据王某英的过错程度,确定王某英自行负担70%的责任,傅某松承担30%的赔偿责任。

---

① 参见上海市第二中级人民法院(2009)沪二中民一(民)终字第1483号民事判决书。
② 参见王胜明主编:《中华人民共和国侵权责任法释义》,法律出版社2010年版,第393页。

重庆市第五中级人民法院认为,首先,尽管咬伤王某英的犬,犬种不明,但是,从其咬伤王某英的事实及其伤情看,该犬显属"烈性犬"、具有"攻击性"无疑。《重庆市养犬管理暂行办法》中明确规定:饲养烈性犬、攻击性犬的,必须在住所外显著位置张贴警示标牌。傅某松喂养该烈性犬、攻击性犬,没有遵守"在住所外显著位置张贴警示标牌"的规定,没有尽到告知义务,导致行人王某英不能警觉而采取必要的防范措施。其次,虽王某英经过的巷道及院坝并非行人通行的必经之地,但是,巷道及院坝并非傅某松私人区域,行人可以选择通行,傅某松应当注意到其饲养的犬对行人的威胁。再次,王某英的陈述亦表明其系专程入内询问是否有房出租,其通行并无不良动机。可见,傅某松对王某英被咬伤的后果,应当承担主要责任。众所周知,我市农村住户有养犬看家护院的习惯,王某英在未提前招呼房主的情况下,于天色昏暗时贸然通行于生疏的偏僻巷道、农村院坝,本应对可能有犬伤人有必要的警惕。加之,《重庆市预防控制狂犬病办法》第10条第1款规定,观赏犬以外的犬只必须拴养或圈养。拴养犬只的绳链不得超过3米。傅某松拴养犬的铁链长度近2米,符合该规定,因此,王某英疏忽大意的过失,也是其被犬咬伤的原因,由于受害人王某英对于损害的发生也有过错,依法可以减轻侵害人傅某松的民事责任。故王某英对其损害后果应承担次要责任。本院根据王某英、傅某松的过错程度,确认傅某松负担70%的责任,王某英承担30%的赔偿责任。①

(二) 第三人的过错致使动物致人损害责任

《侵权责任法》第83条规定:"因第三人的过错致使动物造成他人损害的,被侵权人可以向动物饲养人或者管理人请求赔偿,也可以向第三人请求赔偿。动物饲养人或者管理人赔偿后,有权向第三人追偿。"

本条规定的是一种不真正连带责任。动物饲养人或者管理人是中间责任人,第三人是终局责任人。

(三) 违反管理规定时的动物致人损害责任

《侵权责任法》第79条规定:"违反管理规定,未对动物采取安全措施造成他人损害的,动物饲养人或者管理人应当承担侵权责任。"

本条规定重在强调对动物管理有特别规定时动物饲养人或者管理人的责任。在违反管理规定、未对动物采取安全措施造成他人损害时,即使被侵权人存在过失,也不能免除或者减轻动物饲养人的责任。②

(四) 禁止饲养的危险动物致人损害责任

《侵权责任法》第80条规定:"禁止饲养的烈性犬等危险动物造成他人损害

---

① 参见重庆市第五中级人民法院(2009)渝五中法民终字第4815号民事判决书。需要注意的是,本案裁判时《侵权责任法》并未生效,故本案没有适用《侵权责任法》。
② 参见王胜明主编:《中华人民共和国侵权责任法释义》,法律出版社2010年版,第395页。

的,动物饲养人或者管理人应当承担侵权责任。"

因禁止饲养的危险动物造成他人损害的,动物饲养人承担无过错责任。危险动物禁止饲养,说明该类动物的危险性非同寻常,饲养本身即可极大增加某地某时的危险,动物饲养人或者管理人承担无过错责任具有正当性。

(五)动物园动物致人损害责任

《侵权责任法》第81条规定:"动物园的动物造成他人损害的,动物园应当承担侵权责任,但能够证明尽到管理职责的,不承担责任。"

动物园动物致人损害的,动物园承担过错推定责任。如果能够证明已经尽到管理职责的,动物园可以不承担责任。

(六)遗弃、逃逸的动物致人损害责任

《侵权责任法》第82条规定:"遗弃、逃逸的动物在遗弃、逃逸期间造成他人损害的,由原动物饲养人或者管理人承担侵权责任。"

遗弃、逃逸动物损害采无过错责任。无过错责任的正当性在于促使动物饲养人或者管理人照管好饲养或者管理的动物,防止动物逃逸,不得遗弃动物。

第七节 物件致人损害侵权行为与责任

一、物件致人损害侵权行为的概念

物件致人损害侵权行为,是指建筑物或者其他设施以及建筑物上的搁置物、悬挂物等物件发生倒塌、脱落、坠落造成他人损害的侵权行为。

《民法通则》第126条规定:"建筑物或者其他设施以及建筑物上的搁置物、悬挂物发生倒塌、脱落、坠落造成他人损害的,它的所有人或者管理人应当承担民事责任,但能够证明自己没有过错的除外。"《人身损害赔偿解释》第16条规定:"下列情形,适用民法通则第一百二十六条的规定,由所有人或者管理人承担赔偿责任,但能够证明自己没有过错的除外:(一)道路、桥梁、隧道等人工建造的构筑物因维护、管理瑕疵致人损害的;(二)堆放物品滚落、滑落或者堆放物倒塌致人损害的;(三)树木倾倒、折断或者果实坠落致人损害的。""前款第(一)项情形,因设计、施工缺陷造成损害的,由所有人、管理人与设计、施工者承担连带责任。"

《侵权责任法》第11章对物件损害责任作了规定。

二、物件致人损害侵权行为的范围

物件致人损害责任是一大类责任形式,涵盖了与物件致人损害有关的各种不同情况。不同类型物件致人损害行为采不同的归责原则,既有过错推定,也有无过错责任原则。建筑物或者其他设施以及建筑物上的搁置物、悬挂物等物件发生倒塌、脱落、坠落的情形，属于物件致人损害侵权行为。

三、物件致人损害侵权行为及责任的类型

《侵权责任法》第 11 章规定了七种物件致人损害责任：

（一）建筑物等脱落、坠落致人损害责任

《侵权责任法》第 85 条规定："建筑物、构筑物或者其他设施及其搁置物、悬挂物发生脱离、坠落造成他人损害，所有人、管理人或者使用人不能证明自己没有过错的，应当承担侵权责任。所有人、管理人或者使用人赔偿后，有其他责任人的，有权向其他责任人追偿。"

建筑物是指在土地上建设的供人们居住、生产或者进行其他活动的场所，比如房屋、城墙、纪念碑、电视塔以及其他类似场所。构筑物是指在土地上建设的不供人们直接在内进行生产和生活活动的场所，比如道路、桥梁、隧道、水井等。

建筑物等脱落、坠落致害责任的主体包括所有人、管理人或者使用人。所有人即建筑物等的所有权人。管理人指对建筑物等负有管理、维护义务的人，比如国有资产一般都是由特定组织进行管理，该特定组织即为管理人。使用人指依法或者依照约定对建筑物等享有使用权的人，比如，承租人、借用人等。在房屋出租过程中，搁置物坠落造成他人损害时，受害人可以找出租人承担责任，也可以找所有人承担责任。所有人承担责任后，可以向承租人追偿。

建筑物等脱落、坠落责任采过错推定原则，即所有人、管理人或者使用人需要证明自己没有过错，否则即应承担责任。此处之所以采过错推定，是因为受害人几乎无法证明所有人、管理人或者使用人存在过错。

如果是其他责任人的原因造成的损害，所有人、管理人或者使用人赔偿后，可以向该责任人追偿。比如，很常见的在房屋装修过程中，对房屋进行装修的承揽人在施工过程中物件坠落造成他人损害的，受害人当然可以要求所有人即定作人赔偿。所有人赔偿后，可以向承揽人进行追偿。同样的情形，《人身损害赔偿解释》第 10 条规定："承揽人在完成工作过程中对第三人造成损害或者造成自身损害的，定作人不承担赔偿责任。但定作人对定作、指示或者选任有过失的，应当承担相应的赔偿责任。"如何处理第 85 条与第 10 条的关系？笔者认为，第 85 条和第 10 条既规范对外关系，也规范对内关系。就前例假设的情形，就对外关系而言，受害人可以根据第 85 条的规定请求所有人、管理人、使用人赔偿。存在承揽人的情形，承揽人就是第 85 条中的其他责任人。所有人、管理人或者使用人是否可以追偿，需要根据第 10 条的规定来处理。追偿关系就是一种内部关系。当然，定作承揽关系不限于第 85 条规范的情形。在 85 条之外的其他场合，需要按照第 10 条的规定处理。

(二) 建筑物等倒塌致人损害责任

《侵权责任法》第 86 条规定:"建筑物、构筑物或者其他设施倒塌造成他人损害的,由建设单位与施工单位承担连带责任。建设单位、施工单位赔偿后,有其他责任人的,有权向其他责任人追偿。""因其他责任人的原因,建筑物、构筑物或者其他设施倒塌造成他人损害的,由其他责任人承担侵权责任。"

本条分两款规范了两种情形。

其一,如果建筑物、构筑物或者其他设施是因为建设、施工等原因倒塌的,由建设单位、施工单位承担连带责任。如果存在其他责任人,包括设计人、监理人等,即如果是因为设计缺陷或者监理工作中的疏漏造成建筑物等倒塌的,建设单位、施工单位承担责任后,可以向设计人、监理人等追偿。此种情形采无过失责任。

其二,如果建筑物、构筑物或者其他设施并非因设计、施工等原因倒塌,而是因为其他外力作用而倒塌,则由其他责任人根据其他规定承担责任。

《道路交通事故赔偿解释》第 9 条第 1 款规定:"因道路管理维护缺陷导致机动车发生交通事故造成损害,当事人请求道路管理者承担相应赔偿责任的,人民法院应予支持,但道路管理者能够证明已按照法律、法规、规章、国家标准、行业标准或者地方标准尽到安全防护、警示等管理维护义务的除外。"第 11 条规定:"未按照法律、法规、规章或者国家标准、行业标准、地方标准的强制性规定设计、施工,致使道路存在缺陷并造成交通事故,当事人请求建设单位与施工单位承担相应赔偿责任的,人民法院应予支持。"

(三) 高空抛物致人损害责任

《侵权责任法》第 87 条规定:"从建筑物中抛掷物品或者从建筑物上坠落的物品造成他人损害,难以确定具体侵权人的,除能够证明自己不是侵权人的外,由可能加害的建筑物使用人给予补偿。"

从建筑物中抛掷物品或者从建筑物上坠落的物品造成他人损害,如果能够确定具体侵权人,按照一般侵权行为来处理。高空抛物侵权行为之所以引人关注,是因为损害发生后往往无法确定具体侵权人。具体侵权人无法确定时,则由可能加害的建筑物使用人给予补偿。可能加害的建筑物使用人要想免责,需要自己来证明不是侵权人。要证明自己不是侵权人,可以证明自己根本没有实施抛物行为,比如,自己当时并未在家,同时家中也没有别人。同时,还可以证明自己不是可能的加害人,比如证明自己即使实施了抛物行为,也不可能造成该种后果。高层建筑物一楼、二楼的住户可以采取这种证明方式。

高空抛物致害如何承担责任,向来争论很大。关于可能的加害人是否要承担责任,有肯定说及否定说两种观点。否定说反对由可能加害的建筑物使用人承担责任。其理由在于,高层建筑坠物致害集体归责制,使无辜的被告承担损害赔偿,不符合侵权法的归责理念。肯定说赞成由可能加害的建筑物使用人承担责任。笔者持肯定说,理由在于,让可能加害的建筑物使用人承担责任,有助于互相监督、有利于发现真正的抛物者,从而从根本上减少或者杜绝高空抛物,最终减少或者避免此类损害。本条规定用"补偿"而不用"赔偿",是对各种意见的折中。其规范效果如何,有待结合审判实践深入研究。

(四) 堆放物倒塌致人损害责任

《侵权责任法》第 88 条规定:"堆放物倒塌造成他人损害,堆放人不能证明自己没有过错的,应当承担侵权责任。"

堆放物倒塌采过错推定原则。堆放人要想免除责任,需要自己来证明没有过错的存在。

(五) 公共道路上堆放、倾倒、遗撒物品致人损害责任

《侵权责任法》第 89 条规定:"在公共道路上堆放、倾倒、遗撒妨碍通行的物品造成他人损害的,有关单位或者个人应当承担侵权责任。"

公共道路上堆放、倾倒、遗撒物品致人损害责任采无过错责任原则,即只要有堆放、倾倒、遗撒妨碍通行的物品造成他人损害的情形,有关单位和个人即应当承担侵权责任。

此处的公共道路如何界定,值得讨论。有观点认为,此处的公共道路既包括通行机动车的道路,也包括人行道路。另外,广场、停车场等可供公共通行的场地、建筑区划内属于业主共有但允许不特定公众通行的道路都属于公共道路。[①] 有法院判决认为,所谓公共道路是供各种无轨车辆和行人通行的基础设施,不具有排他性。而学校内的通道不属于公权力主体所有或使用,在未经学校许可的情况下,社会车辆如货车、客车等是不能进入的,即具有排他性,不属于该条所指的公共道路。对于一般道路应当适用过错责任原则进行归责。[②]

《道路交通事故赔偿解释》第 10 条规定:"因在道路上堆放、倾倒、遗撒物品等妨碍通行的行为,导致交通事故造成损害,当事人请求行为人承担赔偿责任的,人民法院应予支持。道路管理者不能证明已按照法律、法规、规章、国家标准、行业标准或者地方标准尽到清理、防护、警示等义务的,应当承担相应的赔偿责任。"

本条解释没有区分公共道路和一般道路,将《侵权责任法》第 89 条中有关单位和个人细分为行为人和道路管理者,值得肯定。

(六) 林木折断致人损害责任

《侵权责任法》第 90 条规定:"因林木折断造成他人损害,林木的所有人或者

[①] 参见王胜明主编:《中华人民共和国侵权责任法释义》,法律出版社 2010 年版,第 433 页。
[②] 参见重庆市石柱土家族自治县人民法院(2010)石法民初字第 1574 号民事判决书。

管理人不能证明自己没有过错的,应当承担侵权责任。"

林木折断致人损害责任采过错推定原则。林木所有人或者管理人要想免责,需要自己来证明没有过错的存在。

(七) 地下设施致人损害责任

《侵权责任法》第91条第2款规定:"窨井等地下设施造成他人损害,管理人不能证明尽到管理职责的,应当承担侵权责任。"

窨井是用在排水管道、电缆线路的转弯、分支等处便于检查、疏通用的井,学名叫检查井。其他地下设施包括地窖、水井、下水道等。

地下设施致人损害责任采过错推定原则,地下设施的管理人要想免责,需要自己来证明没有过错的存在。

第八节 施工致人损害侵权行为与责任

一、施工致人损害侵权行为的概念

施工致人损害的侵权行为,是指在公共场所、道路上挖坑、修缮安装地下设施等,没有设置明显标志和采取安全措施造成他人损害的侵权行为。

《民法通则》第125条规定:"在公共场所、道旁或者通道上挖坑、修缮安装地下设施等,没有设置明显标志和采取安全措施造成他人损害的,施工人应当承担民事责任。"《侵权责任法》第91条第1款规定:"在公共场所或者道路上挖坑、修缮安装地下设施等,没有设置明显标志和采取安全措施造成他人损害的,施工人应当承担侵权责任。"

在公共场所、道路上进行施工,等于改变既有环境、给他人的行为安全带来新威胁,使损害发生的概率上升,此时法律要求引发危险的人采取一定措施预防、避免损害的发生。如果没有采取预防措施,因此造成损害的,应当承担民事责任。

二、施工致人损害侵权行为的认定

认定施工致人损害侵权行为需要注意以下几点:

(1) 行为人在公共场所、道路上实施了挖坑、修缮安装地下设施等作业。

(2) 行为人没有设置明显标志和采取安全措施。

设置标志如何才够"明显"、采取措施如何才够"安全",需要结合具体情况认定。

在郭某等与夷陵公路段等人身损害赔偿责任案中,法院查明,2003年4月30日晚10时许,原告亲属商某驾驶农用运输车运木材返回龙泉镇,当车行至土峡公路 14 km+500 m 处,因该路段扩建施工作业,在道路两侧不规则堆放长 9.0 m×宽 4.0 m×高 1.1 m 和长 10.4 m×宽 3.3 m×高 0.85 m 的沙石料,商某在驾车绕行沙石料时,车辆翻入道路左侧 5.22 m 深的柏临河中,造成商某当场溺水身亡、乘车人受伤、车辆受损的重大交通事故。法院另查明,在土峡公路 17 km 处曾设置有"进入前方 100 米,道路施工,车辆缓行"的标识牌,但在堆积物前未设置相关警示标识。

湖北省宜昌市夷陵区人民法院认为,本案事故的原因:一是泸县建安宜昌分公司在道路两侧堆放沙石料,导致车辆在行驶中曲线前进;二是在堆积物前未设置相关警示标识和夜间警示标识;三是商某在复杂路段操作不当。从事故发生原因分析,泸县建安宜昌分公司在道路两侧堆放沙石料,且未设置相关警示标识存在过错,应承担主要民事责任。

湖北省宜昌市中级人民法院认为,泸县建安宜昌分公司虽在道路施工起始两端设置有警示标志,但根据《中华人民共和国道路交通管理条例》第 66 条第 3 款的规定,对于没有封闭中断交通的道路施工现场,需车辆绕行的,施工方须设置明显警示标志和安全防围设施,保证车辆和行人的安全。竣工后,须及时清理现场,修复路面和道路设施。事故现场勘验结论和庭审调查表明:事故现场的沙土系泸县建安宜昌分公司用于修道路护坡的临时堆积物,其没有尽到施工单位应尽的安全注意义务,是造成事故的主要原因。①

本案中,被告在距事发现场三公里之外,设置了"进入前方 100 米,道路施工,车辆缓行"的牌子,但这块牌子并不能免除其在"施工现场"还应设立明显夜间安全警示标志和采取安全防范措施的义务。可见,三公里之外的标志和措施,不能够算作设置了明显标志和采取了安全措施。

(3) 未设置明显标志、未采取安全措施与损害之间存在因果关系。

三、施工致人损害侵权行为的归责原则

施工致人损害侵权行为的归责原则,学者有不同见解。有的主张适用无过错责任原则;有的主张适用过错责任原则,采取过错推定,即如果行为人能够证明设置了明显标志和采取了安全措施,只是由于第三人的行为导致标志或者安全设施未能起到防止损害发生的作用的,行为人可以免除民事责任。笔者认为,就《民法通则》第 125 条和《侵权责任法》第 91 条第 1 款的规定来看,此类侵权行为所规范的是没有设置明显标志和采取安全措施的行为,因此,如果行为人的确没有设置明显标志或者采取安全措施,或者不能证明自己曾经设置过明显标志或者采取了安全措施、不能证明是由于第三人的原因使得标志或者安全设施未

---

① 参见湖北省宜昌市中级人民法院(2005)宜民一终字第 95 号民事判决书。

能起到防止损害发生的作用,则应当承担责任,而不问行为人的主观状态如何。在这样的意义上,此类侵权行为可以理解为无过错责任。当然,理解为过错推定,也不影响具体的责任配置。这也意味着,如果行为人能够证明损害是由于第三人的行为造成的,则可以向第三人追偿。

第九节 监护人责任

一、监护人责任的概念

监护人责任是指被监护人致人损害,被监护人因自己行为造成自己损害,或者被监护人遭受他人损害时监护人所应承担的责任。

二、监护人责任的类型

《民法总则》第 34 条规定:"监护人的职责是代理被监护人实施民事法律行为,保护被监护人的人身权利、财产权利以及其他合法权益等。""监护人依法履行监护职责产生的权利,受法律保护。""监护人不履行监护职责或者侵害被监护人合法权益的,应当承担法律责任。"

监护人对被监护人负有监督、教育和保护的职责。监护人责任分为两类:一类是被监护人致人损害时的监护人责任;另一类是被监护人自己行为造成自己损害或者被监护人遭受他人损害时监护人的责任。

(一)被监护人致人损害时监护人的责任

1. 被监护人致人损害的侵权行为

被监护人致人损害的侵权行为是指作为被监护人的无民事行为能力人和限制民事行为能力人侵犯他人合法权益的行为。

2. 被监护人致人损害侵权行为的认定与责任

《民法通则》第 133 条规定:"无民事行为能力人、限制民事行为能力人造成他人损害的,由监护人承担民事责任。监护人尽了监护责任的,可以适当减轻他的民事责任。""有财产的无民事行为能力人、限制民事行为能力人造成他人损害的,从本人财产中支付赔偿费用。不足部分,由监护人适当赔偿,但单位担任监护人的除外。"《侵权责任法》第 32 条规定:"无民事行为能力人、限制民事行为能力人造成他人损害的,由监护人承担侵权责任。监护人尽到监护责任的,可以减轻其侵权责任。""有财产的无民事行为能力人、限制民事行为能力人造成他人损害的,从本人财产中支付赔偿费用。不足部分,由监护人赔偿。"

认定被监护人致人损害侵权行为，需要注意以下几点：

（1）行为主体是被监护人。

侵权行为由无民事行为能力人、限制民事行为能力人实施，无民事行为能力人、限制民事行为能力人是行为主体。

（2）监护人与被监护人之间存在合法有效的监护关系。

监护关系需要根据《民法总则》第二章第二节的有关规定来认定。

（3）关于被监护人致人损害侵权行为的归责。

根据民法关于民事行为能力的规定及理论，无民事行为能力人、限制民事行为能力人的精神意识状态存在瑕疵。德国及我国台湾地区采用识别能力的概念对无民事行为能力人、限制民事能力人的精神意识状态加以判断。所谓识别能力，指认识其行为的不法或者危险，并认知应就其行为负责的能力。识别能力与过失不同。识别能力指对一般危险性的认知。过失则指对具体危险未尽应有的注意。在德国法上，未满7岁的未成年人为绝对无识别能力；未满10岁的未成年人对动力车辆、轨道、高架桥事故不具有识别能力；满7岁未满18岁是否具有识别能力，于行为时个别认定。在我国台湾地区，没有设绝对无识别能力制度，而采个别认定的方式。台湾地区"民法"第187条第1款规定："无行为能力人或者限制行为能力人，不法侵害他人之权利者，以行为时有识别能力为限，与其法定代理人连带负损害赔偿责任。行为时无识别能力者，由其法定代理人负损害赔偿责任。"①据此，在有识别能力时，无行为能力人、限制行为能力人成为责任主体，与其法定代理人连带承担侵权责任；否则由其法定代理人承担侵权责任。

在我国大陆法上，没有关于识别能力或者责任能力的规定。或许是基于"子不教、父之过"的思想②，只要是被监护人给他人造成损害，都要由监护人承担责任。因此，被监护人侵害他人权益，监护人要承担无过错责任。监护人尽到监护职责的，其责任可以减轻但不能免除。

值得注意的是，曾有法院判决讨论到被监护人年龄的大小对责任分配的影响。在海南省国营东兴农场等与陈某高度危险作业致人损害纠纷上诉案中，海南省海南中级人民法院认为，发生事故时受害人陈某是即将年满18周岁的限制行为能力人，应当预见而未能预见火灾隐患，对事故的发生其本人及其监护人亦存在有过错，应减轻侵害人的民事责任。③

监护人责任考察的实际上是两个层次的问题：一是被监护人的行为是否造成了他人损害的后果，二是监护人对被监护人是否尽到了监护职责。

---

① 参见王泽鉴：《侵权行为》，北京大学出版社2009年版，第378—415页。
② 同上书，第378页。
③ 参见海南省海南中级人民法院(2006)海南民二终字第313号民事判决书。

(4) 两层因果关系。

监护人责任需要两层因果关系。监护人责任首先要求被监护人的行为与损害结果之间存在因果关系。同时,监护人未尽到监护职责与损害结果之间也应当有因果关系。

需要注意的是,根据《侵权责任法》第 32 条的规定,监护人尽到监护职责仅仅是减轻责任的条件而不是免除责任的条件。这就意味着,即使监护人证明自己已经尽到了监护职责,仍需要承担一定的责任。因此,证明监护人未尽到监护职责与损害结果之间存在因果关系,只关系到责任大小,而不影响责任的成立。同时,就我国台湾地区的经验来看,对是否尽到监护职责的认定采取了较为宽泛的标准。教养与监督应当并重,不能偏废。学说与判决认为,监督义务系就个别具体行为的危险性加以认定,但也需要斟酌平日教养,因为未成年人须经由长期反复的教导、学习,方能知道如何趋避危险,逐渐养成自我负责的生活方式,从而平日教养与监督具有互补作用的关系,平日教养不足者,应严格其就具体行为的监督义务。①

3. 监护人责任的承担

根据《民法通则》第 133 条及《侵权责任法》第 32 条的规定,被监护人侵权行为的后果由其监护人来承担。在被监护人侵权行为中,行为主体和责任主体相分离,行为主体是被监护人,责任主体是其监护人。监护人承担责任的归责原则是无过错责任,即只要被监护人的行为构成侵权行为,监护人就应当承担侵权责任。如果监护人尽到了监护责任,可以减轻其责任。具体在损害赔偿方面,如果被监护人自己有财产的,则由该财产来支付。不足部分,由监护人赔偿。

另外,《精神卫生法》第 79 条规定:"医疗机构出具的诊断结论表明精神障碍患者应当住院治疗而其监护人拒绝,致使患者造成他人人身、财产损害的,或者患者有其他造成他人人身、财产损害情形的,其监护人依法承担民事责任。"

(二) 被监护人自己行为造成自己损害或者被监护人遭受他人损害时监护人的责任

根据《民法通则》第 18 条的规定,监护人应当履行监护职责,保护被监护人的人身、财产及其他合法权益,除为被监护人的利益外,不得处理被监护人的财产。监护人不履行监护职责或者侵害被监护人的合法权益的,应当承担责任;给被监护人造成财产损失的,应当赔偿损失。《民法总则》第 34 条也有同样的规定。

---

① 比如,在台湾地区高等法院 2001 年上易字第 251 号判决中,法官认为,查林某某已就读高中,对于道路交通规则及个人安全之维护与遵守应能注意,而竟不注意,任意跨越马路,能谓法定代理人平日教养并无疏懈之处?参见王泽鉴:《侵权行为》,北京大学出版社 2009 年版,第 394 页。

因被监护人自己的行为造成自己损害,或者被监护人遭受他人损害时,如果监护人未尽到监护职责,监护人也要承担一部分责任。从加害人角度而言,构成与有过失,加害人的责任因此而减轻。

在翟某与宜阳县电业局高度危险作业致人损害赔偿纠纷上诉案中,河南省高级人民法院认为,本案中,因电业局的高压线路(击伤翟某的线路)是20世纪70年代架设的,该线路的架设是严格按照有关的行业管理规定施工的,受害人翟某的家人因未办理合法的手续在电力设施保护区建住宅,又乱放杂物(铝合金条等),致使翟某拿到5.92米长的铝合金条玩耍,碰到高压线造成伤残,其监护人应当预见到,而未加防范,未尽到保护被监护人的身体健康和对被监护人进行管理、教育的义务,原审认定翟某作为无民事行为能力的儿童,在高压线路保护区范围内居住生活被电击伤与其监护人没有尽到监护职责有直接的因果关系正确,应予维持。[1]

在海南电网三亚供电公司与周某等人身损害赔偿纠纷上诉案中,9岁的周某在三亚湾新城陶然路(海坡六横路)玩耍时,攀爬架设变压器的电杆,当其爬至离地面2.8米高的变压器安装处时,触及高压带电导线被电击伤。海南省三亚市中级人民法院认为,周某因无知爬上架设高压线的电线杆,造成其触电人身受到损害,由于周某的监护人对周某管教不力,所以对事故的发生负有一定的责任。[2]

根据《民法通则》第18条、《民法总则》第34条的规定,在被监护人人身、财产或者其他合法权益受损时,被监护人承担责任的前提是监护人未尽到监护职责。值得注意的是,在司法实务中有一种倾向,凡是因被监护人自己的行为造成自己损害,或者被监护人作为受害人时,都或多或少会判决监护人承担一部分责任。这样的做法值得商榷。

第十节 完全民事行为能力人暂时丧失意识侵权责任

一、完全民事行为能力人暂时丧失意识侵权行为的概念

完全民事行为能力人暂时丧失意识的侵权行为,是指完全民事行为能力人在因为各种原因导致意识暂时丧失的情况下,造成他人民事权益受损的行为。

完全民事行为能力人暂时丧失意识的原因很多。根据其对暂时丧失意识造成他人损害是否存在过错为标准,可以将完全民事行为能力人暂时丧失意识的

---

[1] 参见河南省高级人民法院(2002)豫法民一终字第147号民事判决书。
[2] 参见海南省三亚市中级人民法院(2007)三亚民一终字第225号民事判决书。

侵权行为分为两种情况,两种情况下存在不同的责任配置。

二、完全民事行为能力人对其行为暂时丧失意识存在过错时的侵权责任

《侵权责任法》第33条第1款前段规定:"完全民事行为能力人对自己的行为暂时没有意识或者失去控制造成他人损害有过错的,应当承担侵权责任。"

完全民事行为能力人对其行为暂时丧失意识或者失去控制存在过错的,要为因其过错给他人造成的损害承担责任。此种过错多体现为过失,即行为人在意识暂时丧失或者失去控制之前,应当预见到因自己过错可能导致自己暂时丧失意识或者失去控制,从而有可能给他人造成损害。

《侵权责任法》第33条第2款规定:"完全民事行为能力人因醉酒、滥用麻醉药品或者精神药品对自己的行为暂时没有意识或者失去控制造成他人损害的,应当承担侵权责任。"

因醉酒、滥用麻醉药品或者精神药品导致自己暂时失去意识或者失去控制,属于典型的过错。第2款单独列举这几种情况,是对这些过错应当承担责任的强调。其中,最常见的是醉酒驾车致人损害的情况。因醉酒驾车致人损害,当然要承担民事责任。根据《机动车交通事故责任强制保险条例》第22条第1款第1项的规定:驾驶人醉酒驾车的,保险公司在机动车交通事故责任强制保险责任限额范围内垫付抢救费用后,有权向致害人追偿。因醉酒驾车致人受伤或者死亡,还可能引发行政责任和刑事责任。如何承担刑事责任,是近年来各界关注的热点问题。

三、完全民事行为能力人对其行为暂时丧失意识没有过错时的侵权责任

根据《侵权责任法》第33条第1款后段的规定,完全民事行为能力人对自己的行为暂时没有意识或者失去控制造成他人损害没有过错的,根据行为人的经济状况对受害人适当补偿。

据此,完全民事行为能力人对其行为暂时丧失意识或者失去控制不存在过错的,不承担侵权责任。但是,行为人不承担责任时,损害必然只能由受害人自己承担。这样的结果,对受害人有失公平。因此,比较好的处理方法是在双方当事人之间分担损失。分担损失时,要考虑行为人的经济状况,同时也应当考虑受害人的损失情况。

《侵权责任法》第24条规定:"受害人和行为人对损害的发生都没有过错的,可以根据实际情况,由双方分担损失。"完全民事行为能力人对其暂时丧失意识没有过错时的损失分担,是《侵权责任法》第24条的具体体现。

第十一节 职务侵权行为与责任

一、国家机关及其工作人员职务侵权行为的概念

国家机关及其工作人员的职务侵权行为,是指国家机关或者国家机关工作人员,在执行职务中侵犯他人合法权益并造成损害的行为。

《民法通则》第 121 条规定:"国家机关或者国家机关工作人员在执行职务中,侵犯公民、法人的合法权益造成损害的,应当承担民事责任。"《国家赔偿法》第 2 条第 1 款规定:"国家机关和国家机关工作人员行使职权,有本法规定的侵犯公民、法人和其他组织合法权益的情形,造成损害的,受害人有依照本法取得国家赔偿的权利。"

二、国家机关及其工作人员职务侵权行为的认定

认定国家机关及其工作人员职务侵权行为,需要注意以下几点:

(1) 职务侵权行为的主体是国家机关或者国家机关工作人员。

所谓的国家机关,是指依法享有国家权力的行政机关、审判机关、检察机关以及军事、警察机关的总称。国家机关的工作人员,是指一切在国家机关中依法从事公务的人员,包括接受国家机关委任、聘任或者选任,而对国家负有忠实服从义务,执行职务的文职或者武职的工作人员。其中文职人员既包括行政人员、司法人员,也包括专业技术人员。另外,临时受国家机关委托,以国家机关的名义从事一定行为的人,也属于这里的国家机关工作人员。

(2) 职务侵权行为发生在执行职务之中。

国家机关或者国家机关工作人员,只有在执行职务过程中实施的侵权行为,才成立职务侵权行为。所谓执行职务,是指以国家机关名义行使相关职权、并由国家机关承担后果的行为。

(3) 职务侵权行为侵犯他人的合法权益。

这里所谓的合法权益,是指职务行为所指向范围以外的合法权益。例如,执行职务的目的就是要限制甲的人身自由,因此,甲不能因人身权利受到侵害而主张赔偿。相反,执行职务的目的是要限制甲的人身自由,结果在限制人身自由的过程中造成了甲的健康权受损,甲可以健康权受损为由主张赔偿。如果执行职务的目的是要限制甲的人身自由,结果却限制了乙的人身自由,此时乙可以主张侵权责任。

(4) 执行职务的行为与损害之间有因果关系。

三、国家机关及其工作人员的职务侵权责任

关于国家机关及其工作人员职务侵权行为的归责原则,学理上有不同的观点,立法例也有不同的规定。虽然有些国家的国家赔偿法规定直接侵权行为人的过错是国家赔偿责任的构成要件,但是为了加强对受害人的保护和对国家机关及其工作人员行为的有效约束,都有逐步放弃过错责任原则的趋势。

笔者认为,就国家机关为其工作人员的行为承担后果的内部关系而言,应当采无过错责任,即不问国家机关有无过错。但是,就国家机关与被侵权人的外部关系而言,仍然要按照侵权法的一般归责原理来配置归责原则。即如果法律规定适用无过错责任,则适用无过错责任原则;否则适用过错责任原则。

有疑问的是,职务侵权责任的构成是否要求履行职务的行为必须违法。《民通意见》第152条规定:"国家机关工作人员在执行职务中,给公民、法人的合法权益造成损害的,国家机关应当承担民事责任。"笔者认为,违法履行职务侵犯他人合法权益给他人造成损害时,肯定要承担侵权责任。但是,合法履行职务时,为了工作的完成也可能会给他人造成损失。例如,拆除违章建筑,结果使得邻近合法建筑受损。再如,警察追击犯人,踩碎路边小摊上售卖的鸡蛋,等等。

关于职务侵权责任和依法执行公务免责之间的关系,请参看本书第十二章第一节的有关讨论。

四、用人单位工作人员的职务侵权行为及责任

(1)《侵权责任法》第34条第1款规定:"用人单位的工作人员因执行工作任务造成他人损害的,由用人单位承担侵权责任。"

比较而言,本款规定扩大了《民法通则》第121条的适用范围。用人单位既包括国家机关,也包括一般法人及其他组织。

与本款规定类似的是《人身损害赔偿解释》第8条第1款,即:"法人或者其他组织的法定代表人、负责人以及工作人员,在执行职务中致人损害的,依照民法通则第一百二十一条的规定,由该法人或者其他组织承担民事责任。上述人员实施与职务无关的行为致人损害的,应当由行为人承担赔偿责任。"

根据《侵权责任法》第34条第1款的规定,只要工作人员因执行工作任务实施了侵权行为,侵权责任就由用人单位来承担。在用人单位和工作人员的内部关系方面,采无过错责任;在用人单位和第三人的外部关系方面,则根据有关法律规定来确定归责原则。

《公证法》第43条第1款规定:"公证机构及其公证员因过错给当事人、公证事项的利害关系人造成损失的,由公证机构承担相应的赔偿责任;公证机构赔偿后,可以向有故意或者重大过失的公证员追偿。"依此规定,公证机构及其公证人

员对当事人、公证事项的利害关系人的侵权责任采过错归责原则。公证员在执业过程中因过错给当事人、公证事项的利害关系人造成损害的,责任主体是公证机构。公证机构赔偿后,向公证员追偿的前提是公证员具有故意或者重大过失。

(2)用人单位是否为其工作人员的行为承担侵权责任,取决于致人损害的行为是否是执行工作任务即职务行为。职务行为由用人单位承担责任,非职务行为则由行为人自己承担责任。关于职务行为的认定,有主观说和客观说两种主张。主观说是以法人或者组织的意思或者其工作人员的意思为标准。客观说则以行为的外在表现为标准。一般认为,如果就外观来看,行为人的行为属于职务行为,则应当由用人单位承担责任。

《人身损害赔偿解释》第9条第2款规定:"前款所称'从事雇佣活动',是指从事雇主授权或者指示范围内的生产经营活动或者其他劳务活动。雇员的行为超出授权范围,但其表现形式是履行职务或者与履行职务有内在联系的,应当认定为'从事雇佣活动'。"此处所采的就是客观说。

在司法实务中,如何认定"从事雇佣活动"往往会成为案件的焦点问题。在杨红等与付强生命权、健康权、身体权纠纷上诉案中,杨某等人受雇在付某的烟地做工。某天,付某之父付某元给几个人安排的工作为犁土,但因为微耕机无法发动,无法犁土,几人遂自行前去砌烤棚。在砌烤棚的过程中,因脚踩的跳板断裂而将杨某摔在地上,跳板上堆放的水泥砖随之下落砸在杨某的右下肢上。杨某因此受伤。

一审重庆市彭水苗族土家族自治县人民法院认为,本案焦点在于杨某自行前往修建烤棚的行为是否属于从事雇佣活动。所谓雇佣活动是指从事雇主授权或者指示范围内的生产经营活动或者其他劳务活动。雇员的行为超出授权范围,但其表现形式是履行职务或者与履行职务有内在联系的,应当认定为从事雇佣活动。在事故发生当日,付某元给杨某等人安排的工作为犁地,杨某称自行前往修建烤棚,显然超过了雇主的授权或者指示范围。杨某及其他几名工人在该工地的主要职责是耕地,但亦曾参与过修建烤棚,且该工地的工作范围只有耕地与修建烤棚,杨某等人在耕机不能发动的情况下自行前去修建烤棚,可以认定这一行为与履行职务之间有内在联系。故杨某自行前往修建烤棚的行为属于从事雇佣活动。

付某元不服一审判决。上诉理由之一是,杨某等人不具有从事修建烤棚的专业技术,也从未参与过修建烤棚工作,付某元只是雇请杨某等人从事耕地工作,事发当天因为微耕机出现故障,杨某等人为了混一天的工时,擅自决定去修建烤棚,故修建烤棚与雇主安排的耕地之间没有任何内在联系,原判认定杨某属于从事雇佣活动受伤属于适用法律不当。

二审重庆市第四中级人民法院认为,虽然杨某在受伤当日是被安排耕地,但一审认定杨某在受伤前曾经参与过修烤棚,对此双方没有提出异议,应当认定协助修建烤棚也是杨某等人的工作范围,故原判认定杨某属于从事雇佣活动受伤,符合相关法律规定,应予维持。①

在陕西伊格瑞特艺术团与傅某等生命权、健康权、身体权纠纷上诉案中,2009年5月3日晚8时45分许,傅某在上海市虹口区群众影剧院门口与正在为该影剧院演出的陕西伊格瑞特艺术团所雇员工刘某发生争执,纷争中刘某将傅某殴打致伤。上海市虹口区人民法院认为,本案中肇事人刘某作为陕西伊格瑞特艺术团的雇员,其行为虽超出授权范围,但发生在演出期间,且在影剧院门口售票处,其表现形式与履行职务有内在联系,应当认定为从事雇佣活动,故其致人损害的赔偿责任应由雇主艺术团承担。②

(3) 在劳务派遣的场合,被派遣人员存在两个用人单位的情形。《侵权责任法》第34条第2款规定:"劳务派遣期间,被派遣的工作人员因执行工作任务造成他人损害的,由接受劳务派遣的用工单位承担侵权责任;劳务派遣单位有过错的,承担相应的补充责任。"据此,被派遣人员行为的后果由接受派遣单位承担。劳务派遣单位仅在自己过错的范围内承担相应的补充责任。

五、个人劳务关系中的侵权行为与责任

《侵权责任法》第35条规定:"个人之间形成劳务关系,提供劳务一方因劳务造成他人损害的,由接受劳务一方承担侵权责任。提供劳务一方因劳务自己受到损害的,根据双方各自的过错承担相应的责任。"

民事主体之间形成劳务关系的情形很复杂,可能形成劳务关系的基础法律关系也很多。《人身损害赔偿解释》分别在第9条和第11条规定了雇佣关系,第10条规定了承揽关系,第13条和第14条规定了帮工关系。因为基础法律关系的性质不同,责任配置也不同。

《侵权责任法》第35条规定的仅仅是自然人之间形成的劳务关系。在个人劳务关系中,一方提供劳务,另一方接受劳务同时支付报酬。劳务关系背后的基础法律关系如何,第35条没有明确。

个人劳务关系中的侵权行为与责任分为对外和对内两种情况。

对外情况是指提供劳务一方因劳务造成第三人损害的情形。提供劳务一方的劳务活动的成果由接受劳务一方享有,提供劳务一方因劳务造成他人损害的,产生的责任也由接受劳务一方承担。提供劳务一方是行为主体,接受劳务一方是责任主体。因为劳务关系的存在,接受劳务一方为提供劳务一方的行为承担

---

① 参见重庆市第四中级人民法院(2010)渝四中法民终字第00573号民事判决书。
② 参见上海市第二中级人民法院(2010)沪二中民一(民)终字2132号民事判决书。

责任具有了正当性。

对内情况是指提供劳务一方因劳务自身受到损害的情形。提供劳务一方因劳务受到损害的情形,要根据提供劳务一方和接受劳务一方各自的过错来分配责任。

第十二节　网络侵权责任

一、网络侵权行为的概念

网络侵权行为是指通过互联网发生的各类侵害他人民事权益行为的总称。

自互联网出现之后,网络侵权也随之出现。随着网络技术的发展,互联网日益普及,网络侵权行为也大量出现,且日益复杂。

网络具有传输速度快、无边界等特点,因此,网络侵权给他人造成的损害,往往要比其他侵权行为更严重。

二、网络侵权行为的认定

认定网络侵权行为,需要注意以下几点:

(1) 网络侵权行为的主体是网络用户或者网络服务提供者。

实施网络侵权行为的可能是网络用户,也可能是网络服务提供者。网络服务提供者包括技术服务提供者和内容服务提供者。

(2) 网络侵权行为发生在互联网空间。

网络侵权行为一定发生在互联网空间,否则就不属于网络侵权行为。

(3) 网络侵权行为给受害人在现实世界中造成了损害。

网络侵权行为发生在网络空间,但是受害人遭受的却是现实世界中的损害。不少人认为网络世界属于虚拟世界,但是网络世界中每个行为都可以在现实中找到对应的主体。网络侵权行为造成的损害,也一定是现实世界中的损害。

三、网络侵权责任的类型

(一) 网络用户侵权责任

根据《侵权责任法》第 36 条第 1 款的规定,网络用户利用网络侵害他人民事权益的,应当承担侵权责任。

网络是加害人侵害他人民事权益的手段,正如加害人利用其他手段侵害他人民事权益一样。网络用户侵权行为是否构成,要根据一般侵权行为以及网络侵权行为的构成要件综合判断。

(二) 网络服务提供者责任

1. 网络服务提供者直接侵权责任

根据《侵权责任法》第 36 条第 1 款的规定,网络服务提供者利用网络侵害他人民事权益的,应当承担侵权责任。

网络服务提供者利用网络侵害他人民事权益,与网络用户利用网络实施侵权行为承担的责任一样。《侵权责任法》将网络用户和网络服务提供者一起放在第 36 条第 1 款中加以规定。

2. 网络用户侵权时网络服务提供者的侵权责任

网络用户侵权时网络服务提供者的侵权责任,根据网络服务提供者知悉侵权事实途径的不同,分为两种情况:

(1) 网络服务提供者接到侵权通知后未采取必要措施的侵权责任。

《侵权责任法》第 36 条第 2 款规定:"网络用户利用网络服务实施侵权行为的,被侵权人有权通知网络服务提供者采取删除、屏蔽、断开链接等必要措施。网络服务提供者接到通知后未及时采取必要措施的,对损害的扩大部分与该网络用户承担连带责任。"

网络服务提供者不知道网络用户利用网络实施侵权行为的,不承担侵权责任。但是,网络服务提供者在接到被侵权人通知后,应当及时采取删除、屏蔽、断开链接等必要措施。否则,就损害的扩大部分与实施侵权行为的网络用户承担连带责任。

《审理网络侵权纠纷案件的规定》第 6 条规定,认定网络服务提供者采取的删除、屏蔽、断开链接等必要措施是否及时,应当根据网络服务的性质、有效通知的形式和准确程度,网络信息侵害权益的类型和程度等因素综合判断。

国务院《信息网络传播权保护条例》第 14 条第 1 款规定:"对提供信息存储空间或者提供搜索、链接服务的网络服务提供者,权利人认为其服务所涉及的作品、表演、录音录像制品,侵犯自己的信息网络传播权或者被删除、改变了自己的权利管理电子信息的,可以向该网络服务提供者提交书面通知,要求网络服务提供者删除该作品、表演、录音录像制品,或者断开与该作品、表演、录音录像制品的链接……"

据此,被侵权人发出的通知书应当采用书面形式。根据《信息网络传播权保护条例》第 14 条的规定,通知书应当包含下列内容:(1) 权利人的姓名(名称)、联系方式和地址;(2) 要求删除或者断开链接的侵权作品、表演、录音录像制品的名称和网络地址;(3) 构成侵权的初步证明材料。权利人应当对通知书的真实性负责。关于书面通知的内容,《审理网络侵权纠纷案件的规定》第 5 条第 1 款规定了与上述基本相同的要求。此外,第 5 条第 2 款规定:"被侵权人发送的通知未满足上述条件,网络服务提供者主张免除责任的,人民法院应予支持。"

《信息网络传播权保护条例》第 15 条规定："网络服务提供者接到权利人的通知书后,应当立即删除涉嫌侵权的作品、表演、录音录像制品,或者断开与涉嫌侵权的作品、表演、录音录像制品的链接,并同时将通知书转送提供作品、表演、录音录像制品的服务对象;服务对象网络地址不明、无法转送的,应当将通知书的内容同时在信息网络上公告。"

根据《信息网络传播权保护条例》第 16 条第 1 款的规定,服务对象接到网络服务提供者转送的通知书后,认为其提供的作品、表演、录音录像制品未侵犯他人权利的,可以向网络服务提供者提交书面说明,要求恢复被删除的作品、表演、录音录像制品,或者恢复与被断开的作品、表演、录音录像制品的链接。《信息网络传播权保护条例》第 17 条规定:"网络服务提供者接到服务对象的书面说明后,应当立即恢复被删除的作品、表演、录音录像制品,或者可以恢复与被断开的作品、表演、录音录像制品的链接,同时将服务对象的书面说明转送权利人。权利人不得再通知网络服务提供者删除该作品、表演、录音录像制品,或者断开与该作品、表演、录音录像制品的链接。"

《审理网络侵权纠纷案件的规定》第 7 条规定:"其发布的信息被采取删除、屏蔽、断开链接等措施的网络用户,主张网络服务提供者承担违约责任或者侵权责任,网络服务提供者以收到通知为由抗辩的,人民法院应予支持。""被采取删除、屏蔽、断开链接等措施的网络用户,请求网络服务提供者提供通知内容的,人民法院应予支持。"第 8 条第 2 款规定:"被错误采取措施的网络用户请求网络服务提供者采取相应恢复措施的,人民法院应予支持,但受技术条件限制无法恢复的除外。"

《信息网络传播权保护条例》第 24 条规定:"因权利人的通知导致网络服务提供者错误删除作品、表演、录音录像制品,或者错误断开与作品、表演、录音录像制品的链接,给服务对象造成损失的,权利人应当承担赔偿责任。"《审理网络侵权纠纷案件的规定》第 8 条第 1 款规定:"因通知人的通知导致网络服务提供者错误采取删除、屏蔽、断开链接等措施,被采取措施的网络用户请求通知人承担侵权责任的,人民法院应予支持。"

《电子商务法》第 38 条第 2 款规定:"对关系消费者生命健康的商品或者服务,电子商务平台经营者对平台内经营者的资质资格未尽到审核义务,或者对消费者未尽到安全保障义务,造成消费者损害的,依法承担相应的责任。"

此处,相应的责任究竟是何种责任,有赖进一步解释。

(2) 网络服务提供者知道侵权行为而未采取必要措施的侵权责任。

《侵权责任法》第 36 条第 3 款规定:"网络服务提供者知道网络用户利用其网络服务侵害他人民事权益,未采取必要措施的,与该网络用户承担连带责任。"

网络服务者知道网络用户利用其网络服务侵害他人权益的,应当采取删除、屏蔽、断开链接等必要措施,否则,将与侵权人承担连带责任。

此处的网络服务提供者,主要指网络技术服务提供者。此处的"知道",包括知道和应当知道。对"知道"的认定,需要由法官结合具体情况加以判断。①

在蔡某与北京百度网讯科技有限公司侵犯名誉权、肖像权、姓名权、隐私权纠纷一案中,北京市海淀区人民法院认为,百度公司提供的百度贴吧服务是以特定的电子交互形式为上网用户提供信息发布条件的网络服务,该贴吧服务属于电子公告服务,但法律并未课以网络服务商对贴吧内的帖子逐一审查的法律义务,因此,不能因在网络服务商提供的电子公告服务中出现了涉嫌侵犯个人民事权益信息的事实就当然推定其应当"知道"该侵权事实。此外,蔡某提交的现有证据亦不能证明百度公司在其提示有侵权行为发生之前实际上已经明知该事实,故百度公司在蔡某通知其遭受损害之前不存在应知和明知其损害事实的情形。

根据《审理网络侵权纠纷案件的规定》第9条的规定,认定网络服务提供者是否"知道",应当综合考虑下列因素:网络服务提供者是否以人工或者自动方式对侵权网络信息以推荐、排名、选择、编辑、整理、修改等方式作出处理;网络服务提供者应当具备的管理信息的能力,以及所提供服务的性质、方式及其引发侵权的可能性大小;该网络信息侵害人身权益的类型及明显程度;该网络信息的社会影响程度或者一定时间内的浏览量;网络服务提供者采取预防侵权措施的技术可能性及其是否采取了相应的合理措施;网络服务提供者是否针对同一网络用户的重复侵权行为或者同一侵权信息采取了相应的合理措施;与本案相关的其他因素。

其他相关因素还包括:假设被侵权人不断通知网络服务提供者在某个地方存在侵权行为,而且每次都证实侵权行为存在的话,对于在同样地方出现同样或者类似侵权行为的"知道",就应当严格认定,网络服务者提供者甚至应当主动进行审查。

《信息网络传播权保护条例》第23条规定:"网络服务提供者为服务对象提供搜索或者链接服务,在接到权利人的通知书后,根据本条例规定断开与侵权的作品、表演、录音录像制品的链接的,不承担赔偿责任;但是,明知或者应知所链接的作品、表演、录音录像制品侵权的,应当承担共同侵权责任。"

在原告吕某与被告北京指南针科技发展股份有限公司、被告北京百度网讯科技有限公司和被告百度时代网络技术(北京)有限公司姓名权、名誉权纠纷一案中,一审北京市海淀区人民法院认为,虽百度网讯公司、百度时代公司作为"百

---

① 参见王胜明主编:《中华人民共和国侵权责任法释义》,法律出版社2010年版,第195—196页。

度推广"服务的所有人和制作者,但其仅系向公众提供搜索引擎服务的网络服务商,现行法律并未课以搜索引擎服务提供者对被搜索到的信息内容进行逐一审查的义务,搜索链接内容本身的合法性应由链接网页所有者或经营者负责。对于本案侵权用语在搜索链接中排队靠前的结果,百度网讯公司与百度时代公司并无过错,该二公司不应承担侵权民事责任。①

二审北京市第一中级人民法院认为,百度推广作为搜索技术引擎的一种网络推广服务,百度推广链接在百度搜索"新闻、网页、指导、图片、视频"中的链接亦是基于网络技术而由链接市场经营者自行制作的含有关键词的信息。有关"水皮"关键词的信息,是指南针公司通过账号自行制作搜索关键词作为链接后,基于设定不同的点击价格而形成排序的一种网络搜索引擎技术,其特点在于竞价排名,目的是使竞价排名下设定的信息通过关键词搜索的结果显示在特定的位置,其本身并不设计和制作含有关键词的信息。即使没有竞价排名的技术,市场经营者自行制作的含有关键词的信息亦可以通过百度快照等方式予以搜索,结果仅在于排名顺序的不同。故即使含有"水皮"关键词的信息属于广告,从技术角度而言,亦不能因百度推广中含有指南针公司所制作的"水皮"关键词信息,而认定百度网讯公司、百度时代公司属于百度推广上含有"水皮"关键词的广告制作者或者发布者。故吕某要求百度网讯公司、百度时代公司承担侵犯姓名权和名誉权的上述理由,本院不予采纳。②

《电子商务法》第 38 条第 1 款规定:"电子商务平台经营者知道或者应当知道平台内经营者销售的商品或者提供的服务不符合保障人身、财产安全的要求,或者有其他侵害消费者合法权益行为,未采取必要措施的,依法与该平台内经营者承担连带责任。"第 45 条规定:"电子商务平台经营者知道或者应当知道平台内经营者侵犯知识产权的,应当采取删除、屏蔽、断开链接、终止交易和服务等必要措施;未采取必要措施的,与侵权人承担连带责任。"

此两处知道或者应当知道如何认定,有赖司法实务总结明确。

3. 网络服务提供者责任的正当性

网络用户利用网络服务侵害他人权益时,网络服务提供者仅在接到通知后以及知道网络用户侵害他人民事权益时,才承担侵权责任。为什么不让网络服务提供者对所有发生在网络上的侵权行为都承担侵权责任?很明显,这样的责任配置对保护受害人是有益的,也有助于预防和制止网络用户利用网络从事侵权行为。但是,这种以结果而非以过错的责任配置对于网络服务者而言就是强人所难,这样的责任对于网络服务者来说是不可能完成的任务。而且,如果这样

---

① 参见北京市海淀区人民法院(2010)海民初字第 6278 号民事判决书。
② 参见北京市第一中级人民法院(2010)一中民终字第 20862 号民事判决书。

配置责任的话,网络将可能从生活中消失。人们要享受网络带来的种种好处,必须接受它可能存在的消极方面。

第十三节 违反安全保障义务的责任

一、安全保障义务的概念与性质

(一) 安全保障义务的概念

安全保障义务源自德国法上的一般安全注意义务。一般安全注意义务,也被译为交易安全义务,是由德国法官在案件判决中创造的概念。①

所谓一般安全注意义务,是指行为人因特定的先危险行为,对一般人负有的防止危险发生的义务(继续作为的义务)。如果先危险行为人应作为而不作为,导致损害的发生,则应承担相应的责任。②

安全保障义务是从一般安全注意义务中剥离出的概念,它是指宾馆、商场、银行、车站、娱乐场所等公共场所的管理人或者群众性活动的组织者,应尽的在合理限度范围内使他人免受损害的义务。

在我国法上,首先是《人身损害赔偿解释》第 6 条对安全保障义务作出了规定。《侵权责任法》第 37 条对此也作了规定。

(二) 安全保障义务的性质

安全保障义务属于法定的基础性义务,当事人可以约定更高的注意义务,但是不得有低于或者排除安全保障义务的约定。

二、违反安全保障义务侵权行为的内容

《侵权责任法》第 37 条规定:"宾馆、商场、银行、车站、娱乐场所等公共场所的管理人或者群众性活动的组织者,未尽到安全保障义务,造成他人损害的,应当承担侵权责任。""因第三人的行为造成他人损害的,由第三人承担侵权责任;管理人或者组织者未尽到安全保障义务的,承担相应的补充责任。"

据此,违反安全保障义务致人损害的侵权行为主要包括以下内容:

(一) 安全保障义务的主体

负有安全保障义务的主体是宾馆、商场、银行、车站、娱乐场所等公共场所的管理人或者群众性活动的组织者。自然人、法人或者其他组织管理宾馆、商场、银行、车站、娱乐场所等公共场所或者组织群众性活动,从这些活动中获得利益,

---

① 参见李昊:《交易安全义务论:德国侵权行为法结构变迁的一种解读》,北京大学出版社 2008 年版,第 2 章。
② 参见王利明主编:《民法典·侵权责任法研究》,人民法院出版社 2003 年版,第 90—91 页。

同时给社会一般公众带来一定的危险,并且最有可能以最低成本避免因这些活动带来的危险,因此,法律为这些主体施加安全保障义务。

安全保障义务主体管理的公共场所或者组织的群众性活动不以有偿及经营活动为限,只要该活动具备与社会公众接触的主动性和客观上的可能性、现实性,即属于安全保障义务所针对的场所及活动。安全保障义务的保护对象不仅包括经营活动中的消费者、潜在的消费者以及其他进入公共场所的人,还包括虽没有交易关系,但以合乎情理的方式进入可被特定主体控制的对社会而言具有某种开放性的场所的人。

(二)安全保障义务的限定

根据《侵权责任法》第37条的规定,公共场所的管理人或者群众性活动的组织者未尽到安全保障义务,造成他人损害的,应当承担侵权责任。与此相比,《人身损害赔偿解释》第6条则在安全保障义务前加以"合理限度范围内"和"能够防止或者制止损害的范围内"的限定。安全保障义务已经成为一般性义务,场合、情境不同,义务自然千差万别。因此,对第37条规定违反安全保障义务行为的认定,也应当根据第6条加以限定。

(三)违反安全保障义务行为的认定

学者总结了违反安全保障义务行为的四种类型:第一,怠于防止侵害行为。第二,怠于消除人为的危险情况。第三,怠于消除经营场所或者活动场所具有伤害性的自然情况。第四,怠于实施告知行为。[①]

行为是否违反安全保障义务,需要结合个案具体情境判断。

在王某与大商集团开封千盛购物广场有限公司(以下简称"大商千盛公司")其他人身损害赔偿纠纷上诉案中,2010年2月9日下午3时,王某与其母到大商千盛公司购物,由于购物较多,就把所购物品寄存到大商千盛公司的物品寄存处(位于负一楼)。晚上,商场清场,王某就到负一楼取物品,由于一楼商场向负一楼超市方向的通道已被封闭,王某就顺着保安指引,出商场北门进入商场东门,在往负一楼的电梯入口处滑倒摔伤,造成左上肢骨折。

一审河南省开封市龙亭区人民法院认为,公共场所及设施的所有者或管理者是否已履行了安全保障义务,应该看其是否达到了应当达到的通常注意程度:配置有数量足够的、合格的安全保障人员,以及向公众提供的服务内容及服务过程是否安全,包括对不安全因素的提示、警示、劝告,对已经或正在发生的危险采取积极救助措施等。大商千盛公司应在客流量大、地面较滑的状态下,尽到足够的安全保障义务,做到对顾客正确的疏导和引导的义务。但大商千盛公司在晚上清场时未达到通常注意程度,对去负一楼取物品的顾客没有做到正确的疏导

[①] 参见杨立新:《侵权责任法》,法律出版社2010年版,第277—278页。

和引导的义务,造成顾客受伤的事实,且顾客受伤后,未采取积极救助的措施,对此应承担相应的赔偿责任。

二审河南省开封市中级人民法院认为,大商千盛公司作为经营者,对进入其商场内购物的顾客应尽到合理限度范围内的安全保障义务。本案中,王某与其母到大商千盛公司商场购物,事发当晚商场清场时顾客较多,客流量较大,且有雨雪地面湿滑,在此情况下,商场应派出相应的工作人员对清场顾客进行正确的引导、疏导,但商场并未做到对顾客正确的引导,致使王某去负一楼取物品时,未找到正确通道而滑倒摔伤,大商千盛公司商场没有尽到适当注意义务,且王某受伤后,商场没有采取积极救助措施,故大商千盛公司商场有过错,应承担相应的民事责任。①

在前述陕西伊格瑞特艺术团与傅某等生命权、健康权、身体权纠纷上诉案中,上海市虹口区人民法院认为,群众影剧院是涉案场所的经营者,依法负有安全保障义务,以防止或制止损害的发生,但该保障义务以"合理限度范围"为限。本案中,涉案纠纷发生在电影院门口,且属陕西伊格瑞特艺术团经营时段,故群众影剧院对该场所不具有事实上的控制力,也不具有直接的经济利益,另本案纠纷的发生具有突发性、瞬间性的特点,要求群众影剧院在第一时间制止损害的发生与常理不符。据此,傅某要求群众影剧院承担赔偿责任无事实和法律依据,法院不予支持。②

(四)违反安全保障义务侵权责任的归责原则

违反安全保障义务侵权责任适用过错责任原则。安全保障义务就其性质而言属于注意义务。未尽到适当的注意义务,即应认定为过错的存在。理解安全保障义务时需要注意,安全保障义务主体不是保险公司,也不是国家公安或者安全机关,因此,安全保障义务必须限定在合理限度范围内。合理限度范围的确定,需要根据具体情况,结合义务人所管理的公共场所和组织的群众性活动的性质,由法官就个案加以判断。

(五)违反安全保障义务侵权责任的承担

违反安全保障义务侵权责任的承担有两种情况:

(1)安全保障义务人未尽合理限度范围内的安全保障义务致使他人遭受人身损害的,由安全保障义务人承担相应赔偿责任。

这种情况是指他人在安全保障义务人所管理的公共场所或者组织的群众性活动中直接遭受人身损害,而这一结果的发生是因为安全保障义务人未尽合理

---

① 参见河南省开封市中级人民法院(2010)汴民终字第1331号民事判决书。
② 参见上海市第二中级人民法院(2010)沪二中民一(民)终字2132号民事判决书。

限度范围内的安全保障义务,此时由义务人承担赔偿责任。

(2) 因第三人侵权导致损害结果发生的,由实施侵权行为的第三人承担侵权责任。安全保障义务人未尽到安全保障义务的,应当在其能够防止或者制止损害的范围内承担相应的补充责任。安全保障义务人承担责任后,可以向第三人追偿。

这种情况是指因第三人的原因造成受害人在安全保障义务人所管理的公共场所或者组织的群众性活动中遭受人身损害。此时,应当根据一般侵权行为的构成要件要求第三人承担侵权责任。但是,如果安全保障义务人未尽到安全保障义务的,应当在其能够防止或者制止的范围承担相应的补充赔偿责任。

安全保障义务人承担补充赔偿责任的前提是过错。补充赔偿责任的范围,要与义务人能够防止或者制止的范围相适应。需要根据具体情况,结合义务人所管理的公共场所和组织的群众性活动的性质,由法官就个案加以判断。

第十四节 校园伤害责任

一、校园伤害侵权行为的概念

校园伤害侵权行为是一个集合概念。它主要指导致未成年人在学校、幼儿园以及其他教育机构的教育活动中受到伤害的侵权行为。其内容既包括未成年人在幼儿园、学校以及其他教育机构中,受到的来自幼儿园、学校以及其他教育机构自身,以及来自第三人的伤害,也包括未成年人在幼儿园、学校以及其他教育机构中对其他未成年人造成的伤害。

成年人在学校或者其他教育机构受到伤害的情况,不属于此处界定的范围。

二、幼儿园、学校或者其他教育机构所承担义务的性质

根据《侵权责任法》第38条、第39条及第40条的规定,幼儿园、学校以及其他教育机构对在其中接受教育的未成年人承担的是教育、管理职责,而不是监护义务。这一定性来自《人身损害赔偿解释》第7条。该条第1款规定:"对未成年人依法负有教育、管理、保护义务的学校、幼儿园或者其他教育机构,未尽职责范围内的相关义务致使未成年人遭受人身损害,或者未成年人致他人人身损害的,应当承担与其过错相应的赔偿责任。"

这里的教育机构包括公益性的,也包括营利性的;包括走读的,也包括寄宿的。在时间方面,教育、管理职责应当限于学校等教育机构组织的教育、教学活动期间(包括其中的间歇,例如课间休息时间以及中午不离校的休息时间)。在场所方面,教育、管理职责应当限于教育机构负有管理责任的校舍、操场以及其

他教育教学设施、生活设施范围内。在寄宿制教育机构,教育机构对整个寄宿期间的无民事行为能力人、限制民事行为能力人都负有教育、管理职责。

三、教育、管理职责的认定

幼儿园、学校或者其他教育机构所承担的教育管理职责,是一个抽象概念,需要结合案情具体加以认定。

在张某与綦江县松藻学校生命权、健康权、身体权纠纷上诉案中,15岁的张某系綦江县松藻学校的初中学生。2010年1月4日下午2点半许,张某在上体育课练习长跑时受伤。

一审重庆市綦江县人民法院认为,綦江县松藻学校作为教育机构,学校教育设施不完备,利用煤渣铺垫跑道,不够平整;上本节体育课时未备有教学大纲,未尽职责范围内的相关义务致使张某某遭受人身损害,应当承担与其过错相应的赔偿责任。

二审重庆市第五中级人民法院认为,对未成年人依法负有教育、管理、保护义务的学校、幼儿园或者其他教育机构,未尽职责范围内的相关义务致使未成年人遭受人身损害的,应承担与其过错相应的赔偿责任,学校对学生承担的注意义务的大小与学生年龄的大小成反比例。被上诉人綦江县松藻学校作为对未成年人依法负有教育、管理、保护义务的学校,教育设施不够完善,存在瑕疵,且未尽职责范围内的相关义务,对上诉人张某所遭受的人身损害应承担与其过错相应的赔偿责任。[①]

四、校园伤害侵权责任的承担

(一)无民事行为能力人在教育机构中受到损害的责任承担

《侵权责任法》第38条规定:"无民事行为能力人在幼儿园、学校或者其他教育机构学习、生活期间受到人身损害的,幼儿园、学校或者其他教育机构应当承担责任,但能够证明尽到教育、管理职责的,不承担责任。"

无民事行为能力人在幼儿园、学校或者其他教育机构学习生活期间受到人身损害的,采过错推定原则。幼儿园、学校或者其他教育机构要想免除责任,需要自己来证明已经尽到教育、管理职责。

(二)限制民事行为能力人在教育机构中受到损害的责任承担

《侵权责任法》第39条规定:"限制民事行为能力人在学校或者其他教育机构学习、生活期间受到人身损害,学校或者其他教育机构未尽到教育、管理职责

---

① 参见重庆市第五中级人民法院(2010)渝五中法民终字第4355号民事判决书。

的,应当承担责任。"

限制民事行为能力人在幼儿园、学校或者其他教育机构学习生活期间受到人身损害的,采过错责任原则。过错有无的证明责任,由受害人一方来承担。

在校园伤害责任的归责原则方面,《侵权责任法》对无民事行为能力人和限制民事行为人采取了区别对待的立法政策。在受害人为无民事行为能力人的场合,采过错推定原则;在受害人为限制民事行为能力人的场合,采过错责任原则。原因在于,限制民事行为能力人年龄更大,其心智发育较无民事行为能力人已经逐渐成熟。同时,过错责任原则也鼓励学校等教育机构开展有利于限制民事行为能力人身心健康发展的各项活动,防止过度预防。

(三) 无民事行为能力人、限制民事行为能力人在教育机构中受到第三人侵害时的责任承担

《侵权责任法》第40条规定:"无民事行为能力人或者限制民事行为能力人在幼儿园、学校或者其他教育机构学习、生活期间,受到幼儿园、学校或者其他教育机构以外的人员人身损害的,由侵权人承担侵权责任;幼儿园、学校或者其他教育机构未尽到管理职责的,承担相应的补充责任。"

第三人造成无民事行为能力人或者限制民事行为能力人损害的,由第三人承担侵权责任。此处的第三人既包括在幼儿园、学校或者其他教育机构中学习的其他无民事行为能力人、限制民事行为能力人,也包括与教育机构无关的第三人。幼儿园、学校或者其他教育机构在未尽到管理职责的范围内,承担相应的补充责任。

五、监护人的责任

幼儿园、学校或者其他教育机构对无民事行为能力人、限制民事行为能力人承担的是教育、管理职责而不是监护义务,因此,未成年人进入学校等教育机构后,其监护人的监护义务并未转移。在校园伤害侵权行为发生后,幼儿园、学校或者其他教育机构要根据《侵权责任法》的有关规定承担赔偿责任或者与其过错相适应的补充赔偿责任。如果无民事行为能力人、限制民事行为能力人在幼儿园、学校或者其他教育机构受到伤害或者造成他人损害的,监护人则可能根据《民法通则》第18条或者《侵权责任法》第32条承担相应的民事责任。

在前面讨论的张某与綦江县松藻学校生命权、健康权、身体权纠纷上诉案中,二审重庆市第五中级人民法院认为,上诉人张某受伤时已年满15周岁,属限制民事行为能力人,对其上体育课应注意的安全防护义务应具备一定的认知能力,因此上诉人张某的行为是本案损害后果的主要原因,应由其法定代理人承担

主要责任;被上诉人綦江县松藻学校作为对未成年人依法负有教育、管理、保护义务的学校,教育设施不够完善,存在瑕疵,且未尽职责范围内的相关义务,对上诉人张某所遭受的人身损害应承担与其过错相应的赔偿责任,一审法院据此判决由綦江县松藻学校承担张某损失的 24%,其余 76% 即 31134.83 元由上诉人张某自行承担。该结果应当予以维持。①

---

① 参见重庆市第五中级人民法院(2010)渝五中法民终字第 4355 号民事判决书。

课外研习及阅读

课外研习

查找本章脚注中所引的法院判决书,研究相关法律问题。

课外阅读

1. 王成:《环境侵权行为构成的解释论及立法论之考察》,载《法学评论》2008年第6期。

2. 王胜明主编:《中华人民共和国侵权责任法释义》,法律出版社2010年版,第四章到第十一章。

3. 张新宝:《侵权责任法立法研究》,中国人民大学出版社2009年版,第十编、第十一编。

4. 沈德咏、杜万华主编:《最高人民法院医疗损害责任司法解释理解与适用》,人民法院出版社2018年版。

5. 沈德咏主编,最高人民法院研究室、最高人民法院环境资源审判庭编著:《最高人民法院环境侵权责任纠纷司法解释理解与适用》,人民法院出版社2016年版。

6. 奚晓明主编,最高人民法院民事审判第一庭编著:《最高人民法院关于食品药品纠纷司法解释理解与适用》,人民法院出版社2014年版。

附:法规简写

《民法总则》:《中华人民共和国民法总则》
《民法通则》:《中华人民共和国民法通则》
《刑法》:《中华人民共和国刑法》
《侵权责任法》:《中华人民共和国侵权责任法》
《合同法》:《中华人民共和国合同法》
《道路交通安全法》:《中华人民共和国道路交通安全法》
《产品质量法》:《中华人民共和国产品质量法》
《食品安全法》:《中华人民共和国食品安全法》
《民用航空法》:《中华人民共和国民用航空法》
《公司法》:《中华人民共和国公司法》
《证券法》:《中华人民共和国证券法》
《消费者权益保护法》:《中华人民共和国消费者权益保护法》
《环境保护法》:《中华人民共和国环境保护法》
《国家赔偿法》:《中华人民共和国国家赔偿法》
《商标法》:《中华人民共和国商标法》
《专利法》:《中华人民共和国专利法》
《著作权法》:《中华人民共和国著作权法》
《大气污染防治法》:《中华人民共和国大气污染防治法》
《海洋环境保护法》:《中华人民共和国海洋环境保护法》
《水污染防治法》:《中华人民共和国水污染防治法》
《环境噪声污染防治法》:《中华人民共和国环境噪声污染防治法》
《放射性污染防治法》:《中华人民共和国放射性污染防治法》
《合伙企业法》:《中华人民共和国合伙企业法》
《证券投资基金法》:《中华人民共和国投资基金法》
《个人独资企业法》:《中华人民共和国个人独资企业法》
《精神卫生法》:《中华人民共和国精神卫生法》
《电子商务法》:《中华人民共和国电子商务法》
《民通意见》:《最高人民法院关于贯彻执行〈中华人民共和国民法通则〉若干问题的意见(试行)》
《人身损害赔偿解释》:《最高人民法院关于审理人身损害赔偿案件适用法律

若干问题的解释》

《精神损害赔偿解释》:《最高人民法院关于确定民事侵权精神损害赔偿责任若干问题的解释》

《道路交通事故赔偿解释》:《最高人民法院关于审理道路交通事故损害赔偿案件适用法律若干问题的解释》

《铁路运输人身损害赔偿解释》:《最高人民法院关于审理铁路运输人身损害赔偿纠纷案件适用法律若干问题的解释》

《触电人身损害赔偿解释》:《最高人民法院关于审理触电人身损害赔偿案件若干问题的解释》

《证据规则》:《最高人民法院关于民事诉讼证据的若干规定》

《会计师事务所审计业务活动民事侵权赔偿案件的规定》:《最高人民法院关于审理涉及会计师事务所在审计业务活动中民事侵权赔偿案件的若干规定》

《审理食品药品纠纷案件的规定》:《最高人民法院关于审理食品药品纠纷案件适用法律若干问题的规定》

《审理网络侵权纠纷案件的规定》:《最高人民法院关于审理利用信息网络侵害人身权益民事纠纷案件适用法律若干问题的规定》

《审理环境民事公益诉讼案件的解释》:《最高人民法院关于审理环境民事公益诉讼案件适用法律若干问题的解释》

《审理环境侵权案件的解释》:《最高人民法院关于审理环境侵权责任纠纷案件适用法律若干问题的解释 》

《审理医疗纠纷案件的解释》:《最高人民法院关于审理医疗损害责任纠纷案件适用法律若干问题的解释》

《审理海洋自然资源与生态环境赔偿案件的规定》:《最高人民法院关于审理海洋自然资源与生态环境损害赔偿纠纷案件若干问题的规定》

《审理矿业权案件的解释》:《最高人民法院关于审理矿业权纠纷案件适用法律若干问题的解释》

后 记

这本书献给我的父亲。

感谢我的母亲。母亲在哪儿,家就在哪儿。

感谢我的妻子小七。一心一意,相夫教子。

感谢我的儿子麒润。来到这个世界上才一年多,就已经给我们带来了那么多的欢乐。

感谢我的家人、导师、老师和朋友们。

感谢北京大学法学院,给了我最宽松的学习和研究环境。

感谢北京市海淀区人民法院,给了我宝贵的司法经验。

感谢我的学生吴华莎,帮我做了大量卓有成效、富有创造性的工作。

感谢北京大学出版社邹记东先生、周菲女士,为这本书出版付出的心血。

感谢北大法律信息网(http://www.chinalawinfo.com),本书中讨论的判决书,除了北京法院的以外,基本上都来自这里。

本书受北京大学法学院"青年教师科研基金"项目、"特色专业本科教材"项目和北京大学教材建设项目资助。特此致谢!

王 成

2011 年 1 月 2 日

第二版后记

本书第一版出版后,笔者对全书进行了重新思考及梳理。主要考虑及修改如下:

第一,许多相关法律及法律解释发生了变化:一些法律进行了修改,比如《环境保护法》于2014年4月24日进行了修订,尤其是有关侵权法的条文有了变化;《消费者权益保护法》于2013年10月25日进行了修订,其中涉及惩罚性赔偿的重要变化;《道路交通事故赔偿解释》于2012年12月21日开始实施;《触电人身损害赔偿解释》则于2013年4月8日被废止。

法律规定的频繁调整,究竟利弊如何?值得深思。

第二,出现了一些新的重要的判决。

第三,笔者自己对侵权法有了一些新的思考。笔者对侵权法也在不断地学习,这几年,对某些问题又有了些新的体悟。

第四,第一版中有些地方的表述不甚确切、也有不少笔误甚至错误,借此机会也进行了修订。

今年正值北京大学法学院建院110周年,也以本书献给北京大学法学院。

王成

2014年6月5日

第三版后记

第二版修订后,与本书内容相关的法律及司法解释又发生了很多变化:

《民法总则》于2017年10月1日施行,《食品安全法》于2015年和2018年进行了修正,《机动车交通事故责任强制保险条例》于2016年和2019年进行了修正,《海洋环境保护法》于2016年、2017年先后进行了修正,《水污染防治法》于2017年进行了修正,《民用航空法》于2015年、2016年、2017年、2018年先后进行了修正,《最高人民法院关于审理利用信息网络侵害人身权益民事纠纷案件适用法律若干问题的规定》于2014年10月10日起施行,《最高人民法院关于审理环境民事公益诉讼案件适用法律若干问题的解释》于2015年1月7日起施行,《最高人民法院关于审理环境侵权责任纠纷案件适用法律若干问题的解释》于2015年6月3日起施行,《最高人民法院关于审理矿业权纠纷案件适用法律若干问题的解释》于2017年7月27日起施行,《最高人民法院关于审理医疗损害责任纠纷案件适用法律若干问题的解释》于2017年12月14日起施行,《最高人民法院关于审理海洋自然资源与生态环境损害赔偿纠纷案件若干问题的规定》于2018年1月15日起施行,《医疗纠纷预防和处理条例》于2018年10月1日起施行,《电子商务法》于2019年1月1日起施行。

本书内容根据上述法律的修正,相应作了修改。

2018年,本书被评为北京大学优秀教材;本次修订继续得到北京大学教材建设立项支持,感谢读者及学校的鼓励。

今年是北京大学建校120周年,本书也献给北京大学。

王成

2018年9月20日